轻声细诉

杨 争 著

中央文献出版社

杨思禄(1917年—　　)

1930 年参加革命，加入中国共产主义青年团。1933 年转为中共党员。同年参加红军少共国际师，任四十五团战士，参加了中央红军第五次反"围剿"战役。1934 年参加二万五千里长征。在松坎部队改编，任一军团二师五团三营战士。到陕北后任二师师部警卫员、警卫班长。

抗日战争期间，任八路军一一五师三四三旅警卫连排长、代连长。平型关战役后到延安抗大一大队四队学习，毕业后分配到华北第十三军分区第十二团一营任副营长、教导员、二营营长、冀东军分区独立营营长、冀热辽军区特务团团长。解放战争时期，任冀热辽军区十一团团长。扩编为二十五旅后，任副旅长。后任冀东军区第十二军分区副司令、华北军区教导第三师师长、第二野战军直属教导第二师师长。

中华人民共和国成立后，任中国人民解放军第五航空学校参谋长、副校长。1951 年学飞行，后任空军第十九师师长、第十一航空学校校长、空六军副军长、空三军军长、兰州军区空军副司令、福州军区空军司令、中国人民解放军空军顾问。

1961 年晋升为少将军衔。

第四、五届全国人民代表大会代表。

中国共产党第九次全国代表大会代表。

序

刘世何

认识杨争（笔名晓五）应该是 20 年前的事了。那时候她在部队医院当医生，我在部队基层带职。我们都是用闲暇时间写小说。巧得很，那时候她的第一部小说也是写父亲的，书名为《女儿》。不过那是一部虚构的小说，与眼下这部《轻声细诉》有着本质意义上的完全不同。然而不管是在虚构和梦幻、理想和现实之间，父亲的形象在杨争的心中自始至终都占有很大的比重。这也许和她的出生背景有关。有一点我非常认同，我们都是在部队院子里长大的孩子。生在部队长在部队，学校毕业后又在部队工作。军人、战争、父亲，这些充满阳刚之气的词语，在我们的心中仿佛与别人相比，有一种更深层次的解读。

不过杨争是女人、是女儿。女性特有的细腻和温婉，让我们不仅从书中更全面、更深刻地认识了她英勇倔强的父亲，也更让我们体会到她与父亲之间浓浓的父女之情。我们从她轻声细诉中，便真切地感悟到了我们的父辈是如何在中国共产党的领导下，历经历史的风霜刀剑，战争血与火的洗礼，克服种种艰难困苦，打败了日本鬼子和国民党，解放了全中国。也看到了一个红小鬼是怎样从没有文化到有文化，从不懂军事到懂军事，从不会飞行到学会飞行，最终成为我军空军的高级将领，这一真实的转变历程。

实际上这也是我们的父辈在那个年代所共同拥有的一种精神财富。

我比较喜欢杨争的作品。她的创作大多是以军队题材，以中国现代军人、尤其是女兵为背景而展开的。据我所知在我们部队几乎凡是有女兵的地方，杨争敏锐的笔触无一不涉猎到。在写了那么多的女兵之后，我觉得在这本书里，杨争似乎有了一种全新的感觉或者说是角色的换位。因为杨争让我们看到的不仅仅是女儿和父亲之间的情感交流，更是一个共和国现代女兵、小兵和一个身经百战的老兵、老红军的对话，或者说是战士和将军的对话。

也许，对话是沉重的，因为人物本身的历史就非常残酷。可我们在追问另一种生命的价值和意义时，不也是对我们自己的追问和反思吗?!

轻
声
细
诉

杨
争
著

目录

引 子

　　我从来都没有想过自己会有这么一天，端端正正的坐在桌前，正儿八经的认认真真的写父亲。写我心目中的父亲，确切的说是我所知道的父亲。所谓"知道"或者"不知道"，我以为这是在每一个家庭中，必定存在的事实。未必因他是你直系的亲属，你就一定了解他。未必他不是你的亲人，你就一定对他陌生。我相信，人与人之间的了解程度，绝不是以你的血缘亲疏所决定的。很多人都会有这样的一种尴尬，即你心目中的父亲和你现实中的父亲，完全会是两种不同的人生价值取向、甚或是两种不同个性的人。这还不能用代沟一词来限定。因为在很多的时间里，在很长的岁月中，你对和你天天一起生活的人，很可能一无所知。不管他或她是你的父母，或是你的儿女，甚或你的爱人……在很多家庭中，爱也并不完全就是理解的代名词。也就是说你爱的并不意味着是你理解的。你理解的也未必就是你所爱的。但是唯有理解你所爱的，才是一条能够通往彼此心灵桥梁的最愉悦最直接的途径。

　　说实话，我自己对父亲的理解，在写书以前，一直就是时远时近，时清晰，时模糊……如果说以前这种距离感不是刻意追求的，那么在写书的今天，我觉得自己反倒很刻意地在追求一种距离感了。并不是因为距离产生美，而是距离会让我对父亲的认识更真实更透彻。

　　比如小时候我常听别人夸我父亲，说他这个人没有一点儿架子，为人和蔼可亲。我就不这么认为。小时候也常会遇到这样的问题："你怕你父亲还是怕你妈呀？"回答肯定是"怕父亲。"因为父亲还在工作的时候，能呆在家里的时间并不多。一年到头，我们能有多少

←父亲近 90 高龄时回江西于都
老家，应邀给长征纪念馆题词。

节假日是和父亲一起度过的？真是屈指可数。父亲有太多的时间是
在下部队、太多的时候是在外出开会。也正因为和父亲整年整月整
日的呆在一起的时间很少，再加上父亲就是在家的时候，也并不多
话。相反"熊"你两句，倒是家常便饭。所以从小时候起就一直很
"怕"父亲，这是很正常的事。

　　记得自己在十几岁时，就曾趁父亲心情好时，忍不住问过父亲。
我说："爸爸，你在别人面前笑容可掬，在家里对我们为什么不能
也是一副很谦和的样子呢？"

　　父亲笑说，我要是总那样，还不得累死！

　　有一次一个非常偶然的机会，我去采访同院的一位长者，杨斯
德老将军。因为他和父亲在姓名的口音上极为接近。很多人都以为
他和父亲是兄弟。曾有一位老太得知总政西直门院内竟有杨思禄、
杨斯德两位将军时，就感叹道：你说这个母亲多会生，一下子能生
出两个将军。

我们听后真是笑得岔气！那次会面虽没见到父亲的"弟弟"，却意外听到其夫人夏南大姐对我父亲的深度点评。老大姐几乎忘了我的主题，一路直奔关于我父亲的再认识，言谈话语中几乎全是对我父亲的发自内心的敬仰与赞叹。印象最深的是那句话：你看你父亲是不是整天气色红润，气度安祥的样子？

　　嗯，应该是的。

　　你记住，相由心生！只有内心一点杂念也没有的人，才会在晚年的容貌中透出这种祥和宁静的光彩。

　　是吗？

　　绝对是的。你看看你父亲对你妈妈多好？咱们院子里，有几个老头能这样对待老伴的？你父亲90多岁了，居然在院子里遛弯时，还给你妈推轮椅！

　　是的，我爸对我妈确实非常之好。在他们的晚年，谁也想不到九十多岁的爸爸时刻会去照顾80多岁的妈妈！

　　但是我的父亲并不是文人雅士。

　　父亲自言是个大老粗！

　　你说错了，你父亲一点都不粗，不但不粗，还纤细得很呢！

　　噢？这一点我真的没有看出来。

　　那说明你对你父亲了解得还太不够！

　　天！这就是我与夏南大姐的一次深刻难忘对话！

　　会铭记在心，一定会的！

　　父亲毕竟已是95岁高龄了，依旧思维敏捷，依旧精神矍铄，难道这一切真的和内心深处的极为深厚的学养有关吗？

　　几十年的岁月沉浮，我发现自己对父亲多少有了些许理解。其实父亲在工作时，压力一直很大。父亲和所有人一样，也把家当作自己最放松的场所。也许从另一个角度更能阐释父亲在人面前的谦和。父亲从小没上过学，肚子里没多少墨水，说话从来不会说东指西，拐弯抹角，讳莫如深，让感到你深不可测。没有掩饰，没有虚假，在人与人的相处中，少了许多屏障，当然感觉上要亲和很多了。

成人以后，也不知是哪一天，我蓦然发现，在思想的交流上，我和父亲在某种程度则更容易沟通。也就是说，有些事反而能谈得更深。父亲是一个很坦荡的人。那种坦诚越在他的晚年，越像一泓清水般明澈。你问他什么，他都会直言不讳地说出自己最真实的想法。晚年的父亲非常爱读书，但最爱的还是读现代史书，尤其是喜欢看人物传记。很多当年一起打过仗，一起工作过的老朋友，老同志，他们发表或出版了自己的回忆文章和书籍后，父亲都会一一细读。读后又常睡不着觉。毕竟是同一个时代、同一事件、甚至同一场战斗的亲历者。有时候遇到记者或媒体采访，父亲会滔滔不绝讲述自己战争年代的往事，让坐在一边的我倍感诧异。因为父亲从来就不是多话的人。也许晚年的父亲真是从里到外的把自己彻底的放松了。

　　我们家一共有5个孩子。哥姐都是很小就离家当兵了。我离家最晚。但5个孩子，可能也只有我有幸地收到过父亲的两封亲笔信。那时候我在军医学校上学，父亲则在北京中央党校学习。比起在职在位时的繁忙工作，父亲似乎有了更多的闲暇，自然而然就大笔一挥，在中央党校学习的间隙中给我写了两封信。我把这两封信一直细心地收藏着。就是现在偶尔拿出细读，也甚感亲切。虽然父亲在我的心目中，并不具有让人炫目的传奇色彩。也没有什么更复杂曲折的人生经历。无论在家人或外人的眼光里，父亲都是一个很普通的人。所谓普通，就是人所具有的父亲都具有。无论是家庭出身，还是个人天赋，父亲都没有比常人更出类拔萃的地方。但正是这样的父亲，越到晚年越有更多的人对他采访报导不断。甚至有人找我，愿意将父亲的许多事拍成电影。

　　何以呢?!

　　小时候有几件事，让人印象颇深。比如父亲在饭桌前，最不喜欢我们吃饭挑食。一粒花生米掉在地上，父亲也要让你满地去找，直到看你把它找到放进嘴里，父亲的目光才肯放过你。餐桌上剩饭在父亲的眼中则更是不允许的事。再难以下咽的食物，只要你把它不慎放进了你的碗里，那么你除了把它吃完以外，真是别无选择。

有一次我和父亲在西安后院的小食堂吃饭。进餐的人都走了，偌大的食堂就剩下父亲和我。父亲让我把剩下的菜汤全倒进米饭里，搅和着吃下。可那菜汤辣得我眼泪直流，一口也咽不下去。我记得自己可怜巴巴的，涕泪横流的望着站在一边来回踱步的父亲，盼望他就说一句话：实在吃不下，就算了……没有！非但没有算了的含义，父亲对你焦灼而又严厉的目光让我至今回想起来，还心怀恐惧。

仔细想想，这一辈子我还真没听到父亲说过在食物中有他最不喜欢吃的东西。有父亲最爱吃的，如辣淑啊甲鱼啊，等等。但父亲最不爱吃的，我相信连整天给父亲做饭的炊事员，也绝对的不知道。

人世间真有父亲不爱吃不想吃而且最怕吃的东西吗？我二姐听后立马说她最知父亲有一样东西，甭管你怎么做，蒸、炸、煮、炒，父亲都不爱吃。你猜是什么，竟是我们百吃不腻的地瓜！

是吗？我几乎不敢相信。

妈倒是见怪不怪。说，那东西你父亲小时候吃的太多，吃伤了。

的确父亲什么都能吃，对任何食物从不挑三拣四。父亲一生都有一口让人羡慕的好牙。90多岁了，一颗牙也没掉，一颗牙也没坏。父亲吃什么都特别的香。坐在桌边看父亲吃饭，没有食欲也会勾出食欲。

30岁以前，父亲对食物经常处于一种饥渴的状态。三、四天吃不上一顿像样的饭，那是常事。食不果腹，饥寒交迫，怎么形容也一点不过份。

也许正因为年轻时候，那种长时间的饥饿，把父亲饿怕了！所以让父亲对食物有一种天然的亲切感。

父亲说，红军长征过草地时，他两次负伤掉队，要不是身上那一点点没吃完的干粮，他无论如何是爬不起来的……

父亲说，在冀东抗战的日子里，他们常常几天几夜都吃不上一顿像样的食物。有一天晚上临时住宿在一个老乡家里，老乡家一贫如洗。什么吃的东西也没有。于是侦察员四处寻找，总算捧回一碗

←关于父亲每一个人心中都会有自己最爱的形象，或威严或慈爱，更或德高望重。我却喜欢父亲这般常人一样，目光冷峻且凝重。

小米粥。父亲说，他端起那盛粥的大碗，一气儿就喝个精光。真好喝啊！那香甜的兹味，父亲一辈子都记得。可第二天早上，父亲说他再一看那碗，傻了。只见那碗的四周长满了厚厚的白毛……

所以父亲对浪费粮食者，嫉恶如仇。以至现在每年春节，父亲都会望着家里那一只只满满的米袋，心里有一种说不出的宁静和喜悦。

父亲这种心态更像是农民对粮食本能的追求和满足。但不知为什么，成年之后的我，却对父亲这种近似于孩子般的纯真，有了一种深深的理解和尊重。

在日常生活中，除了对食物的偏爱外，父亲对水也一往情深。这一点则让我百思不得其解。像父亲这样一个在乡下长大，在战争中成长的人，却非常的爱干净。甚至在某些方面说有洁癖都不为过。父亲每天早晚按时刷牙洗漱，这都不必说了。最值得一提的是父亲每晚的热水泡脚。那才真叫做几十年如一日。小时候我就爱看父亲晚上泡脚。父亲临睡前一定要用一盆滚烫的水泡脚。有时父亲被烫的龇牙咧嘴，父亲也不怕。反而越是这样，才越觉得够劲。我后来分析这可能和年轻时老行军打仗有关。每天都要走五、六十里路，晚上不泡脚，怎么行?! 据说红军战士每住宿一处，领导规定睡前必先泡脚。由此以来许多老红军都在长年累月的这般生活中养成了每晚必用热水泡脚的习惯。我父亲更是如此。而且对他而言，水越烫越舒服。但父亲除了爱洗脚，还更爱洗澡。我们家搬北京前，没有条件天天游泳。父亲隔三差五的就得在家用热水洗澡。那个时候在南方洗一次澡，并不容易。每次事先，我们都得专门烧好多的水。而每一次洗澡，父亲都要用掉好多的水。妈说，你父亲一见水，那叫一个亲啊，高兴啊。每一次哪叫洗澡啊，简直就是玩水。父亲洗完一次澡，整个卫生间就和被水淹过了一样。盆里盆外，上上下下全是水。除了洗澡外，父亲对洁具也很挑剔和讲究。很早很早以前我就看见父亲在用一个外表普通实则非常精美的肥皂盒。我记忆中那个一个象牙色的肥皂盒，盒盖上面有一个散乱着一头长发的印度女人半坐着。因为那个印度制造的肥皂盒质量非常好，父亲一用就是几十年。以至于每次陪他下部队的秘书和警卫员都对那个漂亮的肥皂盒有着过目不忘的印象。批林批孔时，有人还专门为了这个美丽的肥皂盒，给父亲多贴了一张大字报，多加了一条罪名，说父亲是资产阶级思想。可惜这个肥皂盒还是让父亲在外面洗澡时给弄丢了。

也许是与水和洁净有一种天然的亲近感，父亲一生酷爱游泳。而且退休北京后一游便直到88岁，只是在医生的强烈制止下，才再不下水。我不知道父亲的游泳是在哪学的。可父亲在晚年，一天当中什么都可以少，唯独游泳不能少。在别人的眼里，父亲那种游泳，真是枯燥无比。与其说是蛙泳，不如说是"狗刨式"。父亲喜欢一个随从人员也不带，自己在水中，慢慢地，一圈一圈的游到他每天定给自己心目中那个数字。我不知道那个数字是一千米还是八百米。但我知道父亲在水中，品味到的绝对是旁人所无法感悟的孤独和快乐。

轻
声
细
诉

引
子

的确世人皆有父母。有伟大的父亲，就会有平凡的父亲。可伟大和平凡的尺度又是什么呢？有时我也会在暗地里，用另一种目光审视父亲。全无辈份，像普通人对普通人。以为那样会客观而公正。我错了。因为即使这样，也根本无法找到满意的答案。

　　父亲就是父亲！

　　不管你的父亲是一个伟人，或者是一个农民，是一个将军，或者只是一个兵士。对于儿女来说，世界上一定是只有两种类型的父亲，要么是好父亲，要么是坏父亲。却没有伟大的或者是平凡的……

　　我想起小时候在幼儿园。男孩子们在一起，最爱比谁的父亲官大。你父亲是师长，我父亲是军长。你父亲是开车的，我父亲是坐车的。等级观念从小有之。孩提时代对父亲的崇拜更多的是一种敬畏。可敬畏感是无法长久的。随着生命的年轮越加深刻而成熟，对父亲的敬畏则渐渐的演变成一种内心深处的一份沉甸甸的敬重。相信这是所有的儿女必有的心路历程。

　　家里有本老相册。又大又重。小时候的我们，就是用双手去捧，也是绝对捧不起来的。但那却是我们 5 个孩子心中最爱，也是我们家中最贵重的情感收藏。我们每一个人都会记得它那黄褐色的皮革面，里面黑色厚重的插页纸，所有的相片都是用纤巧的相角粘贴上去的。显得格外精致。记忆最深的还是翻开相册的首页，里面赫然贴着父亲身穿少将军服的大照片。眼睛不是很大，目光却率直坦诚。45 岁的父亲，整张脸所透出的那种果敢和自信，让人感触尤深！仔细想想那种自信和果敢，并不仅仅是属于父亲的年轻气盛，而是那个时代那一种人所特别独有的特殊气质！这种气质最让人缺憾的是它永远不能模仿永远不能制造亦永远不能遗传。

　　随后的几页里，依旧是父亲单人的几张大照片，有红军时期的，也有抗日战争时期的，也有解放战争时期的……我知道在中国许多军人的家庭中，父辈的这些老相片，与其说是一种历史，一种记忆，更不如说是家庭里的一种至高无上的荣誉。

　　可是爸爸，你知道吗，你那些身穿军装，英姿勃发的相片，在

→1951 年，正在学习飞行的父亲。父亲没有上过一天学校，却在 33 岁时学会飞行，并任空军第十一航校校长。由此父亲成为为数不多的老红军中能飞超音速战斗机的中国空军飞行员。

我们几个孩子的心灵深处，拥有无以替代的想像力和巨大的震慑力！这种间接的影响使我们幼小的心灵早已在不知不觉中，被你的威仪与英武所添满。有时候我甚至觉得这种影响早已在潜移默化里，或浓或淡或深或浅的、别无选择的，化成为我们 5 个孩子血肉中一生无法剥离的一部分。

可即使这样，我依然不愿意父亲在我心中仅仅是敬重。一个女儿对父亲最本能的情愫。我宁愿自己从另一个全新的角度去看父亲，也许是曾和他一生浴血奋战共处一个战壕的战友，也许是看着父亲长大成人，从一个红军伢子到会飞行的空军高级将领这一漫长转变过程的老领导，也许是同父亲倾心一笑，便能心领神会的老同事老朋友，抑或是从没瞧得起父亲的敌手……

不管是谁，从哪一种角度，我都渴望对父亲有一种更深刻、更全面、更客观的理解。

就像是一个平常人对一个平常人。

我和父亲是两个时代的人。我和父亲之间的差异，不仅仅是时代的差异、时间上的差异，甚至在内容和形式上也决然不同。他是一个地地道道的农民的孩子，一个吃了上顿就没下顿的穷孩子。我不能想像一个人的童年如果没有歌声也没有游戏，会是怎样的黑暗和让人绝望。但在父亲的孩提时代，这些本应属于童年的内容，他全都没有。

父亲说，他小时候每天早上一睁眼，妈妈就不在了。哥几个就跑到村头上去眼巴巴的盼妈妈回来。因为妈回来时一定会带点东西给他们几个兄弟吃的。江西和福建好像都以生产地瓜为主。生地瓜、熟地瓜、地瓜干、地瓜渣、哪怕只是地瓜叶！父亲说他一样没少，统统的全吃过。只是妈妈每天一般都要到傍晚才回来。但回来时带给孩子们最多的还是一些地瓜渣。奶奶就着一口大锅，给孩子们熬巴熬巴就吃了。这东西肯定难吃得要命。但对父亲而言，甭管怎样，一天下来总算是能填饱肚子啦！难怪父亲个子不高不壮，一定是小时候的营养欠佳！难怪父亲最怕吃地瓜！小时候的父亲，肚子里添满了地瓜渣这种草本植物。

不过奶奶更瘦小，在我的眼里一如长不大的小女孩儿。60年代自然灾害时，父亲曾把奶奶接到家里住过一段时间，可那时我小，才3岁吧，所以一点印象也没有。但那个老相册上却有一张放大了的我们全家和奶奶的合影。又瘦又小的奶奶把一只好粗糙的，好像就只剩下了骨头的手平和的压在我的手上……

记得"文化大革命"时，家里有一个非常漂亮的银饰，估计是民国时代的遗物。我和姐姐经常拿在手里把玩。妈说那是奶奶有意留下的。可惜后来因为父亲的工作几次调动，我们数次搬家而遗失了。现在想来真是不胜惋惜。好在我十几岁的时候又和父母亲回江西老家去过一次，总算弥补了我在人生的记忆中对奶奶形象的记忆缺憾。那次时间很短，但对奶奶的印象却异乎寻常的好。

轻声细诉

杨争 著

记得我和姐姐比之父母亲先一步跨进老家的大门时，我们看见一个老太太忙不迭地从屋里出来为我们递上了一杯水。我和姐姐争先恐后的对她连声的亲热地喊"奶奶"。

只听当时在父亲身边工作的周秘书见状诧异道："这哪是你们的奶奶？"

周秘书一边说着，一边指着门外："她才是你们的奶奶呢！"

我和姐姐一惊，好不尴尬。果然顺着他的手指，我们看见门外步履蹒跚地走进一个扶着木凳的老太太，只见她个子好小好小，走得好慢好慢。就她的身材和个头，比十岁大的孩子也高不了多少。她笑笑的朝我和姐姐拖着木凳缓缓走来，那目光却云一般的柔和和舒展。我们不由得一愣，但顷刻间我和姐姐便觉得她，也只有她才会是我们真正的奶奶！因为她是那样慈爱和温暖的望着我们，全无半点的矫情和造作。而我们就这么站着，从头到脚流溢着奶奶柔和的目光，仿佛一瞬间我们会在那遍布全身的暖意的目光中，渐渐地溶化了似的……那瞬间的自然而然就产生的亲近感、骨肉感，真是太强烈了。仿佛冥冥之中有声音在说，你们就是杨家的后代，你们的细胞里有来自杨家的遗传，杨家独有的基因密码组合！即使你们没能和奶奶一起生活过，即使你们好像是属于两个完全不同的世界，但你们的血液里天生就有农民的成份，天生就有江西红土地的精髓，更有属于这个小小的女人身上的一切的一切……

真的吗？！我想我这辈子也不会忘了这个慈爱的老婆婆。一个单薄瘦弱的小女孩儿——这才是记忆中最真实最完整的奶奶啊。

奶奶一生共生了三个儿子，两个女儿。她毫无保留地把三个儿子全部献给了中国工农红军。父亲是最小的儿子，幸存者之一，也是奶奶心中最大的骄傲！

在老家奶奶住过的阁楼上有一样东西让人印象很深，就是在那个农村老屋里，唯一醒目的是墙上父亲的一张穿着老式飞行服的大照片，像框上纤尘不染。我知道父亲在1933年参加红军后，能第一次回家与奶奶相见，也是17年之后的事了。这一定是他们母子之间谁也不曾料到的。其实人的一生有几个年？我不知道在漫长的一生中，亲人彼此相见的次数屈指可数，算不算感情上的疏离或者是一种情感上的无奈和遗憾。但我相信他们母子情深。奶奶在一生中数不尽的日日夜夜里，唯一安慰的一定是每天都能看到儿子的相片。这幅纤尘不染的相片，在我的眼中不正是奶奶对儿子无限思念的最好的见证吗？！

人也一定会是越近迟暮，越思老母！

我们就在老家住了一个晚上。那天夜里我是和爸妈同睡一屋的。屋子里大概只有一张很大的床。其它还有什么，我竟一点记忆也没有。但奶奶在我们睡觉的屋子里点了一种叫不出名字的香。那浓烈的香草味道，让我几十年后的今天，依旧清晰可辨。那天夜里我不知为什么，好长时间睡不着。也许是香熏的？我不愿和我爸妈睡一屋。可妈说，老家的房子就那么少，你能怎么办？真无奈！我嫉妒死我二姐了。偏偏她就能和奶奶，县卫生院的女护士们睡一屋。半夜里我听到她们在屋里又说又笑，好不热闹。第二天我忙问二姐，有什么好笑的。二姐说，她们笑奶奶半夜起来坐在马桶上撒尿……现在回忆起来，那短暂的一夜却真是温馨得很哪。

我们那次回去后，又过了两年，奶奶无疾而终，享年94岁。

如今父亲也已是95岁的人了。有一天早上在餐桌上，父亲突然说，头一天晚上他做梦，梦见爷爷了，也就是他的父亲。长这么大，我们还从没听到过父亲在闲谈中说起过爷爷呢。而且连爷爷长的啥模样，我们也都不知道。可我们不知道，并不代表我们不想知道。有时候我也会悄悄地从父亲和奶奶在长相上不同的地方去猜爷爷的模样。奶奶是一个眼睛不大，面颊窄小的女人。但父亲的眼睛比奶奶大，而且是双眼皮。这会就是属于爷爷的那部分吗？父亲的脸盘方方正正，肤色很白，这也不太像奶奶，还有好多好多……所以一旦父亲在不经意中谈起这个我们私底下想问不敢问，想听听不到的话题，我想早餐桌边上每一个人都会是屏声静气，洗耳恭听的。连坐在一边的妈妈也不吱声了，竖着耳朵仔细地一听究竟呢！

父亲说爷爷是得肺病死的。他看见爷爷躺在地上，一动不动。可老鼠在咬爷爷的耳朵。父亲说，爷爷的脸上流了好多血。

我心里一阵唏嘘，好可怜！可仔细一想，我在可怜谁呢？是父亲还是爷爷？晚年的父亲为什么又会做这样一个充满血腥意味的梦？

我不敢深问父亲，我怕无意间会触动父亲内心深处更隐秘的东西。人和人之间有许多无法沟通的地方。就像每次回家当我和哥姐坐在客厅里高谈阔论，忘乎所以时，我冷不丁回头，常能看见父亲坐在书房边的椅子上，远远地看着我们，脸上带着一种淡淡地心满意足的笑。父亲从来不轻意插进我们的谈话。也许父亲对我们的话题不感兴趣。也许我们之间也有代沟？因为父亲毕竟不生活在我们为现实而忙碌的困惑与压力中。有时候我的心底会突然冒出想和父亲更深层次的沟通的欲望，但心灵与心灵之间的那种永远的不同步，让我怅然……

我不知道父亲为什么会突然想起爷爷。也许年逾古稀的父亲突然对自己早已忘却的童年产生了如此清晰的回忆。也许就是在那一

↑ 为了纪念抗日战争胜利60周年，总政组织老干部合唱团在京演出。父亲与总政治部主任李继耐握手。

个宁静的黄昏，父亲一个人独坐在书桌旁，看窗外深秋落叶的梧桐，突然久远的早已暗淡了的岁月和生活冷不丁的飘进他的思绪深处，让他一下子想起了自己家乡温暖的草房，听到了远处依稀可辨的枪炮声，还有那永远也走不完的山路和草地，还有身后步步紧逼的日本鬼子……我不知道父亲在自己的记忆中感悟到了什么，我只知道近百年的岁月呵，百年沧桑！父亲一定是情不自禁地要去咀嚼去分解自己生命中的每一个段落每一个章节。而我更知道这些断断续续的飘零的段落和章节中每一个故事都那么孤独、温暖、却又永远无人真正与你分享。太多的亲人离父亲而去，太多的战友在战火中化为尘埃……于是父亲便做梦，梦见自己的童年，梦见自己的父亲，梦见自己的妈妈，甚至梦见了童年打架的小伙伴，总之梦见了这一生中早已流逝的他却非常怀想的并渴望能再见到的一切……

轻
声
细
诉

杨
争
著

第 一 章

1

记得父亲常对我们说，他们哥仨，他最小最皮。奶奶骂他最多！我记得起江西老家的那一切。一道一道的田垄，一条不宽的于都河。也想象得出父亲小时的模样。一个个子小小的，衣着很破的小男孩儿……但长大后的父亲，皮肤却很白很细，脸盘方方的，眼睛不大也不小。却因看过太多的生与死，目光的深处有一种挥之不去的冷峻，让人生畏。父亲的嘴唇很厚很个性，因为父亲骨子里的那份执傲和倔强，最常在他的嘴角上若隐若现。这也就是妈为什么会说父亲的嘴虽大，却一点也不难看了。的确，父亲的个性中又有一种军人天然的豁达与开朗。父亲常说自己是大嘴吃四方。在相貌特征上，父亲最满意的是他自己的大耳朵。有一次父亲到杭州疗养院疗养，父亲爱散步，可每次散到疗养院的大门时，便见看门的老头总是专注地望着自己，目光中透出异样。后来父亲说，那老头告诉自己，他的耳朵好大，耳唇好厚，好有福相。没错，父亲是龙年生人嘛。

我也是从很小就知自己是江西省于都县人。因为它是我从小到大，上学、当工人、入伍、入党、提干、所有大大小小的表格中，永远不变的唯一的选择。经常有人会说："哇，你是老表啊！"对呀！老表！我一直引以为荣。你知道吗，有人做过统计后曾说："中国没有一个省份像遥远的江西那样聚集过如此众多的中国共产党人。"

东北盛产红高粱，福建便有甘蔗林。贫瘠的江西啊，缘何会让中国工农红军对你情有独钟，缘何会让你建立起中国第一个苏维埃共和国呢?! 也许自古江西就是不毛之地，山多水少。只有一条孱弱的赣江由南向北纵贯全省。可既使它全无江南地表的富庶，闽南婀娜的风情，照样一方水土能养一方人，仿佛江西朴实无华的红土地天生就适合养育革命的种子，天生就一定是中国工农红军成长的巨大摇篮。

最不可思议、而又最值得一提的是我的老家于都县内的于都河。正是那条浅显清亮的于都河，红军八万名将士不无悲壮的跨过。从而向全世界宣告，一个封建落后的旧中国即将结束，长征——人类举世无双的史诗，由此诞生。而那深沉哀怨、荡气回肠、无人不晓得江西民歌《十送红军》，由此更成为一个中国人心中不朽的绝唱！

我不能不以我是一个江西老表，而欢喜。我是江西人，是于都县人，是96年前那个遥远而荒凉贫瘠的土地上，一个在贫苦农民家中的诞生的苦孩子的女儿。

于都，据史册记载，建县于西汉高祖六年（公元前201年）尽管它更像一个步履蹒跚的老人，文化和历史都源远流长。两千年流淌的岁月，并没有改变父亲出生的那个年代悲怆的时光。也就是一百年前，于都只不过还是赣南于都河畔的一座很荒凉的小镇。"人口不到一万。如一个渡口，一个集市……"即使这样到父亲的老家葛坳乡的牛婆田布头村，仍然要走很远的路。山峦起伏的土地，过去没有公路，现在也一样没有一条像样的公路。因为连路都没有，穷苦愚昧，你尽可以想象。可就在这么荒芜的土地上，还是有一座山特别的青，树特别的绿的小村庄。村里的老人都说靠山坡上的那座题有杨氏宗祠的一百多年的老宅，是块风水宝地。那房子虽然很简陋很粗糙。泥屋砖瓦的，却也有几分古色古香。房沿的四角，一如江南的建筑，纤秀挺拔上翘。据家族的族谱里记载，它大概是清末时期约1872年间盖的房子。因房子靠山，四周便有许多高大茂密的南方的樟树、柏树和松树，遮天蔽日、秀丽非凡。

1917年的秋天，父亲就在那座老屋里降生了。我们这些不孝的孩子，一直到父亲70岁时，才想起应该给父亲过生日。可一问父亲他自己也不知道是哪一天出生的。只说："具体日子不记得了。听妈说那天生我的时候，窗外下了好大的雪！"好大的雪，那一定是冬天喽。于是我们几个孩子自做主张的把父亲的生日改成了"十一"。我们想让父亲和新中国的诞生一同贺喜。

可我们没想到这个世界上还是有一个人自始至终都记得父亲是哪一天出生的。这个人就是抗战时期一直和父亲在一起的老司号员，叫韩洪明。我那年采访他时，他第一句话就是："你父亲是10月4号的生日，每年的这一天，我都要想起你父亲来！"

天！这个日子和国庆节的那一天并不远，我庆幸它和我们选择的日子如此接近。

每个年代都有每个年代的烙印，每一个年代的人，也有每一个年代人的精神，抑或是一种伤痕……父亲出生的时候，没有赶上好光景。别说整个中国封建割据，军阀混战。就是父亲的老家，由于地主豪绅大量兼并土地，民田遭侵吞，使失地的农民不得不流离失

↑父亲就是在江西于都这个名叫牛婆湖布头村的小村庄里出生、长大的。绿树翠竹泥瓦屋，一湾清水难诉几代贫穷。

所，远离故土。况且在乡下，姓氏派系的纷争。族法、家法和私刑，以及伪政府压在农民头上繁重的苛捐杂税，让像父亲这样普通农民的家庭更加陷于贫境，难于生存。

父亲说农村里最直接的压迫，常是大姓欺小姓，大房欺小房。说到底农村的贫富不均实质上就是土地占有的不等。父亲的祖家没有田地，长期租用人家的田种，生活自然非常贫困，后来还是被迫流落他乡。父亲有个姑姑出嫁在曲洋的赖坑，家庭条件还好，尚有田出租。经征得姑姑家的同意，父亲全家就从葛坳牛婆田搬迁到了曲洋的赖坑，租种姑姑家的田。

父亲说："到了曲洋之后，我家有父母亲、大哥、二哥和我共五口人。两个妹妹则早就送给别人当了童养媳。我三兄弟年纪都还小，父亲因病整天不理家里的事，维持全家生计的重担全落在我母亲的身上。毕竟是劳力少，吃饭的人多，母亲无力操持这个贫穷的家。为了减轻家庭的经济负担，经父母商议，三个儿子要拿一个过继给伯父。一是能拿到点钱，二来也可以减少一个吃饭的吧。按照农村习俗，要过继给别人的一般都是最小的。这样就轮到了我的头上。但我开始不同意。父母就耐心地说服我，说：要保住这个家，三兄弟你最小，只能把你过继给人家了。没办法，我只能照父母说的做。就这样，我被过继给了我的伯父杨兴柳。我在伯父家的生活过得稍好一些。"

父亲在自传中还有这样一段话：后来父亲因病去世较早，死后又无钱埋葬，等于又加重了负担和债务，伯父年老生活更加困难，连田地也无法租种，大哥只好去给人家做活，二哥去外面学手艺，我就只好给村里的地主去放牛。

童年生活的不幸，一定会给父亲的一生都打上极深的烙印。现在想来仅"父亲病逝无钱埋葬"，这寥寥数语对父亲可能就是一生的痛创。晚年的父亲常常对我们谈到爷爷的病死。

没钱埋。父亲如是说。

他一定是亲眼目睹了家中所有窘迫的状况，并非常深刻地体验

轻

声

细

诉

杨

争

著

到农民的这种艰辛和无奈。如何改变这一命运呢，我想如果没有共产党，没有中国工农红军，父亲真是除了认命，还会有什么选择?!

因为在父亲的自传中我还看到了这样的话：我13岁那年红军打到了我的家乡，实行打土豪分田地，解除了当地的地主武装，也解除了我们欠地主的那些还也还不清的债务。那时我家还分到了粮食，家庭生活得到了很大的改善。

父亲说:过去受剥削和压迫，只认为是自己家里穷，地主势力大，借人家债，就是要清还人家的。可经过红军打土豪分田地，我才知道地主恶霸是剥削农民，应该打倒的。我记得父亲在世时，因还不起地主曾广文的账，在过年的那天，曾广文让他的狗腿子来我家，把我家能搬走的东西全搬走了，父亲只好躲到山里去了。人家在过年，我家在遭难。最后地主还是把我们全家赶走，我们只好搬到姑母家借住。在红军的领导下，我加深了对地主的仇恨，更对红军有了好印象。红军来到我家可以改善我家的生活，可以让我们有饭吃。所以我在1930年由曾广芬同志介绍，参加了共产主义青年团。那时我14岁。

父亲对儿时的记忆甚少。但他出来革命后，才发现自己没读过书，知识太少，所以父亲承认自己是老红军中的"大老粗"，没文化。不过这并没成为父亲一生的遗憾，反而是他日后自强不息的动力。

民国时代，中国农民一定是生活的最底层。国民党企图自上而下的实行农村的改革，而共产党则一杆插到底，直接由农村开展土地改革。一切权力归红色苏维埃。父亲就是这种政策的支持者、受益者和参与者。

很多农民的命运从此得到深刻改变。

没有人知道当年的毛泽东为什么会选中江西井冈山，作为中国工农红军的革命根据地。只知那海拔2000多米苍峰叠翠绵延起伏的山脉离毛泽东的家乡湖南很近。在别人眼里，井冈山没有道路，田地荒芜，穷乡僻壤，那里的地主老财就是都给扒了皮，也提供不了多少能供给军队的粮草。山上最不缺乏的倒是800年前就结了仇的土匪世家。卖淫、梅毒、抽大烟、放高利贷。凡是丑恶落后的东西，当年的井冈山上可说是一样也不少。天高皇帝远，从汉到清至民国，千百年来那里从来就是亡命之徒出没、造反者得以避难的天然场所。

可在毛泽东眼里的井冈山，他看到的却是别人看不见的东西。山势险峻，林木茂密，山上有生产粮食的水田和地势平坦的村庄。仅存的那几条蜿蜒狭窄的小路，却令国民党的军队不敢贸然闯入。这对于红军来说，至少免去了以往流寇似的东闯西窜。伤兵得以安置，军队得以养生。罗霄山脉中段的井冈山在毛泽东的眼里简直就是一块不可多得的风水宝地。天然就是红军借以生存和发展壮大的摇篮。

或者用现代语言管它叫红色军事根据地。

毛泽东在这片中国最封闭的土地上宣传共产主义理论，教育农民，改造农民，创建了中国第一个红色的苏维埃政权。就像一块革命的实验田，毛泽东在实践中更有机会不断矫正自己的理论，发展自己的思想，把红色革命的理念，播撒在这块中国最原始最坚实的土地上。

而江西这块红土地果然没有辜负毛泽东的培植，成千上万像父亲一样的农民，最终都选择了"当兵就要当红军的"艰难之路！仿佛是已沉睡了千年的红土地，在蒙蒙懂懂中，终于有了一丝像模像样的苏醒。

不过这种苏醒，却让另一部分人惊悚。在另一些人的眼中，共产主义不亚于新世纪的恶魔。

上个世纪初，也就是1928年5月，共产党的两支战斗力很强的部队，因为两个巨人的握手，完美无缺的聚集和融合起来。毛泽东和朱德在井冈山胜利会师，不仅大大增强了井冈山革命根据地的军事力量，而且对红军的创建和发展以及井冈山地区的武装割据都产生了历史性的转折。

在井冈山时期，毛泽东的战略思想很明确。那就是把武装斗争、土地革命、建立革命根据地三者紧密地结合起来。在武装力量的支持下，进行土地革命，这就使广大农民群众更容易发动；

1929 年春，毛泽东在兴国颁布了《兴国土地法》，发动了兴国的土地斗争。但是由于缺乏经验，这次分田比较粗糙，既未划分阶级成份，也没有对没收的土地进行严格丈量分配，只是将写好贫苦农户姓名的牌子往被没收的田头一插，就算将这丘田分给了某人。结果农民没有得到太多的经济效益。

后来毛泽东又颁布了《赣西南土地法》，它不仅对公共和地主豪绅的土地实行不分配，而且对自耕农自食有余的那份土地也实行了没收，按人口分配，因而使富农、中农乃至贫农利益均受到了不同程度的损害。同时还带来了一些土地肥瘦之争的问题。而且按照《赣西南土地法》的规定，农民分得的土地，只有使用权，没有所有权。这仍然在一定的程度上限制了农民发展生产的积极性。

1931 年 11 月，"一苏大"召开，大会通过了《中华苏维埃共和国土地法》，对各县提出了按新颁布土地法全面进行土地调整的要求。其原则是按户平分。地主不分山，富农分荒山，贫雇农分好山。但对大山林，有的地方也采取全村或数户几家联合经营的做法。对于古树、防护性林木和具有重大经济价值的树木，如樟、楠、柏、檀香等，则一律归乡苏维埃管，属集体所有。经过这次分田分地运动，境内各县人民群众尤其是广大贫雇农，获得了梦寐以求的土地，从而迸发出火山一样的生产热情，革命的积极性也空前高涨。农民自觉地将自己的前途命运同苏维埃政权的前途命运紧密联系一起，倾力支持革命，保卫苏区红色政权。共产党在井冈山时期的革命战略思想，几经实践和修正，也终于得到了预期的成果。

如那时父亲老家有一户十口之家的人，分田前老家粮食亩产还不到 200 斤，分田后的 1933 年亩产能达 400 斤。结果一家里的男人痛痛快快的全部上了前线，参加了中国红军。还有一户农民兄弟三人随父行乞为生。分田后不但吃穿不愁，兄弟还都成了婚，盖了一栋新房。后来他们为了报答共产党，三兄弟也全都参加了红军，还把剩余的公粮全部买了公债。这在当时父亲的老家影响非常大。

父亲那时虽然还小，可也不甘落后，参加了乡里的儿童团，跟着大些的人去站岗放哨，查路条、慰问红军战士，给乡政府跑跑腿什么的。

父亲说："我14岁时就加入了乡共青团组织，并参加了乡、区的突击队。当时我家确实也在村里起了模范带头作用。比如当时号召参加红军。我大哥杨思祥就是在村里头一个报名参加红军的。从此家乡人民都勇跃报名参加红军。那时谁参加红军谁家门口就会挂上光荣牌，谁当了红军就给谁戴大红花。所以赣南、闽西地区红军扩大最快最多。"

红军一至四次的反"围剿"的胜利。使中央革命根据地连续不断的有了新的发展，地跨赣、闽、湘、粤四省，并同闽浙赣苏区连成一片；中央红军和地方红军几年期则迅速发展到十万余人。

小时候就常听说"围剿"一词。知道这是指红军和国民党中央军的战斗，但不知为什么总冠以"围剿"。后来读《毛泽东选集》，才彻底搞清其缘由。毛泽东这样说："敌人把红军看作异物，一出现就想把它捕获。敌人总是跟着红军，而且总是把它围起来。如果没有民族战争代替国内战争，那么直到敌人变成弱小者，红军变成强大者一天为止，这种形式也是不会变化的。红军的活动，采取了反围剿的形式。所谓胜利，主要是说反围剿的胜利。十年的红军战争史，就是一部反围剿史。"

战史就是军史，军史就是党史！眼看中国工农红军力量的日渐壮大，蒋介石如坐针毡，剿"共"之心越发急迫。他调集了约50万兵力，67个师又9个旅于中央革命根据地的周围和邻近地区。其中直接用于进攻中央革命根据地的有46个师又4个旅。所谓50万大军就是指此。蒋介石决定在这次"围剿"中采取持久战和堡垒主义的新战略，企图依托碉堡逐步推进，压缩革命根据地，以歼灭红军第一方面军，摧毁整个中央革命根据地。进而达到对江西中央红色革命根据地所谓的军事、政治、文化的总"围剿"。

蒋介石并不因自己拥有精兵强将，共产党则仅是穷兵黩武而有

→非常巧的是祖屋对面的山，老家人叫它将军山。父亲就是从这座山中义无反顾的走了出去，从此铁马夜嘶千里月，旌旗怒卷万重云！

一丝一毫的怠慢。你可以从当时的蒋介石亲自设立了"军事委员会委员长南昌行营"，准备直接指挥这次"围剿"的行动计划，便对他灭共心之切，了解一二了。他在当时的中国大量发行公债，筹措战争经费，并向美、英、德、意等国大量借款购买飞机、大炮军火等武器，聘请赛克特为首的德国军事专家顾问团和美国、意大利的军事教官。教授堡垒战、山地战和搜索战等新战法。蒋介石还对上前线的军官赐赠短剑，勉励他们"不成功，则成仁。"

对蒋介石而言，就连当时日本帝国主义对中国的虎视眈眈，也只是"皮肤小病"，共产党和红军的存在才是他的"心腹大患"！他说："如果在这种时候，侈言抗日，而不实事求是，除灭匪患，那就是投机取巧。"

也许蒋介石早在黄埔军校时，就意识到共产党的存在对自己的威胁，就有充分的理由认为共产党是他在中国独一无二的对手。而他和毛泽东的战斗，绝对更是一场有我无你的中国第一生死大斗！

1933年9月下旬，蒋介石以100万大军、200架飞机，正式拉开了第五次"围剿"的序幕。其中以50万兵力，分北、南、东、西四路，进攻中央革命根据地。

天知道当年有多少杀戮的子弹炮弹炸弹就这样无情的且血腥雨点般的落在了我们江西赣南的土地上！以至于我每次回老家时，眼见得红土地，却从来不以为那是里面含有什么稀土或钨或镁或铁，坚持认为一切的一切都是无数命和血一层层浸染太过之故。

不是吗？

记得当时周恩来、朱德等领导的一句电报文，那就是："连续的、残酷的战斗立刻就到……"

由此中国革命和工农红军不得不又一次面临抉择！

于是"紧急动员起来，保卫革命根据地，""扩大一百万铁的红军，捍卫胜利果实。"成为江西老区的战斗口号。参军，参军，参军！一个轰轰烈烈的扩红热情，在赣南地区就这般如火如荼地展开。夫送子，妻送郎，兄弟争相上战场。模范少先队，赤卫军整排、整连、整营、整团的武装起来走上前线。

在那个年代江西这片红土地真不知为中国革命和中国工农红军，输送了多少鲜活的生命和纯洁的血液！

为了进一步激发广大青年参战的革命热情，充分发挥青年在革命战争中的突击队作用，宁都东固召开了全军青年工作会议，为了保证部队兵员的充足，在会上大家向中共中央提出了成立"少共国际师"的建议。即军队和地方政府把根据地内的青少年组织起来，由赣南、闽西地区的少先队改编成当时有名的红军少年共产主义国际师。

青年会议的这个建议，得到了中央红军的高度重视。中国共产主义青年团苏区中央局在瑞金专门召开会议，对这一建议进行讨论，并于 5 月 23 日做出了《关于创立"少共国际师"的决定》。6 月下旬少年先锋队中央总部在瑞金召开了江西、福建、湘赣、粤赣等省和边区的少先队队长联席会议。朱德总司令亲临大会讲话。他向到会的同志分析了国际国内政治形势和根据地面临第五次"围剿"的严重情况，阐述了动员青少年积极参加"少共国际师"的迫切意义。号召团和少先队的干部、团员和少先队员踊跃参军，用武装上前线的实际行动，保卫土地革命的胜利成果，推翻帝国主义、封建主义和官僚资本主义的黑暗统治。

朱德总司令的讲话，掀起了扩红的高潮。到会的 1000 多名团的干部，少先队的干部即刻争先恐后，带头报名参军。会后，一个创立"少共国际师"的扩军活动，铺天盖地的在根据地青少年中展开了。

1933 年 8 月 1 日，在三个少年先锋队的基础上，组成了"少年共产国际师"，师长陈光，政委冯文彬。8 月 5 日，在博生县跑马场举行阅兵授旗仪式，正式宣布红一方面军"少共国际师"成立。

父亲就是在那"连续的、残酷的战斗立刻就到"，红军第五次的反"围剿"最终失败的背景下，积极报名参加了红军，参加了少共国际师。

2

那一年父亲还不满 16 岁。

现在想来似乎太过残酷，娃娃也得上前线?! 但那个时候的人们好像不会这么想。残酷是正常生活的一部份!

父亲一当兵就被分配在少共国际师第四十五团一营三连。当时少共国际师归红一军团总部直接指挥。不久，即奉中革军委命令改称第十五师，下辖第四十三、第四十四、第四十五团，并划归红五军团建制。1934 年 5 月，转隶红一军团建制，1935 年 1 月遵义全会后，红十五师建制被撤销，所部分别编入红一军团第一师、第二师。而红一军团的前身就是由朱德、毛泽东在井冈山会师后，改编成的中国工农红军第四军。它也是中央红军精锐之师红四军的由来。当时林彪任军团长，聂荣臻任政委。被斯大林盛赞的红一军团在当时可谓战功卓著，声威赫赫，是红军王牌军中的王牌，这不管在当时还是现在，都有口皆碑。

埃德加·斯诺曾说："……当时该军团有两万支步枪，成为红军中最厉害的一部分。奉派前来和它交战的政府军无一不遭到它的歼灭、打败或被其制胜，而它自己却从来没被打败。据说当时南京部队一经发现与红一军团对垒，无不落荒而逃。"

我也曾问父亲：爸，你认识林彪么? 见过他么?

父亲说，见是当然见过。整天在一起打仗嘛! 可我认得他，他不认得我。

这真是妖星夜落照壕水，试问将军今何在?！当林彪不再是骁勇多谋的战将，而成为共产党的罪人时，父亲竟因在红一军团当过兵，而且又在红二师，也算是林彪的属下，在"文革"后期，多加罪状一条而遭到批斗。这也是中国现代史上的荒谬之处吧！可惜这种荒谬，百年之后，连子孙未必都能理解。

父亲说："我二哥杨思福也在那一年同时加入了少共国际师，被分配在第四十五团，我们都成为了一名真正的红军战士。由于于都县、瑞金县、宁都县编为一个团，我和二哥都在广昌集训。当时少共国际师的战士年纪都在 14 至 18 岁之间。排长以上的干部则都是从红军主力部队抽调上来的。连当时的师政委萧华同志也只有 17 岁。干部们都打过仗，我们却什么也不会。"

在萧华的回忆录里，我们知道少共国际师是红军中一支最年轻的队伍。许多战士还没枪高，两个战士吵架还能哭鼻子。曾先后担任过少共国际师师长的陈光、吴高群、曹里怀、彭绍辉和一度担任政委后又改任政治部主任的冯文彬也都不过二十几岁。

> 我们就是"少共国际师"，
> "九三"在江西誓师出征去。
> 高举着少共国际光辉的旗帜，
> 坚决的果敢的武装上前线，
> 做一个无敌的红色战斗员，
> 最后一滴血为着新中国……

在这嘹亮的《少共国际师歌》的歌声中，少共国际师浩浩荡荡地开出了宁都。9月8日，到达广昌，驻长胜、黄坊一带，进行军事训练。广昌集训时，国民党军大规模的军事进攻已经迫在眉睫。为了迎接即将到来的战争，所以在集训时把军事训练放到了特别突出的位置。父亲说，但军事训练刚开始时，他们并没有什么像模像样的武器，战士们大多用自己家里随身带来的梭镖、长矛、大刀。

他们着重操练军事上的基本动作，上军事常识课，学习在战斗中如何利用地形、地物，以及挖战壕等土工作业等。

当时的师政委萧华后来回忆说："要把这样一些初离家门的娃娃兵培养成一支能打善走的部队，确非易事。"

广昌集训是紧张的，也是火热的。从集训开始，就根据部队年轻人多的特点，开展了丰富多彩的文化活动。从团到连队，普遍建立了列宁室、俱乐部、体育队等组织，师部还成立了宣传队、演剧队，经常举行各种军体、文娱晚会，用以活跃部队生活，增强部队的凝聚力。

年轻的少共国际师政委萧华曾用饱蘸感情的笔触，记录下了一个美好的黄昏："五色缤纷的晚霞，照射着绿草如茵的会场，习习的晚风，从摆动着的森林中吹来。哒哒的脚步声，嚓嚓的刺刀声，雄壮的歌声，谱成一曲动听的交响乐。从远处的树林中蜿蜒涌出的队伍，整齐的集中到会场，接着又散开来。打球的呀，做游戏的呀，战士们愉快的进行着自由活动。

一声号音，主席宣布：'青年晚会开始了！'满场眼睛，一齐注视着主席台上。

第一个节目是防毒比赛。'嘀嘀嘀打，嘀嘀嘀打……'象征性毒瓦斯放出来，参加比赛的战士们立即抽出毛巾捂住鼻子和嘴巴，有的纵身爬上树枝，有的迅速往高坡上奔跑，有的用帽子堵住鼻子，卧倒在地。呀！有几个同志'中毒'了！原来他们违反了防毒常识，慌张地站到了顺风而且低洼的地方。一阵清脆的哨音，刺杀比赛开始了。'前进……一、二、后退……一、二、向左刺，杀……向右刺，杀……'晶亮的刺刀，森寒的剑影，勇猛的动作，任何敌人都将在无畏的战士面前闻风丧胆。

第二个节目，是田径赛和球赛。跳高的、跳远的、打乒乓球的，每一个竞赛场地，都围着一圈圈的人墙。人们用极大的兴趣注视着精彩的表演，用高声和呐喊声为自己的战友助威。

又是一阵号声，队伍重新集结，我们的政治鼓动家们登台了。

他们演讲的题目，有的是《反对国民党出卖华北》，有的是《目前我们的形势和任务》，有的是《青年团的性质和任务是什么》。政治部的小同志到底训练有素，他们的讲演既有比较扎实的内容，而且富有强烈的鼓足干劲力量。

太阳收尽了它的余辉，唱歌比赛开始了。'帝国主义国民党，它是工农的死对头……杀！……杀！'威武雄壮，歌喉高亢激昂。每一首歌都是射向敌人的子弹，每一首歌都是鼓舞革命战士斗争的鼓点。

天色完全黑下来，满场灯火大放光明。主席宣布游艺比赛开始，第一幕是政治部演出的独幕剧《少共国际师》，真人真事搬上舞台，使人倍感亲切。第二幕是司令部的活报剧《国民党出卖华北》。接着是各个部队的小剧、舞蹈、山歌，每一个节目都博得了热烈的掌声和欢呼。

月亮偏西了，一队队的红色战士，披着满身银辉，迈着雄健的步伐，向着各自的营地走去。明天，新的战斗又在等待着他们……"

这是 1933 年红军机关刊物《青年实话》周刊第 2 卷第 24 号上的一篇文章。正是这篇文章，让我知道父亲那时新兵的生活。更让我知道了红军的政治、文化从一开始就与国民党的军队决然不同。也明白蒋介石何以会说，对红军从军事、政治、文化的总"围剿"！

消灭一个生灵的肉体是很容易的一件事。但想从政治文化上铲除异己，那绝不是枪和炮所能解决的事。对于这一点毛泽东要比蒋介石认识深刻得多。

在上个世纪 30 年代，毛泽东把红军和国民党中央军之间的"围剿"与反"围剿"称为中国内战的主要形式。

毛泽东还说，十年的红军史，就是一部反"围剿"史。可是在国民党的第五次"围剿"中，却让红军从这场类似猫捉老鼠的游戏中，饱尝失败的教训。

当时国民党军队集中 11 个师的兵力，分左右两路，沿抚河两岸向南推进，企图攻占广昌，打开中央革命根据地的北大门，直取瑞金。中共临时中央不组织中央革命根据地人民和红军进行反"围剿"

轻
声
细
诉

杨
争
著

的准备，却命令红一军主力继续在闽西北和抚河、赣江之间地区对国民党进行不停顿的进攻。

红军在博古、李德的错误指挥下，处处设防，节节抵御，"以堡垒对堡垒"进行"短促突击"，企图以此达到粉碎"围剿"的目的。在这种消极防御方针指导下，几个红军主力兵团分兵数路，都担负起修筑碉堡的任务，依托碉堡实施"短促突击"，进行了几场徒劳无益的战斗，不仅没有打破或阻止敌人的进攻，反而使自己付出了很大的代价，陷入越加被动的局面。

也许有人会认为那是德国军事家李德的错误战略，以为弱小的红军能直接应对强大的国军主力。事后我们知道国军对红军要求的正是这种正面作战。

我们不要忘了博古那年才多大？知识几何？再加上中共六届四中全会后，力推的是比李立三更"左"的思想主张，这才是必败的根源与实质！

在地图上，我们看到广昌的几个重要保卫战，就是以黎川、资溪、建宁、团村、驿前、石城这几个地点展开的。最后的结果是它们几乎都以失守而告终。因为指挥错误，红军节节败退，这些失败的战斗超乎想像的艰苦而又惨烈，它们对红军如此，对老兵如此，而对少共国际师的这些"娃娃兵"呢，是否更加残酷？！

可这些战斗父亲都以一个新兵的身份全部参加了。

实际上对扩红的问题，朱德与李德还是有分歧的。朱德认为："新的军队则没有经过很好的训练，就拿去打，都打垮了，老军队也没得到补充。我们认为这太不符合实际了，固然国际指示叫我们扩大军队，但扩大军队不是赤手空拳扩大得起来的。"朱德又说："搞起几个新的师来容易，但吃穿都很困难，这些新军队都很勇敢，但是每次都牺牲很大。又不把他们编入老军队去。譬如一个军团一个师只剩下一两千人都不管。其实扩军应该从老的军队里带出来才可能，否则，想重新建立新军就不是那么简单的事情。"

仔细分析朱德说的肯定比李德说得对，问题是李德有权朱德没权。而我最惋惜的是血和命在某些人心中如此廉价且无足轻重！

父亲说广昌集训不到一个月，少共国际师就奉命到黎川前线作战了。

黎川地理位置很重要。它实际上就是中央苏区的北大门。对于是"坚守苏区每一寸土地"还是"放弃黎川，诱敌深入。"据说有过相当激烈之争，只是错误总是被权力者滥用。

于是9月25日，国民党北路军集中了4个师的兵力，一举夺占了中央苏区东北部的重镇黎川。并加速构筑工事，巩固了黎川和资溪桥的联络，全力完成了由吉水到黎川的军事封锁。

9月28日，在闽北拿口，少共国际师打了建师以来的第一仗。而且是旗开得胜。战斗规模不大，仅是一场遭遇战。敌方为第十一师师长周志群部。红军以一个营的兵力，打败了敌军的一个连。这也是少共国际师唯一的一次胜仗。红一方面军朱德亲自贺电。少共国际师被誉为"铁拳初试"。

可惜当天黎川失守。这个消息让苏区的领导人震惊。他们急于恢复黎川。在10月下旬，"左"倾冒险主义领导者无视国民党已在资溪桥地区集结重兵的实际情况，继续命令红一方面军深入堡垒地域间隙中去消灭国民党军，并严厉指出："如果原则上拒绝进攻这种堡垒，那就是拒绝战斗！"

这正是帽子满天飞，棍子遍地打。那个年代在党内就已经开始了不怕更左，就怕不左的思想狂热。

少共国际师奉命配合红军东方军参加夺取黎川的战斗。该师第四十五团被置于黎川西南之龙安镇、弋阳隘地区，阻止国民党向南推进。

父亲说："我是随少共中际师参加了保卫广昌的大决战的。我记得当时刚上战场就遭到敌人的飞机狂轰滥炸，我们这些红小鬼心都"砰砰"的乱跳。前面的二连还没进入阵地，就被国民党的飞机炸死炸伤好几十人。正前方是红军三军主力顶着的，可是他们的伤亡也很惨重。我们是新部队，又是红小鬼，武器装备也很差。领导照顾我们这些娃娃兵，所以没有把我们放入前线的主攻方向。"

可即使不在主攻方向，子弹仍旧是不长眼睛的，它对战场上的士兵一视同仁，没有新、老之分。在那场战斗中少共国际师里有一个排，打到最后仅剩下六人。三个班长就剩下一个。父亲说大家眼睁睁地看着红军一道道防线被国民党军突破，一批批红军战士应声倒下……

父亲虽说是个新兵，却在战斗中没有一丝一毫的怯场。也就在那一年里，父亲因为在激烈的战场上表现的非常勇敢和顽强，很快就被获准由共青团光荣的转为中国共产党的一名正式党员。父亲把它看成是领导对自己的最高嘉奖。

10 月 22 日，红军开始向资溪桥发起攻击。但是国军又开始了谨慎。他们依靠坚固的堡垒，很少出击。结果红军连续进攻四次，既未能牵动敌人，也未能占领资溪桥。反使部队暴露于国民党的堡垒之间，日间不断遭敌机轰炸，晚上露宿旷野，部队实力消耗很大，仅担任右翼的红十三师就损失过半，年轻的少共国际师也因此损失了四百余人。

资溪桥久攻不下，红军伤亡重大。红一方面军决定放弃资溪桥地区与国民党军作战的计划。

少共国际师奉命撤离黎川，移驻黎川东南的团村，进行休整。团村是个较大的镇子，镇子里有一座外观十分气派的大祠堂。由于黎川之战没有打赢，战士们情绪普遍低落。甚至有逃兵的发生。一些年轻的战士看到自己熟悉的战友牺牲了，感情上不适应，整天悲悲切切的。年纪小的还哭鼻子。一个排长为了鼓舞年轻士兵们的斗志，咬破手指，写下血书"以血还血"。萧华拿着这张血书教育大家要把对国民党军和反动派的仇恨化成战场上奋勇杀敌的力量，鼓励大家一定能战胜敌人，保卫胜利果实。萧华又带领战士们高声大唱《少共国际师》的军歌。

但是革命战士高涨的斗志并没有阻断国民党军的疯狂进攻。

12 月 12 日，周浑元第八纵队以数倍于红军的兵力，开始向红军团村阵地攻击前进。敌人来势凶猛，飞机大炮助战，气焰十分嚣张。这一仗打得更残酷，甚至少共国际师师长吴高群也在这一仗中英勇牺牲了。

吴高群牺牲后，刚从红军大学高级班毕业的优等生曹里怀被任命为少共国际师的师长。

1934 年 1 月下旬，蒋介石又调集了 25 个师在飞机大炮的掩护下，向黎川以南的樟村、横村阵地实行更猛烈的进攻。

大兵压境，驻守在樟村，横村一线的年轻的少共国际师首当其冲的为保卫广昌而奋力拼搏。

中革军委命令：少共国际师和红五军团第十三师必须竭尽全力，坚守樟村、横村一带阵地，迟滞敌人前进，以便争取时间，使红一、红九军团能够迅速在建宁以北地区集结，阻止黎川地区的国民党军队向南推进。

很明显，这是一场与优势敌人拼消耗的典型的阵地战。战斗是以少共国际师比自己多七倍的敌人之间展开的。胜与败早在战斗开始之前，就已定夺。可红军战士还在用自己年轻的生命做顽强的抵抗。阵地上炮火纷飞，子弹呼啸，山头上的树木着了火，泥土被翻了过来，敌机疯狂俯冲扫射，整个大地都好像摇晃起来了。在敌机、大炮轮番轰炸中，红军战士们的鲜血一层又一层的染红了山上的土地。他们打退了敌人无数次的冲锋，阵地始终巍然屹立。

红一军团的政委聂荣臻曾这样描述过那时的战斗："有的部队白天打仗，夜间还要在该地露营。许多同志疲劳过度，倒头就睡。第二天拂晓才发现是和尸体露宿在一起了。有的同志夜间口渴，摸到河沟去喝水，有一股血腥味，第二天拂晓一看，河沟里的水都泛着红色。"

……！

……！

我相信十六、七岁时的父亲对这一切一定记忆犹新。

4 月 8 日，广昌战役开始前，"独臂将军"彭绍辉接替了曹里怀，成为少共国际师第四任师长。

父亲说："广昌保卫战是第五次反"围剿"战争中最为残酷激烈的一场战斗。"

能不残酷吗?! 3万红军被指定在抚河两岸同数倍于自己的敌军对峙，筑堡挖壕，展开阵地战。由于国民党军有着飞机、大炮、轻重机枪和自动步枪等新式武器，尽管红军浴血奋战，作了英勇的抵抗，但也没能抵挡住国民党中央军的重兵进攻。结果红军失利，广昌失守，苏区北大门由此被打开。

红军在广昌保卫战中坚守了28天，最后在敌人三面包围下，不得不撤出。这一仗虽然大量杀伤了敌人，但红军自己也损失了总兵力的五分之一。看到红军战士血流成河，多少指挥员心痛不已。

彭德怀大骂李德是"儿卖爷田心不痛!"指的就是那场失败的战役!

父亲说："虽然那次著名的广昌保卫战是以失败告终。但我对自己一生能参加几次著名的战役，而深感荣幸。广昌战斗是坚持最久，损失最重的一次战斗。在广昌战斗中执行的是"堡垒对堡垒"的死打硬拼的战术，较量结果，我军苦苦死守的广昌失守了，国民党取得了胜利，占领了广昌。而我军在广昌战役中前后共伤亡了4万多人。"

据记载，父亲参加的广昌保卫战，实际上是指少共国际师参与的万九岭战斗。万九岭在福建建宁东南。而万九岭也是保卫广昌战役中的防御战斗之一。

广昌失守。红军被迫往后退到驿前。红军的节节败退，对军心的动摇，产生了不小的负作用。在山塘，少共国际师发生了许多逃亡事件。看师长彭绍辉的日记，他对师里的战士多起的逃跑事件是这样写的：

六月二十三日在山塘。

在地方动员征集粮食。今日检查各部队巩固新战士的工作。一般的在部队整训时期逃亡较严重。各部队逃亡人数：'北洋'二十四人，'贵洋'二十九人，'信洋'二十三人。这应引起我们的严重注意。必须加强和改进这方面的工作，如；唱反对逃跑的歌；把逃兵捉回来后开欢迎会；自动回队的要开会表扬；不准打骂、污辱等；同时进行反法西斯教育，揭露蒋介石的什么新生活运动；做好群众工作，做好少年儿童团和赤卫队的工作，他们能自动捉逃兵送回部队。部队经常唱反逃跑歌，也能起到激励战士抵制逃跑的作用。

晚上参加'信洋'团的比赛晚会。我在会上讲话鼓励部队发扬成绩，改进工作，继续前进。这个部队情绪很好，军事教育较他团强。该团团长是个红大学生，这与他的领导分不开。

轻
声
细
诉

杨
争
著

在彭绍辉日记中的所记载的"北洋""贵洋""信洋"，实际上就是指少共国际师的四十三、四十四、四十五团，这三个团的代号。而彭绍辉最满意的那个"信洋"团，就是父亲所在的少共国际师的第四十五团。

多少年后，我曾问父亲："为什么在少共国际师里有那么多的人害怕了，逃跑了。你却没走呢?"

父亲说："因为我那时已是共产党员啦!"

我注意到即使是在事情已经过了 70 年后的今天，父亲说这番话的语气仍是那样的自豪和肯定，不容人半点的置疑。

父亲说他从上战场的第一天起，就没有被敌人的子弹吓爬过。那时候他非但没有离队回老家的思想，反而更坚定了自己革命到底的决心。眼看身边那么多的一起当兵的战友悄无声息的在战场上倒下，父亲想得更多的则是一定要向敌人讨回血债！正是因为他的勇敢和无畏，在战斗进行的最激烈最艰苦的时候，父亲才能在火线上光荣的转正。这是他把自己的一生毫无保留地交给党、交给军队的证明。可以想像，对父亲这个当兵还不满一年的 17 岁少年来说，历经了那么多血腥惨烈的战斗，那么多战友的流血牺牲，那些鲜活而又残酷的场面，对父亲的精神一定会产生非常深远和至关重要的影响……虽然这种体验相当痛苦且残忍，但也正因为如此，父亲从此没有了少年人的幼稚和单纯。父亲几乎是本能的在残酷的战斗中一下子走向成熟。虽然他才17岁，没有文化没有阅历更没有思想，但他的胸中再也不会对战争存有恐惧，对死亡存有陌生。父亲反而坦坦荡荡的更坚定的义无反顾的走上了在共产党的领导下，解放全中国的漫长征程。父亲就是这样在战火的洗礼中，在生与死的考验中，在一点一滴不知不觉中，完成了一个农民的孩子变成无坚不摧的红军战士的重要转折。其实在那样的年代里拥有这种不寻常经历的人，又何止是父亲一人。

我们现在反观民国时代，不得不说那是一个非常特殊的时代。那个时代真是全方位的出现了各个领域的大家、伟人、将才、甚至天之骄子！

特殊时代必定会造就特殊的人才。

正所谓才为世生，且前无古人，后无来者！

我们一定也能意识到在中国共产党领导下的中国工农红军，在自身走向成熟的同时，也造就了一大批像父亲这样的无数勇敢顽强的红军战士，后来均得以成为国家栋梁。当然能够活下来的，确属不易。所以父亲始终格外珍惜红军时期曾和他一起打过仗一起流过血的年轻战友。

我采访过曾给父亲当秘书有十年之久的周叔叔。他对我说过这么一件小事。

他说："你父亲是个很重感情的人。60年代末期，你父亲到福空当司令后，第一次回老家，是我陪他一同去的。当时你父亲回村后第一件事就是去找一个当年一同与他参军的同村小伙伴，名叫杨士敬。这个同村的小伙伴也是一个经过了长征的老红军，全国解放后，杨士敬所在的部队就地转业，领导动员杨士敬回乡，并给了他几千斤大米。在刚解放时，这几千斤大米应该是不算少的，可后来就显得于事无补了。等你父亲返回家乡探望杨士敬时，才知他早已去世。知道他当时家里只遗有一个 16 岁左右大的女孩儿。其它的人则早就不在了。你父亲就找到这个女孩儿，把她接到于都县城住了几天，临走还特地交待县里的领导同志，说她是老红军的后代，要尽量照顾好。"

生死相交，患难与共。即使你死了，我依然把关照你的后人视为我的责任。只是现在的我们谁还能找到这种血浓于水的情感?!

读彭绍辉师长的日记：

> 七月十七日
> 今日以备战姿态移到曾广岭，部队挖工事，修碉堡，设障碍，整天在山上抬树，抬石头，许多同志的双脚都被弄破了皮，发生烂脚的很多。
> 七月十八日
> 今日指挥工兵连构筑工事，差不多每个山头都要筑碉堡，在工事前均构有树枝鹿砦，在鹿砦附近埋地雷。为了使敌人不发觉，一般都用柴草伪装。地雷的拉索均用竹筒埋在土内。我师是一支新部队，构筑工事无经验，须要领导亲自去指导。
> 连日来，部队筑工事十分疲劳，干部、战士手脚磨破了，衣衫拖烂了。虽然如此，为了革命战争大家都自觉地去克服困难，争取胜利。
> 七月二十一日
> 待机。
> 晨接军委来电，我师有新的任务，准备向东线转移，决定今晚到驿前。后又接董、朱电话：敌一个师向大脑寨攻击，令我师配合红五军团消灭向大寨脑进攻之敌。我师即运动到突击位置待机。今日敌人因工事未完成在原地未动。

轻声细诉

杨争 著

七月二十二日

今日敌开始进攻,我军配合友军消灭进攻之敌,部队一开始上去就实行反突击,顽强地与敌激战整日。因兵力分散,反突击不成,部队伤亡很大,连我的特务员为保护我打电话指挥战斗,而被敌迫击炮弹击中牺牲。当晚我师撤回驿前窑下集结。

在当时师政委萧华的回忆录里,我们还看到这样的描述:"大脑寨战斗打得异常激烈。少共国际师的阵地前至少有六个团的兵力,青少年战士与冲到阵前的敌人进行了多次白刃格斗。这时那些连队的射水枪发挥了很大的威力。拼刺刀时,两个人对一个敌人,一个人拿着射水枪往敌人眼里射水,另一个趁敌人睁不开眼时捅刺刀,敌人还不知怎么回事就丧了命。"

打扫战场时,萧华在一个连的阵地上看到敌尸脸上,个个都是花花脸,问是怎么回事,连长说明情况后,萧华哈哈大笑,说:"你们真有办法,这个办法很好,要在全师推广。"

无法推广。因为大脑寨战斗持续了十几天,双方伤亡惨重。虽然歼敌一部,缴获了一些战利品,但仍无法扭转江西红色根据地的整个败局。

8月,驿前战役开始,少共国际师配属红三军团指挥,又整整打了近一个月的仗。在那时部队一面作战,一面修工事挖碉堡,风里来,雨里去,加上粮食和药品都非常匮乏,再加上敌人步兵天天出击,飞机大炮不停地轰炸,敌我伤亡越来越多,阵地上陈尸数千,由于顾不上掩埋,腐尸恶臭难闻,无数绿头苍蝇密密麻麻,层层叠叠的,飞起来简直是遮天蔽日,令人不敢睁眼和张口,那情景十分可怕。酷暑8月,疟疾、痢疾一起爆发。许多战士都患上了传染病。部队又因卫生条件差,营养不良,又没有药品,生病倒下的战士越来越多。为了解决部队的营养问题,后来只能用一些土办法,如打鱼摸蟹,掘笋罗雀等。卫生员还向当地土郎中请教,用硫磺拌和适量的石灰水，煮沸后给生疥疮的病号擦洗。没有吃的，还是老办法，白天上山采蘑菇，挖野菜；晚上下田摸田螺，抓泥鳅。

父亲说，那时部队天天行军，没有军鞋。当兵第一件事就是在干部的手把手下学打草鞋。那种草鞋现在看，很可怕。好像五个脚趾头全都咧扒在外。它唯一的优点就是好爬上山能走路，价格成本极低。毛泽东对红军的不断运动和走路，有一个很精辟的描述，他说："我们必须老老实实的承认红军的游击性，在这里害羞是没有用处的。相反游击性正是我们的特点，正是我们的长处，正是我们战胜敌人的工具。对于我们走路的时间通常多于作战时间……因为一切的走都是为了打……"

父亲就是穿着这种红军独有的草鞋走了他一生最远的路，打了他一生最多最苦的仗！

其实在那时对红军最大的困难还是缺乏弹药补充。红军自己的武器弹药的制造工厂简陋而粗糙。甚至连自己制造的手榴弹，也未必都一拉就响。几乎所有武器装备都要靠红军战士从国民党军手里一仗一仗的去获取。甚至还包括穿的用的。可是在李德、博古的错误军事路线指挥下，红军胜少败多，军队的武器装备如何充足呢？广昌保卫战前，每人还发了翻造子弹，现在早已用光。即使从敌人手上缴获的弹药在频繁的战斗中也消耗很大，剩下的一两颗土造的马尾手榴弹都被看成宝贝。战士们胸前的子弹袋里总是塞得满满的鼓鼓的。原来那些子弹袋里装的都是竹片、木棍，用以迷惑敌人。

为此，部队不得不在晚上组织小分队，摸到阵地前从敌人横尸堆里拣枪支弹药。

不要问我，这会是一种什么样的感觉。我只知道能从敌人的尸体堆里去找到枪支弹药的人和军队，一定被特殊的材料所制成！

再读彭绍辉师长的日记：

九月二十七日

战斗。

雷宗形、分水凹这两个阵地原由红三军团第四师坚守，后军团决定以红四师作为机动力量使用，即令我师坚守这两个阵地。

我师刚进入阵地，敌人即在飞机大炮轰击下发起猛烈的攻击。部队沉着、勇敢、顽强抗击，但因工事碉堡被摧毁，数次反冲锋不成，有的干部、战士连人带枪埋在碉堡内，战斗异常紧张、激烈……

读到此，我不得不为那一句"连人带枪埋在碉堡里"的简单描述，再一次感觉到自己心灵的颤动和窒息！

也就是在9月里，广昌失守后，李德无计可施，抱病消极。红一军团在朱老总的指挥下，总算在福建长汀打了一个大胜仗。当时歼敌4000多人，缴获大批武器弹药，使红军得到了第五次反"围剿"苦战一年以来最大的一次补充，也是红军在第五次反"围剿"中，仗打得最好的一次。但这只是个别战斗的胜利，补救不了整个战役的失败。

父亲说，那时他当兵一年有余，天天行军打仗，也不知为什么，胜仗不多，败仗不少。打来打去，红军的势力反尔越来越弱，中央根据地越来越小了。

长汀战斗后，父亲所在的少共国际师四十五团奉命到福建长汀去搬运武器和战利品。

父亲说他们常常一天只能吃上一顿饭。"红米饭，南瓜汤，顿顿吃的精光光"，就是父亲那时生活的真实写照。

这种生活对父亲的一生影响都很大。不完全是精神上的，甚至包括生理上的。比如父亲的一生都酷爱走路，一天不走很长的路，父亲会晚上睡觉都睡不香。父亲一生吃饭也从不挑食，吃什么都特别香。这种习惯以至于几十年如一日，一直到晚年。

3

　　父亲说："1934 年 9 月下旬至 10 月上旬，我们转移到福建张村、黄村建宁一带。广昌失守后，在它的东面，红军又进行了保卫建宁的战斗。这里原来是红一方面军总部的所在地。红军作了坚决抵抗，仍未能守住。战斗失败后，红军部队面临的形势十分严重。因为红军部队伤亡太大，战斗力受到了极大的削弱。国民党军队开始向中央苏区腹地推进，中央苏区的人力、物力日见匮乏，红军坚持内线作战已难以继续下去。为了保存红军的主力队伍，中央军委作出了撤离中央革命根据地，跳出国民党重兵围剿的圈子，实施突围转移的战略部署。

　　"当时作为一个只能算做'红小鬼'的战士，我们什么都不知道。那时我们只是随着部队退回到了老家于都县。在于都县集中时，朦朦胧胧听说部队要离开苏区，开拔到很远的地方了。至于去哪，多长时间，我们谁也不知道。"

　　父亲说："我们都很想家，尤其是我非常想我那苦命的老母亲。苏区人民刚过上几天的好日子，我们三兄弟就全当兵了。思前想后，我知道该向老母亲告别了。谁知道未来的日子中我们还有没有见面的机会呢？因为我在内心深处早就做好了为革命牺牲的准备。可在当时红军要求士兵要过家门而不入。我不能离队回家啊。于是我想方设法托人捎了一个口信，请母亲到部队驻地来看我们。没想到母亲真来了。我和哥哥的心情既高兴又很沉重。母亲告诉我们，红军失败后，国民党已进入到宁都、会昌、长汀、石城一带，地主富农又开始活跃了。可母亲还是叫我们哥俩不要想家，要听红军的话，行军打仗千万别掉队。那时我和二哥才知道大哥因伤残已回家了。当我知道这些情况后，心情很复杂。一方面觉得大哥在家能照顾母亲而甚感宽慰。另一方面则更痛恨国民党反动派。虽然我那时已正式加入了中国共产党。但我没把这个消息告诉母亲！我安慰母亲要好好保重身体。我在外面会好好照顾自己的。母亲在队伍上没呆多长时间就回去了。但母亲那矮小的身影和坚强的意志却深深地留在我的记忆里。我一生一世也不会忘！

不久我们所在的部队接到了渡过于都河的命令。过去一听说部队要打仗了，要上前线了，大家不用动员也会兴奋的"嗷嗷"叫。但那次过于都河，气氛却截然不同。大家都不知道部队要向何处开拔，也不知道为什么要走，向哪走。这次真要撤离根据地了吗？还会回自己的老家，还会回中央苏区吗？没有人对红军战士的这种疑问作任何一点的解释或回答。更没有人告诉红军前面是生路还是死路。只知红军要进行大转移了。一想到这一次真的要远离生我养我老家江西了，难分难舍的离别之情，还是在内心深处挥之不去的。"

读党史，我才知道长征的所有准备工作，不管是中央的、地方的、军事的、非军事的都是在秘密的状态中进行的。甚至在中央政治局的会议上也从没有讨论过。中央红军为什么要退出中央苏区？当前的任务是什么？要到何处去？始终没有在干部和广大指战员中进行解释。而且既然中革军委准备长征，就应毫不迟疑地转变红军当时的战略方针，实行战略上的退却，以保持主力红军的有生力量。可是中央一面进行转移准备，一面又要求各主力红军用一切力量争取更大的胜利。这种继续与敌人拼消耗，而忽视保护有生力量的错误决策，使红军又遭受了更严重的损失。

对于中央领导干部的走与留上，中革军委则采取了更为严酷的方针。要知道当时的走与留，对个人的命运关系影响极大。事实证明，像董必武，徐特立等年高体弱的同志，由于跟着红军行动，都被保存了下来，安全到达了陕北。而一些"左"倾领导不喜欢的干部，如瞿秋白、何叔衡、毛泽覃、古柏、刘伯坚等人，都被留在根据地打游击。这些人大多牺牲在白色恐怖中，难以幸存。

这似乎是共识。

陈毅曾说：这个退出，是逃跑主义的，没有进行充分的准备；

而对于如何坚持苏区的斗争，更是没有准备……苏区处于紊乱状态。

果然，中央苏区被国民党中央军占领后，无数的革命干部和群众惨遭杀害。其中瑞金被杀达 12 万人。于都被杀绝的则有 8300 多户，闽西被杀绝的有 4 万多户……

也许宽广的于都河，早已用它清亮的眼睛看穿了未来的血雨腥风，以至红军大队人马告别于都河时，那场景真是无以形容的苍凉和悲壮。不仅在当时也给后人留下了深刻难忘的印象。以至于后来不少的文学作品都对其有深刻动人的描述。也许正是在那难以言述的悲壮中，人们才依稀看到了新中国未来的一丝蒙蒙初现的曙光。

当时的红一军团政委聂荣臻是这样描述的："一军团的部队是 10 月 16 日以后，先后离开瑞金以西的于都宽田、岭背等地，告别根据地群众，跨过于都河走向了长征之途。过了于都河，正当夕阳西下，我像许多红军指战员一样心情非常激动，不断地回头，凝望中央根据地的山山水水，告别在河边送别的战友和亲人们。这是我战斗了两年十个月的地方，亲眼看到是中央根据地人民为中国革命作出了重大的牺牲和贡献，他们向红军输送了大批优秀儿女。红军战士大多来自江西和福建，根据地人民给了红军最大限度的物质上精神上的鼓励和运行。想到这些，我不胜留念。主力红军离开了，根据地人民和留下来的同志，一定会遭受敌人残酷的镇压和蹂躏，我又为他们的前途担忧。依依惜别，使我放慢了脚步，但'紧跟上！紧跟上！'由前面传来的这些低声呼唤，又使我迅速地走上新的征程。"

同是红一军团的二师四团政委杨成武这样说："我一想到要走，要离开苏区，就抑制不住内心的激动。几年前，当我们的队伍来到于都河畔，我们这些异乡的红军战士，初到江西，人地生疏。可是这里的乡亲们没有把我们当外人，甚至待我们胜过亲人。我们在这里住下后，一起劳动，一起生活，一起战斗，结下了更深厚的情谊。真可以说是同生死，共患难了。无论是谁要把我们从感情上割开，都是不可能的。苏区是这样的好，苏区的人们是这样的亲，要我们放弃这一切，到一个陌生的地方去，离开这熟悉的山山水水，离开这朝夕相处的苏区人民，叫我们怎能舍得？

军号响了，我们红四团，迈出了战略转移的第一步。这是1934年10月16日。我们离开了驻地，穿过一条大路，踏上了宽阔的于都河桥。桥下的水徐徐流着，我们的队伍从桥上缓缓的通过，前不见头，后不见尾，两旁站了不少的群众。

向前，向前，迎着蒙蒙的暮霭，听着越来越小的水声，渐渐地，那声音被急行军的脚步声代替了。就这样，我们离开了于都的乡亲。谁也没有想到，这竟是我们战斗、行军一年零两天的二万五千里长征的开始！"

父亲说："座落在于都城东门外的那条于都河，河面并不宽。但它却是主力红军长征必须渡过的第一条大河。为了保证红军顺利渡河，于都县政府动员了成千上万的男女老少，从四面八方赶到河边，帮助红军架设浮桥，为了解决架设浮桥所需的木材，沿河两岸群众将自己家里所有可用材料都贡献出来了。有位年逾古稀的老人，甚至把自己的一副寿材也搬到了架桥工地。那场面甚是感人。"

名不见经传的于都河啊，就在那个秋意苍苍的夜晚，如一个受伤的巨人，低低地垂下高昂的头。以自己悲壮呜咽，缱绻柔情，让千千万万的中国百姓为之动容！那一天一夜里，于都河两岸，没有了往日欢快的波浪，没有了熟悉悦耳的歌声。红旗猎猎，战马哀鸣。整齐的队伍站在于都河对面，源源不断的苏区百姓，静静的无声无息的从四面八方赶来。他们扶老携幼，满面愁容，默默的在于都河岸为子弟兵送行。除了满脸稚气，不懂事的小孩跑来跑去，大人们的脸上都挂着难以释怀的悲情。多少人情不自禁地悄悄掉泪。多少老乡们拉着红军的手，不停地问：你们什么时候回来啊，你们什么时候回？红军哥啊，你们这一走，谁替咱老百姓做主，谁来保卫咱老区的家园？！仿佛大家都晓得红军这一走啊，不知几时回……

我不知道《十送红军》的词曲作者是谁。但这于都河畔的一声绝唱，却一定能永远永远的撩拨起人们心灵深处那最柔弱的心魄。这首歌百年前让苍天落泪，百姓动容。近百年后的今天依旧依旧！我相信不管时间的长河会流逝到多远，亦不管将来是共产党的儿女还是国民党的后人，历史都会记住那首歌，人们都会因那首歌，而记住中国工农红军的悲壮，记住江西儿女绵长不绝的柔情！

　　我忍不住还是要把那声声滴血的歌词重抄在后：

　　　　一送红军下了山，秋雨绵绵秋风寒。树树梧桐叶落尽，愁绪万千压在心间。问一声亲人红军啊，几时人马再回山。

　　　　三送红军到拿山，山上包谷金灿灿。包谷种子红军种，包谷棒棒咱们穷人掰。紧紧拉着红军的手，红军啊，撒下的种子红了天。

　　　　五送红军过了坡，鸿雁阵阵空中过，鸿雁能够捎书信，鸿雁飞到天涯海角。嘱咐咱亲人红军啊，捎信多把革命说。

　　　　七送红军五斗江，江上船儿穿梭忙。千军万马江畔站，恩情似海不能忘，红军啊，革命成功早回乡。

　　　　九送红军上大道，锣儿无声鼓不敲，双双拉着长茧的手，心象黄连脸在笑，血肉之情怎能忘，红军啊，盼望早日传捷报。

　　　　十送红军望月亭，望月亭上搭高台。台高十丈白玉柱，雕龙画凤放光彩。朝也盼晚也想，红军啊，这台名叫望红台。

　　于都河有幸成为红军长征渡过的第一河。而于都人民为中国革命的胜利则作出了巨大的牺牲和历史性的贡献。据史料记载，在国共内战时期，共有6万多人参加了红军，10万多人支前参战，很多人为革命献出了宝贵的生命，从此在二万五千里的长征路上，每4公里就会倒下1名江西人，其中有名有姓的革命烈士就达1.6万多人。

你说江西的土地何以不红不赤不艳?!

作为一名于都人，又何以不骄不傲呢!

4

古人云：福之祸所伏；祸至福所倚。

当蒋介石打了胜仗把红军赶出了江西，误以为中国这块土地的赤色种子得以斩草除根。殊不知红军却并没有被消灭，二万五千里的行程，让共产主义如星星之火，在中国大地得以燎原。中国共产党在中国的势力反而越加壮大。

这真是人有千算，天只有一算!

一个美国人在50年后，重新饶有兴致地沿着红军长征的足迹走过两万五千里后，发出了这样的感叹，他说："长征是一部史诗。它有点像犹太人出埃及，汉尼拔翻越阿尔卑斯山，或拿破仑进军莫斯科，而且我惊奇地发现，还有些像美国人征服西部：大队人马翻越大山，跨过草原。但任何比拟都是不恰当的。长征是举世无双的。这不仅是因为纯朴的战士及指挥员们所体现的英雄主义精神，还因为长征实际上成了中国革命的熔炉。它锻造了在毛泽东的领导下打垮蒋介石，夺取全中国的整整一代的人和他们兄弟般的革命情谊。"

长征犹如炼狱。

红一方面军在历时一年零两天中，漫漫西征二万五千里，穿越中国11个省、市，共跨过24条大河，翻过1000座高山，踏遍茫茫无际的草地，死伤无数，8.6万多人的队伍，最后仅剩6000人，这种世间罕见的熔炉，如何能不锻造出中国共产党和中国军队的帅才、将才、有用之才?!

也许钢铁就是这样炼成的……

有人说长征是信仰的胜利，也有人说长征是精神的胜利。不管哪一种说法更为贴切实际，长征一定是中国共产党最大的骄傲，也一定是近代史上中国人最大的骄傲!

因为它体现和证明给全人类的是中国人能够死中求生的伟大意志与坚强胆魄！

父亲说，部队过了于都河后，又陆陆续续的打了一些小仗。战斗越打越残酷。他就是这样在大大小小的战斗中逐渐地成长。

1934 年 10 月中央苏区红军由江西瑞金、于都县、兴国县突围长征。从苏区南线赣粤边境冲出来，突破敌人古坡、新田、城南、乐昌一、二道封锁并继续向西推进。一路上部队几乎没有什么休整的时间。

"西征的红军每天除了走还是走。行军中气氛是沉闷而压抑的。连队和连队擦肩而过时，再也没已往那种互相拉歌，互相竞赛的热烈场面。一个连接一个连，一个战士跟一个战士，部队翻山越岭，蹒跚而行。每一个人的脸上都充满了汗水和泥污，充满了焦虑和疲惫。所有人半步也不敢停。只要一停步，就可能会因不由自主的睡着而倒下。

"当时，没负伤没患病的指战员走在队伍的前面，后面的队伍中走着伤病员和体弱者。突破三道封锁线后，前后的队伍在骤然间好像越来越短，中间的队伍则越来越长。走着走着，你蓦然回首会发现身边好多朝夕相处熟悉的战友，不知什么时候就永远地消失不见了。走着走着，你就会在不知不觉中感觉到家乡的山山水水早已望不见，而且越来越远了！"

在这绵绵不绝的队伍里，有多少人想都没想过仅用自己的一双穿着草鞋的脚，就徒步走完了举世闻名的红军长征二万五千里，横跨了大中国 11 个省！走在队伍里的人更不会想到他们当中注定会有很多很多的人远离自己的家乡，永远长眠在陌生的土地上。有人说，红军长征实在是面临三大考验：蒋介石的军队，大自然的无情，党内激烈的斗争。活下来的人，只能是佼佼者。8.6 万余人当中仅存 6000 余人！我相信这种残酷性决不仅仅是简单的数字本身！

父亲有一百个理由为自己有幸成为那段光荣历史的参与者和见证人而自豪！

父亲说："长征的历史意义对于新中国的建立，其影响深远和巨大是不言而喻的。同样长征对我个人来说也意味深长。回想我自己的一生，党得最苦最难熬的还是长征。两次掉队，两次又追赶上了部队。这对我生命和意志无疑都是一次绝无仅有的重大考验。这种考验竟成为一种精神的财富，使我的一生受益无穷。"

一个人如果他只是一名普通的探险者，仅穿着单衣和草鞋，用一年的时间就徒步走完二万五千里路，的确很了不起，甚至可以被世界吉尼斯大全收录入册。但对像父亲这样一个中共党员的一生来说，长征却仅仅是人生序幕……

红军走过江西、湖南，依旧在向广西进军。第一、二道防线所以能比较顺利，除由于国民党当局还没有发现红军行动的真实意图、防范较松外，一个重要的原因是长征出发前夕，红军和国民党南路军总司令陈济棠部秘密达成合作反蒋抗日的协定。所以当红军西征时，陈济棠执行了互相借道的协定，让开大路40里，在他的防区内没有对红军进行堵截。

可在红军突破第三道封锁线后，蒋介石看清了中央红军主力西征的意图，全力加强湘江的第四道封锁线。他任命国民党湖南省政府主席何键为"追剿军总司令"，指挥西路军和北路军的薛岳、周浑元两部共16个师的兵力加紧追剿。同时命令粤军陈济棠、桂军白崇禧各率主力部队扼要堵截，国民党各路重兵迅速云集湘江沿岸，企图围歼红军于湘江以东地区，局势异常严峻。

在以后的年代里，一军团政委聂荣臻曾回忆起1934年11月30日和12月1日这两天，认为那是长征途中最危险的时刻。

一军团和三军团的精锐部队都顺利地渡过了湘江。可是后续部队再渡江已经没有时间了。行动迟缓的中央纵队、伤病员、妇女、还有辎重队伍都还没有过江。整个红军队伍前后相距竟约200里。

这时的红军处于典型的兵家大忌之中，长长的队伍被分割在湘江两岸！

11 月 30 日，战斗整天都在激烈的进行。特别是庞大的中央纵队和军委纵队共 1.4 万多人，有 1000 多副担子，被各战斗部队夹护在约一百里长的狭窄甬道里，缓缓地向湘江前进，每天只能走四、五十里。由于红军先头部队已突破湘江，湘、桂两省国民党军队纷纷向红军渡江地段扑来，在飞机配合下发动猛烈攻击，企图夺回渡河点，把红军围歼在湘江两岸。

12 月 1 日战斗则更激烈。一军团守住了自己的阵地，大约正午时分，主力部队和中央纵队终于渡过了湘江。

12 月 2 日，聂荣臻获悉，被阻滞在江东的还有彭绍辉和萧华政委率领的少共国际师。少共国际师此时隶属于红一军团管辖。于是一军团指挥部派了一支救援部队把少共国际师接过江。

萧华把湘江之战，称为"流血的湘江"！在他的回记忆录里他是这样说的：

"长征开始时，少共国际师又归红一军团建制，担负着掩护军委机关纵队的任务。湘西的 11 月，阴雨连绵，河水骤涨，湘江上游的水面虽然不很宽，但水深过顶，不能徒涉。从界首通往贵州的渡口只有两个浮桥，渡江的困难确实很大。少共国际师奉命在湘西延寿圩一带抗击湘军 4 个团的追击，掩护军委纵队机关和主力部队过河。接连打了几天仗，等主力部队大部过河以后，敌人的追击部队也已经逼近了。同时集结在全州和桂林两地的敌人，也正沿湘江西岸向少共国际师逼来，企图强占湘江渡口，拦腰截断红军。当时的情况十分紧急。

少共国际师的四十三团，配合已渡江的红五团以佯攻牵制全州敌人。师领导则带着四十四团和四十五团与尾追的敌人死拼硬打。这次掩护战，极为残酷。战斗打响后，敌人的飞机就一批一批的飞过来了。并反复向少共国际师阵地上轰炸和俯冲扫射，同时撒下数不清的要红军投降的传单。红红绿绿的纸片满天飞，而敌人的飞机更是十分猖獗，他们有时故意飞得极低，战士们连飞机上的驾驶员也看得清清楚楚。地面上的敌人则在猛烈炮火的掩护下，排着密集的队形不间断地向少共国际师阵地发动冲锋。那时红军没有防空武器，部队只能集中全力对付地面上的敌人，一次冲锋被打下去，第二次冲锋又来了……少共国际师的战士们打红了眼，饭也吃不下，水也喝不进，一个个浑身是土，脸上漆黑，衣服上沾满了泥土和血迹。为了争取时间，掩护红军主力抢渡湘江，一连几天，他们人不解甲，马不卸鞍，连日苦战，在浓密的炮火轰击下，他们蹲在简单的掩体里，用刺刀和用手榴弹打退了敌人一次又一次进攻。

少共国际师全师官兵同仇敌忾，打掉了敌人的锐气，12月1日这一天，从早到黄昏，敌人除了用大炮猛轰外，一直没有再靠近他们。可是全州和桂林两路敌人，却沿湘桂公路，向红军渡河地段继续发动猛攻。这时情况万分危险，搞不好少共国际师就有被敌人切断的可能。萧华和彭绍辉当即决定，赶快收缩兵力，跑步过河。"

好在有聂荣臻红一军团的接应，少共国际师得以保全。

湘江之战是红军长征以来最激烈、损失最为惨重的一次战斗。从11月25日到12月3日，打了一个星期。根据多数人的记述，那真是一场灾难。刘伯承说："虽然红军最终渡过了湘江，却付出了惨痛的代价，人员折损过半。"

其实何止过半，红军从中央苏区出发时的8.6万人，锐减到3万余人。而少共国际师从原来的1万人，最后仅剩不足3000人。也就是说父亲所在的部队当中10个人死了7个人，仅剩3个人。而湘江一战究竟损失了多少部队，又有多少人脱离了红军，谁也提不出具体的数字。但长征的头十个星期中，如果说红军损失了四五万人，那么仅这场战斗伤亡就至少有1.5万人。

在长征中一军团的红二师一直都是先头部队，在中央红军行军作战的最前沿。部队进入湖南边境后，二师五团打开了通道县城。然后继续向贵州方面挺进。红军进入贵州后，迅速占领了黎平。中央在黎平开了一个很重要的会议，叫黎平会议。在那个会上，毛泽东努力说服大家，放弃湘西，建立川、黔新根据地。这样就可把十几万的敌军甩在湘西了。

黎平会议之后，红军听从毛泽东的指挥，决定向遵义进军了。但欲取遵义，必须先跨越天险乌江。于是红军在贵州境内向北靠近。

而少共国际师则在当时担负起了掩护"红星纵队"的任务。所谓"红星纵队"就是中央红军的领导和机关队伍。

1934 年 12 月 25 日，父亲所在的少共国际师协同红二师攻占了贵州境内的施秉县城。当时正是满山满树的柑橘成熟结果之时。红军一边打土豪一边分柑橘，忙得不亦乐乎。少共国际师还将十几担的柑橘送给了"红星纵队"。那种快乐在艰苦的红军长征生活中真是短暂而珍贵的。

当红二师在乌江边和敌人激战正酣时，少共国际师已到了余庆县城。部队一边休养生息，一边在做强渡乌江的准备。

1935 年的新年刚过，贵州恶劣的雨雪交加的气候便向饥寒交迫的红军战士们迎面扑来。

当父亲随着少共国际师来到乌江边时，他们看着流速飞快的乌江水，个个眼睛都瞪圆了。所谓乌江，在当地老百姓的嘴里却叫做"乌龙江"。其实它是贵州境内最大的一条河流，水深且急。沿江没有渡口，甚至连可供涉水过江的浅滩都没有，更别说桥梁了。

读聂荣臻的回忆录，我知道在一军团政委聂荣臻眼里，乌江则是"它南岸要下十华里陡峭的石山，才能到达乌江边，北岸则要上十里地的陡山，才能走上通向遵义的大道。乌江正是在这两座墨黑色的山峡之间不动声色的犹如蛟龙般的奔腾流过。随你向江底投掷任何一样东西，转眼之间就会被乌江水吞噬的干干净净，刹那间就无影无踪了。"

让红军最感焦心的还不止这些。因为当风尘仆仆的红军战士来到乌江边时，他们看见前面由红二师的老战士们为后来的部队搭的浮桥，早已被乌江水冲断。没有别的办法，部队当天只好在江边宿

轻声细诉

杨争 著

营。工兵则连夜抢修浮桥。他们用竹绳绑上竹排，铺成桥道。一直到次日清晨，才把浮桥重新修好。对此，美国人哈里森是这样形容的："一个工兵营用竹子搭了一座浮桥，由大约一百节竹子连在一起，好像小孩的结构玩具一样。这里水流湍急，架桥工作很难进行。敌人炮火打伤了几个工兵，但没能把浮桥破坏。有一次，由于一节竹子被冲走，险些把三百英尺的浮桥整个冲垮。一个叫石长阶的红军战士为保护浮桥，献出了自己的生命。"

就这样红军顾不上休息，部队在拂晓的晨曦中，顺利渡过了乌江天险。风雨之中，少共国际师协同红二师老大哥一起向遵义进攻。

在 1935 年 1 月的飘洒不停的冷雨之中，红二师顺利的攻克了遵义。

红军进驻遵义后，在那里召开了一个历史上著名的会议，后来人们爱把它叫做遵义会议。在那次会议后，中央红军、中央军委决定对全军进行整编，红五军团撤销师一级编制，少共国际师和国家政治保卫团也在这次会议之后被撤销。少共国际师第四十三团编入了红一师，第四十四团和第四十五团编入了红二师，师直属队则充实到红一军团的直属队。

少共国际师的师长彭绍辉被任命为红一军团司令部教育科科长。师政委萧华则被任命为红一军团政治部组织部部长。

至此，少共国际师结束了它的光荣使命。

父亲从此成为红一方面军红一军团红二师五团三营的战士。当时二师师长是陈光，师政委则是刘亚楼。

那年父亲正好是 18 岁。

也是在那一年周恩来曾对年轻的萧华说过这样的一句话："少共国际师作为红军中最年轻的一支部队，经过同敌人的反复较量，广大指战员已经锻炼成为我军一批骨干力量，必将在以后的革命斗争中发挥积极作用。"

事实证明，这批"娃娃兵""红小鬼"在艰苦漫长的战争中的确没有辜负中国共产党和中国军队的重托，他们之中不少人最终成为国家的栋梁，军队的高级将领。

5

父亲说："在长征路上，因为自己年纪小，才十七、八岁，知道的事也不多。所以每天我只需记住四件事：吃饭、走路、打仗、睡觉。"

从记载中可知，红军每天徒步行军，至少都要走五、六十里路。可走路这种生活中看似很简单的事，却在红军的长征中变得异常寻乎的难。红军进入广西、贵州省之后，走的基本上都是山路、小道、羊肠小路，或者说根本就没有路可言。红军在人迹罕见的悬崖陡壁上，在只有少数民族才得以生存的崇山峻岭中艰难行进。山中的道路又是如此泥泞不堪。有些羊肠小路根本就是直上直下。鸟都找不着路，更甭说人了。用彭绍辉的话，就是"路蛮的很！"美国人哈里森则形容说"路陡的如瀑布，飞流直下"。

即使这样红军战士仍旧要不停地走、走、走。也许又松又软的草鞋看似简陋，却不怕雨，不怕雪，不惧泥泞，为的就是让红军战士轻如飞燕，能走的更快、更远……

在一军团政委聂荣臻的回忆录中我还看到了这样的描述："突破第四道封锁线后，一军团到了广西资源县油榨坪的时候，已经是傍晚了，我们站在山顶上朝广西、贵州交界的地方一看，嗬！一层山接着一层山，像大海里的波涛，无穷无尽，直到天边。连我这个出生在四川，又在江西福建打过几年山地战的人，都没有见过这么多的山！"

有人统计过长征路上，红军大约翻过了1000座大山。这是一个什么样的数字概念啊？！也许1000座山是个定数。可红军战士从这1000座大大小小的山间小路上冷不防一脚滑进谷底，甚至连吭一声都来不及就掉在山崖下摔死，却是无计其数。这还不能把红军翻越夹金山，死伤的人数计算在内。

轻
声
细
诉

杨
争
著

在长征的路上，许多少数民族和老百姓对工农红军并不了解。有些少数民族甚至因为深受国民党的残酷压迫，对汉人对红军战士本能的不信任。砍砍杀杀的，这都不算惨的。最惨的要算是掉队负伤后，被国民党抓住的红军战士。他们大多被国民党抓获后就地枪毙！

对此，彭德怀曾对刘少奇说过这样的话："我的士兵不怕强行军或夜行军。但是怕生病掉队。"

的确，红军战士中大部分都是江西人。他们小小的年纪远离家乡，进入到偏远的云贵川山区，他们又不会讲当地话。一旦掉队后，面对异乡异地，很容易茫然不知所措。

但是红军又是一个阶级觉悟和政治素质极高的部队。红军之所以走到哪里都会让武器装备极好的国民党军队闻风丧胆，溃不成军，最主要的原因就是年轻的红军战士根本不怕死。因为他们非常明确自己是在为谁而打仗，为谁去献身。所以很多红军战士在战死前都会深情地说："为革命而死，死而无憾。只是伟大的共产主义我看不到了。"还有人在知自己已没生存的希望，便会向守在身旁的战友，低声念着自己家乡的名字，然后说："请告诉我的亲人，我死了！"

这种忠于信仰、不怕牺牲的精神是国民党军队从不具备，想学也学不到的。可是红军战士一旦落单，在一个人生地不熟，语言又不通的地方负伤倒下或掉队，而这时凶狠的敌人就可毫不费力的把红军杀掉了。而一些对汉人有仇视心理的少数当地人更会把红军战士的衣服扒光，让你在冰天雪地里活活冻死。想像一下吧，这对勇敢无畏的红军战士是一件多么痛苦的事！

这一切对当时只有 18 岁的父亲，同样无法忍受。但父亲还是不能逃脱负伤掉队的厄运！

遵义会议后，中央确定向四川进军。父亲被编入红二师第五团第三营不久，就参加了红二师作为先头部队打了攻打四川省永宁县城的第一仗。二师四团攻东门，五团打北门。那场战斗打的很苦。

因为它未能取胜。也许是部队连续作战过于疲劳，也许是敌军在红军一渡赤水之后，调集了十个旅的兵力赶到宜宾南一带作战，给红军造成了巨大的压力。红二师的部队曾陷入一个葫芦形的隘口中，来回冲杀，伤亡很大。甚至连五团的政委赵云龙也牺牲了。

父亲在那次的战斗中突然觉得左脚刀削般的一阵疼痛。他不由得扑倒在地。抬腿一看，左脚跟血肉模糊，血流不止，好在子弹斜穿过脚跟，没有伤到骨头。那是父亲五次枪伤中的第一次受伤。

我知道也想像得出父亲在当时是多么不愿离开自己的队伍啊！

父亲说："说实在的，我真不愿意离开部队，可又不能因为自己影响部队行军打仗呀，只好眼睁睁地看着战友们开拔了。部队一离开，我感到自己心里一下子变得空荡荡的，好不难过。"

父亲说："由于部队整天行军打仗，脚负了伤没法走路，像所有受伤的战士一样，部队领导把我安顿在当地的一个老乡家里，临走时交给我两斤烟土当盘缠"。

其实那年月对在偏僻的崇山峻岭里居住的老百姓来说，大多都穷的叮当响。"十七、八岁的大姑娘赤身裸体的在田间劳动，许多人家三四个成年男人才有一条裤子。"这些都是见怪不怪的。但是唯有"鸦片烟"，不仅富人抽，穷人也一样要抽。正所谓富人靠鸦片发财，穷人则因抽鸦片而倾家荡产。在农村，有时候鸦片竟同粮食一样重要。父亲身上除了那两斤烟土，一块银元也没有。

于是父亲把烟土小心翼翼地放在床边。

父亲说："当天夜里，我躺在老乡堂屋的竹床上，觉得特别不是滋味。那个时候老百姓的房子都是用竹子搭建的，很不隔音，就在我翻来覆去怎么也睡不着时，忽听到隔壁有人在嘀嘀咕咕讲话。我仔细一听，原来老乡的烟瘾犯了，夫妻俩正在嘀咕着如何能把我弄死，把那二斤大烟搞到手哩！"

父亲觉得因两斤大烟就把一条性命不明不白的丢失了，太不值。

父亲说："我拿定主意，无论如何不能躺在这里等死！要死也得死个明白，死得像个红军的样子！想好对策后，我假装肚子痛，急着上厕所，提着裤子走到他们的屋里大声说：'老乡，我到茅厕方便方便，有点大烟放在我床上，你们帮着我看好。'那夫妻俩听说烟土放在床上，又见我身上什么也没带，便放心地让我出去了。"

父亲说："这一出门我就赶快朝着部队远去的方向跑，心里只有一个念头：不能掉队，千万不能掉队！说什么也不能离开红军！可受伤的脚一挨地，浑身就淌冷汗，两眼冒金星，万箭钻心，疼得受不了。怎么办，我就咬紧牙关，找了一根竹棍当拐杖，连蹦带跳拼命的朝前赶……

在追赶部队的日子里，真是吃尽了千辛万苦！受伤的脚由于得不到治疗而化脓感染。我白天采些野菜苦果，晚上只能蜷缩在人家的屋檐下或在荒郊野岭露宿，还要时刻警惕着追捕红军的白匪和民团。但再艰苦的生活也无法动摇我心中的信念：找到部队就有生路！我咬着牙，顽强地坚持着，紧紧地跟在部队的后面。"

父亲说，就在他一瘸一拐的追赶部队时，有一天他突然看到了自己的部队，看到了自己的师政委萧华同志。萧华也认出了这个从少共国际师就一直跟着红军走到今天的江西小老表。萧华看见父亲脚上的伤让父亲走起路来直龇牙咧嘴的，好不痛苦。于是翻身下马，让父亲骑着自己的马，叫自己的马夫领他回师部。父亲追上了自己的部队，见到部队的领导、同志，就像见到久别重逢的亲人一样，一路上的痛苦委屈，顿时烟消云散。可父亲骑在首长的马上，心里却又高兴又不安。这毕竟是首长的马啊。父亲觉得自己不应该让首长走路，自己却坐在马上。

萧华当时的马夫似乎和父亲的想法差不多。他跟在父亲的马后，老是趁萧华不注意时，狠狠地捅几下马屁股。马受了刺激，一翘后蹄，就把父亲从马上给颠儿了下来。父亲的伤脚一沾地立刻痛得龇牙咧嘴，一气这之下，父亲索性再也不骑在首长的马背上了。宁可一瘸一拐的跟在马后。其实对于父亲来说，只要能和自己的部队在一起，父亲就很满足了。于是父亲主动向萧华提出要求回到自己的连队。以便能早一天和部队一起行军打仗。也许是父亲的勇敢和倔强给萧华留下了很深的印象吧。部队到达陕西后，萧华就把父亲调到师部警卫班，让父亲当了自己的警卫员。当然这是后话。

读红军长征史，我才知道父亲第一次掉队的日子，正是红军在毛主席的指挥下几渡赤水之时。部队并没有走远。

在父亲寻找部队的日子里，红军继续为摆脱国民党中央军的围追堵截而作最艰苦的努力。当时军团政治部印发了军委关于部队行动的口号是："我们必须准备走大路，也必须准备走小路。我们必须准备走直路，也必须准备走弯路。我们决不能损坏财物，因为我们还可能回来。"

然而山路却更加难走。再加上西南山区的冬天，阴冷潮湿，雨雪交加。红军为了对付崎岖小路，不得不每人在行军途中手持一根木棍。在一本书里，我看到了这样的描述："毛泽东拄着棍子爬山，泥浆没过他的双膝。他显然滑倒过，因为他从头到脚沾满了泥浆。"

父亲归队后，很快就参加了红军三渡赤水的战斗。父亲归队后就在红二师五团三营营部当通讯员。当时的师政委刘亚楼带着父亲所在的部队红五团向四川古蔺县城进军，佯装北渡长江。部队行进到镇龙山一带，与川敌魏楷部廖九甫团相遇。敌军在镇龙山，没有料到红军会迅速再入川南，士兵们有的在睡觉，有的打麻将，有的抽大烟，还有的在晒太阳、捉虱子，全无戒备。五团的战士们冲上去，一阵"缴枪不杀"的喊声，惊醒了敌军。这股川军以为是红军的大部队来了，抱头鼠窜。红五团大胜而归。

镇龙山一战，歼敌数量不多，却造成了红军北渡长江的声势。对牵制敌人起到了作用。

对于五团的这次行动，美国人哈里森是这样说的："红军刚一过河，毛就命令部队停止前进，只派出一个团向北跑步行军一百多英里抵达古蔺。古蔺是刚入四川境内的一个人口稀少的大县。该团又向镇龙山前进，沿途虚张声势以引人注意。他们忽东忽西，令人莫测。一些国民党的报纸错误的报道说，贵阳已被红军攻陷。实际上毛主席的目的是要蒋介石以为红军正奔长江某个渡口，尽可能地把蒋介石的部队向西调遣。"

毛泽东这一招，果然有效。

1935 年的春末夏初，云贵高原风轻日朗，艳阳高照。山坡上的一捧捧的红杜鹃和田野里的一片片的黄油菜花，在春风下婀娜多姿，争奇斗艳。山谷里四处流溢着野花的芬芳。但红军没有赏花问月的闲情逸致。

红军南渡乌江，直逼贵阳。

父亲说，他们那时候在红军途经之处，刷标语，贴传单，到处宣扬红军要"攻打贵阳城，活捉蒋介石"的口号。吓得蒋介石忙电令滇军司令孙渡率三个精兵旅驰援贵阳，殊不知此举正中毛泽东的下怀，为红军直奔金沙江，让开了道路。

蒋介石以为红军会向湖南和江西方向推进，一不留神发现林彪率领的一军团红军又出现在云南的昆明城下，不住地在和国民党军队叫板。蒋介石好像中了毛泽东的魔法似的，红军让他把滇军撤到哪，蒋介石就乖乖地把军队调集到哪，一点脾气也没有。当蒋介石从金沙江附近撤回三个团回到昆明时，一下子使金沙江变成了不设防的地带。当父亲随着红二师五团在昆明把"解放昆明，活捉龙云"的口号喊得震天价响时，红军主力已顺利渡过了金沙江。

或许毛泽东确实是牵着老蒋的鼻子，把老蒋逗得团团转。但如果你是一名红军战士，你必须练就出一双飞毛腿，你的一双脚，就必须能跟得上毛泽东的天才指挥和灵活多变的军事思路。因为弱小的红军和强大的国民党军队能得以一拚的就是时间和速度。红军在长征中得以生存的实力，也就是毛泽东的智慧和红军战士不怕死的精神！所以有人说，红军长征一共走了两万五千里路。但许多红军战士真实的行走距离绝对不止两万五千里，三、四万里都有可能。

父亲在长征时当过通讯员，这么算来，他走的路一定更多更远！

6

　　1935 年 4 月底，当在昆明城下的林彪带着一军团还在为掩护金沙江的主力军团，佯攻昆明时，中革军委电命一军团，火速赴金沙江渡江。一军团接此令后，即以空前的速度向金沙江畔进军。

　　金沙江是长江的上游，江水从深山峡谷中奔流而下，水深流急，渡口很少。红军若要北上，唯一的途径就是强渡金沙江。红军分三部份强渡金沙江。可当一军团到了金沙江指定的渡口时，却发现龙街基本上是无法渡江。江面太宽，没有船。好不容易找到渡江的器材，很快又被湍急的江水无情的冲走。就在这焦急的时刻，接朱德总司令的急电：“军委纵队在本日已渡江完毕，三军团七号上午可渡毕。五军团在皎西以南任掩护，定于八号下午渡江，敌人八号晚有到皎西的可能。我一军团务必不顾疲劳，于七号兼程赶到皎平渡，八号黄昏渡江完毕，否则有被隔断的危险。”

　　于是部队立即放弃龙街渡口，改向皎平渡渡口行进。一军团的政委聂荣臻说，“那时真是军情紧急啊，电报还有翻完，但大概意思已经知道，我们立即决定沿着一条经白马口的山谷间的沿江小道向皎平渡前进。这一夜走的简直不是路，路在一条急流之上，上面尽是一些似乎是冰川时代翻滚下来的大石头，石头又很滑。我们一夜过了 48 次急流，净在石头上跳来跳去。摔倒的人很多。一夜赶了 120 里地，疲劳极了。当我们赶到皎平渡时，干部团已到对岸，消灭了对岸的敌人。就靠那几条船，我们从这里渡过了金沙江。毛泽东正在渡口北岸一个崖洞里等着我们。我们见到了毛泽东同志，他说，你们过来了，我就放心了。”

　　5 月 9 日，红军过江完毕。实际上红军全部渡完金沙江，仅用了六只小船，花了 7 天 7 夜的时间。这时红军仅剩下 2.5 万人了。但是红军渡过了金沙江，就是到了长江以北，就是成功的摆脱了几

轻
声
细
诉

杨
争
著

044

十万国民党军队的围追堵截，这对红军是战略上的胜利。

但是红军还是不能稍做喘息。红军的眼前依旧是爬不完的山，过不尽的河。红军必须乘胜追击，再接再厉。因为金沙江之后的大渡河，更是决定红军生死存亡的一场恶仗。

父亲至今仍记得红军攻打会理以后的事。由于人员进一步减少，红军再次进行了整编。红一军团从三个师的编制减为两个师。

5月12日，中央在会理召开了政治局会议。

林彪所谓"抱怨红军路线是一张弓，部队走的尽是弓背而不是弓弦。"就是在这次会理会议上提出的。毛泽东对林彪也有一句很有名的话，即："你是个娃娃，你懂得什么?!"也是在那次会议上，对林彪置疑的回应。会理会议做出了一个重要的决定，即红军继续向北，争取和四方面军会合。而红军下一步必须强渡大渡河，又成为红军唯一的选择。而蒋介石得知红军这一决定后，真是大喜过望。因为他相信红军过得了金沙江，却一定是过不了大渡河。在他眼里，太平军石达开四万大军全部覆灭的历史悲剧必会重演，红军必将成为"石达开第二"。

蒋介石开始向大渡河方向集结重兵。红军再一次和国民党军队展开比速度、抢时间的竞赛。

当红军主力向大渡河飞奔而去时，红一军团二师政委刘亚楼却遵照刘伯承、聂荣臻的指令带着红五团及无线电台一部，为第二先遣团，沿汉源方向佯动，以期干扰敌军的视线和转移敌人的注意力。这好像是共产党和红军常用的战术之一。

5月21日，刘亚楼集合第二先遣团全体人员，进行了简要的动员，并派军团侦察科长刘忠率领便衣队先行，梁兴初带领第三营跟进，走上了通往越西的大路。

父亲跟随五团经过越西城，来到了晒经关。传说晒经关是《西游记》中唐僧取经归来经卷落水后晒经的地方。但红军战士没有闲情赏景。他们毫不费力的打败了驻守在晒经关的敌军，来到大树堡。这是他们的目的所在。部队一到大树堡，就收集木船，动员民工，砍竹扎筏，有意做了一些木排，并放出话去："红军要在大树堡强渡大渡河。""红军要攻打富林镇，解放成都城。"因富林镇与大树堡隔河相望，红军故意做给敌军看，以造成敌军的错觉。果然国民党军开始日夜修赶工事，加紧巡逻，并增派大批援军向富林镇集结，准备抵御红军渡河。直到 5 月 26 日，刘亚楼接到军委电报：我军已在安顺场胜利渡河；第二先遣团圆满地完成了吸引、钳制富林敌军，麻痹安顺场、泸定桥敌军的任务。接此电报，速带五团赶赴安顺场渡河。

父亲随刘亚楼指挥的红五团，通过黎族区，绕路赶回到安顺场，再从在安顺场顺利渡过了大渡河。

5 月 29 日，红军终于全部踏过泸定桥，由此将长征路上的所有国民党中央军，全部甩掉。

胜利渡河后，一军团的《战士报》连续发表捷报和评论，先是表扬了《冲部永远是模范——渡河前的胜利》。冲部就是父亲所在红军第二师第五团的代号。正是由于他们占领了越西县城，为掩护大部队从西边占领渡口创造了条件。然后是表扬了牲部。牲部是红一团的代号，表扬他们在安顺场强渡成功。最后特别表扬的是勇部飞夺泸定桥。一天行军 240 里。勇部是红二师四团的代号。

父亲说，自从他们成功跨越了大渡河后，身后再也没有国民党追兵的威胁了。他们原本以为身后无敌兵，从此可以踏踏实实的向川西北方向进军，和红四方面军从容会合了。但他们马上发现红军又遇到了来自大自然方面最严酷的挑战！

第一个横在红军面前的路障，就是二郎山。上世纪 50 年代曾有一首歌很流行，就是时乐濛曲、洛水词的《歌唱二郎山》："二呀么二郎山，高呀么高万丈……"没想到文字记载中二郎山更是如原始森林般的神秘莫测。"林中尽是纠缠不清的粗壮的葛藤和横七竖八的被雷击倒下的枯树干，地下则是老厚的腐枝败叶和苔藓。在这样大的原始森林里，即使晴天也是暗无天日，何况那天正下着小雨，天阴暗得几乎什么也看不见。脚下泥泞一片，可以说根本无路可走。有的地方要砍倒树开路。步兵运动很困难，别说重机枪和辎重部队了。尤其是下山的时候，山非常陡，大家是用裹腿结成绳索，攀扶着蹼遛下山的。对牲口则是先把身上的驮子卸下来，滚下山去。然后再把牲口连拉带推滑下去"。

6月8日，红二师抵达四川境内的天全县。这里比起红军一路长征所走的穷乡僻壤，简直就如同天堂一样。既没有陡峭难爬的山峰，亦没有国民党追兵的子弹，却有许多新鲜蔬菜和食物。于是部队休息下来，一方面让伤病员集中治疗，另一方面让一直就很饥饿的红军战士好好吃几顿香喷喷的白米饭，恢复一下体力。很多人甚至还洗了澡，理了发。父亲直到现在，你要和他提起天全、芦山，他两眼都能放出一丝异样的兴奋。几日休整过后，红军又要北上开拔了。与四方面军会合的关键是要翻越夹金山，去夺取懋功。中央军委把这个光荣的任务再一次交给了红一军团。红一军团则把为全军踏开一条雪路的任务，再一次的交给了红二师。

6月11日，父亲随着部队来到了夹金山脚下。夹金山又名神仙山。位于宝兴县西北，懋功以南，是一座海拔4900多米终年积雪不化的大雪山。从山下向上望去，只觉夹金山高不见其顶，横不见其边。虽说是时值夏天6月，但在骄阳下，夹金山上的积雪，依旧晶莹剔透，舒展入云。夹金山壮美惊人。即使是衣衫褴褛、疲惫不堪的红军，面对妖娆的夹金山，也不得不心存几分折服。难怪在长征的路上，大自然旖旎的风光，曾激发出毛泽东多少诗人的才情！

但夹金山仿佛又是一个魔发美女，在冰清玉洁的背后，不知藏有多少凶险和阴毒。

有人说，翻越雪山是红军长征开始以来最艰苦的一关。"其艰苦程度远超过湘江之战，超过翻越五岭，也超过四渡赤水。甚至在某种程度更超过了抢渡金沙江或飞夺泸定桥……"

但不管怎样，6月12日那一天，红二师还是在一片"征服夹金山，当好先锋师"的口号声中，开始了翻越夹金山的壮举。父亲说他们在上山以前，已经得到了许多关于如何过雪山的指导。比如要把衣服松开，以便于呼吸。走路要慢，但决不能停，等等……但真正爬到山上，却发现远比想像的更艰苦异常。夹金山大约能分成三段。下段草木葱茏，清水潺潺，鸟语花香；中段林木很少，却又怪石嶙峋；上段则一片白雪，风大云飞，不见道路。父亲说他自己就是穿着一身单衣，光着脚丫子蹬着草鞋。没有什么比往常不同的装配。开始上山时，感觉还好。但越往上爬越感到体力不支。不知不觉，大家发现已经进入到了一个完完全全的冰雪世界，且空气稀薄，氧气极少。眼睛突然什么也看不见了。山上也没有路，踩在冰上滑倒了，却又发现自己根本就没有气力爬起来。最为可怕的是，红军没有想到雪山也能害死人，它的无情甚至不亚于敌军的子弹。有的人挣扎着要爬起来，结果却永远的倒下了，再也没能站起来。这时候的夹金山猛然的从美女变成妖怪，它张开缺氧的风雪狂飞的大口，恶毒的一个一个的吞噬着红军战士年轻的生命！

父亲说，我们从山上往下走时，领导让我们不要走，而要借着雪道滑溜下山去。这样可以节省氧气和体力。我就沿着别人下溜的印迹，小心翼翼地往山下蹴溜。可是在我身边不知有多少人蹴溜下山后，就再也见不着了。他们当中有人摔断了骨头，有的人干脆就直接滑进了崖底。

牺牲的人太多。有些人根本就是活活冻死的。尽管山下在夏日的骄阳下依旧山花烂漫。

长征中的许多女战士，在翻过雪山之后，便终生再也不会来月经了。

中央红军翻越夹金山后，在懋功以东的达维镇和红四方面军胜利会师。

红军喜极而泣！可不久人们发现两支军队的会合，并不能解决红军还要继续生存下去的问题。饥饿和疾病再一次让中央红军面临生死考验。

父亲在后来回忆中却说的冷静而客观："我们进入了藏族地区。由于藏族语言不通，没有翻译，藏人讲话我们听不懂，此地没有政权，也就没有后勤供应。藏人靠养牛羊种青稞过日子。而我们光吃牛羊不习惯，也不允许。还得买些青稞。而部队买了青稞之后，当地群众剩下的也就不多了。这样就造成了藏民对我们有意见。后来，为了与少数民族地区搞好团结、搞好关系，部队采取了许多措施，尽量使少数民族地区的老百姓能了解我们。但不管怎样做工作，通过少数民族地区时，生活还是相当艰苦的。有时还有磨擦。但我们始终没对藏民产生一次敌对意义上的冲突。"

我想把朱德当时为此专门写的一张中国工农红军布告摘录如后，因为我们能从这篇简单的布告中看到那段久远的历史：

中国工农红军布告

中国工农红军，解放弱小民族；
一切彝汉平民，都是兄弟骨肉；
可恨四川军阀，压迫彝人太毒；
苛捐杂税重重，又复妄加杀戮；
红军长征万里，所向势如破竹；
今已来到川西，尊重彝人风俗；
军纪十分严明，不动一丝一粟；
粮食公平购买，价钱交付十足；
凡我彝人群众，切莫怀疑畏缩；
赶快团结起来，共把军阀驱逐；
设立彝人政府，彝族管理彝族；
真正平等自由，再不受人欺负；
希望努力宣传，将此广播西蜀；

红军总司令朱德

但实际上我觉得当时的环境却并不是如此轻松，相反却要残酷的多。松潘一带的藏族僧侣和普通老百姓被迫对红军实行"坚壁清野"，他们接到了最为严厉的禁令：有偷运粮食给红军者处以死刑；藏民有参加红军，一律以通敌论罪。

大大小小的喇嘛庙都藏有充足的粮食，但是红军总部做了严格的规定：藏民的宗教场所、一律不准入内。各部队将仅能找到的一点青稞统一分配。有些部队一天只能吃到一顿青稞糊糊，为了生存下去，红军几乎把可以咬得动的东西都作为食物填进肚里，风干了的牛皮，腐烂了的死马，野菜，野蘑菇……

疾病开始流行。

因误食了毒蘑菇而发生的死亡不断出现。

出现了逃兵。

粮食成了红军面临的首要问题，各部队成立了筹粮委员会，只有活下去，才能完成红军的历史使命。这似乎是最浅显不过的真理。

然而为了活下去，红军不得不收割藏民地里的青稞。对此红军总部向各部队做了严格的规定：

一、各部队只有在用其他办法不能得到粮食的时候，才许派人到藏民田中去收割已经成熟的麦子。

二、割麦子时，首先收割土司头人等的，只有在迫不得已时，才去收割普通藏民的麦子。

三、收割普通藏民的麦子，必须将所收数量，为什么收割麦子的原因等，照总政所发的条子，用墨笔写在木牌上，插在田上。

由于一些藏族上层土司受到了国民党反动派的蛊惑，对红军的政策不了解，经常指挥骑兵偷袭红军的筹粮小分队。被袭击的红军战士，有的牺牲了，有的被砍断了四肢，有的被挖了双眼，惨不忍睹……

在这里有一个人我不能不写。他就是我今生今世也无缘相见的伯父杨思福。他比父亲大两岁，和父亲一起参军少共国际师，一起度过惨烈的湘江之战，一起攻打遵义，一起跨过金沙江，一起强渡大渡河……但他却和许许多多的普通的红军战士一样，为了给部队筹粮，默默无闻的牺牲在长征中夹金山的脚下。他死的时候不过是20岁。他是"为了苏维埃新中国""为了实现共产主义"而默默捐躯的。

父亲说："长征时翻过雪山后，我和二哥杨思福还见过一面，只记得他瘦得皮包骨头，身体极为虚弱。他当时是警卫班的战士。我则是通讯班的战士。那是我在长征时老是往返各个部队为首长传递各类信件，所以信送到一处，收件的部队都会给我一口饭吃。我总会多要一点饭，带给我二哥吃。二哥很可怜，人又老实。难免总饿着肚子。有一次他很高兴地告诉我，他就要和排长一起去找粮食了。然而他这一去就再也没能回来。后来人家告诉我，他是被藏民的冷枪打死的。"

伯父死的那一瞬间，我相信他的胃里，一定是一粒青稞也没有。我痛惜这条生命。并不是因为这条生命除了把自己奉献给红军，奉献给革命事业外，没有给生他养他的母亲留下一点念想，没有给他生死与共的兄弟留下一句遗言；别说照片，连个影子也没留下。我的痛惜，恰恰是因为生命的无言和短暂！年轻的伯父在我内心深处仿佛是沉沉的黑夜中一颗稍纵即逝的流星，留下了让我一生无法穷尽的想像和思念的巨大空间。

7

红军过完雪山后，走进了4个世纪以来，人迹罕至、无人知晓的大草地。

草地和雪山一样，外表美丽壮观，可一深入进去，就令人心惊胆寒。与其说它是郁郁葱葱的草地，更不如说它是一望无际的大沼

←父亲 16 岁参加红军，只因看过太多的生死，所以目光坚定且无畏。

泽。整个草地几乎是完完全全的浸泡在几百年也无人知晓的水渍里。即使淹没千军万马，也会死一般沉寂，让大地无痕。有谁又能料到红军过草地牺牲的人员远比过雪山还要多呢?!

美国人哈里森是这样形容 50 年后的草地的：草地依然如故。夜间，大地结满了银霜，气温在摄氏零下六七度；黎明时，天气还是好好的，红艳艳的太阳钻出地平线照耀着草地；可是，早上 8 时，天色突然变暗，乌云聚积起来，开始下起了毛毛细雨，一切都在雾气中变得朦胧灰暗。接着大雨和狂风倾盆而下，瞬间又是风雪交加。没过多久，纷飞的鹅毛大雪遮盖了道路，草地和山峦，到处茫茫一片，赶路的马帮避在背风的地方，一群群的牦牛和绵羊变成了缓缓移动的雪堆。大雪下了两个小时之后减弱了下来。旷野上又刮起了大风，风中的太阳变得苍白、黯淡、颤颤发抖。风没有停，又下起了雨。到了后半晌，天空露出了湛蓝，阳光普照，白雪融化了，使人感到了一丝春意；但当太阳的光辉沉落在黄河彼岸的时候，春意又在冰霜中消失了。

50 年后的草地如此，遑论百十年前的草地呢？

疾风穿过三千年来人迹罕至的野草丛生的荒原，撕裂着行进中战士们单薄的衣衫，寒气刺骨。草地没有夏天，只有延长的冬天，红军所度过的每天夜里都是天寒地冻。

草地更是不美。举目四望，不见一棵树木，不闻一朵野花的幽香。不要说一间草屋，就是四周连一个人影也寻不见。红军细细长长的队伍在草地上缓缓行进，真好像是行进在地球的尽头，无援无助！空气中散发的不只是野草在污水中的腐烂气息。更是死亡无法抵御的阴沉召唤！脚下没有路，却硬要从沼泽中蹚出一条路来。可蹚出的路，却是要用无数红军战士年轻的生命去交换。

一军团的红二师依旧是走在大部队的前端。

父亲说，我现在闭着眼睛也能想起自己 70 年前草地中的一切……

"一天宿营，我枕着一根树干睡着了。半夜下起倾盆大雨，我在睡梦中竟全然不知。第二天醒来时，我才发现自己整个人全泡在水里，浑身酥软沉重，无论怎么挣扎也爬不起来，这时四周一片寂静，部队不知什么时候早就走了。我心里一急，两眼一黑，就什么也不知道了。

这是长征中我第二次掉队。

不知过了多久，迷迷糊糊中，我又睡着了。也许那时不由自主的想家了吧，在梦里我看见了母亲。只觉得她对我着急地说：娃子，快起来啊，你要掉队了呀！

我心里本能的知道自己不能再这么躺下去。再躺下去，我一定会把自己永远的留在草地上了。可我就是不能动，也根本没有再起身的力量。猛然间我感到有个人影在我眼前晃动，睁眼一看，原来是一名掉队的战士正在解我的干粮袋。他可能以为我死了，想拿走我那点最后的干粮。我不知哪来的力量，求生的本能使我紧紧地搂住身上的干粮袋。他看到我还有口气，便竭尽全力拉我坐起来。不知不觉阳光渐渐的烤干了我的衣衫，却仍然不能给我一丝的气力。无论我怎样努力，也无法站起来。在极度虚弱之中，我又昏了过去。再醒来时已是第二天早上了。我一睁眼就先看看自己身上的干粮还在不在。一看，竟然完好无损的依旧挂在我的肩背上。就是这点干粮给了我巨大的勇气和力量。因为我知道在草地上，只要粮食在，就有活下去走出草地的希望！于是我鼓足勇气，心里默念着：起来起来！一定要站起来！我终于又能站起来了。我顾不得吃一口干粮，跌跌撞撞地又开始了追赶部队的征程。高烧使我浑身酸软无力，一会儿全身像着火，一会儿又冷得全身发抖，被水泡过的身体异常沉重。我拼命向前挣扎着，心里只有一个念头：绝不能掉队！绝不！

没多久，我碰到了一位和我一样在过草地时掉队的红军战士。他就是后来当过中国民航局局长的马仁辉同志。他是腿部受伤，也在追赶部队，我们俩相互搀扶，相互鼓励，紧跟着大部队的行踪，一步不拉地向前……

几天后我们终于追上了大部队，继续北上。但我知道有许多像我一样年轻的红军战士，却永远躺在长征的路上，再也没有起来！"

一军团的政委聂荣臻在走出草地后，给后面的三军团团长彭德怀打了一个电报："一军团此次因衣服太缺和一部分同志身体过弱，以致连日来牺牲者约百余人。经过我们目睹均负责掩埋，在后面未掩埋的一定还有，你们出动时，请派一部携带工具前行，沿途负责掩埋。"

十天后，得到周恩来同志一份电报，他说："据三军团收容及沿途掩埋烈士尸体统计，一军团掉队落伍与牺牲的在 400 以上……"

一军团过完草地才不过是 5 天的时间啊！

8

读李镜同志写的《儒将萧华》，我看到了这样的描述：

在那个月光很好的夜里，衣衫褴褛的红军排着长队，在中央领导人的前边和后边走着；他们几乎个个都骨瘦如柴，头发蓬乱，犹如干草。这些从江西出发就一直和中央在一起的红军战士神情一如往常，他们并不关心已经走了多少路，他们最关心的是在什么地方能够停下来；如果没有命令，他们还会不停地走下去。

　　在将近一年的大迁徙中，他们已经习惯了在睡梦中猝不及防的行军号，当号声把他们叫醒之后，就是机械地行走。

　　走着走着，他们当中就有人像面条一样地倒在地上，然后就不再站起来了。这时，他们的战友做的第一件事情就是检查死者的干粮袋；没办法，没死的还要活下去，在绝大多数的情况下，死者的干粮袋都是空的，然后路边就会竖起一座新坟，活着的和死去的都异常平静。这就是饱经了风雨之后的成熟。

　　然而9月10日，当太阳高高升起的时候，红军战士比半夜时分却显得昂扬了许多。天亮以后，他们刚刚看到了一份蜡纸刻印的中共中央《为执行北上方针告同志们书》，那些不加修饰的字句，字字如锤在他们耳边轰响着：对于红军南下是没有出路的。南下是断路。同志们，只有中央的政策是唯一正确的。中央反对南下，主张北上，为红军为中国革命，你们应该拥护中央的战略方针，迅速北上，创造陕甘苏区。

　　红军战士丝毫不怀疑中央方针的正确，再一次过草地对红军来说是可怕的，人们同时也清楚，此刻，他们已经来到了川甘边界上，离中央的目标已经不远了。

9月12日，中央进驻俄界后，召开了中央政治局会议，讨论了北上和到达陕甘南后的方针，并做出了《关于张国焘同志错误的决定》。为了减小目标，精简机关，充实战斗部队，便于作战指挥，俄界会议还决定，将红一方面军主力和党中央、中革军委直属部队改编为中国工农红军陕甘支队。

有一个小插曲，前几年我为了写鄂豫皖内战史，曾采访了李先念红军时期的警卫员张明喜。他现在已是90余岁了，是一位非常让人怀念和尊敬的长辈。无意中提到父亲的名字，没想到但他却清楚的记得父亲当年长征时的样子。他是这样对我说的：

你父亲杨思禄是警卫员，我当年也是警卫员。首长开会时，我们常聚结在一处。

为什么对你父亲印象很深？他是一个很贪玩、爱开玩笑的人！爬树摘果子，你父亲利索得很！正是这一特点让我记住了你父亲！

天？！

总以为长征很苦。社会上很早不就流行这么一句话吗？

苦不苦，比比红军二万五！

但就是这么苦的长征，二次掉队差点就没了命的父亲，还这么爱玩爱闹，真是让我对红军的父亲有了另一种更亲近的视线。

俄界会议后，担任前卫任务的仍是红二师。他们顶着风雪，沿着栈道，溯白龙江北上，进入岷县。

腊子口位于甘肃境内的岷县以南。它是通往甘肃南部的咽喉，也是红军进入甘南的必经之路。在这个奇峻的隘口上，也是红军不打则已、要打必胜的第一仗！但腊子口的山口窄的出奇。居然只有30米宽。两侧的山崖陡峭的近乎是直矗直立的。中间是腊子河，河上架了一座小木桥，就算是把两座巨斧劈开的南北两岸连接上了。要通过腊子口，势必要通过此桥，否则别无他路。国民党军队并没有依仗着腊子口天然屏障而疏忽大意。他们在桥上筑有坚固的碉堡，桥西是纵深阵地，桥东山坡上更筑满了三角形的封锁碉堡。此外在腊子口后面，还设有敌人的仓库，囤积着大批的粮弹；在岷县城内驻扎着随时都可以增援腊子口的敌人的主力。任何军队想通过天险腊子口，必要遭遇到枪弹如雨的袭击。然而就是在这样一个如此"坚不可摧"的隘口面前，红二师四团还是用了两天的时间给彻底解决了。

父亲对那段经历是这样说的，腊子口是一个地形险要、战略位置十分重要的地方。我们要北上，必然要经过腊子口。而国民党又在此布置了重兵把守。为了能顺利通过天险腊子口，我们红二师的部队采取了巧妙的打法，即不打腊子口正面的敌人，而是绕到敌人的后背，把敌人的后方搅乱了，前面的敌人不击自垮，仓惶逃命。萧华同志的《长征组歌》中有名的"腊子口上降神兵"，讲的就是这回事。腊子口一打开，红军的全盘棋都走活了。

9月18日，红军在翻过岷山，长征中的最后一座高山之后，乘胜占领了哈达铺。

红军到了哈达铺，就像是一路上千辛万苦直奔回家的游子。的确，红军进入哈达镇后，受到了的镇子上几百户老百姓的最热烈的欢迎。

父亲对哈达铺始终记忆犹新。我就不止一次的听父亲对我们说起当年在哈达铺吃大饼子的事。

父亲说，出了腊子口，就到了汉族居住的地方——哈达铺，当时我们可高兴了。因为这是个汉人居住区，镇子又大，人又多，物产也丰富。但是在这么好的地方，你简直不敢相信，我们的红军伤亡仍很大。原因是部队过雪山和草地，是饿着肚子行军的，肚子里空空的。到了哈达铺后，有东西买了，就用钱去买了好多大锅饼沾蜂蜜吃。因为没有常识，原想饱吃一顿，就吃了很多，结果从没有什么东西到一下子塞了很多，肠胃就承受不了，肠子都被撑断了。红军因此就撑死了不少人。而我们这些南方人，虽然肚子再饿，但还是不喜欢北方的面食。所以大饼子没吃很多，否则也早没命了。

在哈达铺，红军再一次进行了缩编。中央红军改名为陕甘支队。支队之下，又缩编成三个纵队。红一军团为第一纵队，下属一、二、四、五、十三大队，也就是五个团。毛泽东说："现在我们北上先遣队人数是少一些，但是目标也就小一点，不张扬，大家用不着悲观，我们现在比1929年初红四军下井冈山时的人数还多哩！"

部队继续向陇东高原前进。国民党军队的宁夏二马（马鸿逵和马鸿宾）和毛炳文的骑兵又跟了上来。俗称"马家军"。这股骑兵如尾巴一样，不断骚扰着红军的后继部队，使行军掉队的战士吃了不少亏。

10月7日部队在青石嘴打了一仗。这场仗是毛泽东亲自指挥的。他说："让敌人的骑兵一直跟着我们到陕北，对我们很不利。一定要把这条尾巴斩断在苏区门外。"于是他亲自命令陕甘支队由彭德怀直接指挥，一纵队在正面，二纵队在右翼，分两路迎击向吴起镇西北迂回的敌第三十五师骑兵团。

太阳偏西的时候，三架飞机飞临我军阵地上空，转了几圈之后，便扔下了许多炸弹。同时敌人的迫击炮和轻重机枪也一齐向我军轰击和扫射起来。炸弹、炮弹震得山谷隆隆作响。一眨眼的功夫，我军阵地的前后左右烟火冲天，根本无法看到对面的敌人。敌人一面轰击，一面又集结了一个营的兵力，在炮火的掩护下向我阵地奔来。敌人非常狡猾。他们在我军的有效射程之外就下了马。顺着小河沟，运动到离我二三百米的田坎下。战士们紧握着手榴弹，静静地等待着敌人再靠近一些。

轰击持续了二十多分钟后，隐蔽在田坎下的敌人忽地站了起来，挥舞着马刀，满山遍野的向我阵地上涌来。不一会儿，离我阵地只有五六十米了。刹那间，我军轻重武器一齐开火，成排成排的手榴弹飞进敌群里开了花。敌人的嚎叫声被淹没了，马刀的闪光不见了，几分钟以后，队伍混乱了，滚的滚，爬得爬，拼命的向后跑，还在路上扔了许多尸体。随后，红军又在扬子城以西的齐桥、李新庄之间，分别阻击了敌人三十二师和三十六师的两个骑兵团，将敌人击溃。讨厌的尾巴就这样被彻底的砍掉了。

战斗结束后，红军战士们欣喜地看到了砍"尾巴"的成果：大路上挤满了棕红色、黑色、白色的骏马，马背上驮着一捆捆的枪支；一群群的俘虏，在红军的押解下，垂头丧气地穿过了手拿着红绿色小旗、敲着震天响的锣鼓迎接红军的人群，走进了吴起镇。这次战斗消灭了东北军何柱国部骑兵第七师两个连，缴获了一百多匹战马，装备了一个侦察连。从此，中国工农红军有了自己的骑兵部队。红军取得了很大的胜利，当地的人民群众知道后，奔走相告，都高兴地说："中央红军真了不起，一下就把两个马匪帮打垮了！"

父亲说，我们到了吴起镇后，看到了当地的群众敲锣打鼓的迎接我们，杀鸡宰羊的招待我们。我们的心情非常激动。因为离开江西中央革命根据地到现在已一年了，红军都是在异常艰难困苦的环境中度过的，在这里第一次看到自己的人民群众欢天喜地的来迎接我们，第一次看到了窑洞的门口挂着工农民主政府的牌子，我们知道我们终于到了陕北根据地了，终于到家了。每一个人的心里真有说不出的激动！

当硝烟弥漫的充满死亡与杀戮的历史，变成薄薄的几页纸，淡淡的些许蝇头小字，我发现自己在成百上千的记叙红军长征的的字里行间中，自始至终都能看到父亲，看到父亲不屈的身影！不管是在江西的广昌，还是在湖南的湘江，不管是在大渡河、金沙江，不管是夹金山、毛儿盖，我总是能看到父亲他那小小的个子，头戴八角帽，身背长枪，脚穿一双裂着十个脚趾头破草鞋，在红军长长的队伍中，始终不肯倒下，始终不轻言放弃，顽强行进与战斗……

看到父亲在那个年代那个年龄竟打了那么多的仗，走了那么远的路，历经了那么多的生生死死，还顽强的活了下来，我真觉得人世间所有的文字都不足以表达我内心深处的复杂揪心的感受，我知道自己除了敬仰，更多的还是心在颤抖……

11月7日是俄国十月革命节。根据中央军委的命令，红军又恢复了红一军团的建制。这个新恢复的一军团，实际上是一、三军团的合并，为了继承从南昌起义到井冈山会师的光荣传统，保留和沿用了一军团的番号。新恢复的一军团，下属二师和四师、第一团和第十三团。

此时，中央又在象鼻子湾召开了全军干部会议。毛泽东对长征作了著名的总结。他说："同志们，辛苦了，我们从瑞金算起到今天，总共走了 367 天。我们走过了赣、闽、粤、湘、桂、滇、川、康、甘、陕，共 11 个省，经过了五岭山脉、湘江、乌江、金沙江、大渡河以及雪山草地等万水千山，攻下许多城镇，最多走了两万五千里。这是一次真正的前所未有的长征。敌人总想消灭我们，我们并没有被消灭，现在长征以我们的胜利和敌人的失败而告结束。长征，是宣传书，是宣传队、是播种机。它将载入史册。我们中央红军从江西出发时，是八万人，现在只剩下一万人了，留下的是革命的精华，现在又与陕北红军胜利会师了，今后，我们红军将要与陕北人民团结在一起，共同完成中国革命的伟大任务！"

　　毛泽东有一首诗，我非常喜欢：

红军不怕远征难，

万水千山只等闲。

五岭逶迤腾细浪，

乌蒙磅礴走泥丸。

金沙水拍云崖暖，

大渡桥横铁索寒。

更喜岷山千里雪，

三军过后尽开颜。

　　1934 年 10 月 16 日至 1935 年 10 月 1 日，红军为时一年，行程二万五千里的长征结束了……

　　但是有关长征的话题，却永远不会结束。

　　哈里森说，中国革命的长征却不是什么象征，而是考验中国红军男女战士的意志、勇气和力量的人类伟大的史诗。它不是一般意义上的"行军"，不是战役，也不是胜利。它是一曲人类求生存的凯歌；是为了避开蒋介石的魔爪而进行的一次生死攸关、征途漫漫的撤退，是一场险象环生、危在旦夕的战斗。

还会有比哈里森的描述更为精确的么？

我不知道。

但所有的文字对于长征本身而言，都一定是局限的、是苍白的、是缺憾的。因为几万人的命和血都洒在了长征路上，生命当不能承受太轻的太轻的笔墨渲染！

我知道有一个人非常敬仰红军的长征。他用自己一生的积蓄在长征路上建立了一座高大的墓碑。他说他要用尽余生能力去寻找每一位默默死在长征路上的红军姓名。找到一位，就在那座墓碑加刻一个名字。我虽然感觉这种想法近似于神话，但我知道长征的精神却是这般得已真切地传承。于是不管过去、现在和未来，在全人类史上长征自始至终都是一部真正意义上的生命史诗，永远都会在人类灵魂和意志的深处，震耳欲聋的喧嚣和呐喊……

9

当父亲跟随红军到了陕北根据地后，在红军的队伍中也应该算是名副其实的老兵了。没多久他就由师政委萧华的警卫员，很快又当了警卫班班长。父亲对自己这个小班长很得意。父亲说有几个在长征中犯了错误的连、排长都被下放到他们警卫班当战士。父亲说他一点也不因为他们曾是自己的"头儿"，而对他们犯怵，不敢管。所以父亲在平型关战役之前，又被提升为警卫连的排长。

1936 年的冬天，在大雪飘飞的日子里，红军再一次陷入了缺衣少粮的尴尬境地。红军也面临着生存和发展的选择。直罗镇战役，可算是红军把自己的大本营放在陕甘边境而举行的一个成功的奠基礼。这也是中央红军进入陕北后打的第一个大仗。

在当时的一军团政委聂荣臻的回忆录中我们知道："那是一个严寒的冬天，而一军团当时尚缺两千多套棉衣补给不上，部队在陕北透骨钻心的寒风中致病送医院的先后达千余人次。部队靠士气御寒，寄希望于打一个胜仗解决棉衣等军需给养问题。"

直罗镇是一个不到百户人家的小镇子，三面环山，镇子的北面有一条小河流过。镇子的东头有座古老的破寨子。红军善打歼灭战。那一仗指战员个个斗志高昂，奋力杀敌。

父亲现在提起那次战役仍很兴奋。因为那场歼灭战的成果太大：敌一〇九师被歼灭，师长牛元峰被击毙，还捉住了敌人好几个营长和团长。我军共俘虏敌人5300多名，打死打伤敌1000多人，缴获枪3500多支，轻机枪176挺，迫击炮8门，无线电台两架，子弹22万多发，这一仗极大地改善了红军的装备。

父亲说，这次的战斗中红军还俘虏了东北军的一个营长。这位营长是张学良的亲信。我们对他进行了耐心的说服教育，使他懂得了我党我军的战略意图是为了抗日，而后把他放回去了。这位营长回去后，要见张学良，张学良见了他后非常生气，说要枪毙他。但是这位营长不怕死。他说："要枪毙我可以，但你要听我把话说完。"他一口气说出了红军来陕北是为了抗日，红军对俘虏的优待政策，他劝说张学良不要自相残杀，要一致对外。此后，张学良放了这个营长，对共产党的态度也改变了，能够深明大义，东北军与红军的关系也改善了，而且东北军也放心了，这样才有了后来的"西安事变"。

父亲说，我们到了陕北后，又向东北派遣抗日先遣队，东渡黄河，到了山西，在山西境内打了几个大仗。山西军阀阎锡山比较顽固，他派重兵阻挡我们，不让我们过。我们只好返回陕北。

父亲说的很简单。实际上直罗镇战役虽然打得很漂亮，但许多红军战士并没有因此及时换上冬天足以御寒的棉衣，还有足够的食物。陕北根据地地广人稀，物产匮乏。当地人民虽说送衣送粮，但对两万红军来说，还是杯水车薪。在这种情况下中央决定东征。

东征，就是红军由陕北东渡黄河，进入山西作战，打开一条通往抗日前线的路线。同时开辟新的苏区，扩大红军，筹粮筹款，发展抗日武装力量。

↑1937年春，身为警卫班长的父亲在甘肃早胜镇与红二师领导合影。其中从左至右第二人为父亲、第四位是参谋长熊伯涛、第五位是政委萧华、第七位是师长杨得志。

红二师依旧是这次东征的主力之一。

1936年2月28日，彭德怀、毛泽东下达了渡河的命令，拉开了东征战役的序幕。红军大队人马，在北起沟口，南至永和关，沿着上百里的黄河渡口，用木船和羊皮筏子同时渡河。过了黄河，等于打开了山西阎锡山的独立王国。红二师如猛虎下山，势不可挡。

汾河流域是有名的富庶地区，不仅农产品丰富，还采挖煤炭外销。在这里北方老财相当阔绰。聂荣臻说："在陕北，一般说起地主，总是说有多少孔石窑，多少垧地，多少牛羊。而在汾河流域，这里的地主老财，除了拥有相当数量的土地、羊群之外，往往宅第鳞次栉比，几乎占了半个村庄；他们三房四妾，一个老财竟能有十几套的大车，几十匹颜色一样的骡马。可山西老财却爱财如命，他们开钱庄，却把大把大把的金银财宝装在坛子里，深埋在地下。红军战士们，就用敲打地面判断声响的办法，发掘了不少财宝，由此没收了许多老财们的不义之财。它们对充实红军的抗日军费，起到了很大的作用。"

红军渡河东征75天，歼敌7个团，俘敌4000余人，筹款340万，缴枪4000余支，扩红7000余人。

红军壮大了自己，发动了群众，又达到了调动陕北晋军以巩固陕北根据地的目的。阎锡山接连吃了不少苦头后，急忙找蒋介石为自己壮胆撑腰。国民党派了十个师，分两路进入山西，阎锡山也派了五个师、两个旅由晋中向南共编成七路纵队，向红军压来。

　　为了保存抗日力量，避免与优势敌人决战，红军决定回师陕北。不少战士觉得不过瘾，认为应该乘胜追击，打到太原去。毛泽东对此曾说："没办法，阎老西不好客，还是回去的好。两个多月了，钱也给你挖走了，队伍也给你打散了，给人家添了不少麻烦。客不走，主不安嘛。咱们走了，好让人家过几天清静日子。不过我们以后还会回来的。他欢迎也罢，不欢迎也罢，我们总是要从这里走上抗日前线的。那个时候，他阎老西也好，他蒋介石也好，谁也挡不住我们。"

　　一年后，毛泽东的话再次得到了验证，红军改编为八路军后，真的再次从这里东征渡黄河，奔赴了抗日前线。

　　红军重回陕甘边境后，很快又开始了西征战役。一军团主要是在陇东的曲子镇、环县一带作战，扩大革命根据地。

　　父亲到陕北后，因为当了师政委的警卫员，所以家里的那本老相册上就有第一张父亲一生中称得上最早期的照片。而且那张像片又是和红二师师长杨得志、政委萧华等领导一起合影的像片。父亲站在相片的最外侧，肩上斜挎着手枪，腿上裹着绷带。腰杆挺得笔直。最让人留意的是父亲两眼直视前方，表情极其严肃和警觉。那种警卫人员的机敏劲儿，套用现代的语言，还真有一点保镖的味道。和上级首长在一起，看他们如何指挥调动部队，如何对每一场战斗进行部署和研究，尤其是他们在行军打仗中如何带兵和爱兵，这一点一滴，无不浸濡父亲的心灵深处，不知不觉中也为父亲在未来的岁月里敌后抗日，领军带兵，独立作战，打下了良好的根基。

　　有一场战斗不能不写。那就是山城堡一战。红军三大主力在陕北会师，震惊蒋介石。蒋介石当然是极不愿意看到的。所以蒋介石决定在红军立足未稳之际，以重兵围歼，对红军发动一次新的"围剿"。

轻
声
细
诉

杨
争
著

1936 年 11 月 21 日，三支红军主力第一次联合作战，对山城堡的胡宗南部以最沉重的打击。这次战斗打的并不轻松。"战斗是从黄昏开始打起，一直打到第二天上午才结束。红二师和十五军团联手，先截断了敌人西逃的退路，然后主力则从东、南、北三个方向向敌人展开猛烈攻击。战斗开始，红军一下子就冲入敌人阵地，他们用手榴弹将敌人的临时堡垒一个一个的炸毁，一连占领了十几个堡垒，随后又把敌人几处的主要阵地都拿了下来。敌人就溃败下去了。部队一追就和敌人混战在一起。这时天已经很黑，伸手不见五指，也分不清敌我，枪也不能打，手榴弹也不能投，上去就摸帽子，摸着是国民党戴的那种帽子就拿手榴弹砸头。夜晚打乱了敌人的部署，白天的仗就比较好打了。经过一夜多的激烈战斗，将敌七十八师二三二旅和二三四旅全部歼灭。"

山城堡战斗迫使敌人停止了对红军的进攻。这一仗也是红军长征以来的最后一仗，也是国内革命战争的最后一战。它大振了红军的声威，对国内和平的实现和全国抗战局面的形成，起到了重要的作用。胡宗南受重创后，孤掌难鸣。整个大西北出现了重兵云集无战事，激战岁月乐太平的景象。

当然这一仗也把红军在陕北的局势稳定了下来。由于红军的这一胜利，使一直旁边观望的张学良、杨虎城将军，从此更坚定了与红军携手抗日的决心，也很快导致了历史上有名的"西安事变"。

父亲说，捉到蒋介石的时候，我们正在山上同国民党军队打仗。得知事变发生了，捉到了蒋介石，大家心里那股子高兴劲真是别提了！整个部队欢欣鼓舞，一片沸腾。紧接着接到了上级电话命令，要部队向西安方向挺进，目的是为了保卫西安。因为当时国民党内部的亲日派何应钦想借机害死蒋介石，派了大批军队和飞机驻扎在西安附近。当时东北军、西北军感到很紧张，要求红军给予支援。在中国共产党的抗日救国方针的指引下，西安事变得到了和平解决，蒋介石也被迫同意抗日，达成了国共合作团结抗日的协议。可那时我们许多人的思想不通，认为蒋介石欠了人民那么多的血债，不杀不足以平民愤。父亲说这种狭隘的冲动复仇心理在当时非常普遍。也难怪这些普普通通的红军战士。你想国民党军队杀了他们多少亲人和战友，他们自己整天还在国民党的追杀之下，未能幸免。好不容易抓到蒋介石，怎么能轻意的放掉呢！但部队领导则向部属进行耐心教育，说不杀蒋介石的目的是为了逼蒋抗日，对全国的抗战形势有好处，如果杀了蒋介石后，还会有第二个、第三个蒋介石，到那时事情就更难办。

西安事变后，红二师进入西安以北的三原地区。由于形势的不明朗，从 1936 年 12 月至 1937 年 8 月，红二师一直处于待命休整的状态。

10

那一年的 7 月 7 日，是中国人民刻骨铭心的日子，"卢沟桥事件"爆发了。卢沟桥事件，标志着日本侵华战争的开始，同时也是中华民族奋起抵抗、全面抗战的开始。一直到 8 月中旬，国共两党才达成协议，停止内战，联合抗日。由此中共中央正式下达命令，红军改编为国民革命军第八路军。改编后的八路军下辖三个师——一一五师、一二〇师和一二九师，师长分别是林彪、刘伯承、贺龙。一一五师由原红一军团、红十五军团和七十四师共同组成。下属两个旅，全师总人数 1.5 万人。而红二师全班人马则在这次改编中全部编入三四三旅的第六八五团。父亲在三四三旅旅部警卫连任排长。一个月后，又被任命为警卫连连长。旅长是陈光、周建屏任副旅长。

八路军组建后，一一五师在山西境内打了一场很有名的平型关大战。我认为平型关一战是非常了不起的一战。因为此次战役是在国家民族处于危亡之秋的关键时刻，八路军东征前线抗日后的第一个歼灭战。而且打击的对象正是日本军国主义的精锐部队第五板桓师团。当时日本侵略军在华可谓横冲直撞，不可一世。而国民党的

轻声细诉

杨争 著

六七十万军队则在日本侵略者面前节节败退，不少部队不放一枪一炮，就闻风而逃，放弃国土，使中国人民惨遭日军的狂轰滥炸，奸淫掳掠，人民大众苦不堪言，亡国灭种的危险，由此威胁着每一个中国人民。而国民党兵败如山倒，又使得抗战悲观论、对日恐惧症更如瘟疫一般，在中国大地传染开来。

然而就在这时，八路军在平型关把日本军打败了，而且歼敌近千人！这一仗的胜利，既灭了日军的威风，又鼓舞了中国老百姓的斗志，也使中国老百姓看到了抗战必胜的曙光。它的意义真是不能仅用"伟大"两个字来概括。

父亲说，当时的整个华北战场是一片失败的景象。号称 30 万兵力的日军叫嚣说，"速战速决"三个月内灭亡中国。我们八路军一一五师就是在那种背景下，以三四三旅为先遣部队，分为两个梯队，经过夜行军，从韩城渡过黄河，又在山西省的侯马火车站上车，日夜兼程到平原下车，再改以步行前进，于 1937 年 9 月 23 日到达平型关以西的大营。

平型关位于山西东北部古长城线上，自古以来就是晋、冀两省的重要隘口。平型关内外是群山叠嶂，沟壑纵横。最为险要的地方则是平型关口至灵丘县城的一条由东北向西南延伸的狭窄山沟。其中那长约十余里，深沟数十丈，沟底仅能过一辆车的中段，正是伏击敌军的理想地带。

当时我军的战斗部署是：独立团和骑兵营插到灵丘与涞源之间和灵丘与广灵之间，截断敌人交通线，阻止敌人增援；以三四三旅两个团为主攻，三四四旅一个团到平型关北面断敌退路，一个团作师的预备队。攻击部队全部在平型关东侧山地设伏，给敌人以猛烈打击。

这样父亲所在的三四三旅又是平型关这场伏击战役的主力。而它下属的六八五团基本上都是红二师的原班人马。

父亲还说，大营离平型关 30 余里。24 日夜晚，夜深人静之际，远处的枪炮声依稀可闻。我们三四三旅从从容容进入到白崖台一线。

这里与敌人经过的汽车路仅二三里路。

不巧的是那天夜里，天公不作美，突然下起了倾盆大雨。干部战士们顶风冒雨，沿着崎岖的山沟向前行进。而恰在这时，山洪又暴发了，湍急的山洪咆哮着，盖住了哗哗的雨声。我们只得把枪和子弹挂在脖子上，手拉手结成缆索，或者拽着马尾巴从激流中趟过去……

经过大半宿的行军，部队全部赶到了目的地。一夜的风雨侵袭之后，谁也不敢有丝毫的懈怠，每一个人依旧忍受着饥饿和寒冷，趴在冰凉的阵地上，等待战斗。

其实进犯平型关的日军师团长坂桓，是一个有名的中国通。自从他带队进攻华北以来，遇到的都是不战自退的国民党军队，故此君骄横之极。他有一个错误的估计，认为八路军不可能这么快就能东渡黄河，中国军队也不会有什么能攻善打的神兵天将。也许在日本人的心目中，中国及中国人只是一块又大又软的肥肉。除了任意宰割外，还有什么多余的用处呢！尽管坂桓把中国的孙子兵法研究的很透彻，可他对中国的红军仍一无所知。尤其他对一一五师的前身，就是战功卓著，声威赫赫的红一军团，三四三旅则更是红一军团的尖兵师——红二师，就更知之甚少了。所以当坂桓师团的辎重和后卫部队四千多人，大摇大摆的出现在一一五师师长林彪设好的口袋里时，坂桓和他的部队，如入无人之境。战士们满眼充斥着的都是日本兵骄横得意、不可一世的模样。鬼子兵如此的狂妄，更激怒了一一五师和爬在前沿阵地上的三四三旅所有官兵的同仇敌忾，他们手持扳机、手榴弹，焦灼的沉默着，他们甚至忘了多日的疲惫、寒冷和饥饿，在他们的心中，只等一声令下，仇恨的子弹一定会射向敌人的胸膛。

如同坂桓一样，在一一五师从师长到士兵，谁也不了解他们眼前这个傲慢的对手，就是被人称之所谓的"钢军"的日军最精锐的部队——陆军第五机械化师团。在战士们的眼里，眼前这个装备优良傲慢无比的军队，只不过是些日本人，是侵略者而已。他们自信在日本军面前屡战屡败的，只是属于"窝里横"的国民党军队，而绝不会是无坚不摧的红军。尽管红军总是衣衫褴褛，武器陈旧。但正义之手从不在强与弱之间做取舍。

此刻天已蒙蒙发亮，风停雨住，连喧闹的山洪也屏住呼吸……

清晨7时整，敌军已全部进入一一五师的伏击圈。总攻击的时机终于到了。三颗红色信号弹腾空而起，那红红的讯号，刹那间照亮了整个战场。在三四三旅下属的六八五团的阵地上，顿时响起了狂风暴雨般的枪声。战士们一跃而起，以猛虎下山之势，向公路上敌人无畏的冲了过去。巨大的冲杀声响彻山谷，短兵相接的白刃肉搏战也迅速展开。

父亲说，六八五团第二营在火力的掩护下，指挥六连冲上了公路，把汽车上的敌人打的晕头转向。有的躲在公路边上的沟里，有的立即藏在汽车底下企图负隅顽抗。我们的战士们即在突然猛烈的火力掩护下，以排山倒海之势向敌人冲去。手榴弹立刻在敌群中、在汽车上爆炸，顿时打得敌人人仰马翻，汽车乱撞，慌作一团。战斗打得激烈而艰苦。八路军不怕死，日军亦训练有素。战斗到末期，即使是双方的伤员，也出现了打成一团的情况，他们甚至互相用牙齿咬，用拳头打。这在国民党军，真是不可想象的。果然鬼子兵虽顽强抵抗，但依旧无法挡住八路军勇猛的进攻，失败只能是唯一的选择。

狭长的山道上堆满了敌人的尸体，血流成河。几十辆日军的汽车瘫在六八五团阵地前的公路上，有的正在起火，有的则成了一堆废铁。敌军一部分被歼，一部分向阎军固守的东跑池方向逃窜而去。

经过一整天的激战，一一五师歼灭日寇1000多人，击毁及缴获其全部辎重车辆。战前预先准备了两列火车，打算运送日寇俘虏以及枪支弹药。但是日军灌输的是武士道精神，死不投降，以至战士们清扫战场时，没有发现多少活着的俘虏。

由此日本人说中国一向好大喜功，平型关一役不过只死了百十名的日本老兵，中国人却夸大成为打死日军千余人。

也许日本人的数字是真实的，但是问题的关键不在于这场战役生死几人，关键是士气！正是平型关一战稳定了华北当时的局势，振奋了中国抗日军队的斗志，增强了中国人民抗战必胜的信心。极大的挫败了日军的锐气，让日本人那种"三个月亡华"的叫嚣，成为了一种奢妄！

记不清是在哪一本书上看到的，有一段文字非常中肯：谨按平型关战役，八路军的大捷，其估价不仅在于双方死亡的惨重，而在于打破了"皇军"不可战胜的神话，提高了我们的士气。在敌人方面，从南口战役以来，日寇长驱直入，如入无人之境，在平型关忽然受到惨重的攻击与包围被歼，使日寇知道中国大有人在，锐气挫折，不敢如以前那样的长驱直进。忻口战役敌人未敢贸然深入，我军士气高涨，未尝不是平型关歼灭战的影响。

影响力和作用力远超过战斗本身的大与小，这才是历史留给我们中华子孙得以分享胜利的珍贵一笔。

而父亲有幸是赫赫有名的平型关战役的参与者！

11

父亲说他们在平型关打了胜仗之后，地方上的青壮年参加八路军的也越来越多了，八路军的队伍也日益壮大。

当时三四三旅的政委萧华曾说，由著名的战地记者刘白羽和著名音乐家贺绿汀所写的《游击队之歌》，就是在慰问一一五师演出时，得知三四三旅即将受命出征敌后，开辟新的战场，两人连夜为三四三旅而作的。那首歌以它独有的豪迈和魄力，刹那间唱遍了当时的抗日前线，唱遍了整个中国，甚至在几十年后的今天，依然让人难以忘怀："我们都是神枪手，每一颗子弹消灭一个敌人。我们都是飞行军，哪怕那山高水又深……在那秘密的树林里，有我们无数的好兄弟。没有吃没有穿，自有那敌人送上前。没有枪没有炮，敌人为我们造。我们生长在这里，每一寸土地都是我们自己的，如果谁要抢占去，我们就和他拚到底！"

拚到底！当时的中国政府或许很弱很散，但是中国共产党和整个中华民族却有足够的意志和毅力去把侵略者赶出大中华。

父亲说，1938 年 1 月，平型关战役结束后，父亲就被送到延安抗日军政大学学习。父亲是抗大一大队一支队四中队的学员。有必要对这所当时称之为"红大"的抗大，多说两句。

红军东征回来后，毛泽东提议在陕北创办一所红军大学，为党和红军培养人才。"红大"是 1936 年 6 月在瓦窑堡成立的，意思是否就是红军大学，我还没考证。只知当时是毛泽东自己任政委，校长是林彪。毛泽东对"红大"十分重视，他甚至把"红大"称为共产党的黄埔军校。

1937 年 1 月"红大"随中央机关迁到延安，改称为"中国人民抗日军政大学"，校长和政委均由林彪担任。抗大设三个学科，学员大多来自部队。给抗大授课的教员阵容相当强大。毛泽东经常来抗大亲自讲课，并发表过许多有名的演讲。此外张闻天讲授战略学，秦邦宪讲授哲学，凯丰、吴亮平讲授战术学，徐特立讲授中国文学。

父亲在抗大学了大约十个月的时间。我相信那近一年的学习，对父亲后来到敌占区抗日，起到了至关重要的作用。

父亲说他在抗大学习主要是以学军事为主。尤其是步兵条令，游击战术，文化识字等等。父亲说他一边学习，一边联系到自己以往经历过的战斗，比如广昌战斗啊，湘江战斗啊，红军的游击战、运动战等等。用现在的话讲，就是理论联系实际，父亲感到自己收益很大。

毛泽东有一段话，我从小就曾背的滚瓜烂熟："读书是学习，使用也是学习，而且是更重要的学习。从战争学习战争，这是我们的主要方法。没有进学校机会的人，仍然可以学习战争，就是从战争中学习。革命战争是民众的事，常常不是先学好了再干，而是干起来再学习，干就是学习。"

毛泽东还说："从老百姓到军人之间有一个距离，但不是万里长城，而是可以迅速消灭的，干革命，干战争，就是消灭这个距离的方法。说学习和使用不容易，是说学的彻底，用的纯熟不容易。说老百姓很快可以变成军人，是说此门并不难入，把二者总合起来，用得着中国一句老话：世上无难事，只怕有心人。入门既不难，深造也是办得到的。只要有心，只要善于学习罢了。"

　　我一直以为中国早期白话文的使用与应用，直至推广，毛泽东绝对是首屈一指！把自己的思想用如此流畅简练的言语，通俗易懂的教育红军，教育老百姓，除了咱们的领袖毛泽东，还有谁能与之比肩呢？

　　父亲在抗大印象最深的的确还是在政治思想上的飞跃与进步。思想认识上的升级换挡，一切知识的获取与战斗得失的总结，均来源于抗大！

　　父亲说过去并不知道共产主义到底是怎样的一个社会，只知道参加共产党就是打土豪分田地。父亲说通过在抗大学习，知道光打土豪，那是一种很狭隘的农民意识。父亲说自己虽说对共产主义还不精通，但知道了共产主义必定会实现。也知道在革命斗争中应该怎样牺牲个人利益来服从党的利益。

　　抗大的学习，实际上给父亲补充的是必不可少的精神食粮。父亲从抗大结业出来之后，不仅能读书看报，还能写一般的信件了。

　　我不记得在哪本书里看到过一张抗大学生上课学习的情况。根本没有教室。每个学员都有一个小板凳，大家就坐在一个院子里。没有桌子，就用自己的双膝垫着，在上面记笔记。这种办学方式原始而又简陋。但问题的关键不在形式而是内容。那样的年代那样的条件，共产党照旧培养出一大批于自己有用的优秀的政治人才、军事人才，甚至抗日救国的中坚力量。

　　父亲到冀东之后，趁着打仗的间隙，曾给老家寄出了自己第一封家书。虽然他也不知道家里能不能收到这信，但父亲还是忍不住要隔着千山万水向老母亲喊话，他要报一声平安，他要让母亲知道在战火纷飞、生死莫测的时局中，自己还活着。当然他更想听到的是母亲的一声温暖如许的回应……家里一切安好吗？

实际上父亲的信写得很谨慎，除了说自己在外经商，一切都好外，父亲什么都不可能多叙。因为父亲从没收到过也不可能收到家里的回信。在彼此音讯全无的情况下，父亲一直到解放后才知老家的情况：自哥几个都参加红军后，家里几遭国民党军的摧残。老母亲带一家人数次搬家，近乎家破人亡。伯父、伯母及嫂子都相继去世。亲友也大都和杨家断绝了关系往来……

过去读旧诗，总觉得里面描述战争战乱战祸的诗句太让人压抑，却不知生民百遗一，念之断人肠的悲凉，千百年来在中国历朝历代就未曾断过！

第 二 章

1

那一年的深秋，父亲说他在抗大还没毕业，组织上就把他派到冀东抗日根据地，当时叫八路军第四纵队。

打开中国地图，你肯定不会一下子就找到冀东的。你会发现那个地方好小。所谓冀东确切的版图，你可以把天津、北京、古北口一线以东河北省的东部，都囊括在内。那个地方有山有平原有河又临海，地貌不谓不复杂，地产不谓不丰富，农业不谓不发达，矿藏不谓不富饶。北部山区宜林宜果，京东板栗无人不晓。中部和南部为产粮盛地，棉花、大豆、麻类，应有尽有，地下则有煤、铁、甚至金矿，手工业也不逊色，如造纸，纺织，陶瓷……另外冀东的交通又极便利，铁路、船运哪一样不发达？所以那小小的地方，自秦汉至隋唐，均为中原屏障；元、明、清三朝到民国初，又是"畿辅"要地。所以冀东地区地理位置很重要，自古就是兵家必争之地，抗日战争更把这种争夺发挥到极致！

其实早在抗日战争初期，共产党就把冀东地区放在自己的视野范围内的一个必不可少的位置上了。当然这里面也有其战略的谋划和战争所处的地位考量。毛泽东伟大吗？很伟大。因为他的很多观点，在后面战争的发展中都被证明是对的。而蒋介石和国民党的确不是毛泽东的对手。

又比如日本侵略者占领东北三省后，首先也把魔爪伸向了冀东。

为了吞并整个中国，它的如意算盘必定是，占领冀东，让它成为自己的殖民地和大后方，抑或是第二个满洲国！这样不仅可以控制从东北到华北的大陆交通线，而且可以把它作为进一步侵华的兵站基地和军事跳板。从日本所谓大东亚共荣圈的战略角度上讲，无论从进攻，还是防守，乃至到战后的撤退，冀东也必定都会是日本的战略咽喉要道。况且日军进攻我国内地的兵力军用物资，更是无一不从冀东来往运送的。所以在1933年和1935年，日本侵华后即和国民党签订了《塘沽协定》、《何梅协定》，由此日本帝国主义便堂而皇之地占领了整个华北，使冀东地区沦为了日本殖民地。经过多年的经营，日寇在冀东已有其相当的统治基础。这与"七七事变"后日本新的占领区有很大的不同。

比如我母亲在唐山学校读书时，学校都另设日语课。所以什么"你好啊！""再见！"这些词很多学生从小就会。但日本毕竟是个小国，玩儿蛇吞象的游戏，往往会力不从心。日本人真的很坏，它在侵华后采用了"以战养战""以华治华"的策略，让冀东地区的盐、煤、铜、棉花和粮食，都成为它掠夺的重点，成为其军队重要的战略物资基地。所以日寇决不允许其占领已久的冀东地区有八路军和共产党抗日根据地的存在。再加上日本军队在思想意识中绝对是反共反俄的，于是向八路军游击战争中的抗日根据地疯狂进攻是其必然和选择。而且这种游击战争发展的规模越大，其根据地所处的位置越重要，威胁敌人的战略基地和交通要道越大，敌人对于游击战争及其根据地的进攻也将会越惨烈。

有人这样总结，八年抗战，全国共有两个地区最为残酷和惨烈，一个是山东，一个就是冀东！

在冀东十个日本兵当中只有一个八路军。兵力悬殊如此之大，就遑论兵器之悬殊了！

而父亲八年抗战，如一颗钉子始终没离开过冀东半步！

日本或许很强，但他的对手不容置疑的则更强。

何也？

宋人早就说：立志欲坚不欲锐，成功在久不在速！可惜日本人以唐为师，忘了中国还有宋！所谓三月速胜的思想，恰恰表明日本对中国历史的无知，更对中华民族和中国人民的无知！

记得那个时候整个中国都在说：中国大日本小，中国人多日本人少。这就是日本无论如何也吞不下中国的最大症结！可偏偏日本人不相信，也不想相信，非要在中国演出一场蛇吞象的惨剧，从而遗臭千古！我没有读过抗战时期蒋百里出版的书，但对他及后来毛泽东所提的持久战思想，深为认同。

日本国度小，其人力、军力、财力、物力均感缺乏，经不起长期的战争。中国则刚好和日本相反，地大物博，人多，兵多，能够支持长期的战争。正面战场由蒋介石指挥，敌后抗战由共产党领导。日本军队本身的侵略性质，必然是这场战争的失败者。说是容易，理论也没错，但八年的抗战却让中国人民为此付出了非常沉重的代价。至今让我们后人锥心刺骨，没齿难忘。

也许战争的性质早就决定了中日双方的胜败。但战争的手段却是非常有讲究。比如毛泽东反对正规战争，反对和日军硬打硬拼。相反他说中国抗日战争中的游击战，绝不是可有可无的，它将在人类战争史上演出空前伟大的一幕。而游击战争最主要的问题，就是在敌后建立抗日根据地。

轻
声
细
诉

杨
争
著

←在冀东采访时印象最深的是这样一句话，这里的土，你随便抓一把都是滚烫的！然，冀东的石头比土更具特色。一块巨石上面布满成百上千的斑斓彩石，它是华夏历史千百年岁月精华凝结。在我的心中，更象征着无数抗战英灵的坚强意志与魂魄！

毛泽东还说，日军占领了中国大半江山，这些都成了日军的大后方。表面上看，我们丧失了大量的国土。但日本人征服的不过只是土地而已，日本人永远也征服不了中国人民！况且如果我们到这样广大的被占领区中发动普遍的游击战争，将敌人的后方也变成他们的前线，让敌人在其整个占领区上也不能停止战争。这样一来，中日战场上就会出现质的改观。

到敌人后方去，开辟敌后战场，把你的后方变成我的前线，这种我中有你，你中有我，包围与反包围，犬牙交错的战略战术无疑对日军在东亚战场上的兵力和运输，起到了巨大的牵制和削弱的作用，在抗击日军对华入侵的战场上也是给其点了致命的死穴，并夺取了战争的最佳成果，即消灭了敌人，又保存了自己。

我不懂战争史。但看别人打仗，却得出了一个真理。进攻永远是最好的防御！况且又在敌人的后方建立起那么多的红色的革命根据地，这无疑是在发展自己的势力，壮大自己的队伍。一旦需要，这些根据地随时随地都能变成战争后期反攻的前沿阵地，这对共产党和八路军、新四军来说，何尝不是一石多鸟的结局呢！比如1937年国共合作期间，共产党的武装力量只有4万人。而日本投降后，八路军和新四军的队伍竟达到了100万人。这在当时国民党的一些高层人士早就看到，甚至预见到了这场战争的结局，胜利既不会属于日本，也不会属于国民党，而只能是属于共产党！对这种他们不想不愿最怕看到的结局，却又回天乏术，谁也奈何不得。

可以这样说，凡属日寇进攻游击战争越厉害之处，就证明那里的游击战争越有成效，对于正规战争的配合也越有效。当然这种战斗的性质，必然也就决定了共产党和所领导的八路军在冀东与日寇斗争的困难性、尖锐性、复杂性。

姚依林曾在当时发表过一篇文章，他说："冀东有广大的人力和物力，为长期支持侵略战争，敌人正要利用这广大的资源。冀东游击战争坚持与展开，能阻挡和破坏敌人在冀东的资源开发，并将广大的人力从敌人的后备军转变为坚持抗战的有生力量。由于冀东在军事、政治、经济上的重要性，敌人必定用很大的力量与我们争夺冀东，冀东游击战争的坚持和发展，可以牵制敌人更多的兵力，配合全国作战。而在将来的反攻阶段中，其战略意义则更为重要。冀东游击战争的这些特点，决定了冀东游击战争的长期性。"

也许在实际当中，游击战的艰苦性和残酷性，只有参与者本身才有最深切的体验，并最有发言权。

说到八年抗战，还要提到共产党在1937年8月间在陕北洛川召开的一次政治局扩大会。那次会议有一个很著名的纲领即《中国共产党抗日救国十大纲领》，解读这个纲领的精髓，就是要把红军作为革命的种子播散到敌后、播散到全中国一切可以建立红色革命的根据地去。从历史的文字上，我们看到这样的阐述：会议全面深入地分析了抗战爆发后的国内形势，提出了全面抗战的路线行动，制订了开辟华北敌后战场的计划。

也还是在这次会议上，共产党提出了"红军可以一部于敌后的冀东，以雾灵山为根据地进行游击战争。派去的部队须较精干，且不宜过少，军政党领导人员需有独立应付新环境的能力。"

毛泽东对八路军未来的作战方针，还划出了大体的框架，那就是：基本的是独立自主的山地游击战，但不放松有利条件下的运动战。在作战方法上，要善于多打小胜仗，积小胜为大胜，一般不和日军硬打硬拚。

说实在的在当时中国共产党的战略当中，一定深知根据地对自己的生长和存在，意义至关重大。与国民党打了那么多年的仗，尤其是历经了国民党反复不断的追杀和围剿，饱尝了没有和失去根据地的之痛苦和惨烈。二万五千里的长征，使红军八万大军最后仅存一万余人。这是用血和生命换来的经验教训。对于共产党人来说，更是无论如何不能重蹈覆辙！

但能不能建成抗日根据地，如何开创抗日根据地呢？这些急需解决的关键问题，对中国共产党和八路军里的每一个官兵来说，既不是一种理想，也不是一种理论，它更需要八路军将士生命与鲜血实实在在的付出。困难和考验真是可想而知的。

洛川会议后，根据中共中央的部署，9月间八路军一一五师东渡黄河，开赴华北前线作战。之后，八路军一一五师兵分两部，一部为开辟晋察冀抗日根据地。另一部随一一五师主力南下汾河流域和晋南。同时又从红军骨干比较多、战斗力比较强的第一军分区抽调了一部分兵力，由邓华负责，组成了邓华支队，决定进军冀东。实际上这就是毛泽东的战略思想，即由正规军派出强大的支队去敌后发展游击战争，把敌人的后方，变成自己的前线。

1938年4月，中央和八路军总部将在晋西北活动的宋时轮支队调到平西，与邓华支队合并，组成八路军第四纵队，由宋时轮任司令员，邓华任政治委员。第四纵队的建立，为开辟冀东提供了有利的条件。

第四纵队6月份向冀东进军，连战皆捷。冀东的老百姓在家乡沦亡了几年之后，看到八路军大部队开来，真是喜出望外，欢欣若狂，这对日后冀东人民武装抗日大起义的爆发，无疑起了极大的促进作用。

相反也吓倒了小日本。无怪乎当时的日军惊呼，不好了，延安的触角已伸进热河。他们慌忙调集冀东各地的日伪军，拦截阻击。随即日本侵略军在侵占了广州和武汉之后，却没有进一步向前推进。反而回师华北，对抗日根据地进行了以"扫荡"为主要内容的清洗。

日本侵略军要大举"围剿"冀东的消息，对冀东地区的抗日武装力量也是一个极大的刺激。他们不顾中央的劝阻，仍旧坚持大规模西撤，结果造成极大的挫折。十万之众的起义大军最后只剩下了很少的人数。

第四纵队在敌人的围追堵截中也严重受挫。以至于最后在冀东坚持抗日的只有共产党领导的分散在各地的抗联队伍和留在冀东的八路军三支小游击队。而那些在冀东抗日大暴动中的国民党七、八路军以及其他游杂武装，大都溃散瓦解。有的投敌成为伪军，有的沦为土匪，少数坚持抗日的则投向八路军三个小支队和抗联队伍，这时冀东的抗日武装力量，不只是薄弱，而且是没有形成统一的领导。

西撤后，群众的抗日情绪已从大暴动的高潮下跌到谷底。由于没有政权和后勤支援，部队既要作战又要自行筹款。加之日军不断的围攻和扫荡，使坚持在冀东的八路军三个游击支队和抗联队伍，处于十分严峻和危险的境地。冀东的抗日游击战，也由此陷入了低潮。

面对冀东的困境，毛泽东电告八路军总部，他不住的给失败的队伍打气。他这样说，他"认为冀热察地区有许多有利条件，是可能坚持游击战争创造游击根据地的，但是也有许多困难，要经过长期的艰苦斗争，才达到目的"。并说"与冀东保持联系，冀东干部如不够时，须立即派一部分人去工作"。

父亲就是在上述那样的极其困难的条件下，与其它的八路军骨干一起，被急急忙忙的派向冀东的。

1938 年 10 月，父亲说他与曾克林等 100 多人一起奉命从延安出发，向冀东敌占区挺进。那时候八路军奔赴抗日前线，条件非常艰苦。没有火车，也没有汽车。全靠两只脚由出发地起一直不停地走到目的地。由于要经过陕西、山西、河北三个省，更要面对敌人设立的无数个据点和碉堡构成的封锁线，条件恶劣的难以让人想象。当他们进入日本侵略者统治数年的伪满热河境内时，指战员更是晴天一身汗，雨天一身泥。沿途除了不停地打仗作战外，还要被石渣划破、树枝子扎，又加上反复过河，腿脚都烂了。但仍要一手扶枪，一手拄着棍子行军。而要说吃的方面则更加惨不忍睹。挺进军在艰苦的环境下常常不能安锅做饭，饿了只能吃一把炒米，渴了就去路边喝一些残剩的雨水。可即使这样，八路军对老百姓财物也还是秋毫不犯。许多老百姓由于日伪军的严密控制和反动宣传，开始时不敢接触八路军，他们匆忙逃走。他们原以为家里的来不及收藏的食物还不知会被八路军糟蹋成什么样。可老乡逃回家时一看，八路军战士只在屋檐下避雨，连老百姓家的门都没进。而家里的食物、被褥、衣服更是原封不动被一一保存。有的农户粮食被八路军吃了，却留下了钱和信件。这个情景，让敌占区的老百姓心服口服，所有的流言均不攻自破。

父亲到达冀东时，正是暴动部队受挫之时。大部分人都已被敌人打散。只有少数部队跟随邓宋纵队回平西根据地。父亲出师不利，刚到冀东后在第一次战斗中就左手负伤。子弹正好打断了父亲左手大拇指。父亲不得不住进了晋察冀军区的野战医院。这也是父亲第二次负伤了。两个月后，父亲康复出院。

1939年2月，八路军冀热察挺进军（简称挺进军）在平西的野三坡正式成立。萧克任司令员。冀热察区党委和挺进军统一领导指挥平西、冀东、平北地区党政和武装力量，提出了巩固平西、开展平北、坚持冀东的"三位一体"的战略任务，将坚持冀东游击战争、创建冀东抗日根据地的任务，纳入冀热察的整体战略部署中。四月去平西整训的抗联队伍和八路军的三个游击队，经过整训，被统一编为冀热察挺进军第十三支队，任命李运昌为司令员，李楚离为政治委员，包森为副司令员，曾克林为参谋长，刘诚光为政治部主任。

父亲则在冀东挺进军第十三支队单德贵支队第一大队任大队长。那时单支队，也叫三支队。

1939年初，三支队主要是在河北盘山一带活动。盘山坐落于河北蓟县城西北10公里处，山后距现在的北京平谷县城只有15公里，西踞北平，南望天津，地处交通要道，扼通县、唐山、喜峰口公路。山势险峻，岩洞幽深，树木茂密，面积达百余公里。

那年的秋天，在黯淡无光的冀东大地上，一时狂风迭起，鸿燕悲凉。就在部队西撤之后，冀东抗日斗争形势转入低潮时，三支队孤军奋战在冀东西部的盘山地区。那里的地方武装，拒不去平西受训，结果又重新沦为当地的土匪流氓，他们盘踞盘山岭上，假借抗战之名，横行霸道，杀人害命，无恶不作。三支队在冀东军分区的领导下，采取了瓦解和镇压相结合的办法，一方面剿灭匪首，一方面将盘山周围的20多个居民点，统一划为一个行政区，命名为联合村，建立了村政权，由此在冀东西部创建了第一个抗日根据地。同时还在那里把那些游杂武装乃至土匪队伍也联合起来抗日，这对冀东西部游击区的开辟与坚持是个重要的贡献。较之另外的两个大队，三支队更善于做争取伪军的工作，并收到了突出的成绩。为此受到了上级领导机关的多次表扬。但随着抗日战争越加残酷，父亲所在单德贵支队，遇到了意想不到的挑战。父亲说那是他一生中最不愿意提的事。

　　没有书面资料记载有关单德贵投敌叛变的动机与后果。但一个红军干部整天混迹于土匪流氓的堆里做瓦解工作，没有极高的定力，没等你做好别人的工作，自己早就掉进别人为你设计的黑洞里。这就是所谓的近墨者黑吧。

←人们告诉我这口井就是父亲当年抗战时经常使用的一口井。他是不是在那次战斗中曾和小鬼子一同共饮呢？

父亲说他在单支队时，平常根本见不到他们的头儿，也就是单德贵本人。一切都要靠自己去打拼。而父亲自己也就是一个大队长，整天带着百十来人四处打游击。

有一天深夜，父亲带着战士们和小鬼子玩完了躲猫猫后，筋疲力尽的回到村口。在村头的小井边，大家都争先恐后地跑到井边舀水喝。

突然有一种感觉非常奇怪，不知何时井边喝水的士兵越来越多。父亲定睛细看，一眼认出身边一起喝水的竟是一群头戴钢盔的小鬼子。可等小鬼子抬头发现是八路军时，为时已晚，父亲的枪先响了。井边的鬼子全倒在了地上。

但枪声也惊动了村里的敌人。父亲命战士们赶快打起小日本的太阳旗，他们迅速冲出了村子。跑到村头，一个放哨的鬼子，黑乎乎地只见一队人打着日本旗，以为是伪治安军，于是便用生硬的中国话对他们喊道："慢慢地、慢慢地！"

战士们一边跑一边骂："什么他妈的慢慢地，快跑还来不及呢！"

但他们没能跑出去多远，日本鬼子还是把他们包围在一个山腰上。所谓山腰，就是父亲头上有鬼子，脚下面也有鬼子。一直打到弹尽粮绝。父亲一看这么打下去，也不是办法。早晚都得让鬼子给全歼了。于是父亲对战士们说，你们怕不怕死？战士们说，不怕！

父亲又说，你们相信不相信我？战士们说，相信。父亲说，那好，大家听我的，每人尽可能去搬来最大最重的石头。没有我的命令，谁也不许动！

战士们果然每人都弄来了很多大石头。父亲向山下望去，他在找到了敌人最薄弱的地点后，一声令下，战士们连人带石头一起朝山下飞滚而去。敌人开始以为八路军向他们扔石头呢，一个个抱头鼠窜。殊不知他们这一跑，等于给八路军让出了一条路。父亲带领战士们每人怀抱一个大石头，趁着夜色，往山下滚。随着一个个滚滚而落的巨石，父亲带领战士们全部突围成功。

父亲保存了单支队的战斗力，但由于当时的条件太残酷，单支队的头儿，也就是单德贵本人最终还是跑到北京，叛敌投降了……

单德贵支队也就不复存在了。父亲为此愤怒而伤心！

父亲说在冀东最初的那几个月，是他一生中最为艰苦的时期。他在个人履历的自传中这样说：

那时的冀东是敌人比较注意的地区。每年一定会有四次的大"扫荡"和日伪军经常进行的"分进合击"。尤其是在敌人的五次"强化治安运动"时，派驻大批治安军分布在冀东各个地区，比如潘家峪的大血案以及其他各个地区的相当残酷的情形，就对少数斗志不强的群众起了一定的镇压作用。但对广大的人民群众而言，却只能更加坚定抗日救国的决心。我也更认清了国民党的投降主义和日本帝国主义无人性的残暴侵略。

在那时由于敌人的毒辣，给部队在行动中增加了许多困难。我们经常没房子住，三四天吃不上一顿饭，平均每天都会发生战斗，更常常是被数十倍的敌人包围，由拂晓打到天黑。即使突围出来，也早已是弹尽粮绝。部队难免有低落情绪。那时我知道自己应该以更积极的行动来对待残暴的敌人。革命是长期的是要经过艰难困苦的，而共产主义则是一定要实现的。这样艰难困苦的环境正是对自己革命意志实际锻炼和考验的好机会。在这种思想的支配下，我增强了工作积极性和创造性。我们主动的向敌出击，开辟平原地区，使敌人不得不顾此失彼，我们更以积极消灭敌人，用敌人的优良武器来充实装备自己的部队。我们不断的以积小为大的胜利，提高部队的情绪，鼓舞了战士们的斗志。

2

1940 年 7 月，冀东部队奉命撤销了挺进军第十三支队的番号，成立了晋察冀军区冀东军分区。父亲所在的第三十七大队也改称第十二团，它和十三团一道，组成了当时冀东的两大主力团。从此这两个团就成为了驰骋在冀东抗日战场的两大八路军主力团，而这两个团又都是大团，每个团十个连各有 1600 人，具有野战性质。也就是说可在全冀东范围内协同作战。只不过分别在东部和西部活动。如第十二团在冀东东部地区活动，第十三团在西部地区活动。

部队整编后，一部分人充实了第十二团；大部分人则编入十三团。在十二团里陈群任团长，刘城光兼政治委员，曾克林任参谋长。父亲在那次整编中由此离开了单德贵支队，调到冀东军分区第十二团一营被任命为副营长、教导员。营长是杨作霖。

父亲说在抗战初期，自己对外不叫杨思禄，叫好几个名字。如张友、方力。原因是那个时候坚守敌后的平津唐地区，上级组织决定部队及部队主要干部对外都要有代号和化名，以便隐蔽目标，打击敌人。父亲用这两个化名长达两年半的时间。其中叫张友最多。那时战斗非常频繁，生活也是十分艰苦。冀东那地方，东边是山海关，南边是天津，西边是北京，都是日军占领的地方。父亲说仅在丰、滦、迁境内，就驻有日军 1.5 万人，还有伪治安军一个集团军几千人。日军为了消灭抗日武装巩固占领区的统治，一方面疯狂推行沟壕堡垒政策，使丰、滦、迁境内的壕沟多达 30 条，其中有一条长达 90 华里，总计竟有 300 多华里。另一方面敌人强行建立伪保甲制度，组织伙会、联庄会、棒子团、维持会等伪组织。同时还在冀东实行强化治安运动，大搞集家并村，千里无人区。

说到无人区，必须指出的是日本人在冀东地区所构建和实施的千里无人区，这是在第二次世界大战除中国战区外，世界上任何战区都绝无仅有的。很多人都会问我这样一个问题：冀东抗战与千里无人区之间，有什么联系吗？说实话，当我第一次采访时，第一次看到"人圈"，看到"集团部落"，看到在抗战八年期间，日本侵略者在中国的长城沿线用枪和刺刀，用极为残酷的军事手段，把中国成千上万无辜的老百姓强行集家并村，过着人间地狱般的生活时，我想任何一个人都会心中炽燃本能的愤怒。我们不知日本军队何以要对中国的老百姓这般惨无人道，何以要让中国原本美丽富饶的森林和村庄，变成一片废墟和焦土。比如在当时叫热河的地区，地广人稀，有许多原始森林，其清东陵更是中国清朝的皇家陵园，风水宝地。然这积数百年的郁郁葱葱繁茂山林，就是在日本军队的战争计划，既所谓的无人区制造中，全部烧毁而成为一片焦土。

难道这仅仅是一种战争的手段吗？！

亦或仅仅是民族的仇恨？！

当我走近冀东的历史，走近八年血雨腥风的冀东抗战，我发现自己在不知不觉中一次又一次地流眼泪，一次又一次地被彻底震撼。我终于明了日本侵略者为何将长城两侧200华里，化为无住禁作地带，只因在冀东有一支中国共产党领导下的八路军队伍，他们曾经叫过抗联队伍、八路军四纵、八路军第13支队、冀东军分区、冀东军区、冀热辽军区。他们一开始只有百十人，没有多少枪，没有多少人，然而却为了民族的解放事业在日本鬼子的枪炮下面，不屈不挠地发展壮大。正是由于他们的存在让强大的日本军队仇恨和恐惧。为了消灭这支军队，让这支英勇顽强且善战的军队没有生存的空间，于是在冀东抗战史上，就有了千里无人区的这一世界罕见的人间惨剧和历史上绝无仅有的战争奇观。完全可以这样说，只因这支人数并不多，装备又极差的八路军队伍，貌似强大的日本军队用了近七年的时间，完成了千里无人区的战争规划。

事隔70年过去了，当我们回顾历史，我仍然要一问再问的是千里无人区的存在，它告诉了我们什么，又证明了什么？！

千里无人区的存在，它告诉了我们日本侵略者在中国曾有过的最无耻的行径和最荒诞的梦想。

千里无人区的存在，它在创造了人类史上罕见的悲剧的同时，也更加证明了冀东抗战的真实性和残酷性。它也向世人自豪地宣告，当年在我们中国共产党领导下的冀东八路军是多么伟大和顽强！如果李运昌是冀东的一棵树，那么不管是包森还是陈群，不管是周文彬还是节振国，以及魏春波、黄天、今歌、刘汝林等等，还有我们敬重的王平陆、杨十三那些早先的冀东革命的先辈，他们都是冀东这棵大树上盛开怒放的花朵。也许风雪来临，树叶会枯萎，花朵会凋落，但是大树的根须是那么坚强的扎根于冀东的沃土。于是仅仅因为一棵树，日本侵略者便将战争的手段推到极致！仅仅是那些鲜红的玫瑰和紫罗兰，日本军队便烧焦了冀东的森林和家园。但是无人区并不是无人，也不可能无人。恰恰相反，八年艰苦卓绝的抗日战争，那里千百次的战斗，无数先烈们的流血牺牲，自始至终惊天地，泣鬼神！在中国的国土上，冀东这块弹丸之地，人类史上最为悲怆而壮美的交响曲，始终响彻长城内外。而这段因日本军队仇恨冀东八路军而起，也由冀东八路军赶走日本侵略者而告终结的千里无人区的历史，也永远定格在中国人民八年抗战的历史画卷中，成为我们锥心刺骨的伤痛和永垂青史的骄傲！

那时候，父亲刚到冀东，20 岁出头，爱打仗、不怕死。当年的老堡垒户曾对我这样说，在冀东老百姓的眼里，杨思禄虽是个南方人，却更像我们北方的车轴汉子。因为别人看到小日本，躲都来不及。他却穷追猛打，一点也不知怕。

有一次，十二团的各级营连干部正在聚头黄岩开会，突然遭到辛庄子伪治安军相当于一个团的兵力的进攻。

陈群团长说，我们撤，不和敌人纠缠。当时还在一营当教导员的父亲却对陈群团长说："你们走，我掩护。给我一个班就够了。我会好好的打他一家伙。"

陈群团长很信任地看了父亲一眼，说："行！打得赢就打，打不赢，你就要跑快点。"

父亲说，打仗在他眼里，不仅是力量的对比，更是精神上的较量。狭路相逢，勇者胜。他带了一个班的人，死守在山头上。一会儿伪军乌泱泱的从山底下，得意洋洋的朝山上爬上来。眼看快要到眼皮底下了，父亲才喊出"打！"的指令。于是战士们又是机枪扫射，又是手榴弹狂甩，伪军不经打，从来都是软的欺，硬的怕。见这阵式，竟以为是遇到了八路军的主力了，吓得屁滚尿流，抱头鼠窜。父亲却越打越勇，一班人马，楞把伪军追出几里地。仅这一仗，让陈群团长对父亲刮目相看。他没想到这个小个子的南方娃，这么能打仗。那时候冀东最缺的就是能打仗、会带兵的红军干部。其实陈群和父亲应算是"学长和学弟的关系了"。因为两人都是红军，又都在八路军一一五师呆过。只不过当时陈群是团长，父亲还只是排长。

陈群又是何人也？红四方面军的干部，本身就非常能打硬仗，恶仗！只可惜牺牲甚早！

父亲到冀东没多久，就发生了举世震惊的潘家峪惨案。在复仇战役中二营营长江士林不幸牺牲。于是陈群团长把父亲从一营调到了二营，让他接替了江营长的位置。父亲由此也渐渐地在冀东一带打仗出了名。抗战八年期间，父亲就是这样一直在日军的心脏里坚持战斗的。

早期晋察冀根据地实际上是处于敌人的四面包围之中，八路军能否生存下去，全国各地的敌后根据地也都在看。它的成败与否，在当时确实得到了共产党和毛泽东的高度关注。而八路军在实际作战中必须要消除所谓的"恐日病"。尤其是对根据地的老百姓来说，一开始，他们不可能理解所谓的游击战争。他们最讲实际。敌人来了，你不打，你说什么抗日的大道理，都没用。相反对凶悍的日军，你不但敢打，还能不断的取胜，老百姓就信你、服你，甚至还能抛家舍业的参加八路军，和你一起去打一场真正的人民战争，消灭敌人，把日本鬼子赶出中国去！

为此，在冀东真不知有多少南方籍的八路军干部和战士，把自己年轻的生命献给了这块异乡的土地。

1940年夏，冀东虽由两大主力团初步形成了东西部的两大块游击区，但冀东的东西部仍旧是处于被日伪军分割的状态。为了把东西两大游击区连成一片，部队整编后，利用夏天青纱账的季节，由东西两线向日伪军开始了主动出击。

1904年在冀东两大主力团和地方武装力量的配合下，抗日战争由弱转强。不仅两大主力团发展到 2800 多人，连县区游击队也有 920 个，人数达 3000 多人。东西两大块游击区也联结起来，形成了地跨 11 个县份的广大游击区，并在这些游击区中建立了更多更巩固的抗日根据地。

冀东抗日根据地大块基本区的建成和工作的顺利展开，极大的鼓舞了冀东人民的抗战信心，也引起了日伪军的震惊。

在这里，还是想提一句关于口内和口外的问题。所谓口的内外之分，就是指长城的内外之分。洛川会议时，毛泽东最初的想法是在以雾灵山为中心开展游击战争创建立革命根据地的。因为雾灵山位于长城以外，雾灵山、五龙山、都山由西向东排开，山岳连绵，形成了万余平方公里的深山区，其中涧壑纵横，森林茂密。除县城外，数十万村民散居于深山老林之中，条件较好。但却不知那里被日伪控制最严，生活条件最差。老百姓虽然极端仇恨日本殖民统治者，渴望解放，但在日伪长期欺骗宣传下，对共产党和八路军并不了解，更不敢公开和大胆的接触抗日的军政人员。相反口内，也就是长城内，人民觉悟，经济条件，党的基础均很好。绝大多数的八路军战士都是冀东土生土长的，与人民群众这种血肉相连的关系，使之在口内先创建根据地，显然具有事半功倍的特点。所以一开始八路军主力基本上都是在口内活动的。在 1904 年那一年口内根据地的迅速扩大，日寇是根本不能容忍的。潘家峪的惨案就是在这样的背景下发生的。

也就是在 1940 底至 1941 年的初冬，日伪军开始了对口内疯狂的大扫荡。那时候人们把口内已创建的根据地，喜欢称之为"基本区"。口外没有创建根据地的地方，就叫做"非基本区"。

大家都知道的潘家峪，就是位于我妈妈老家丰润县城东北 30 公里的一个小山村。全村有 220 多户人家，1700 多口人。这里群山环绕，地势险要，是冀东最早的堡垒村之一。从 1940 年春季潘家峪就与日伪脱离了关系，是丰滦迁联合县政府的主要活动基地，冀东党政军首脑经常在潘家峪驻留，并在这里设有八路军的修械所和被服

↑冀东潘家峪抗日纪念馆，是中国人民对八年抗战的历史存证！

厂，部队也经常在这休息和整训。所以它早已成为日本驻扎在冀东地区的顾问佐佐木心中非拔不可的刺。血洗潘家峪，也是日本鬼子蓄谋已久的杀人惨案。

　　1941 年 1 月 24 日，在中国农村，那天是农历腊月二十八日。还有两天就是除夕夜了。那一天潘家峪大部分人因为日本人的侵略，没有更多的过年欲望，而全部选择了呆在家里。那天早上村里只有 7 个人外出赶集，购置年货。没想到这 7 人，竟成了偌大的潘家峪惨案的绝无仅有的幸存者。而其余的家家户户的老百姓则还在睡梦中，就被佐佐木带领千余名日伪军堵在了村里。据后来人描述，当时的潘家峪犹如一个人间地狱。整个潘家峪火光冲天，尸横遍地。其中 1000 多间的房屋被烧毁，1000 多名的村民被杀害。粮食、衣物和生产工具均被抢掠，焚烧一空。女人被强奸后再用刺刀挑死，婴儿干脆直接摔死在石头上，孕妇则被剖开了肚子，日本人连未出生的婴儿也不放过。

闭眼想一想吧，这种场面即使在今天，也必会让人毛孔悚然，神经错乱。可我不知道面对眼前成堆成堆的人尸，当时的杀人者他们自己究竟是人还是兽？！抑或杀人者面对手无寸铁的中国妇孺百姓，内心充满了多少民族的仇恨和恐惧？！

总之潘家峪惨案是发生在父亲到冀东后的一年时间里。日军的暴行，激起了冀东人民，乃至全国人民的义愤，抗日队伍迅速扩大。潘家峪7名幸存者也组成了"潘家峪复仇团"，抗日根据地反而由此获得了空前的发展，武装力量更是迅速扩大。与此同时，敌军扫荡的的规模也在逐步升极。斗争也越加残酷。这一切真是佐佐木料想不到的吧！正如中国人并不太了解邻国那个小小的日本，反之那个貌似强大的日本对贫弱的大中国又知道多少呢？！

在日本防卫厅战史编《华北治安战》一书中，我们看到这样一些文字，也许我们能够对日军的心态有所解读："在1941年度要彻底进行正式的剿共治安战……对共军根据地进行歼灭战……全部措施指向示范区，特别是华北北部及重要国防资源所在地。"还说："为了呼应北支军（即日本华北方面军）的冀东肃正作战，自5月24日开始，指挥所属部队和满洲国军警，扫灭热河及冀察国境的八路军，以确立恒久的治安。"

于是乎从1941年的4月起至1942年底，日军对冀东开始了最为疯狂的大扫荡。潘家峪只是一个序幕。这主要包括日军以6万的兵力，分多路迅速插向冀东基本区后，又利用公路、河流、山脉形成十余道军事封锁线，其目的就是要寻求与八路军主力决战的机会，以优势兵力将冀东地区的抗日武装一举扑灭。

冀东地区的抗日形势陡然严峻起来。

在这里我不得不提到一个人以及他的死，就是冀东军分区第十二团二营的营长江士林。他不是冀东人，祖籍是安徽六安县。他1929年入党，1930年参加中国工农红军。在红四方面军当过排、连长。1939年跟随八路军冀热察挺进军十三支队进入冀东，曾在第五总队任总队长。他是二营威望很高的一位营长。在他手下当过兵的战士曾用这样的词句描述过他：

　　每逢江总队长到游戏场来时，战士们总是兴高采烈的欢迎他。他虽然比战士们年长几岁，可他非常活泼。他唱起歌来有板有眼，响亮的歌喉，战士们最爱听。他是二营很有威信的营长。但在潘家峪惨案后不久，他就在一次战斗中牺牲了。

他把自己未满30岁的生命和鲜血留在了冀东的土地上。我没能找到这位烈士的遗照。但他牺牲的场面却很悲壮。

　　当潘家峪的惨案传到各地时，二营的指战员正在练兵场上进行操练。听到这个消息，大家不由自主地都停止了训练。他们肃穆地站立在操场上为遇难的同胞志哀。于禾教导员站在操场中间，眼含热泪向大家介绍了潘家峪惨案的经过之后，沉痛地对大家说："日寇又欠下了中国人民一笔血债，血债必须用血来还！我们要化悲痛为力量，狠狠地打击敌人，誓死为死难的同胞们报仇雪恨！"

　　于教导员的话音刚落，战士们就在操场上齐声喊道："誓死为死难同胞报仇！"

　　二营的指战员们，胸怀愤怒的烈火寻找战机，一直在丰润县城附近转游，可是日军这群屠杀潘家峪同胞的刽子手就是不出城。

　　终于有消息说敌人可能要出城了。于是五月的一天晚上，刘诚光主任带着二营来到城西郭官屯，队伍进村以后，江营长立即派出侦察员，命他们去县城附近监视敌人的行动，随后他又带着各连的干部，沿着村边转了一周，查看完地形之后，给各连布置了作战任务。江营长把一切准备工作做完之后才进屋里吃饭。

轻声细诉

杨争 著

一夜无事。许多人因为仇恨心切，老早就起床到屋外打听消息。江营长比别人起得更早，他趁着天还没有亮，又来到村外查看地形，当他来到村口时，只见他昨天派出的两名侦察员正大步流星的朝自己赶来。江营长忙问："情况如何？"

两个侦察员一边擦汗一边说："敌人出来了。他们百来余人，正用牲口驮着重武器，估计是重机枪，正朝这边走来呢！"

一听还有重机枪，江营长眼睛一亮。他跑步回到营部，急命各连立即按昨晚的要求进入阵地。准备战斗！

担任火力任务的队伍进入阵地后，为了防止暴露目标，队干部又仔细检查了隐蔽情况，担任突击队的队伍接到命令后，立即进入出击阵地，并上好了刺刀……

此时天已大亮，江营长和于教导员和刘主任站在村边的隐蔽处向东边查看着。只见敌队由远而近，大摇大摆的朝村边走来。待敌人的尖兵接近村头时，江营长的枪声响起，这是战斗打响的指令。敌人顿时慌做一团。随着手榴弹爆炸掀起的烟土腾空，霎时间村边硝烟弥漫，日寇前队的士兵应声而倒。

突然的打击让敌人晕头转向，但很快，敌人就开始了有力的还击。随着战斗的逐步深入，二营的伤员也随之增多。江营长看着不断抬回村里的伤员，又仔细观察了一遍敌人的重机枪的位置，他胸中燃起了愤怒的烈火，他自己亲自组织了一个突击队，冲出了村庄。突击队以迅猛的动作扑向敌人的重机枪阵地，并与之展开了肉搏战。

这时部队则趁敌人的重机枪"卡壳"时，一跃而起，冲向敌人的阵地。敌人受到两面夹击后，终于力不能支，仓皇逃窜。两支突击队合力追歼敌人，跑得慢的敌人被歼于公路上，只剩下少数敌人逃回了城里。

刘主任、于教导员和担任火力任务的队员们，在村头看着抬回了缴获敌人的重机枪，都高兴得拍手叫好！可是等抬重机枪的人到村头时才看出，每个人都低头摘帽，热泪直流，再仔细一看，除了重机枪外，战士们还抬着江营长的尸体。

顿时欢乐、胜利的战场，死一般的沉寂。受了重伤的战士小胡告诉大家，江营长负了重伤之后，还扑向正在放枪的敌重击枪手的身上。重机枪枪身的血迹都是江营长留下的。

于教导员尽力抑制自己的悲痛，对大家说："同志们要记住这重机枪上的鲜血痕迹，这就是烈士舍身杀敌的标志。今后我们要用这挺重机枪，消灭更多的敌人！"

其实后来没多久刘诚光主任、于禾教导员也都在敌人的残酷的大扫荡中相继牺牲。其中于禾是和敌人拚到最后一刻，砸碎武器，带领几十名战士一起跳崖牺牲的。江士林营长牺牲后不久，陈群团长就任命父亲为十二团二营的营长，接替了江营长的位置。

这真是一个先烈倒下，十个勇士又站了起来。仅从冀东部队干部的频繁牺牲更换，便知当时的战斗多么残酷，可是一个人倒下，更有后来人奋起，这种前仆后继的精神，不正是中国民族的坚强不息的魂灵所在么？！

3

父亲刚上任没几天，就遇到了日本对冀东最疯狂的春季大扫荡。这是血洗潘家峪的后续行动，也是对八路军仅有的两个主力团更直接的打击。冀东区党委对这次春季的大扫荡，原是有所准备的。为了坚定反扫荡的胜利信心，两个主力团还到平原开展了几次有力度的战斗。可这回小日本也更狡猾了。他们改变了原有战术，一方面有意按兵不动，另一方面则故意让其汉奸特务之类的四处宣扬"兵力空虚，无力扫荡"等等。企图制造假象，麻痹和诱惑八路军主力。可暗地里小日本却从天津调来大批特务，让他们化装成商人，混入抗日区内，窥伺八路军主力的行踪。

果然八路军主力发现日军很早就扬言的大扫荡，是只听"狂风响，不见暴雨来"，迟迟不见踪影，渐渐地在不知不觉中竟真的轻意的相信了日军故意散布的所谓"兵力空虚""无力扫荡"的谎言。为了让八路军对此深信不疑，小鬼子更故意把许多胶皮人从运兵车上推落，把装石子的弹药箱摔开，这一切致使八路军的领导机关误以为在青纱帐以前，日军真的不会有大规模的扫荡。而殊不知此时狡猾的日伪军正在进行并最后完成了对冀东游击根据地的战役包围。

另外由于八路军主力对日军总的部署不了解，那时候八路军的侦察工作的确很弱，直到日军开始收缩包围圈时，仍然不知其进攻的规模和意图。以至于冀东军分区指挥机关和两个主力团不约而同地集结于蓟县南部和玉田一带，其结果是正中了日军的重兵包围。当八路军主力弄清了日军的兵力，意图突围时，一切的一切已为时太晚。

日军利用其现代化的交通和通讯设备，迅速收缩包围圈，把八路军的主力压缩在玉田南部、丰润西部、宁河北部一线狭长水网地带，八路军两个主力团，被迫进行了一场代价惨重的抵抗与反击。

在地图上我清楚地看到两个主力团真的很悲惨。他们都被敌人挤压到天津与河北的交界地，林南仓、新安镇、杨家板桥一带。十三团由东向西进入到玉田南部的杨家板桥一带。刚进入该地段，就立即被鬼子重兵包围。

十二团受到北部敌人的挤压，正迅速由南向西也不由自主的在朝十三团靠拢。于是冀东的这两个仅有的主力团就这样不约而同掉入日军早已准备好的大口袋里。

强行突围也许就是八路军两个主力团唯一的选择。我不得不省略十三团的突围经过。我更关注父亲所在的十二团。

↑照片中左边第二位是陈群，第三位是杨作霖。死去的人太多了，以至于活下来的人，依然在幸福之余，听到死者在地下不甘寂寞的声声呐喊！

轻
声
细
诉

杨
争
著

　　那天日伪军分乘 90 辆汽车从驻地向两个主力团扑来。当时刚到玉田南部孟四庄的十二团，立刻发现自己身陷绝境，陈群团长又和以往一样，拿着望远镜来到前沿阵地。不幸的是，还没等他查明敌情，敌人的一排炮弹正好落在陈群身边，一声爆炸之后，人们发现陈群和他身边的人全部被击中，无一幸免。

　　临近阵地上的八路军官兵闻声赶来时，倒在血泊中的陈群团长已奄奄一息。即使这样，大家还是忙不迭地为陈团长绑扎伤口，为他揩净脸上的鲜血。希望他能顽强的挺住……

　　陈群，原名陈德安，安徽六安人。1929 年加入中国共产党，1930 年参加中国工农红军，历任四方面军连长、团长、副师长，参加长征到达陕北。抗战开始后，历任八路军一一五师团长、晋察冀军区副团长。1938 年任八路军第四纵队第三十三大队副大队长，随军挺进冀东。他英勇善战，无私无畏，在华山峰的一次战斗中，他曾面对 500 名从四面八方包围而上的敌人，自己扛着机枪首先占领了制高点，然后端着机枪猛扫群敌，大批日寇应声倒下……

然而此时此刻，他却未战先死。就在他发现自己已经不行了，在生命的最后一刻，作为一名共产党员，他仍然叮嘱身边的战友，断断续续地说："同志们，我不行了，不要让全团知道，要带好部队继续战斗！"

又一位红军战士把自己最后的一滴血留给了冀东。

在陈团长周围的战士忍不住都哭了。不知谁在人群中突然喊道："同志们，现在还不是我们掉眼泪的时候，我们要像团长那样勇敢战斗，只有冲出敌人的包围圈去，我们才能为团长报仇！"

围在陈团长周围的人不约而同的站起来，怀着满腔的悲愤，投入到反突围的战斗中。

我后来在采访父亲当年的司号班长韩洪明时，他主动的向我聊起了那次战斗。也许是那次战斗给人印象太深了吧！

他说："我记得很清楚，陈群团长牺牲时，肠子都打出来了。尸体还是我们硬是从敌人的手里抢出来的。是你父亲亲手掩埋了他。当时你父对我们沉痛地说，让我们向老陈团长三鞠躬，告别吧！"

我说："那时就有三鞠躬吗？"

韩洪明肯定的点点头："对。陈团长在我们心里威望是很高的。我们一起对陈团长的遗体三鞠躬的。"

经过惨烈的激战，十二团终于冲出了孟四庄。

在孟四庄战斗了两天两夜之后，十二团直属队和青英部队在于辛庄再遭千余名日寇的堵截。在这平原地区里，白天突围是不可能的事，别的出路又没有，被围在庄里的 200 多人都意识到，只有利用村落坚持战斗。于是大家都下定了与村庄共存亡的决心，沉着的勇敢地打退敌人一次又一次的进攻。

攻到村边的敌人在死伤了几百人之后，他们也改变了战术。他们停止了步兵的进攻，改用炮火猛轰村落。霎时间，村庄房倒屋塌，整个村子燃起了熊熊烈火。

敌人以为村内的八路军支撑不住了，于是停止了炮轰，又改为宣传劝降，但喊了半天的话，村内却毫无反应。这时的敌人才敢大胆的往里冲。出乎敌人的预料，方才一点声息也没有的村庄，等他们进村之后，却是子弹手榴弹飞奔而来。一大批敌人不得不弃尸而逃。

可这时170多人的青英部队，也只剩下了30多人尚能战斗，团直属队已有47人壮烈牺牲，剩下这几十个能战的人都准备了石块，因为这时枪弹已经打光，他们准备用枪柄跟敌人死战，枪柄打坏了，再用石块砸敌人。

也许是八路军的坚强不屈，感动了上苍。活下来正在作最后一搏的人，突然发现此时天降大雨，把村里村外敌人燃起的一堆一堆的大火全都浇灭了。于是尚未战死的几十个人趁雨夜天黑，从围村的敌人的空隙间爬出村外，潜入青纱帐内，由此脱离了敌人的包围圈。

十二团一营在孟四庄突围之后，却未能脱离险境，在敌人第二道、第三道设好的埋伏圈中，不得已跟扫荡之敌周旋了月余。于7月3日在大韩庄又遭两千多敌人的包围，激战一天，杀敌200多人，在夜间突围时，杨作霖营长和全营230多位战友均壮烈牺牲。而在当时只有十二团的二营未能受损。

在孟四庄激战之后，父亲率领二营往东部地区冲去，他们冲过了敌人的层层包围，终于脱离了险境。

当时的十二团，一共只有三个营。三营随团部行动，大部被歼。一营在不久之后，也被敌全歼，其结果也就只剩下了一个二营。而二营在父亲的带领下，则跳出了敌人固若金汤的重重包围，虽受了些损失，却几乎保全了二营的整体实力，这在当时真能算得上一个奇迹了。

这只是奇迹吗？

不，任何战斗的胜负都不只是在某一个时刻决定的，换言之在任何一次战斗中都一定有一些非常重要的时刻！

关键是你能看到这一时刻吗？

你能把握这一转机吗？

你除了勇敢还有足够的智慧吗？

轻声细诉

杨争 著

比如父亲事后对一营营长杨作霖同志及全营阵亡深为惋惜。父亲刚到冀东时就在一营与杨营长当搭档，两人在战斗中结下了很深的感情。父亲说杨作霖是一个刚烈的东北汉子，打仗非常英勇，可惜不熟悉平原作战的特点，在苇泊里藏了一个月，终被敌人发现而全营覆灭。让人扼腕叹息！可掰着指头算一算，江士林、刘诚光、于禾、陈群、他们哪一位不更勇敢，更不怕死？！也许勇敢并不是战胜敌人唯一的利器。在那次如此残酷的突围中，十二团和十三团均受重创。但年轻新上任的小营长父亲何以能单身一人带着二营突围成功呢？

这让我好奇心大增。我越发急切地想知道父亲是如何能让自己的队伍化险为夷的。父亲对那次的险情又是怎么说的呢？这可是父亲初到二营走马上任，他又是如何让他的战士心服口服呢？我迫不及待的要一探究竟。

父亲是这样描述当时的战斗：1941 年 6 月，是我一生中最惊心动魄，而又难以忘怀的日子。6 月 1 日，"扫荡"冀东的日伪军，从北向南逐渐压缩。在我们事先未发现日军"扫荡"的情况下，部队逐步集中到丰润、玉田南部寻机作战。6 月 2 日晚，我们十二团团长陈群于玉田西南孟四庄激战中，不幸牺牲。顿时团里没有军事指挥员了。于是晚上团政治处主任曾辉同志召集各营营长和教导员开会研究讨论部队如何行动。经过大家紧急协商，一致认为各营分散转移，避免与敌人强大的扫荡主力硬拼。决定在敌重兵包围下分

→无边无际的芦苇荡，曾见证了多少民族英雄与日本鬼子激烈战斗的壮观历史画面！

散突围。三营随团部走，一营由杨作霖指挥。而我则带着自己的部队二营突围。我虽然刚到二营，但我知道我们二营指战员大部分都是丰滦迁的子弟兵，对当地地形很熟。于是我决定当晚就带部队转移到丰润县杨家口头以南苇泊里隐蔽。

我带着部队在苇泊里呆了一天，大水过膝，四处都是敌人，我们不敢动。整整一天，大家没吃没喝。第二天晚上我营急行军冲过丰唐公路到达丰润县东国持营村时，天已快亮了。本想在该村宿营，可是一看村东村西全都住满了日本鬼子。我当时就非常着急。因为部队数次苦战，再加上连夜赶路，战士们又饿又累，已是疲劳不堪。正拿不定主意，左右为难之时，老百姓发现了我们，并将我们悄悄地带到村南头的一条大沟里隐蔽休息。

没多久全村老百姓都知道了八路军来了，老百姓对我们八路军非常好，天还没完全亮，他们就自发的一个两个不断地装做下地除草模样，提着水罐，挎着篮子，从四面八方悄悄地跑来，为躲在南沟里的子弟兵送水、送饭、送绿豆糕、鸡蛋、烙饼。战士们看见老百姓冒着生命危险送来了他们自己过节都舍不得吃的东西，顿时个个斗志平添，群情激昂。他们纷纷表示要英勇杀敌，报答乡亲们的恩情。

时间一长，这种行动果然惊动了敌人。日本鬼子发现我们后，迅速集结部队约有几千人向西大沟包抄过来，向我们发动了疯狂进攻。我们只好和鬼子浴血奋战，力求能杀出重围。战士们打得很顽强，我们果然杀出了一条血路。我带六连和营通信排到达福山寺柳沟峪一带。原想让部队在此整休一下，并给战士杀两只猪，补养补养以消除疲劳。可我们前脚刚到，敌人后面就紧随而来。一步也没拉。这回敌人集结的兵力更多。他们连夜调动了周围徐庄子、杨店子、新集诸多敌据点的扫荡部队和据点里的伪治安军，向我们层层包围。

早晨5点开始战斗，战斗越打越激烈。一直打到中午12点左右，眼看包围我营的敌人越来越近，敌人却也越打越多。附近西陆庄子、董庄子的山上、村里到处都是敌人。我们的手榴弹、子弹也都打完了。部队伤亡巨大。尤其是六连连长陈力同志也被敌人枪弹击中，光荣牺牲了。大家顿时感到情况异常危急。这时为了保存实力，我决定不能再这么死打硬拼了。战士们也都看着我。我知道此时要么是被敌人全歼在包围中，要么冲出去，生与死的希望各一半。可是要冲出去又谈何容易?! 敌人把我们包围如此的水泄不通！我克制自己冷静下来，认真仔细地又看了看当时的地形。我发现敌人的新集据点离我们最近，大约仅有五、六里地的样子。我们要是向敌人的据点方向突围，敌人一定是料想不到的。我想正因为这样，那里敌人的兵力也一定最弱。我决定当机立断，向敌人新集据点方向突围。于是我对战士们大声喊道："我们不能死，我们还要为陈连长报仇！"大家异口同声地说："营长，我们听你的！"我说："同志们，好样的就一起和我往外冲！"我把自己亲手从日本鬼子手里缴获得的望远镜往地上一摔，带领战士们向敌人据点方向冲去。我们在突围中边走边打，还杀伤了不少敌人。突到距敌新集据点不远，眼看就要到据点了，我们却又掉头一拐，向夹流河方向拐去。结果突围成功了，我们竟顺利地带领全营突出了重围。

当时老百姓都以为我们这下子会被鬼子全部消灭了，没想到我们在这样多的敌人重重包围之下，竟能突出去，老百姓夸我们是"神兵天降"。这次突围，保存了我二营的实力，对继续坚持东部的游击战争，起到了不可低估作用。

但父亲说，他唯一遗憾的是他那珍贵的望远镜。它几乎像枪一样，是父亲身体的另一半。但父亲相信日本鬼子还会送给他一个倍数更大更好的望远镜！

我却从这次的战斗突围，感觉到了父亲在勇敢之余的机智。柳沟峪战斗是父亲刚当营长还不到一个月，就遇到的一场恶仗。八路军两个团几近全军覆没。我记得父亲对我说起这次战斗时，让我印象最深的一段话是，父亲在战斗开始时，还拿着望远镜在看四面八方包抄而来的敌人。可越打敌人越多，越打敌人越近。

后来父亲说他根本不需要用望远镜看了。因为他的身边不知何时，已站满了敌人。鬼子就和蚂蚁一般，越来越近，密密麻麻的，遍布四周……

父亲没有慌，也没有死抗。他越是在这种千钧一发的时刻，越是出奇的冷静。所以父亲才能在突围中不是按常理往远离敌人的方向跑，却一个猛子朝敌人的大本营奔，这别说在军事上有些不可思议，连凶恶的日本鬼子也决然想不到。可父亲就是成功了。不仅冲出了包围，保存了自己，还歼灭了一部分气焰嚣张的敌人，为死难的烈士报了仇！

我又不得不想起在盘山的那场战斗，也是在敌人的四面包围中，父亲和战士们抱着石头，冲下了山。父亲在几次的战斗中使用的都是绝招、险招，让敌人想也想不到，防也不胜防。正如毛泽东常说，战争的基本原则就是保存自己消灭敌人。

再比如战争中的战略战术问题，父亲虽然文化程度不高，没有研究过什么历史军史战争史，但父亲却把毛泽东的游击战争的十六字诀，理解的十分深刻："敌进我退，敌驻我扰，敌疲我打，敌退我追。"

我觉得这就是老鼠玩猫的游戏中所能达到的最高境界。父亲将之魂的东西，如游击战中战术的精髓和要义，融会贯通，用起来似乎总能得心应手屡战屡胜。我想父亲在二营的威信，就是这样一点一滴的树立起来了吧。

不知为什么，即使数十年过去，我依旧能十分清晰且真切地看到了父亲描述的当时场景：

孟四庄枪炮声时远时近，屋内一盏微弱的油灯火光摇曳，二营的几个干部围在桌前，大家紧张而又焦急地盯着杨思禄手中的一张小地图。

教导员于禾目光信任地望着杨思禄，说："杨营长，你说怎么办，咱就怎么办吧！"

杨思禄指着地图，问身边的两个连长："刘景余，陈力，你们两个人都是咱们丰滦迁子弟，地形熟。你们说咱们朝哪个方向突围？"

刘景余说："我是丰润人，我知道这地方有一个大苇泊。那里面老大了，我们全营都藏进去，鬼子一时半会儿发现不了我们！"

杨思禄说："你现在赶快说，那苇泊在什么地方。"

刘景余答道："老远，在杨义口头村哩！"

杨思禄说："再远咱们也得往那里去。你们五连带路，事不宜迟，部队现在开始突围！"

这时突如其来的大雨浇灭了敌人的篝火。于是杨思禄率二营顺利突围。部队在雨夜中急速行军，没有一丝声响。而二营潜入苇泊后，一动不动。远处的枪声时疏时密，苇泊里水深过膝。杨思禄卷着裤管在水中巡视自己的队伍。在五连，他看到了刘景余："怎么样，部队有伤亡吗？"

刘景余说："报告营长，真没想到咱们突围竟一个人也没落下！"

马指导员说："鬼子一早醒来，发现八路军无影无踪，准气得跳脚！"

杨思禄说："别高兴得太早。我们才突破敌人第一道封锁线，困难还在后面呢！"

于禾问："营长，部队伤亡不大，可饥饿难忍。一天一夜没吃啥东西了，咋办？"

杨思禄说："前面不远就是丰润的东国持营村，我们天黑冲过公路，到村里宿营。"

刘景余高兴地一笑："那敢情好！部队吃点东西，再歇歇脚，鬼子再来多少人，咱也不怕了。"

杨思禄却紧皱着双眉，没有说话。

深夜，公路上鬼子的探照灯在暗夜中一闪一闪着，杨思禄带着部队潜伏在公路旁。

杨思禄对身旁的刘景余说："你派人先去村里侦察一下，部队过了公路后，我们在村口等你。"

刘景余："好!"他说完带着几个战士便消失在前方的黑夜中。杨思禄向后一招手,二营的战士们便一个接一个跨过了公路。在村口,杨思禄带人隐藏在一片高粱地里。刘景余带人急速跑来:"营长,不好了,村子里住满了鬼子。"大家焦急地望着杨思禄,等他拿主意。杨思禄回身看了看部队,只见战士们一个个早已是疲惫不堪。正在这时,有一个人影走近。

韩洪明一拉枪栓:"谁?什么人?"

一个村民惊叫:"八路军?"

杨思禄赶快走上前,小声道:"老乡,不要怕。我们是八路军!"

村民望着眼前整齐的队伍,简直不敢相信自己的眼睛,他说:"头天枪打得那厉害,我们都以为咱的队伍被小鬼子打花了呢,没想还能剩下这多么人?!"

刘景余说:"我们是啥队伍?!鬼子想消灭我们,怕又是白日做梦了!"

村民也笑着说:"那敢情好!但你们在这不行,鬼子一准就能发现,我带你们到南边那条大沟歇着吧!"

刘景余说:"中!"

于是部队在这位老乡的带领下,向南沟子跑去。天渐渐亮了,壕沟里有八路军。这个消息悄悄地在村子里一传十,十传百的播散开。于是村子里的老百姓三三两两都往南沟子跑,有人提着篮子,里面盛着鸡蛋、烙饼,有人拎着水罐,群众自发地给子弟兵送水送饭。战士们在壕沟里,终于喝上了水,吃上了饭。通讯员韩洪明拿了一块绿豆糕,递给杨思禄,他说:"营长,你也吃点吧!"

杨思禄却站在壕沟边上,目光始终盯着村子方向,眉头越锁越紧,他说:"老百姓都往这边跑,鬼子迟早会发现我们。"

果然,没有一会功夫,刘景余和陈力都跑了过来:"营长,不好了!我们发现了鬼子正在朝我们运动。我们又被包围了!"

此时枪声已响,鬼子从四面八方包抄过来。

在壕沟不远处的高粱地里,杨思禄率二营和敌人展开了激烈的决一死战。敌人越打越多，在杨思禄的望远镜里，黄压压的一层又一层，密如蚂蚁的涌来。战士们的子弹越打越少。小花子刘志民气喘吁吁地跑来："报告营长，我们指导员让我向营部报告陈连长，他已经牺牲了！"

于禾再也抑制不住自己，把手中的枪一举，大喊道："共产党员跟我来，我们绝不当俘虏！"

杨思禄却说："老于，我们要冷静！"

于禾说："杨营长，我们还要咋冷静？子弹已经快打完了，现在就剩一命去和小鬼子们拚了！"

杨思禄坚定地说道："不！我们一定还有办法！"

杨思禄果断的声音，给在场所有人好像打了一支强心剂，他这才发现周围不管干部还是战士们都在紧张地盯着自己。

杨思禄蹲下身子又一次展开了地图，他旁若无人地看着。

敌人越来越近，大家的心都要跳到嗓子眼上了，只见杨思禄把地图往韩洪明的手里一塞，站直身子大声说："同志们，我们不能就这么死了，我们还要为陈连长报仇呢，对不对？"战士们齐声说："对！营长，我们听你的！"

杨思禄说："好！现在敌人的据点哪个离我们最近？"

刘景余说："营长，新集据点离我们最近！"

杨思禄把望远镜往地上一摔："鬼子的胡子我都数得清了，这玩意也就没啥大用了！同志们，不怕死的就跟着我往新集据点冲！"

战士们也大喊："冲啊！"

于禾和刘景余不无钦佩地望了杨思禄一眼，他们相视一笑。

不过从柳沟峪突围出来，父亲说自己三天三夜没吃没睡，实在没劲，再也跑不动了。他不想影响队伍的继续前进，他让二营赶快转移到安全的地带，自己就在一个地沟上倒下，再也起不来了。

那一刻，父亲想到了死。

父亲说，最让他感动的是身边的那些贴心的战士。

他们说，营长，你不能就这么倒下，我们死也不能把你丢下不管！

于是战士们连背带拽，把父亲带到了安全地带。

多少年后，父亲常说，没有这些战士，我早就死了。

4

1941 年的 6 月，对于整个冀东地区的八路军来说，那真是一个黑暗的六月。一个让人揪心的夏天。两个主力团在那次的大扫荡中损失巨大。十三团有两个营丢掉了全部武器，十二团不仅亡了团长、且一营又全部阵亡，如此这般两个团加在一起，竟损兵折将近千人，失步枪 1000 余支，机枪 13 挺，部队实力锐减。

父亲说，自陈群团长牺牲后，十二团不得已只好以营为单位分散活动。那是父亲最为艰苦的日子。因为敌情特别严重，部队不敢久留一地，每天都要像"流水和疾风一样，迅速地转移其位置。"

在转移当中还要来无影，去无踪，欺骗和迷惑敌人，例如声东击西，忽南忽北，即打即离，夜间行动等。

日本军队非常得意，在大扫荡过后，其主力部队，也就是当时的王牌军第二十七师团，旋即撤离了冀东，但却让伪治安军齐燮元部在基本区又开始了所谓的"清乡"。目的是搜查八路军的伤病员和隐藏的武器装备。于是伪军命老百姓到处挖沟壕，这种深约 4 公尺，宽约 3 公尺的壕，当时叫"防共壕"。沟内设有地雷和其他障碍物。然后再沿壕修一条公路。上面密布日伪军的碉堡和据点。白天道路上断绝行人，田间禁止耕作，以防八路军战士突围。然后再逐村清查户口，强迫老百姓集中到一起，当场察言观色，让儿童、妇女认领自己的亲人，逼迫老百姓交出八路军、交出武器和其他的抗日物资。为了保护八路军和抗日物资不受损失，冀东地区竟有 1000 多间的房屋被烧毁，数万名老百姓被杀害，更有无数的妇女遭强奸。冀东老百姓为此付出了巨大的牺牲。

冀东东西两部因而再度被分割，音讯断绝。

敌人大扫荡得手后，以《十万精兵扫荡冀东》为大标题，在伪报纸上大肆宣传，认为冀东的"土八路"不足为患了，李运昌部从此只能在长城上抹眼泪了，等等。对青纱帐季节主力团和游击队的恢复和作战也不甚介意，这无疑又给了冀东八路军一次重新发展和报仇雪恨的机会。

那一年的 8 月，冀东区党委开了一个会，检讨了 6 月反扫荡失利的教训。一致认为失利的原因就在于对冀东地区特殊的战略地位所决定的战争的长期性和残酷性认识不足。缺乏内线侦察，忽视隐蔽发展和秘密工作，在大扫荡来临时，仍处于敌情不明的状态，以致对形势做出了错误的判断。由于冀东处于伪满和华北之间这个特殊的地位和其丰富的资源，日军必将确保该地区。因而今后冀东的抗战，只会更艰苦、更残酷！

同时冀东军分区也对两个主力团进行了分析，认为在兵力和装备虽处于绝对的劣势，但军官的革命意志和指挥才能大都很好，士兵也都是意志极强的优秀战士，所以在政治素质上处于绝对优势。

为了夺取敌人装备来武装自己，重新巩固和扩大抗日根据地，冀东军分区和党委决定立即发动一场打击齐燮元伪治安军的战役，并尽可能多打胜仗，以鼓舞老百姓，巩固根据地，恢复主力部队的实力。

在夏季的反扫荡遭受严重挫折之后，还决定开展打"打治安军"的战役，这不能不说是一个大胆的决策。因为当时进驻在冀东的伪治安军共有 3 万余人。这些伪治安军，号称为一〇一集团，虽说都是由伪警察、当地的无业游民招募而来，其战斗力并不强，但伪治安军的武器装备却非常之好。每个连都配有 3 挺轻机枪，每个团又有机炮连，同时还有 4 挺重机枪，4 门迫击炮，弹药更是充足至极。这都是日军第二十七师团主力撤离冀东后，留给中国人打中国人的优良武器。而冀东的八路军只有两个主力团，人数虽经过及时的补充，达到了 5000 人，但与日本鬼子和伪治安军相比，还是差别巨大。有的营，甚至于连一挺机枪也没有，其困难程度真是可想而知。

所以父亲说他那时对敌人的好武器除了羡慕之余，那就是想方设法也要夺取过来，变成自己的武装，以消灭更多的敌人。尤其在那时很多先进的更好一点的武器，都是八路军战士用自己的生命和鲜血而换来的，那父亲更把这些武器看作是自己的眼珠子，百般呵护，倍加珍惜。父亲说自己那时有一个很大很大的缺点，就是小气。父亲什么都肯割舍，但就是不能轻易让出一件好武器。

父亲说齐燮元部武器虽好，但素质极差。他们在冀东盛气凌人，目空一切，既看不起抗日武装，也就是八路军，同时也瞧不起当地的伪军。他们有一个很大的弱点，就是怕死。否则也不会替日本人充当冀东的打手与看家狗！

父亲对于自己亲自指挥参加的几次战斗，没齿不忘。

1941年12月上旬，战役的一切准备就绪。恰在这时，驻三屯营的治安军三集团第六团，准备于12月15日向遵化转移，所经路线丘陵起伏，又处在我活动范围内，军分区决定，在这里首战。14日的夜晚，李运昌、包森、曾克林亲自率十二团、十三团各一部，自炸糕店至大柳村，布成十公里的伏击线。15日晨该敌浩浩荡荡沿公路西进。因数日来我军避免打草惊蛇，对于伪军联络人员未予触动，故该敌以为太平无事，毫无戒备地钻进我们布下的口袋。当队伍到达四十里铺时，我二营率先开火，各部全线出击，只半个小时，即结束战斗。进入伏击圈的治安军第六团的一个营全部被歼，共击毙伪军450人，缴机枪5挺，步枪350支、弹药2.5万发，其它辎重150辆马车。未入袋的伪军则狼狈逃回三屯营。于是首战告捷——此称四十里铺战斗。

父亲说，在战斗中我们最常采取速战速决的战术。

比如1942年的1月份，我们对驻旧寨一线的治安军，就采用围点设伏的战术，仅用了30分钟就歼敌一个整营，击毙一名日本教官，生俘伪治安军第五团第二营营长董泉清，及其手下250多人，缴获轻重机枪10挺，迫击炮一门和200多支步枪，而我军却无一人伤亡。

最有意思的是第二天，敌治安军二营被歼后，第三营却准备再犯大寨寻找被击毙的日军教官的尸体。八路军得知这一消息后，第十三团再设埋伏，结果又将来犯的第三营全歼，俘伪营长以下官兵200余人。而原来的日本教官尸体未取走，又多了一具新的日本教官的尸体作陪葬。其实这次战役只是打击"治安军"的第一阶段。

在我的眼里，当时冀东的这两个主力团，简直就像是比赛场上的两个选手。十二团打了一个大胜仗，十三团的战士就急的嗷嗷叫，恨不能立马也打一场战斗，给冀东老百姓看。反之十二团也如此。包森是十三团的团长。他是一个年轻有为的陕西人。读过不少书，平时尤爱读军事书籍。学以致用，在冀东因他卓越的指挥，他所带领的十三团打了许多胜仗。

"在打击伪治安军的战役中的果河沿战是他在冀东作战的经典范例。以7个连的兵力日以继夜连战16个小时，全歼治安军2个团约1000人，其中缴山炮2门，迫击炮4门，重机枪4挺，轻机枪22挺，长短枪700余支，弹药10万余发，电台1部，望远镜10余架，辎重骡马若干。我军以极少的兵力胜众多的伪军，当时不仅在冀东是空前的，在其他解放区也少有。以至于晋察冀军区收到战报后，大喜之下唯恐失实，命重报战果，反复核实无误后，才确信不疑。各友邻解放区却仍半信半疑。可见当时获此大胜，确属不易。"

可惜包森后来还是战死在日本人的枪弹之下。

但十三团的辉煌的战绩，还是极大的激励了十二团的官兵。求战之情如火如荼，几乎是迫不及待。他们日夜寻找战机，不放过敌人的半点蛛丝马迹。终于，命运也很公平的给了十二团一个良机。

在冀东迁安县东部有个地方叫杨店子。杨店子地处滦河西岸，它控制着滦河渡口，这个据点为"天宇"治安军第二十团1300余人所把守。他们是日本人第一批训练出来的汉奸队，武器装备都优于其后组建的治安军，这个团的人数也比后来成立的治安军多，是最受日本人重视的一个汉奸队伍。所以日本人把它部署于滦河西岸重镇，也就是杨店子。敌团部和一个营驻镇内，另两个营分驻镇外的王庄子和殷官营，3个营的营地形成掎角之势，遇事可以互相支援。并在其营地四周构筑了防御工事，战术上易守难攻。自这个据点建立后，严重地影响了滦河西岸地区的抗日活动，并成了开辟滦东的一大障碍。

冀东军分区决定拔除这个据点。十二团的一营两个连和司令部组成突击队，担任主攻杨店子的任务。二营和一营的另一个连则分别担任攻击王庄子和殷官营的任务。

1942年1月20日下午3时，各部队开始向杨店子方向运动。当各部队看到进攻讯号后，立即发起攻击。杨店子一带顿时枪炮齐鸣，火光四起，喊杀声震天。

这场战斗打的很有意思。父亲带二营打的是外围。也就是王庄子和殷官营。当外围的枪声响起时，一营的突击队立即向杨店子镇内突击。镇内敌人利用其工事顽强的阻击，并燃起了村边的鹿砦。企图用火墙阻挡突击队的进攻。突击队的勇士们，冒着敌人密集火力封锁，冲过了村边的火墙，一直冲入镇内，在镇里跟敌人展开巷战。打的敌人死伤成堆，敌尸堵塞了街道，突击队员们踏着敌尸继续往前冲，一直打到敌人的指挥所。

正当突击队快要接近敌人的团部的时候，突然从两侧的院子里窜出来几股敌人，把突击队围在了敌人团部对面的仓库院内，形成了敌我对峙的局面。

敌人仗着自己有充足的弹药，不停地向仓库内猛烈射击，又不断地向内投掷手榴弹。突击队员们毫不畏惧，以敏捷的动作从地上拾起了咝咝作响手榴弹再扔回去，手榴弹在敌人的阵地上爆炸了，成群的敌人死在了自己的手榴弹下。这样用敌人的手榴弹消灭了许多敌人后，敌人又改变了战术。他们不敢再扔手榴弹了，改用劝降。

他们竟然对八路军喊："弟兄们，你们被包围了，快出来投降吧！"

八路军突击队也见机行事，一个排长指着院内的脚手架上的机枪对敌人喊："你们要机枪么？"

敌人信以为真，一齐跑出来到仓库院外接机枪。王排长端着机枪大骂："你们这些龟孙们来接我的子弹吧！"

他边骂边扫射，这群想立功的敌人竟全部丧生在王排长的机枪下。一直跟着战士们冲杀的指导员虽已负伤，仍坚持对敌伪军喊话："你们既是中国人，为什么要为日本人卖命呢？！"

战斗一时陷入了僵持阶段。正在这时，大院的外面突然又来了敌人，把院子给包围起来。原来这些敌人就是父亲带领的二营歼灭了王庄子、殷官营的据点后，从那里逃出来的敌人。就在这股溃逃的敌人进入杨店子后，父亲他们率领战士们又追了过来，也到了杨店子镇内。这样一来就形成了犬牙交错的敌我相互包围着的局面。激烈的巷战由此展开了。小镇子内是里三层外三层，处处是战场，院院有杀声。激烈的战斗一直持续到次日的上午。

眼看敌人的几路援军均告失败后，日本鬼子使出最后一招。敌人的飞机紧急出动，飞到了杨店子的上空。这时太阳已从东边升起，镇内的目标已明显可见。敌机盘旋扫射将对八路军构成威胁。经逐屋争夺，最后攻克杨子店据点大部，伪团部无奈退守核心工事。但终因敌人据守的院墙坚固，我军尚缺爆破武器，未能全克。就在我军撤出战斗后，大批日伪援兵到达，并在飞机支援下，掩护残敌逃回迁安城。伪治安军一个整团兵力却仅仅剩下了300余人。十二团虽未能全歼敌人，自己亦伤100余人。却使敌人遭到重创。并逼退此重要据点，亦属大胜。杨店子重镇重见光明。

杨店子战斗，使八路军威震滦河东西，为后来开辟滦东、路南地区创造了有利条件。从此，打击治安军的战役发生了根本的转折，由此进入第三阶段。

不要看"土八路"的装备与日本鬼子的飞机大炮比，显得如此的势单力薄，但八路军和中国老百姓抗日的精神和勇气，却是侵略者望其项背，无以战胜和抗衡的。国策失败政治失败，必然的下场就是军事的失败。日本侵华战争无论怎么打，打多少年，相信其结局都会是一样的。

打治安军的胜利，实际上就是打乱了日军在冀东的战略部署，并使其"以华治华""以战养战"的方针未能得逞。日本原以为这些在他们帮助下组建的伪治安军可以减轻日军在华北战场上的负担，企图最终以治安军代替日军主力，以解决战争规模越来越大，兵力却越发不足的困境。但现实却是华北治安军拿到了日本人再好的武器也没有用，一遇八路军就成了狗熊，溃不成军的战况，让日军深感其无法信赖并无以依靠。反之八路军对伪治安军的迎头痛击，这在客观上也遏制了治安军在冀东的再发展。

而这次战役的成果不仅超出了冀东分委和军分区的预计，更大大出乎敌人的意料之外。日本第二十七师团司令官铃木启久说："不知八路军哪来的力量，把治安军打得溃不成军！"冈村宁次则说："对冀东应有再认识。"

其实此战役敌人之所以大败，全在于日军战略错误。冈村宁次却乱找替罪羊，命齐燮元处决了治安军四团团长汪霆灏、十团团长崔福昆，并撤销了两团的番号。这是抗战时期甚为罕见的，敌人的气急败坏也可想而知。

与此同时八路军的总兵力却在同伪治安军的战斗中，真正得以发展壮大，由原来的4000多人，发展到7000多人。两个主力团更是彻底换装。他们的武器只保留了日本制和捷克制两种。每团更配有轻重机枪、迫击炮、掷弹筒七八十件，弹药充足，在敌后的抗日战场上迅速跃升为一流。也就是说日本为了消灭八路军配给齐燮元华北治军最好的装备，全部在战斗中转移到八路军的手中，并成为战胜小鬼子的强大利器。这是日军根本无法预测到的甚为心惊肉跳的一幕！

这一切都为度过更为残酷的第四次和第五次"治安强化运动"创造了更为充分的条件。不能不引用毛泽东的一段话："我们的基本方针是依赖帝国主义和国内敌人的军事工业。我们是有权利的。并且经过敌人的运输队送来。这是真理，不是笑话。"

治安军在冀东惨败后，开始伺机寻求报复。日军随即也开始了对冀东抗日根据地最疯狂的反扑。日军管它叫做"冀东一号一期作战"。虽然冀东抗日力量对此早有所准备，但是冀东八路军的两大主力团，还是受到了很大的打击。

在1942年2月，冀东军分区副司令员兼十三团团长、政委包森在遵化县瓠山战斗中牺牲。4月冀东军分区政治部主任兼第十二团政委刘诚光，率政治部工作人员和十二营二营的一个连，在遵化甲山遭两个联队的日军和伪军共3000余人的合围。经过一天十几次反复冲杀，只40余人突出重围，刘诚光和200余名指战员牺牲。二营教导员于禾率领几十名战士，拚光子弹、手榴弹后，砸碎武器，集体跳崖殉国。

由于这次反扫荡作战，准备比较充分，八路军主力较早的转入外线，屡次避开日军的锋芒，使日军无法再寻八路军决战。日军发现与八路军主力作战不成，于是由"分进合击"，改为"辗转清剿"。这回日军第二十七师团"北部防区"司令官铃木启久，亲自率日军一个联队和治安军4000余人，对丰玉遵老根据地鲁家峪围攻、洗劫长达半月之久。房屋全部烧光，群众的所有山洞，逐个用射击、火烧、灌水、石堵、爆破甚至施放毒气等手段进行破坏，有200多名抗日伤病员和老百姓惨遭杀害。冀东军分区设置在这里的卫生处、供给处和修械所、炸弹厂、被服厂均遭破坏。

1942年6月，冀东党政军3000多人召开了一个追悼军区副司令员包森、政治部主任刘诚光等烈士的复仇动员大会。会议决定立即发动一次青纱帐战役，以恢复被蚕食的基本区。这次战役被称为"复仇战役"。

父亲说，经过充分的准备，他们各部队由热南地区跨过长城，返回基本区，开始了向日伪军的全面反击。

父亲那时主要是在滦县、迁安、丰润一带作战。父亲说自己整天满脑子都是在琢磨怎么打鬼子。父亲对自己亲自参与谋划并打胜的仗，记忆犹新。

丰道口战斗：那是一次以少胜多的战斗。左家坞的天字治安军一〇二团约1000多人。仗着人多四处骚扰百姓。他们抓兵抢粮打骂群众，杀害我地方干部，十分猖獗，为了严惩敌人，扭转局势，我们决定组织一次影响较大的战斗。我们得知敌人将沿着火石营的方向经丰道口返回据点。经过研究，我们认为敌人虽比我们人数多。但我们完全可以打它一个措手不及。一定要抓住这个战机！

于是我们向部队做了简短的动员，决定以分散隐蔽的活动给敌人以错觉诱其出来。部队战斗热情很高，连附近的老乡们听说我们要打天字治安军，都纷纷组织担架队配合部队行动。一切准备就绪后，我营迅速由东南西三面包抄敌人。这时敌人已经大模大样的行进在公路上。当敌人进入我们有效射程内时，我们立即去掉伪装，一阵猛打。由于敌人事先毫无防范，摸不清我们到底有多少兵力，战斗打响后，又手忙脚乱，结果是丢盔卸甲，抱头鼠窜。

这一仗真过瘾，我们一个营消灭敌人一个团！

最打敌人锐气的是马庄户战斗：那是我营奉团长曾克林之命深入到潘家峪千马岭一带寻找战机。那时驻在丰滦迁境内的敌军中只有伪治安军独立第八团还有些战斗力。他们经常出扰百姓，闹的群众鸡犬不宁。老乡们对伪军独八团恨之入骨。上级党委决定必须拔掉这根毒钉子。于是把打独八团的任务交给了我们二营。

那是1942年底的一天，侦察员报告说，独八团的两个营约1000人气势汹汹的奔向大岭沟马庄户一带来抢东西了。我营立即组

轻声细诉

杨争 著

织部队进攻。首先六连从潘家峪村南的石门口绕到西北面隐蔽前进，并迅速爬上大岭沟东山。五连则由北岭绕到腰带山东坡，从东西两面包围了敌人，并发起突然袭击。后面的部队则很快抢占了马庄户。五连六连继续向大山沟进攻敌人，一直打到敌团指挥部，杀伤敌人3000多人。四连则攻向敌人团指挥部的侧后。敌人这才见事不妙，一直向北败退。敌人的增援一看前面的兵都在向后逃，自己也就不战而退了。这一仗我们虽然没有全部歼敌，但消灭了400多名治安军，从此打消了治安军独八团的气焰，使之再也不敢轻易出来祸害百姓，真是大快人心。

在冀东有一个名人，就是高敬之。他30年代当过旧卢龙县政府的教育局长，当过卢龙简易师范学校校长。而高敬之当年骂下卢龙城的故事，老冀东的人都会有很深的印象。想当年的8月8日，高敬之带领暴动队伍包围了卢东县城，他站在关闭的卢龙县城门前，面对城楼上荷枪实弹和伪军警，大义凛然，责骂伪县长，从白天骂到黑夜，从东门骂到北门，直骂的口干舌燥，实在没劲了，就躺在地上歇着，城上边的人就朝他身上扔仁丹，扔西瓜，可高敬之无动于衷，继续开骂。一再命令伪军打开城门，他凭着个人的威望和抗日暴动队伍的浩大声势，最终迫使伪军打开了城门。卢龙县城就这样被暴动队伍占领了。这件事在当地产生了很大的影响。后来高敬之不但加入了中国共产党，还当了迁滦卢县工委的主任。

父亲和他之间无论是工作关系还是私交，都非常之好。印象最深的还是那一年的那一天，父亲到滦县附近有一个叫狼窝的地方。他看见高主任猫在地洞里，总不出来，就故意问他："怎么回事？高主任你怎么总钻在地洞里不出来啊？"

高主任回答道："杨营长，你不知道我现在好苦啊。商家林据点里的鬼子三天两头往村里跑，我不在地洞里钻着，早晚还不得让他们发现抓了去给打死啊！"

高敬之又对父亲说："咱就不能想点办法，把据点给拔了么?!"

父亲说："咱二营拔据点是没问题。可你要给我的战士弄两车的汽水。"

高敬之说："两车太少了，我给你弄三车汽水吧，只要咱二营能把鬼子赶跑。"

高主任说到做到。没两天的功夫，还真给二营搞来了三卡车的汽水。

父亲让干部们把汽水发给每个战士手中三瓶。没有他的命令，谁也不许乱喝。当一切敌情都侦察到手后，二营就在狼窝小心翼翼地埋伏了下来。这个叫狼窝的地方，离商家林据点只有二三里地，非常近，隐蔽不好，极容易被敌人发现。所以二营进入埋伏好的阵地后，整个部队既不能吃饭，也不能上厕所。战士们只能原地一动不动。实在渴了，就只能悄悄地喝一点汽水了。好在那次战斗时值冀东的 5 月，天气还能忍受。二营在当时实际上更像是一个加强营。共有 4 个连，每个连又有 4 个排。最让父亲引以为自豪的是武器装备也是非常之好。但越是这样目标也越大。部队进入埋伏圈后，战士的耐力也就要求特别高，特别严。父亲说战士们的大小便都只能在自己的身下解决，根本不许站起来。战士们的付出，最终得到了极大的补偿。

父亲说，他们埋伏了大半夜，也没让据点里的敌人发现。所以第二天，伪治安军竟开出 5 辆给养车，毫无戒备的进入到二营的枪口之下。父亲他们截获了 3 辆车，并将其三辆车的伪治安军全部消灭，还击毙了伪治安军的团长付铁石，我二营却无一伤亡。父亲最满意的是三辆军车里的东西好肥，两辆车全是大米面粉，还有一辆车满满的全是给部队发的军饷，而且全是一麻袋一麻袋的钞票。

很多人看到钱眼睛自然就放光，但没有人敢拿。

一名俘虏兵说："乖乖的！老子这辈子见也没见过这老些的钱哩！"

于是他上前找到一个开口的钱袋，从中抓了一把钱，就塞到自己的衣裤兜里。有些人看到他装，也跟着装了起来。

大家越拿胆越大，好多人裤兜装不下，索性抓起了纸币，卷巴卷巴全塞到枪眼里了。

在村口，高敬之和办事处及村干部个个笑得合不拢嘴，他们光忙着组织群众拉米拉面，还没顾到钱。

这时候连长跑来向父亲报告说："营长，难怪团长亲自出马，感情全是为了那一车的军饷哩！"

父亲问："伪军团长呢？"

刘景余说："报告营长，他死了。我们查明团长付铁石确实就坐在中间那辆汽车里，而且是最先被我们机枪打死的。"

父亲皱着眉头说："刘连长，把队伍都带到村广场给我集合好了！"

没一会儿，大家便到齐了。父亲站在小广场上。五连全体战士持枪而立。

高敬之站在父亲旁边，小声地说："杨营长，算了吧！战士们猫了一天一夜了，多辛苦！"

父亲却板着脸不说话。

刘景余站在全连面前，大声说："同志们，今天仗打得不错！我们消灭了一百多名治安军，还击毙了伪军团长付铁石。今天晚上我一定让司务长给大家做真正的猪肉炖粉条子！"

战士们高兴地鼓掌。

魏轩指导员走到前面，说："连长总结完了这次战斗，我也没啥补充的了。现在全体人员听我的口令：立正，所有人立即解开自己的裤腰带！"

战士们一听就知道怎么回事了，没办法，大家只好解自己的裤腰带，结果那老多的钱，劈里啪拉的都掉了下来。

于是每个班的班长上来收钱，将收到的钱都交到排长的手中，排长再交给连长那里。

战士们颇不情愿地把钱交了出来。

魏轩问："都交完了吗？"

战士们回答："交完了。"

魏轩说："好！下枪！"

战士们只得又把枪放下。

魏轩走到一个战士面前，从他的枪眼里掏出了钱。

魏轩严厉地说："每一个人也像我这样，把枪眼里的钱全倒干净。"

于是原来那个俘虏兵从枪眼里扣钱，稀里哗啦，钱又掉了一大堆。

魏轩这才说："好，我现在问你们一个问题，我们是八路军还是土匪？"

战士回答道："八路军！"

魏轩又说："现在我们唱三大纪律、八项注意！我起头，革命军人个个要牢记……"

战士们都跟着唱了起来。

当唱到"一切缴获要归公"时，魏轩说："停！既然大家都知道一切缴获要归公，那么今天为什么我们有些同志见钱眼开呢？！"

俘虏兵在队伍里不高兴地说："指导员，不是俺故意捣乱，是俺长这么大，头一次见这老多的钱！"

魏轩说："那下次我们打金矿，你直接往家搬金子吗？"

战士们都笑了。

有人很认真地问道："指导员，那咱们打了胜仗，咋能吃敌人的米，能吃敌人的面，花他两个军饷，有啥不中的呢？"

战士们都看着魏轩，等他作解释。

魏轩一下子还真没词儿了，他气恼地说："不中就是不中。这就叫做能吃能看不能拿！"

队伍里一点声音也没有，显然战士们很不服气。

于是父亲大步走上前，对战士们说："同志们问得好！咱八路军流血牺牲杀敌人，凭啥不能花点到手的银子和军饷？！可是你们知道吗？就因为我们八路军不是水浒中的绿林好汉，也不是打家劫舍、杀富济贫的草莽英雄。凭啥不能花？还因为我们是共产党领导下的人民子弟兵，是为了解放全中国的伟大事业，敢于英勇献身的新型军队。我们当兵打仗，不是为了钱，不是为了自己的命。所以即使穿着打补丁的衣服，吃糠咽菜，照样打鬼子、照样打胜仗。这才就叫无私才能无畏！你们说我说得对不对?！"

"对!"战士们齐声喊道。

于是钱全部被打包捆好。

父亲将钱交给了高敬之主任。

高敬之激动地说："同志们，杨营长说得太好了！今天晚上我请客!"

这是我杜撰的吗？

不，这个故事是父亲当年的战士，亲口说我听的。解放后他曾任江西省副省长，名字叫梁凯轩。

5

二营乘胜追击，又包围消灭了樊各庄的伪军据点。高主任非常高兴，又和父亲一鼓作气，打跑了油榨镇据点的敌人。这连续不断的几仗给敌人沉重的打击，更振奋了人心，鼓舞了士气。据点里的敌人，再也不敢随便出来到各村窜扰和掠夺了。

高敬之主任也不用老钻地洞了。为了感谢二营，高主任还亲自送父亲了一枚很小很精致的水晶章作纪念。这枚水晶章，父亲一直细心地保留着，直到今天，我们还常看见父亲偶一用之……

那年的夏天，还发生了一场战斗，我们就管它叫"麦收保卫战"吧：

冀东的老战士田共生这样写道：

> 由于日寇在冀东进行频繁地扫荡，实行三光政策和壕沟战术，从山东各地抓来大批民夫，到处挖壕沟、安据点、

修炮楼，妄图以此来阻止我八路军游击队的活动。但是我冀东军民展开灵活机动地游击战，把粮食等物资都坚壁起来，使敌人抢不到粮食，抓不到物资，所以各据点的敌人吃粮很紧张。

当时，丰润县左家坞设有敌人的据点，驻有一零三团一个营的伪军，还设有一个伪警察所，据点内的敌人得不到粮款，就到据点附近的村庄四处枪粮，由于我方军民坚壁工作做得好，敌人每次抢粮都一无所获，致使据点内的敌人吃饭成了问题。他们便对还乡河两岸快要成熟的小麦垂涎三尺，想以武装督促抓来的民工，抢收据点附近大港村北一带的麦子。

大港村属丰滦迁抗日联合县的三总区，坐落在左家坞东南五华里的还乡河东岸，村北一大片肥沃的河湾地，种着数顷小麦。这片土地大部份原是大港村崔、梁两地主家的土地，三八年冀东大暴动后，地主逃跑了，无人收租，土地都分给了贫苦的农民。农民辛勤耕种，小麦丰收在望。眼见到手的粮食，人们都很担心，怕这劳动的果实落到敌人手中，面对这种情况，地方县区领导，做好了保卫麦收准备，增加了武装民兵巡逻，加强了对左家坞据点里的敌人的监视，县委军工部特别指定左家坞据点里的"内线"，注意敌人的动向，有情况立即报告，并和我主力部队取得了联系。

当时十二团二营正带着部队在此地区寻找战机打击敌人，恢复和巩固敌人扫荡后的根据地。杨思禄营长听到这个情况后，非常重视县委保卫麦收的意见。迅速就把队伍秘密的开到了大港村。

杨思禄带二营到大港村后，就和县区干部及敌工部的同志共同研究如何打好这一仗，保卫麦收。大家一致认为打好这一仗是恢复地区的关键，现在粮食很缺，老百姓很苦，如果把小麦都叫敌人抢割去，不仅使老百姓没有吃的，就连我们抗日军政人员的吃粮也会发生困难。杨思禄营长信心百倍地表示，敌人来抢收小麦，就叫他有来无回，不叫他抢走一粒麦穗。坚决打好麦收保卫战。随后，杨营长带着连排干部，仔细地观看了地形，研究了敌人的方向、路线，又具体的作了兵力的部署。杨思禄营长是一位果断勇敢，能攻善守，足智多谋的指挥员。他看完地形后，对兵力的安排，如何打好这一仗已是胸有成竹。

几天后，敌人果然来抢割麦子，但是我十二团二营早接到"内线"的情报，做好了战斗准备。左家坞据点的敌人出动了两个的伪军，押着三百多的民工，还有汽车、胶轮大车十几辆，从大松林西浅水处过了还乡河。穿过小松林往南不远处便是大港村西大片麦田了。敌人来到大港村西山时，在山下的采石场上架上了两挺机枪，又留下一个排的伪军，来监督民工收麦，再在与采石场相隔半华里的小松林东山上架上一挺机枪，用一个排的伪军做掩护，敌人以为这样就能万无一失了。

于是，另一个连的伪军则由一个尖兵班做前导，耀武扬威地直奔大港而来。

敌人神气十足地走到大港村前一华里时，见村里有人，象是迎接他们的样子，殊不知这是我方故意布置些老人假意在村头欢迎，以麻痹敌人，诱敌进村。这个伪尖兵班见此情景，便毫无戒备地大摇大摆地向子走来，刚到村口，就"轰轰轰"一顿手榴弹在敌群中爆炸，敌人还未弄明是怎么回事，我埋伏在村里街头院内的一个排的战士，步枪、机枪子弹像爆豆似的射向敌人，这一个班的伪军没来得及还枪就被消灭在街头。距尖兵班一百米远的敌人后继排，约三、四十人，听到前边的手榴弹爆炸声和枪声，一愣神，我埋伏在另一处的两挺机枪又呼叫了起来，子弹两条火龙飞向敌群，同时，我埋伏在村口的部队也向这股敌人展开了猛烈的火力，敌人被我两面夹击，死伤大半，没死的则连滚带爬，狼狈逃窜。随后我军火力延伸射击跟随敌连部的后续伪军，敌人没料到遇上了的是我军的主力，更慌了手脚，无目的的乱放枪，还直吓得嗷嗷乱叫："快跑哇！遇到八路军大部队啦！"

可偏偏这时我埋伏在古石城村后山上的机枪也响了起来。敌人不知我方到底有多少兵力，张皇失措，便沿着采石场的山沟，从小松林子向左家坞据点逃去。那些被抓来的民工，在混乱中四下逃散，也无影无踪了。敌人的汽车拉着二十多个伤兵逃回了左家坞据点。

这一仗我军俘虏了敌人十余人，缴获了三十多枝枪，毙敌二十多，而我军则无一伤亡，不仅打击了敌人，保卫了麦收，而且不让那三百多名的山东民工逃出了虎口，真可谓一箭双雕。

第二天，大港村动员男女老少一千多人，由区武装小队和民兵担任警戒，来收割麦子。实行互帮互助，边收、边割、边打、边晒、边坚壁起来。只用了三天时间，全部收割完毕，颗粒归仓，左家坞据点的敌人，眼巴巴地望着被收割的麦田，也不敢轻举妄动。广大群众眉开眼笑，感激地说："多亏共产党八路军，不然，我们辛苦一年的血汗早就让伪军汉奸们抢光了。"

麦收保卫战的胜利，为我丰滦迁三总区的巩固和发展奠定了物质基础。

写到这我忍不住想插一句，我看了冀东很多史料，都或多或少的对父亲进行过这样那样的描述。但其实父亲在战斗中有一样，他们都没说。那就是父亲在许多的战斗中是喜欢亲自操控机枪的。父亲说，这其中的原因之一，就是机枪在战斗中的作用太大了。它甚至关系到一场战斗的成败。另外，父亲说他的枪法极好，这其中也包括了机枪。在丰道口的那场战斗中，父亲受了致命的一击，一颗子弹擦着他的太阳穴飞过，险些要了他的命。这是他五次的枪伤中最重的一次。父亲说战士们把他抬下去的时候，他已经昏了过去，什么也不知道了。但父亲之所以负伤，就是因为他当时正架着机枪，打敌人打得正欢呢！父亲后来提起那次战斗，还直遗憾。说自己当时如果不负伤，那次战斗本可以消灭更多的敌人。

父亲对这些战斗的描述实在太简单。因为后来人对这些战斗的回忆，远比父亲说的精彩。但我还是问了父亲一些我一直憋在心里想问而没机会问的问题，那就是对他自己指挥打过的仗，有没有哪一次是失误的，该打好没打好的，伤亡损失太过沉重的……等等。

没想到父亲听了我的问话，几乎是想都没想，立刻就干脆利落的回答了我："没有。没有这些问题。"

我提出后官地一战。我认为这场战斗父亲伤兵折将最重，打的最艰苦。这场战斗已过了整70年了，但父亲依旧记得比我这翻书看资料的人还清楚。他说："对，我们在这场战斗中是牺牲了三个排长，一个副连长。可你知道我们那一仗是在鬼子的据点中心，也就是他家门口打的。那仗也是我们刚从口外回老区打的第一仗。一下子就收复了老区一大片，吓得鬼子没了底气，老百姓的腰杆子立刻硬了起来。你能说它没有意义么！"

后官地在哪呢？

那一年为了搞清楚这一仗的真实情况，我还真的去了一趟秦皇岛边上的昌黎镇。

浓荫掩映的村庄，一条笔直的公路旁边，在一面千疮百孔的墙垛下面，至今仍留有一个巨大的土坑。

人们告诉我，这里就叫后官地。我站在公路边上这个罕见的大坑外沉思，半个多世纪过去了，这个偌大的土坑居然依然在、而且还会永远在……

因为每年清明时节，这个名不见经传的小村子，一定都会有许多日本人千里迢迢来到昌黎，来到这个大坑前祭拜亡灵。于是每年这个时候，大坑里堆满了清酒、香烟和白色的花卉。

70年前，冀东八路军二营就在这个小村子的前面和日本鬼子打了一场不折不扣的硬仗！正是这场硬仗，让父亲损兵折将，更让小鬼子魂飞魄散，永志难忘！

于是当地的老百姓对数十年前的发生在公路边上的那场战斗，至今记忆犹新。人们是这样对我描述的：

有一天，杨队长忽然接到了一个情报，说是驻昌黎的日本鬼子要出来开山本的追悼会。杨队长一问才有三十几个鬼子，就动了心。杨队长笑着对大家说："既然人家是奔丧来的，那咱们也别客气，就多送他几个鬼子去阴间与山本做伴。山本要是知道了，还得在九泉之下，给我们八路军多磕几个响头哩！"战士们知道有仗打了，也个个摩拳擦掌，跃跃欲试。可这毕竟是我们二营返回基本区的头一仗。杨队长认为初战要慎重。他仔细地分析了敌我双方的优劣条件和地理人情等诸多因素后，才定下了作战的决心。

杨队长说：我们今天是在平原地区跟敌人作战，既无山地的依托，又处于诸多的敌据点之间，敌人交通便利，援敌说到就到，所以我们千万不能死缠烂打，否则必让敌人包围其中。所以速战速决是战斗要点。切不可恋战。歼敌后一定要迅速撤离战场。

那天正好是农历的五月初五，有些房东的盆里还泡了米，准备天亮之后包粽子过端阳节。尽管房东告诉战士们要用粽子来招待他们，可眼下谁都没心思谈这些吃喝的事，每个人都忙着做打仗前的准备工作。有的做完工事后还要反复检查工事的坚固程度。干部们则一次又一次地检查着阵地上的伪装，唯恐过早地暴露目标。

时间一分一秒的过去了，一直到上午10点左右，杨队长的望远镜里才出现了鬼子的目标。他聚精会神的紧盯着目标，心里却在暗暗数着敌人的人数。一共有7个骑着自行车的敌人由远而近，穿过五连的阵地，朝着后宫地飞奔而来，杨队长用手示意营部的人注意隐蔽。转瞬之间，这7个敌人就从杨队长的眼皮底下过去了。时间不长，后面的鬼子队伍，也越加清晰可见了。突然杨队长的脸色"刷"的一下子变了。在他高倍的望远镜里，出现了一排一排又一排的日本鬼子。这可不是三十几个鬼子啊。而是30的5倍！情报看来有很大的失误。怎么办？二营此时只有两个连，再加上营部所有的人，也不过是和鬼子旗鼓相当啊。可我们的装备哪是小鬼子对手……

杨队长举着望远镜的手，放下了。可他又举起……

杨队长没有慌，甚至暗喜五连隐蔽的真好，这么多的敌人从他们门前过，竟没发现门里的人，可我们不能心存侥幸啊，一旦大批敌人进入了我们的埋伏圈，就极有可能发现我们。如果我们不先发制于敌，就很可能立即陷入被动。战士们就要付出更大的代价！这真是箭在弦上，不得不发。怎么办？不能再犹豫了。杨队长眼看着敌人的后队已过了五连的阵地，他拔出了手枪，朝鬼子射去。

此时此刻，所有的人因早已等待着这一声枪响，心差点没跳出胸口。在战士们的心中，杨队长的枪声就是命令，就是向敌人进攻的号角。

刹那间，后官地枪声、手榴弹爆炸声混合在一起，向鬼子的头上滚去。公路上黄土飞扬，硝烟密布。日本鬼子刚开始被两边夹击的枪声打蒙了，分不清八路军从何处打来，是主力部队还是小股游击队。他们有的中弹身亡，有的则迅速爬到路旁的沟里顽强抵抗。这时候驮着敌人重机枪的马，已被我们战士的子弹打死，敌人的重机枪枪衣已经来不及解了，就丢在公路上。几个鬼子企图去架重机枪。这一切早被张纯连长看在眼里，他们要严控的就是鬼子的重机枪手。他找来一个叫阎甫的老兵，他是二营有名的神枪手，战斗经验非常丰富。没等鬼子爬到重机枪边，他们就被阎甫一枪一颗子弹送上了西天。可就在他弹无虚发的打击敌人的时候，敌人那边的机枪手也不失时机的飞来一颗要命的子弹，正好打在了阎甫的右肩胛上。顿时阎甫不动了。敌人一看阎甫的枪不响了，非常高兴。可对面狡猾的日本鬼子并没有轻举妄动。那名鬼子和我们的战士阎甫一样，经验老到。他绝对没有因为对手的枪不响了而麻痹大意，他以同样的位置又迅速补进了一颗子弹。那子弹竟从阎甫的肩胛骨同一个弹洞中穿过。顽强的阎甫竟忍住穿心的剧痛一动不动。那瞬间的沉寂，给人一种压迫、一种窒息，战友们都把担心的目光，不约而同的投向阎甫，所有人都不由自主的产生了一种感觉，仿佛这一切不是发生在战场，而是一盘棋的残局，高手与高手之间在做最后的生死博弈……果然敌人以为这回对手是被他们彻底打败了，于是纷纷爬起来，再一次冲向重机枪。然而就在这时，他们做梦也想不到的事发生了，那就是阎甫的枪又嗷嗷地叫了起来。一排飞射而来的子弹打得敌人睁不开眼。早已待命的战士们立即包围而上，还是通讯员的梁凯轩趁机冲了上去，一把夺过敌人的重机枪。这回可真是大伤了敌人的锐气。至此双方战斗的胜败已成定局。五连一排的战士则在张连长的喊杀声中，端着刺刀就冲着鬼子去了。公路上敌我双方展开了你死我活的肉搏战。

公路上的敌人在两个连的夹击下，伤亡过半，残敌似乎支持不住，仓惶地撤到公路北侧的洼地里。

这个战斗打得十分艰苦和激烈。一个姓刘的班长，肠子都被打出来了，仍顽强的扔出最后一颗手榴弹。此刻时间就是胜利，这个战场非同以往，它是在敌人据点林立的平地上摆开阵式的，稍有延误，二营就有灭顶之灾。杨队长知道不能再拖下去了，敌人的后援正在从四面八方急匆匆地赶来。为了稳住部队，给战士们必胜的信心，他不顾其它，亲自带着营部的通信班，也冲了上去。魏轩指导员和二排李排长迅速重新组织了一、二排力量，这两个排又一次形成了强有力的突击队，他们在七连的配合下，一气冲向洼地。将洼地里的残敌全部歼灭。几次较量，几次冲锋，反复拚杀，我们最终还是全歼了日本鬼子。只是我们的损失也很大。当时在槽峰点名时，连长张纯、指导员魏轩忍不住放声大哭，因该连列队时，只有宽，没有长……

我们为失去众多的战友而感到无比的悲痛！当二营的战士刚把敌人全歼之时，敌人援军从四周据点里出发的枪声已在附近响起，且越来越近。可这时的杨队长已带领部队迅速无声的撤离了战场。

陈官屯、双望、燕河营等据点的敌人一齐出动，他们气势汹汹地将后官地战场层层包围住。可他们进入战地之后，竟连一个八路军的影子也没见着。相反映入眼帘的却是他们同伴百余具的死尸。他们怎么也没想到他们所深深崇拜的将领山本五十六的追悼会，竟如同阴阳路上的招魂会，这会儿他们望着公路上横七竖八的血肉模糊的尸体，真是兔死狐悲，笔墨所无法形容……

尽管这场战斗我们二营的伤亡惨重，但这次战斗的意义仍是非常重大的。在敌人所谓强化治安最严密的地区，近一年来，头一次打了这么硬的一仗，对敌人的震动很大。他们被迫撤掉了许多小据点，由此一来我们的根据地无形中就扩大了。人民群众无不为之欢欣鼓舞，因为它彻底粉碎了敌人散布的"冀东的八路军已经被消灭光了"的谣言，冀东地区抗战的新局面又打开了。

这场战斗只因一个够狠，而另一个则更硬！于是更狠与够硬就是这样一对一的干上了！

我不知道日本人何以没能运走士兵的尸体，何以每年都会有那么多死者的亲属来中国的后官地祭祀先灵。

我们的战士尸骨呢？谁会为他们哭泣，谁会为他们在清明时节献一束思念的深情？

在冀东有一个叫鲁藜的诗人，在 1941 年写了这么一首诗，我不妨摘抄如后：

《夜葬》

我们的兄弟死了
我们抬着他

记不清什么村子
也记不清什么时刻
哦，不要紧

就是那个神圣的土地
那些战斗的日子

我们把他放下去
放下去
挖得太浅吧
掘得深一些
把他深深的埋住

恰好有月亮
我们的队伍走不多远
我们还来得及赶上

好好的动手
不要把石头也掉下
敲得棺盖乱响
不要叫我们的兄弟
睡得不舒服

他，睡的那么甜
一个勇敢的人
勇敢的战死
就是最大的快乐

没有墓碑怎么办
不要紧
这里正好有一棵大树
就在树干上刻下他的名字

树呵，不要被狂风吹倒
吹不倒的
有勇敢的人在它的旁边

今夜，一点风也没有
月光那么静
照在兄弟的墓上
一切都好了
我们走呀
趁着前面还有步伐的声响
慢一点，站好
给我们的兄弟最后敬礼
于是，我们都举起了手

这个诗人后来也死了。是的，他死前把这些情感凝聚为文字，写成诗。他要让我们记住那个年代、记住那些无名无姓的生命，是怎样将自己捐躯在民族解放的祭坛上……

同样为了纪念这次战斗，父亲也给自己留了一样重要的器物。

何也？

枪！

一柄小小的勃朗宁手枪。父亲是军人，长年的战斗让他非常喜欢枪。

我想如果父亲的一生有什么最爱的话，那么一定只能是两样东西：枪和酒，只喝茅台酒。

后来因为这支枪，还引出一段非常曲折的故事。

50年代抗美援朝战争爆发后，中国人民解放军空军在空中与美军作战，涌现出了许多战斗英雄。其中最著名的就是原空军副司令员张积慧。很多年前一个偶然的机会我到他家，那个时候阿姨还健在，病也不重。她对我非常热情，也是因为无意间谈起父亲竟一发不可收拾。

阿姨说，你爸爸人可好了。那一年你父亲还在三军当军长时，你张积慧叔叔调离三军去空军任职，是你父亲送我们上火车的。当时你父亲啥也没说，就往我身上的小包里塞了一样东西。我当时也不知道是什么。回家一看，哎呀不得了，一支小手枪！

阿姨说，你叔叔可喜欢那支枪了！平时把它锁在保险柜里，没事就擦那支枪。我也是后来才知道，你叔叔当年在朝鲜战争中打下美国王牌飞行员戴维斯时，现场也缴获了一支手枪。那支枪后来被中国军事博物馆收藏。在空三军当师长时，知道你父亲最爱枪，你叔叔就老和你父亲开玩笑，说，军长什么时候作为补偿，也能送我一支枪啊！你父亲从没答应，可没想到我们离开三军时，真送我们了这样一个宝贝做礼物。可惜后来你叔叔文革后期被免职，这支枪

杨思禄送给张积慧的比利时勃朗宁M1906 6.35毫米袖珍手枪（枪号：1052147）

杨思禄简历及曾用枪

杨思禄，江西于都人，1917年12月生。1930年加入中国共产主义青年团，1933年参加中国工农红军，同年加入中国共产党。土地革命战争时期，任红1军团第2师警卫班班长，参加了长征。抗日战争时期，任八路军115师343旅警卫连排长、代连长、冀热察挺进军第37团副团长、曾政治教导员，冀东军分区特务营营长，冀热辽军区特务团团长。解放战争时期，任冀察辽军区热河纵队第25旅旅长，冀东军区第12军分区副司令员，华北军区教导第3师师长，第二野战军直属教导第2师师长。建国后，任空军第5航空学校参谋长、副校长，空军航空兵第19师师长，1954年任第11航空学校校长，1959年任空6军副军长、空军军长，兰州军区空军副司令员，1968年8月任福州军区空军司令员，1985年任空军顾问，1987年离休。

该枪是杨思禄在后官地战斗中缴获，随身珍藏使用了20多年。1966年8月，时任空三军军长的杨思禄，在调任兰州军区空军副司令员时，临行前将该枪作为礼物，赠送给他的下级——前来送别的航空兵第27师师长张积慧。据张积慧回忆，杨思禄当时并没提及赠枪一事，是悄悄地将此枪塞进了张积慧夫人高凤的外包里。因为之前，张积慧曾提起极爱枪，将手中所保存的破纳干、纳梅斯的转轮手枪，上交到中国军事博物馆，张积慧见面常与老领导开玩笑说，军长应回赠他一支手枪，杨思禄因此履行了誓言。怀着深深的战友情谊，张积慧对该枪非常珍爱，十多年来一直带在身边，影影不离，直到1978年被收缴。

146

←这支枪就是父亲在抗战时期后官地战斗中缴获的手枪。后来父亲把它送给了原空军副司令员、抗美援朝战斗英雄张积慧。为纪念空军成立62年，空军出版了很多书，其中有一本名为《枪械画册》。在这本书中有关空军领导曾用枪的那一章节里，父亲的这把勃朗宁手枪不仅被收录其中，还将此枪的来龙去脉讲述的和我一样。

也就被空军保卫部没收了。

我真没有想到阿姨给我讲完这个故事不久，就因病去世了。

但阿姨这个故事让我印象至深至深！

我更完全没有想到这个故事还远没有结束。

前不久，空军为了纪念成立 62 年出了很多书，其中有一本名为《枪械画册》。在这本书中有关空军领导曾用枪的那一章节里，父亲的这把勃朗宁手枪不仅被收录其中，还将此枪的来龙去脉讲述的和我一样。

如果你看到我讲的故事，如果你对冀东抗战有兴趣，如果你在到秦皇岛看海的同时，也去那个美丽的小村子望一望。在后官地，在公路旁的那个大坑旁，那里已矗立起一座高大的英雄纪念碑。石碑上仅镌刻了父亲的几个凝重有力的大字：纪念后官地战斗牺牲的英烈！

6

关于父亲在二营当营长的那段经历，我总觉得那是他一生中不容忽视的一笔。虽然他不过是八路军里的一个小营长。但却是他第一次在抗日战争时期最残酷的环境中独立作战，无论是在带兵打仗上，还是在政治和战术策略上，他都必须也只能独当一面。作为一名身在战争第一线的指战员，你不仅仅要是一名军事人才，你也必须对政治、经济、人员配备、武器和交通样样都不能陌生或不懂，并且你还要在残酷的战争中灵活的运用上述五个要素，来时时调整你对敌人所掌握的战略战术。尤其是在冀东平原，日伪军沟壕纵横，碉堡林立，你不想方设法消灭敌人，你就有可能被凶狠的敌人消灭掉的危险。

也许在整个中国对日抗争的战场上，父亲和他的二营，只是一个小小的细胞。小到微不足道，小到甚至可以忽略不计。但是这个小小的细胞却是那么坚强而又充满了战斗力。也正因为有了像父亲这样的无数个类似二营的战斗群体，八路军才能从弱到强，渐渐的发展壮大，直到打败日本侵略者，打败国民党，解放全中国。这也是让父亲最引以为荣的地方吧。

我几经比较之后，发现父亲在对敌作战中，更擅长和喜欢打伏击战，或者叫袭击战。最典型的莫过于后官地之战。毛泽东对这种打法倍加推崇，说这是中国游击战争的最大特点，也是游击战中进攻敌人的最佳的手段。这种战斗的秘诀就是出其不意，攻其不备，迅速解决战斗。在八年的抗战里，不管是国民党的正面战场，还是敌后抗日游击队，在消灭敌人和消灭敌人的军队上，目标自始至终应是一致的。二营能积极战胜日军，不断取得每一场战斗的胜利，这和父亲出身于红军，经过与国民党无数次残酷战斗的经验积累与提高是绝对分不开的。

据娄平的介绍，伏击战是冀东八路军在主动进攻时，采用最多且发挥作用最大的一种战略战术。它利用敌人在行进中的无防备，给敌人以突然打击，使敌人战线组不成，火力展不开，地形地物难以利用而遭到重大伤亡。这种战术无论是我军预伏的，如四十铺、亮子河、旧寨、甘河草等战斗，或临时部署的，如白草洼战，大多能达到顺利歼灭敌人的目的。

娄平，离休前曾任南开大学副校长。抗日战争时期曾在冀东八路军政治部工作，长达 7 年的时间。他曾写了一部书《冀热辽人民抗日斗争简史》。作为一部编年史，作者的观点清晰流畅，文字短小精干，值得对冀东史有兴趣的人仔细一阅。

7 月底，复仇战役胜利结束。据载，此战役共和日伪军作战 50余次，歼灭日伪军 1600 余人，拔除了无数个日伪军的据点，打破了滦河封锁线，为开辟滦河以东和北宁铁路以南地区创造了前进阵地。由于青纱帐复仇战役获得了重大胜利，冀东八路军两大主力团同时受到了晋察冀军区的通报表扬。

当时在二营有一个文书叫刘志民。他是一名有文化有知识的冀东籍战士。他一生对父亲都很敬重。他对父亲的这种发自内心的敬重感，甚至让我这个当女儿的都有一种自愧不如。他在世时对父亲从无所求。他对父亲的敬重纯粹是一种无数生与死战斗考验后的感情上的升华。这种纯精神上的没有任何杂质的联系，一定只有在一起打过仗，一起流过血，生死与共的战友之间才能产生和出现。解放后，他一直在北京外经贸部工作。退休后，我曾采访过他。他非常详尽细致的对我回忆了许多当年和父亲一起战斗生活的情景。20年过去了，刘叔叔也因病过世，但他那些精彩的叙述，却早已深深地嵌入我的脑海深处，令我始终记忆犹新，不能忘却……

刘叔叔告诉我，冀东军分区的第十二团第二营，就是由原来的冀热察挺进军第十三支队下的第十二团下属的"第五总队"改编的。它最早也是在抗战英雄节振国的直接领导下的一支地方武装力量。随着抗战的不断深入和扩展，它就像是一把锋利的钢刀，直插平、津、唐三个战区，在战火中磨炼锤打，越战越强，让当时的敌人只要听到"二营"的消息，无不闻风丧胆。我就把当年对刘叔叔的采访摘录整理如下：

　　事情虽已过了几十年了，曾经在二营战斗和生活过的战友们，只要回忆起往事无不感慨万分，激动不已。曾经历过那个年代，与二营结下深厚战斗情谊的乡亲们，只要一说起"杨队"的传奇故事，也还是那样眉飞色舞，赞不绝口。的确，老二营在我军冀东地区的作战史上，有着它闪光的一页。

　　记得第五总队改编为"冀东军分区第二营"后，由原来的队长江士林同志任营长，于禾任教导员。隶属于晋察冀军区第十三军分区。司令员是李运昌，十二团的团长是陈群。1941年，在一次战斗中，二营营长江士林同志牺牲了。于是上级派来了参加过红军长征的干部杨思禄同志来接任二营营长的职务。

　　当时由于部队需要保密，都要用化名称谓部队首长，既不称职务，也不呼其姓名。记得杨思禄同志在口内（长城以内）的代号是"205"，出口时用的名字是"张友"。而我们则亲切地称他为"杨队长"，冀东的乡亲们称这支部队为"杨队"。

杨队长为这支部队的成长壮大，付出了很多的心血，起了很大的作用。他对同志们的关心帮助和体贴爱护，我们活着的人至今想起，仍让人内心久久不能平静，那一幕幕感人的场面，仿佛就在眼前……

我记得杨队长刚到二营时，只有23岁。全营三个连长和大部份战士都比他年龄大，一个南方人带北方兵，而且年纪又这么轻……记得那天全营的欢迎会，部队一解散，大家就议论纷纷，不管怎么说，对杨队长就是有些不信服，尽管人家还是参加过长征的红军呢！

但是通过几次小小的战斗，使战士们逐渐改变了对杨队的看法。年轻的营长竟成了大家最信赖的指挥员。记得有一次战斗是打迁安地区"抓村的"伪军。战斗前，杨队长和侦察员一起化装侦察，熟悉了地形，了解敌情后，随即组织了一次夜战，以很小的代价顺利地拔掉了敌人的据点。

还有一次，杨队长在遵化县的梁屯旧寨一带，指挥二营伏击伪治安军五团二营。虽然是一个营对一个营，但因为指挥得力，组织周密，部队杀敌勇猛，仅用了20多分钟的时间，敌伪二营就被我们全部歼灭了。而我们则无一伤亡。战前我们只有一挺重机枪和一挺轻机枪。这一仗我们缴获了敌人很多武器，其中有9挺捷克式轻机枪，一门"八二"迫击炮，一挺重机枪。鸟枪换了炮，部队一下子就武装起来了。

记得那次战斗结束后，有一个俘虏找到杨队长，竟和我们八路军一样的称呼杨队长。他说："杨队，你这次多给我一点回家种地的钱吧！"他就是想多要点遣返路费。杨队长很奇怪地问他："你是怎么认识我的？"那个俘虏说，我都交了三回枪了。在那时冀东地区的"治安军"虽然兵多势众，装备精良，但其士兵多系农民或失业青年，下层军官多是伪青河军官学校毕业的青年，大都是为了饭碗，有一定的民族意识。他们大都是被迫去当兵的穷困的劳动人民，还有不少人是以"卖"兵为生的。这个俘虏就是这样的人，在我军俘虏政策的影响下，这些人往往不战自降，比较容易争取。

杨队长来二营以后，一再强调要严格执行《三大纪律八项注意》和我军的俘虏政策，他特别强调，不许虐待俘虏。有时我们的粮食不够吃，可还是要分给俘虏一些。开始，有的战士不理解。杨队长就反复教育大家，这些俘虏也是穷人，我们要让他们知道，八路军是打鬼子抗日的，让他们替我们扩大八路军的影响。的确在以后的战斗中，有许多伪军在我军俘虏政策的感召下，掉转枪口投奔了我们的队伍。

二营在冀东智取黄家屯的战斗，是很有戏剧性的一仗。

那是1941年的初冬，有50多伪军驻扎在丰润西北面的黄家屯，他们由一个日本翻译负责管理。这个据点的伪军对附近的老百姓不是要钱就是要物，敲诈勒索无恶不作，群众不给或不能满足其要求时，敌人就进行刁难，不是抓人就是拆房，搞得百姓鸡犬不宁。所以当地的干部和群众为了反抗黄家屯据点的敌人，不是挖路就是剪电线，并强烈要求子弟兵拔掉这个据点，为民除害。那时我冀东军分区十二团二营根据群众的强烈要求，决定消灭黄家屯的敌人。于是二营把这一任务交给了五连。

黄家屯的敌人，驻村南路东的一个大院里。院子周围筑有高墙，墙内是楼梯形的台阶，上下移动很方便，院四角是三丈多高的炮楼，院中心还有中心炮楼，楼内有一挺三条腿的意大利造机枪；墙外挖有陷阱，陷阱外还有铁丝网等障碍物，强攻很困难。五连奇袭之前，我十二团一营曾在夜间出击，激战一晚，未能攻克。于是我们就在营长的大胆周密地布置下，制定了智取黄家屯的作战方案，一场有趣的战斗就这样开始了。化装奇袭的队伍，是由五连的副连长刘存玉带领，并化装成伪军中队长。一、二、三排长则分别为伪军的小队长。其余的人则穿的伪军中队的服装。化装成日本鬼子的人也只比别人多个钢盔。总共三、四十人的队伍化装完毕后，又相互检查合格，领导又讲话叮咛之后，已是夜深人静之时了。

五连在神不知鬼不觉的情况下，来到豆各庄靠公路边的一个院子里休息待命。为了防止暴露目标，当时要求谁也不准喧闹或到院外，那天夜间和次日早上吃的都是点心。

第二天清早，太阳刚露头，我们就从豆各庄顺公路往北朝黄家屯方向进发。走在前面的是几个便衣"特务"，"特务"后边是化装的"伪军"，伪装"鬼子"的则走在"伪军"中间，部队缓缓前进，当太阳高高升起，大约七、八点钟时，就到了黄家屯。

全体人员因不晓得据点的门，都走过了。于是又赶快掉头走到西南角的炮楼下，往上一看，只见炮楼竟有几丈高，上面挂满了手榴弹。环顾炮楼四周，两堵高墙夹着一条公路，往南往西看则是一片开阔地。大家这才明白，如果化装智取不成，真的打起来我方免不了要吃大亏。不过五连都是久经战斗考验的老战士，大家在据点面前，非常沉着。大家装成很气愤的样子，仰头冲炮楼里大骂："你他妈的都是干什么吃的?! 公路和电线都让八路给破坏光了，汽车也过不来，害得我们皇军和老子只好走着来，混蛋，还不快出来修路去！"骂了没一会儿，就听见据点内一声哨响，时间不长，一个小队长带着20多人就背枪扛锹，

杨争 著

磨磨蹭蹭地走了出来。听我们骂的难听不服气，嘴里还直嘟嘟嚷嚷地说："八路那么厉害，你们在也好不了！"边说边主动朝南走去。当伪军走出几十米远时，三排长魏国忠又开骂起来："你们想造反，是不是？混蛋，统统放下武器！"三排的战士一起上前，令伪军放下武器，同时鸣枪示警，伪军随之都乖乖地放下了手中的武器，坐在地上等候处理。殊不知这股伪军已进入豆各庄我方掩护部队监视范围之内。见此情景，我掩护部队早就冲了出来，干净利落的缴了敌人的枪。随后这伙伪军小分队被带到预定的地点，去听五连的指导员训话去了。

与此同时在伪军小队从据点出来修路的同时，大家也早已看清了据点的大门，一拥而入，化装成鬼子的战士们毫不客气的收缴了伪军站岗人员的枪支。进了院子后，一个侦察员化装成翻译，与化装成日本军官的五连长瞎咕噜了几名"日本话"，"翻译"就对哨兵说："皇军说了，公路被破坏了，你们还不去修，良心地大大的坏了！"还打了哨兵两个嘴巴，命令他们把中队长找来。伪军乖乖的对我们五连长的话言听计从，没有丝毫的怀疑。于是我们的战士就这样进了伪军住的院子，进了伪军的宿舍，一个伪军班长看到日本军官进来，忙喊起立、敬礼，一副毕恭毕敬的样子。

一排长叫他们到外边去，伪军们果然都没有反抗的到院子里去站队了。而这时连长和通讯员则很快地进入了日本翻译的住室。因进去时没喊报告，进屋后又没敬礼，这个小汉奸气急败坏，上来就骂："你们是哪部分的？"一边说着还一边将五连连长连推带搡的向门外推。但他个子小，我们连长个子高大魁梧，五连长用手一推，小汉奸就打了几个趔趄。这下小日本翻译想抓枪动武，哪知五连长则比他眼疾手快，朝他"砰"的一枪，子弹直飞肚里。这下这个坏蛋什么也顾不了，捂着肚子一边哭，一边骂："我回不了家啦！你们是八路军！"这时通讯员上去就给补了一枪："我们就是八路军，现在就送你回家！"结果，这个日本翻译就这样葬送了狗命。

"皇军"又到院子里，把伪军的中队长臭训了一顿，还让他命令全队去院子里集合。结果我们就这样一枪没放，楞把一个中队的伪军全部生擒，并缴获了伪军全部的武器，战士王云还缴了敌人的一挺意大利造三条腿的机枪。这场战斗在冀东地区产生了很大的影响。冀东的《解放日报》还发表了《一枪没放智取黄家屯》的专题文章。

通过这次战斗，我们都觉得我们杨队长打仗不仅勇敢，还有计谋。全营上下更把杨队当成战士们的主心骨了。

1941 年至 1942 年，抗日战争进入了最艰苦的阶段。冀东地区成了日寇进行封锁、扫荡、蚕食和推行治安强化的重点地区之一。人们都记得"潘家峪惨案"。1941 年 1 月 25 日，日伪军 5000 余人，在驻丰润县日军顾问佐佐木的指挥下，对潘家峪进行了大屠杀，血洗了该村。我们还记得那天早上，日本鬼子突然包围了这个村子。并在村子的四面山头架起了机关枪。他们把全村所有人都集中到潘家大院，然后用机关枪扫射，扔手榴弹，再一个个的检查，未死的再捅上一刀。这次集体大屠杀，造成全村 1000 多人全部遇难！给冀东人民造成了极大的灾难。但同时也使人民群众越发地仇恨侵略者，广大群众盼望八路军消灭更多的日本鬼子，为他们雪恨，为潘家峪的群众报仇。

1942 年 7 月 18 日，伪治安军集团司令刘化南带领着伪军去榛子镇。我们得知情报后，在苏庄营、太平庄两处打了他们的伏击，这一仗虽没有全歼敌人，但打的他们狼狈而逃，刘化南的一只眼睛也被打瞎了。

轻声细诉

杨争 著

敌人跑了，我们也撤离了战场。但这次不像往常那样撤到远离战场的地方，而是在离战场很近的郭庄休整。当时部队议论纷纷，担心离战场这么近，敌人来报复怎么办。

但杨队长心里有数。没事时他老带着我们几个干部到处转，熟悉当地情况。我们从他机敏的目光中似乎感觉到了有一场更大的战斗即将来临。

原来曾克林团长根据侦察员的报告，敌人以为我军已然全部转移（我军通常不在一地连续作战）不会在此设伏了。第二天再来时一定疏于戒备，偏偏十二团的指战员没走，一营二营和特务连都还就在原地设伏。果然第二天，接到侦察员报告，日军100多人和伪军200多人押送给养车，又将行至滦县甘河草村。记得杨队长当时反复追问侦察员，佐佐木是否确实在其中。一直到消息准确无误，我们才看见杨队长长长舒口气，说："这回就让他到阎王爷那报到去吧！"原来杨队长早就胸有成竹的掌握了一切情况。战士们也一听说到要打的是日本鬼子佐佐木二郎，顿时个个群情激昂，摩拳擦掌。

这次的战斗是一营打掩护，二营打前锋。上级向我们营下达了立即作战的命令。我们随着杨队长的一声令下，部队很快地进入了战斗的状态。一直等到中午，敌人的车队才出现在甘河草村北的公路上。还是老规律老战术，约有一营兵力的伪军在车队前开路，大车队后边才是日本鬼子的队伍。几百的队伍，都已清晰的出现在曾团长和我们杨队的望远镜里。

渐渐地我们在阵地上设伏的战士也看见在公路上由远而近的敌人。紧接着是200多辆装着给养的胶轮大车缓缓地沿着大路走来。这时团部和营部发出出击的命令，接连下达到各个连队。我们二营全体指战员早就铆足了劲，进攻敌人前队的六连，在王店子街里如猛虎扑食似的追打伪治安军，一个冲锋顿时把走在前面的伪军打得四处逃窜，最怕近战的治安军被打的落花流水，没一会儿就缴械投降了，我们还缴获了几挺机枪。但日本鬼子就是躲在后面不出来。中午12点左右，狡猾的日本鬼子看到我们的力量有所消耗后，这才露出了狰狞，开始了反冲锋。我们的战士早已是复仇的怒火满胸膛，几乎人人都打红了眼，毫无畏惧地同鬼子拼杀。好像不血刃了佐佐木，有愧中国人似的。

这时战斗已达到了白热化的程度。日本鬼子象输红眼的赌徒，疯狂起来，日本小队长干脆脱了军装，穿着白衬衣，扔了钢盔，着急地瞎比划着。这时候通讯员跑到设在甘河草大庙的营指挥所向营长报告说："前边的战斗顶住了。"（即僵持住了）恶战在即，刻不容缓，不是你死就是我活。只见杨队长把帽子一摘，睁圆了眼睛说："我就不信，佐佐木你能活过明天早上！打不掉这几个鬼子，咱们都白吃饭了！"说着，他就带着几个人到了村东头的青纱帐里，不顾危险的靠前指挥，营指挥所设在距前沿只有二、三百米的地方。

各连连长、指导员抱着机枪冲在最前面。子弹象割草机一样把庄稼都放倒了。7月中旬的天气炎热如焚，冲锋的战士汗流浃背。由于天热，没有水喝，许多人中了暑，竟晕倒在战场上。伤病员越来越多，部队进攻能力锐减。村民们见此情景心急如火，他们也顾不上敌人枪林弹雨的危险，不断地往战场上送水，由战场上往村里背伤员，一拨一拨的送水群众，往来于枪林弹雨之间，络绎不绝，成了战场中的另一景观。由此可叹，抗日战争就是全民战争，小小的日本如何能打过？

战斗一直打到下午五、六点钟，敌人还没有被完全压下去。但是战斗已朝着有利于我们的趋势发展，再坚持一下就是胜利。杨队长不断的鼓动着一线英勇作战的战士们。对所有抬下来的伤员，都要亲自去安抚。部队的伤亡虽然很大，但只要看到杨队长的身影和听到杨队长的声音，战士们就鼓起了杀敌的斗志和连续作战、不怕牺牲一定要消灭敌人的决心。

此时的杨队长也正在紧张地酝酿和组织最后的冲锋方案。

就在甘河草的战斗即将进行最后的决战时刻，忽然天空电闪雷鸣，大雨滂沱，垂死挣扎的鬼子全都泡了汤。受闷热天气晕倒的战士被暴雨浇过，又个个精神抖擞起来，他们刚一清醒就又冒雨投入到了战斗中，跟顽强抵抗的小鬼子展开了肉搏战。

晚上 8 点多，二营发起了最后冲锋。经过几次反复的争夺，180 多名的日本兵和剩余的伪军终于被我们全部消灭了。

这场共持续了 8 个多小时战斗的确打得很苦，但我们最终还是胜利了！

战斗结束后，我们看见附近的庄稼地里到处都是鬼子残缺不全的尸体。战士们踢踢这个鬼子翻翻那个鬼子，都在寻找制造潘家峪惨案的那个罪魁佐佐木！突然青纱帐里传来一阵欢呼："杨队长，杨队长，杀人魔王佐佐木完蛋啦！"听到这个盼望已久的声音，很多人一屁股就瘫在地上，如释重负。是啊，我们终于为冀东人民出了气，我们终于为潘家峪死难的乡亲们报仇了！当时我们竟激动地久久无语。佐佐木二郎用的屠刀，也被我们缴获，至今仍存放在中国人民解放军军事博物馆里，常年向后人展出。

战后我们清点了战利品，共缴获了敌人 200 多辆胶轮大车，7 挺重机枪，13 挺轻机枪，以及 100 多支长短枪。

这次战斗极大地振奋了冀东人民的抗战热情和斗志，坚定了人民和部队坚持抗战的决心。人们开始更深刻地理解在敌强我弱的形势下，我军游击作战的原则，改变了对二营不敢和日本鬼子正面交锋的片面看法。部队也恍然大悟，原来我们打了刘化南没远撤的原因，就是还有一场这么漂亮解恨的战斗在后面哩！

当我们把缴获大车上的煤和粮食分给了当地群众时，他们无不兴高采烈地搬运着。尽管他们生活也非常困难，仍是杀猪宰羊地慰劳我们，从而进一步密切了二营同老百姓的鱼水关系。

甘河草伏击战，使二营的英名威震冀东，吓得鬼子四、五天都不敢来收尸。

《解放日报》社长孔祥军给二营写了贺信，信上还用了"用兵如神，指挥卓越"的词句。

十二团团长曾克林还受到冀察晋军区司令员聂荣臻的通电表扬。这场战斗更被认为是冀东复仇战役中的代表作！

1942年8月，鬼子在冀东建立无人区，妄图割断八路军同人民群众的联系。从北京到山海关，到处都是纵横交错的沟壕网，堡垒群。真是县有县壕，村有村沟，大大小小有如鱼网，使我根据地军民物质生活顿时陷入十分艰苦的境地。

冬天快到了，为了解决八路军和根据地军民的穿衣问题，我们奉命去攻打唐山新华纺纱厂。杨队长只派了一个连的兵力和迁滦县基干队，率群众数百人，就偷袭了纺纱厂。

那天夜里，避开了铁丝网（原以为是电网），我们在东边墙上挖了一个洞，只打了几枪就冲了进去。因为纱厂的工人身受日本鬼子的欺压，早就对他们恨之入骨。我们的到来，使他们欣喜异常。先头部队和大部队里应外合，仅奋战3个小时，就夺取棉布3000匹，老百姓和战士们组成的搬运队伍，很快就把布匹都扛了出去。棉布搬完后，有人主张把纺纱厂烧掉，给鬼子一个下马威。杨队长提出了不同意见。他说："纱厂不能烧，它虽然还在敌人手上，但烧了工厂工人怎么办？厂在他们就有口饭吃。今天一烧，明天她们吃饭就成了问题。再说这工厂早晚有一天是我们的！"由于杨队长的坚持，纱厂保留住了。如今新华纺纱厂早已回到人民的怀抱，依然屹立在冀东的大地上。

唐山是冀东的中心，日军的统治力量非常强大。在敌人进行疯狂大扫荡的同时，在敌人统治的腹地袭击纺纱厂，这对日寇又是一次强有力的打击和震撼。"八路抢了纺纱厂！"一时又成为唐山街头巷尾的美谈。

1942 年也是我们在冀东抗战最艰苦的一年。由于日本侵华后，疯狂的推行"三光"政策，使晋察冀边区的人民在经济生活上陷入了前所未有的困境。而太平洋战争爆发后，日本为了维持战争上的庞大开销，对中国则进行了更大规模的掠夺。华北则是日军掠夺中的重中之重。而恰在那一年里，华北地区又遭遇了罕见的大旱灾。为了生存，人们甚至吃树皮树叶。流行病更是在边区肆虐。老百姓的生活如此，我们主力部队就更是雪上加霜了。再加上那一年日军在华北地区又集中了 3 个师团的兵力和 5 个混成旅团及伪军共计 5 万多人，对冀东平原开始了最为空前和残酷的大扫荡。在敌军飞机、坦克、炮兵、骑兵，甚至自行车队的配合下，我华北地区的抗日根据地的面积日益缩小，主力部队的损失也非常严重。尤其是我们不得不眼睁睁地看着我们经过千辛万苦好不容易创立的平原根据地，重又被敌人占领或"蚕食"，由游击区、根据地再变成日伪占领区，甚至完全恢复了日伪的统治。那场景真是格外令人痛心。当时上级领导要求我们避开敌人锋芒，积蓄力量，恢复元气，到"敌后之敌后"去开展游击战争，开辟新区、到敌占区去建立小块的游击根据地，迫使敌人班师回朝。并指出，今后的一年将是冀东抗日斗争更加艰苦和残酷的一年。那年的10月，为了开辟东三省根据地，组织先遣部队，配合关里关外的反扫荡，扩大解放区，我们二营奉上级命令，向热河、辽宁地区开进。

听说二营要撤走，冀东的老百姓依依不舍。他们不愿意二营离开，二营也舍不得离开养育他们的老百姓。因为二营是人民的子弟兵。

记得临走的那天，杨队长和依依不舍的乡亲们告别时，深情地说："我们是执行任务去了。你们放心，我们忘不了你们，一定还会打回来的。"

我们就这样穿着自己做的棉衣，背负着冀东父老乡亲们的重托上路了。我们向热河围场县前进，以便能在那里站稳脚跟。刚出口外，我们就遇到了不少难以预料的困难。敌人在那里十几年的血腥统治，种种的欺骗宣传，使群众无法了解共产党、八路军。我们接近他们很困难。鬼子严密的统治，汉奸敌伪的监视，使我们很难在一个地方停留。再加上口外的村子小，部队就只能驻扎在山沟里，部队的吃住顿时成了严峻的问题。我们驻扎到哪儿，反动的伪保长就向敌人报告，相反我们的情报来源却越来越少。由于地理的生疏和群众基础的缺乏，一时给部队的行军和作战都带来了难以想象的困难。

记得我们刚进山里时，经常是我们前脚路过时，还见到一个村子鲜活的人，第二天回来时，便是白骨一堆了。我们晚上没有地方可睡，就只能在大冬天里，到被敌人毁坏了的村子里的残墙断壁边上裹着大衣，打个盹。有一次我们队伍刚行进到半山腰上，便看见山上山下到处都是日本鬼子。好在那天天下着茫茫大雪，我们就原地卧倒。大雪一层层的覆盖在我们每一个人的身上，不知不觉我们竟和雪天溶为一色。于是干部们就对战士们说："咱们大家伙就地躺着，谁也别动。鬼子要是一脚踩着咱了，咱就一枪把他撂倒，别客气。他要是没碰到咱，就算他命大！"

结果那天山上山下的鬼子来来回回的从二营的战士们身边过来过去，就愣是一个人也没被鬼子发现。鬼子搜山一无所获，悻悻而去。我们站起来才发现每一个人的手心里都攥出了汗。

说起日本关东军，早在1939年秋起就陆续在热河南部地区，推行最残酷、最野蛮的集家并村的政策，制造"无人区"。虽在此期间遭到冀东人民和抗日武装力量的常年反抗、破坏，但1943年6月，日伪军还是大体完成了热河地区的集家，特别是沿着长城线的兴隆县的集家基本完成，有11万群众被赶进199个部落，1300多平方公里被划为"无住禁作地带"，占全县总面积的41%。抗日游击根据地由此遭到严重破坏。敌人为了限制我军的行动，隔绝我军同老百姓的天然联系，采取了把自然村集中化、五、六十个村子合为一个大村，并严格的保甲制度，老百姓形象地称这些大村子为"人圈"。意思是猪有猪圈，羊有羊圈，日本侵略者统治下的中国人，也被圈起来，过着猪狗不如的生活，就叫"人圈"。群众被赶进人圈后，生活失去了着落。由于大部分地区被划为"无住禁作地带"，老百姓根本不能进山耕作。无地无房，冬天被冻死，夏天得传染病，那真是瘟神降临，户户号啕，人人病倒，死了人抬不出去，就只能臭在家里。而对"无住禁作地带"则是全部纵火烧光。划为无人区的1.7万个自然村有380多万房屋被烧毁。山墙石头被烧成红褐色，大面积的森林被焚毁殆尽，连一般山场的树木、植物，也大都被毁，郁郁葱葱的壮丽河山成了一片焦土，"山火蔽日月，天地昏百里，千村一片黑，万户闻鬼泣。"这就是"无人区"惨景的写照。许多地方形成百八十里宽的无人大道，造成了抗日史上有名的"千里无人区"。

敌人的阴谋就是想把我们八路军和当地的抗日游击队困死、饿死、冻死、孤立死。而我们保持住"无人区"的革命根据地，坚持在"无人区"的抗日斗争，就显得格外重要。的确，我们在"无人区"的困难是越来越大。首先吃饭就成了大问题。老百姓的生活虽已经苦不堪言，可是群众虽苦，仍有人宁愿自己挨饿，也把有限的口粮偷偷地送给我们。在没有人烟的地方，部队常常饿肚。没吃的，没住的，饥寒交迫无时不在考验着我们每一个人的意志和信念。记得1943年春节时，我们在围场经过激烈战斗之后突围，部队转移到一座山顶露营，没有饭吃，大家都饿着肚子围在一起保存体温，六连的几个战士手指、脚趾，就是这样给冻掉了。

艰苦的生活，一时难以克服的困难，使不少战士产生了思乡的情绪。有的还提出了"回口里，打回老家去！"的请求。记得出口时，杨队长有一匹马，后来由于越来越困难，马换成毛驴，最后连毛驴也没有了。杨队长就和大家一样，整天走啊走的。杨队长的马夫王世满饿得受不了，找到杨队长，死活不干了，要回口里。的确在口里起码也能喝上一口热乎乎的小米粥，吃上一顿饱饱的小米饭啊！虽然大部分战士都表示，杨队长到哪，我们就跟到哪。可什么时候才能结束这种困难，谁的心里也没有底呀！更有意志薄弱者经受不了考验而动摇，携枪逃下山投敌去了，成了可耻的叛徒。二营的总支书记陶梦兰就是一个典型的代表（抗战后被处决）。但这种行为在当时却给部队起了很坏的影响。战士们的思想变化和面对的严峻和现实，杨队长都看在眼里，急在心里。巩固部队成了当务之急的大事。

针对部队战士们的思想情况，杨队长多次给我们讲红军长征的故事，讲我军的光荣传统，讲自己的家庭。我到现在还清晰地记得杨队长讲到他自己那很穷的家。他和哥哥年纪很小就参加了红军，参加了长征，哥哥就因为生活艰苦，没吃的饿死在长征路上的草地里；他还讲到红军怎样以大无畏的革命气概，摆脱了敌人的围追堵截，走过了那漫长的二万五千里路，历经千辛万苦，到了抗日前线；还讲到我们要同红军比；讲到我们才刚出口外，不过才几天没饭吃，遇到这么小小的挫折，就想家了？讲到人都是有情的，杨队长说，我也有妈，也想打回老家去，那分迫切之情，绝不会小于你们当中任何一个人……可我们现在是为了抗战，必须刻苦耐劳，要过最低限度的生活。咱们就是衣不暖，食不饱，也要抗战；没有一文零用钱，没有一文薪水，还是要抗战。

战士们虽然没有什么文化，说不出什么大道理，但他们听杨队长深情地讲自己，讲父母，讲雪山、草地、长征、讲红军的光荣传统，讲为民族解放吃苦，为不当亡国奴而战，虽苦犹荣，死而无憾……感到那样贴切，解渴。杨队长的话，朴实无华，却深深地打动了每一个战士们的心，许多人都感动地流出了眼泪。杨队长告诉我们，在革命的路程中，肯定还会遇到许许多多的困难，但胜利一定会属于八路军的。只要我们坚定信心，我们就能够在这里站住脚，完成任务，我们也一定会打回老家去的。一定会的！我能带你们出来，就一定能带你们回去！经过多次的思想工作，稳定了部队。大家都信任杨队长，感到杨队长有办法，跟着杨队长心里踏实。于是纷纷表示："我们没啥说的了，从今往后就跟着你姓杨的了！"

八路军当时的总司令朱德曾说过这样的话："我军之弹药、被服、医药、粮饷等，多少年也得不到任何方面的补充。这种无弹药、无粮饷、无医药、无被服的数十万大军，在最困难的环境中苦战数年，恐怕在世界军事史上，也算奇观了。但却是我们抗战的事实。我们之所以能不被这些困难屈服，反而能克服这些困难，坚持了六年的抗战，是因为我们下定决心，我们为了民族，为了国家，也为了自己的生存，下定决心，宁死不屈，坚持到底！"

只有先战胜自己，才能战胜敌人，疑虑打消了，信念坚定了，我们的工作也开展了起来，也就顺利多了。军民关系是鱼水关系，要生存下去我们必须先从接近人民群众开始打开局面。说实在的，口外的老百姓生活本来就十分艰苦，日寇为了摧毁人民的身体，消磨他们的斗志，掠夺他们的财富，向他们贩卖大烟，于是一些人在吞云驾雾中堕落了。为了防止中国老百姓反抗他们的统治，他们甚至抢走了生活中起码的必需品。我们曾亲眼见到有的老百姓全家人只有一套衣服，要出门必须轮换着穿。许多大姑娘十七、八岁了还穿不上裤子，整天躲在被窝里。见到这种情况，杨队长就号召大家帮助老百姓，自己再苦，也要把衬衣、裤子等能拿出来的东西支援老百姓。药品虽然紧张，许多还是用在老百姓身上了。说实话这些地区老百姓的穿衣吃药问题，如果光靠二营的支援来解决，无论如何也是无济于事的。但是二营的举动，却起到了巨大的影响和作用。他们见到的是一只新奇的军队，一只打日本鬼子的、为中国老百姓着想的军队，我们二营就是这样把革命的火种，共产党的信念，有意无意之中播撒到冀东人民的心目中！铁的事实终于打破了敌人的宣传，群众逐渐地了解了我们，觉悟了的群众不仅给我们送粮，还给我们递情报，掩护伤员。部队在口外又重新装上了"千里眼，顺风耳。"我们二营在口外就像一架播种机，在人民群众心中点燃了中国人抗战必胜的星星之火！敌人万万没想到，他们的扫荡和蚕食，不仅没有缩小我们的抗日根据地，反而在敌后的敌后，我们又开辟出更大面积的红色根据地。这对未来

轻声细诉

杨争 著

抗日的胜利，为日后我军战略上的大反攻，创造了更坚实的基础。

1943年4月，上级命令我们打回老家去，解放迁滦丰！消息传来，战士们个个群情激昂。但是在部队返回冀东前，有一件事使我们活着的人到死也不能忘！因为自从部队来到口外后，战斗频繁，生活艰苦，使我们的伤病减员的问题比较严重。部队要打回冀东去，是否带走伤病员的问题自然提了出来。留下伤病员的意见也不是没有道理。因我们要打回冀东去，要穿越200多里的无人区，一路上多是昼行夜伏，而且随时还要作战，跨长城、越铁路，别说伤病员了，就是一个完好的人可能遇到的问题，也不是轻而易举就能摆平的。

然而另一个更严酷的事实摆在我们面前。为了剿灭八路军，日寇使用了联保、悬赏等种种卑鄙手段，如日寇知道老百姓没粮吃，但你只要出卖一个八路军或一个八路军的伤病员，就可以换来两袋小米。极少数落后的群众也因此丧失气节，一些汉奸、伪保人员的活动就更猖獗。许多战散人员、伤病员没有被鬼子的枪弹夺去生命，却无辜地死在两袋小米的诱惑下，让人为之叹息！倘若我们在那种情况下把伤病员留在口外，无疑就会使他们的生命受到极大的威胁。

杨队长经过认真地考虑，令人信服的统一了大家的意见。他说："所有的伤病员都是和我们同生共死战斗过的战友，也是今后革命的种子和骨干。不管有多大的困难，只要我活着，不管是受伤的还是生病的，都要把他们带回去！"

部队出发了，杨队长组织大家用担架抬，用毛驴驮，我们就这样带着伤病员过无人区、跨长城、越铁路，一直向冀东挺进！

一路上，杨队长又要组织行军，又要照顾伤员，还要随时准备打仗，但他硬是同部队一起，历尽艰辛，终于把伤病员一个不落的全部带回了冀东！至今这些人提起这件事还说，没有杨队长，恐怕我早就死在口外了。也正是这些伤病员们回到了冀东后，有的人身上连子弹都没来得及取出，就带着伤上了战场，有的人就这样为了抗战，流尽了最后的一滴血。让人宽慰的是这血、这生命终究没有因两口袋的小米就白白的倒在日寇的屠刀下，而是英勇地献身于民族的解放事业，献身于消灭日寇的疆场上……

回到了冀东，我们部队驻扎在迁西地区的"十八盘"一带，这里群山叠嶂，山路回绕。由于敌人的"三光"政策，群众生活苦不堪言。

部队的给养也经常发生问题。标准虽说有，可得自己去找粮食。有时侦察兵刚打听到哪有粮食，就得赶快去买。可买到了小米刚煮上，还没熟呢，寻味而至的老人和孩子就伸着小瓢来了。常常是走了一拨儿又来一拨儿。遇到这种情况，杨队长总是教育大家，老乡来了，不要关门。这里的房子被鬼子烧了三次，还不是因为他们掩护我们才被烧的么?!我们现在虽说困难，可也比口外强多了。再说我们八路军是人民的子弟兵，再困难，也不能少了老乡吃的呀！

那时按规定，杨队长是有小灶的。可他始终和大家一样有什么吃什么，官兵一致，同甘共苦。

其实早在八路军主力撤到口外之后，日伪军就对老区的百姓趁机大放厥词："八路军已被消灭了，剩下几个人还在口外的山上哭泣呢!"

在冀东子弟兵胜利的返回老区之后，由于我们所到之处听到的都是亲人们的血泪哭诉，看到的无不是座座新坟，而脚下流淌的更是老百姓的滴滴鲜血。这凄凉悲惨的景象，如一把钢刀深深刺痛了指战员的心窝。要报仇！要血恨！要向日寇讨还这一笔一笔的血泪债！

1942 年在日伪军实行第五次所谓的"治安强化"时，为了切断滦东和基本区的联系，曾沿着卢龙县青龙河东岸挖了一条长达 25 公里的封锁沟，并沿沟筑起了 18 座碉堡，号称为无坚不摧的封锁线。当冀东军分区发起了第一次恢复基本区战役时，我们十二团就和当地的县工委通过早已安插在伪军中的内线关系，争取了 6 座碉堡的伪军，使他们在同一个夜晚一起起义，并烧毁了碉堡，其余 12 座碉堡的日伪军也只好纷纷撤退逃窜，封锁线由此溃败。这次战斗的胜利是当时最有名的胜利。这一重大成果对全区的敌伪军产生了强大的政治攻势，它导致各地的伪军纷纷起义。

我记得那年阴历八月十五日，我们由北岭出发，准备攻打驻守在胡各庄的一个伪军大队。

大家摸着黑走了十几里路，来到胡各庄。这时伪军官们正在一起吃夜饭。我们六连冲上去一阵猛打，敌人措手不及，根本就没还手之力。伪军一个连的连长杨正春（后任我军五十九团副参谋长），也在我军强大力量的威慑下，率部队反正。

随着解放区的扩大，广大群众也被动员起来，在九间房一带，我们组织老百姓破坏敌人的汽车路，平壕沟，使敌人寸步难行。

随着一个个战斗的胜利，部队的威望越来越高，就连敌人的"天字治军"的一〇三团，也不敢再嚣张了。

记得一次我们去滦西，路过太平庄的据点时，侦察兵在炮楼下喊："我们是杨队，来借个道，你们不要动，谁要动我们就把炮楼拿下来。我们有炮（其实就是八二炮），等我们过去，你们再开炮，免得你们在鬼子面前不好交账。"果然，等我们过了炮楼，打了一梭子机枪后，伪军才开始胡乱放起枪来，算是"欢送"吧。有些伪军打赌发誓时，最常说的话就是："谁亏了心，出门遇杨队！"

可见我们二营在伪军心目中的地位和影响！

1943 年夏，世界反法西斯战争进入到反攻阶段，中国抗日战争总形势也发生了新的变化。地处华北与伪满之间的冀热边地区，其战略地位也越加突出。为此，中共中央于 1944 年 7 月发出了《关于晋察冀边区划分为四个区党委和军区的指示》，原有的晋察冀第十三军分区被撤消，成立了冀热辽军区和各军分区指挥机构。重新整编了部队，我们二营改为"特务团"（即军区直属第十九团，当时也叫警卫团）。杨队被任命为第十九团团长。那时候我们主要的任务就是保卫军区机关。可我们在杨团长的带领下，不仅出色地完成了保卫和掩护军区机关的任务，还在丰、滦、迁地区打了很多胜仗，战果颇丰。

1944 年底，濒于灭亡的日本侵略者，仍然做垂死挣扎，幻想"体面"地结束战争。在战略部署上，仍旧坚持"确保满洲"的政策。因此，他们对冀热辽地区也就更加重视。为了让冀东地区进一步的所谓满洲化，日军在 1945 年初又在其所辖的 8 个县的山区内大搞伪满形式的集家并村，继续制造无人区。他们把代号分别称为"铁石"、"铁血"、"铁轮"的三支强悍的伪满国兵部队，三个旅近两万人派驻冀东，企图和华北方面的"北特警"、独八旅协同作战，于是造成了全国战场大部进入反攻的情况下，冀热辽地区却一度出现了极为残酷的艰难时刻。

针对冀东出现的以伪满军为主的进攻态势，我们冀热辽军区首先发动了打伪满军的战役。

在抗日战争史上，比较著名的地雷战、地道战，都是那个时期的事。搞的好的地区，一个村内街与街相通，户与户相连，村与村之间，用地道联接起来，有的地道长达几公里，甚至形成了地下交通线。另外我们还对伪军采取了强大的政治攻势。对他们宣传日本法西斯灭亡在即，号

→父亲在北方汉子们的眼中是个"南蛮"！打日本小鬼子从来都不手软。这是1944年父亲任冀东冀热辽军区特务团团长时的留影。

召一切伪军政人员只有反正，才有出路。我们在三屯营的那一场战斗结束后，杨队一再叮嘱我们要对被俘的伪满军官兵给予热情的招待和安慰。这在当时的伪满军中引起了强烈的反响。伪满第十一团第三营代理营长说："八路军不打我们，往后我们也不出发到各村去剿八路军。"

在军事打击和政治感召下，果然伪满军军心涣散，要么纷纷投降，要么主动与我们八路军建立联系，或保持中立，致使日军"伪满化"在冀东的计划，再一次破产，而我们长城沿线的根据地却更加壮大和巩固了。

1945年，世界反法西斯战争和中国的抗日战争发生了很大的变化。4月5日，苏联政府发出《废除苏日中立条约》的通告，这就意味着苏联将要对日作战。5月9日，德国最高统帅部签订无条件投降书，第二次世界大战欧洲战场的战争宣告结束。7月26日，中、英、美三国发表《波茨坦公告》，促令日本无条件投降。8月8日，苏联政府对日宣战，次日，华西列夫斯基元帅率百万苏联红军，沿中苏、中蒙边境，横穿沙漠，越过大兴安岭，长驱直入，向日本关东军发动了大规模的进攻。9日，毛泽东发表了《对日寇的最后一战》，号召"中国人民的一切抗日力量应举行全国规模的反攻，密切而有力地配合苏联及其他同盟国作战"。

由此中国人民大反攻的时刻终于来到了。当时延安总部向全军连发了七条命令，其中竟有两条是向冀热辽部队发出的。总部要求冀热辽部队立即向辽宁、吉林进发。热河是东北的屏障，也是联结华北的枢纽，要争取东北，则必须先要控制热河。于是我们冀热辽军区决定兵分三路，马不停蹄地向热河、辽宁进军。

因为要和国民党争时间，抢速度，尽早在第一时间内收复东北，我们冀东又扩大了主力部队。我们十九团在扩编的基础，改为第十一团，划归为十五军分区下管辖。杨队仍为第十一团的团长。

冀热辽区党委对总部的二号命令没有机械的执行，而是按实际情况，做出了兵分三路，其中两路是进军热河的决定。一开始我们是在第十五军分区司令员赵文进的率领下，约3000余人，向热河中部、东北部推进。先头部队出了喜峰口，就进入了平泉，我们三下五除二就解除了伪满军第十九旅的武装。在平泉和苏军会师后，我们就兵分两路，一路向宁城推进，一路向建平、凌源、朝阳出发，沿途俘日伪军5000余人，解放了大片地区。

那真是人心大快的日子！8月15日，日寇终于宣布投降。然而就在我们冀东部队一边整编，一边投入对冀东地区的反攻受降之际，在蒋介石的大力支持下，冀东的伪军和汉奸摇身一变竟成了国民党的先遣队。一瞬间太阳旗换上了青天白日旗。当我们冀东子弟兵包围唐山，迫令日伪军缴械投降时，这些伪军竟趾高气扬的挑衅的对我们说：

"我们现在是中央先遣军，不怕你们了。"

为了打击日伪军的嚣张气焰，我们再次对平古和北宁线发动了强大的攻势。我记得那时候华北平原，秋风劲吹，满山遍野火光冲天，成排的地雷同时爆炸，枪炮声万响齐鸣，加之无数助威的老百姓一齐发出"缴枪不杀"的呐喊，吓得日伪军不知所措，而八路军主力部队则乘胜打进城内，经过短暂的巷战，日伪军只能溃败而逃。铲除这些伪军、伪警察，汉奸和卖国贼，对于冀东苦大仇深的老百姓，是何等扬眉吐气之事！对于捍卫东北抗战的胜利成果，赢得后来我各主力部队的到来，又具有何等重大的意义啊！

冀东部队，是收复东北的先遣部队。杨队长那时率领全团出关，在热河地区正式接收日军投降。一出口，我们先接收了满洲军的武器，又把十一团扩编成二十五旅。杨队长任旅长。部队活动于平泉、凌源、建平、赤峰、朝阳、北票等地。

那时候真是形势上一派大好。因为冀东由此和冀中、冀察、东北解放区密切相连，完全改变了抗日时期那种四面被日伪包围，孤立无援的处境。

我们冀热辽部队从 8 月 11 日收到总部二号命令，到 8 月 6 日进入承德、赤峰、锦州、沈阳等重要城市，总共不到一个月的时间，就控制了热河和西满地区的局面。我们也由出关作战的 8 个团 1 万余人，竟发展到 12 个旅、2 个支队、12 个独立团，共计 11 万余人。而在这样的大变动中，几乎涉及到每个干部的去留和升迁。但没有任何人讨价还价。一切为了胜利，一切服从党中央的部署。

比如那年的年底，由于部队发展的需要，晋察冀军区部队进行了统一的整编。军区以聂荣臻为司令员兼政治委员，萧克为副司令员，刘澜涛为副政治委员，罗瑞卿为副政治委员兼政治部主任，唐延杰为参谋长。所属冀中、冀晋、冀察、冀东、热河5个二级军区部队相继整编成9个野战纵队，下辖26个旅，总兵力约20万人，分属第一野战军和第二野战军。我们杨队就从东北联军下辖的二十五旅的旅长调到第二野战军下属的热河纵队独立第三旅任副旅长。

1946年3月，为了响应国共停战协定，中央决定精兵简政，因为这样做一方面能表明共产党与国民党全面合作的诚意，一方面也能对解放区人民的负担有所减轻。晋察冀军区部队再次整编，5万多野战军转为地方武装。于是第一、第二野战军领率机关撤销，野战纵队由9个整编为第一、第二、第三、第四纵队，归军区直辖。

在那段时间国民党军队也因苏军的撤走，开始了大面积的向东北、华北进攻。蒋介石的嫡系部队新一军开进关外，杜聿明也以"东北保安司令长官"的名义，受领了"包打山海关"、"接管"东北的任务。国民党军队的高级将领孙连仲又向所属的部队传达了蒋介石的密令，要他们在国共双方停战令未生效前，迅速抢占战略要点，尤其是热河方面，最好于停战前占领承德，否则亦迅速抢占古北口、建平及凌源。承德当时是热河的省会，也是连接华北和东北的两大战略地区的重要交通枢纽，所以国民党志在必得。随着山海关，锦州失陷，国民党西线的三个军又由锦州向西进军热河，热河的反包围战就这样打响了。

我们热河独立第二、三旅在平泉县对国民党军队展开阻击。面对美械装备的敌人，我们的战士毫无半点退缩，反而越战越勇。

1946年6月，国民党撕毁了停战协议，开始大举进攻解放区，从而又拉开了解放战争的序幕。他们以16个正规师，约13万人的优势兵力，从东南西北四个方向我冀东解放区进攻，企图寻找与冀东主力部队作战的机会，并先后占领了冀东境内的香河、迁安、宝坻、卢龙、玉田、遵化、宁河、蓟县等 11 座县城。由此，冀东解放区军民同国民党军队的斗争，也进入到了一个相当激烈和艰难的阶段当中。

随着国民党军侵占的地盘不断扩大，兵力也就越来越分散。针对这种情况，我们则不失时机地向分散驻守各据点的国民党军发动了反击战役。

那时候杨队长又回到冀东军区下属第十五军分区，再一次担任了第五十九团团长。部队虽经过多次整编，但它的主要力量，仍是二营的老底子。

那年的 10 月，我们五十九团在杨队长率领下，和友军第十四军分区的第十六团、五十三团一起收复了宁河、新军屯。

11 月，杨队长率领部队在高丽铺、窦各庄、阎家铺阻击了敌人五天五夜。我们靠打近战，边战边打边向北撤，在杨家峪、党峪一带把敌人甩掉了。在敌人往北追的情况下，我们却掉头南下大张屯，进入敌占区，依托大中庄，在那里又打了敌人一下，吃掉了一个营的伪军。然后我们五十九团和宝坻县大队，又围攻了宝坻县城，经过了 20 小时的激战，全歼敌人 800 余人，收复了京、津方向的宝坻县城。这一下我军军威大振，敌人士气大挫。

这次反击战役，至 11 月底结束，历时两个多月。我们全区军民同国民党军大大小小的战斗有数百次，歼敌 7000 人，收复了乐亭、青龙、宁河、宝坻四座县城。使国民党军队对冀东解放区的全面进攻被迫停止，战局也由此开始了好转。

随后我们部队继续活跃在京、津、唐地区，随着形势的发展，战局又从东北、华北推向长江以南，解放全中国的战斗此起彼伏，胜利在握。

7

其实对冀东地区八年抗战的追思和回忆，又何止是刘志民一人?! 无独有偶。有一个叫冯闻智的人，对二营在冀东八年抗战的风风雨雨，同样做过深沉翔实的描述。

冯闻智先生，1919 年生于唐山北部的一个山区。幼年读了 5 年的私塾。抗战那年加入了中国共产党。参加过冀东大暴动。在冀东十二团二营担任过连指导员、团政治处主任等职。十几年前他曾出版了一部三十几万字的书，叫《幽燕怒涛》。我拜读了这本书。我几乎是一口气把它读完。因为在他的书里，屡屡提到他们的老营长杨思禄。这竟使我在那厚重的充满血腥气息的历史画卷中，一次又一次的看到了父亲倔强不屈的身影!

冯闻智在那部书里说，有一个词是日本入侵中国后，为中国人所专门制造的，它就叫"大扫荡"! 这个词在抗战期间，是一个使用频率最高的词。单从字义上看，"扫荡"就是把某种东西扫除掉，并且还要让其荡然无存。在那时日本人的心中，对反抗他入侵的中国人和中华民族，就是要彻底的扫除干净，以实现他霸占中国的目的。所以日本侵略中国后有哪一次的大扫荡不是以"烧光杀光抢光"为宗旨的呢!

于是"大扫荡"就成了日本人屠杀中国人的代名词!

而八路军对于日军作战的主要形式，就是与之相对的"反扫荡"! 就在这扫荡与反扫荡之间，一个国家和民族与另一个国家和民族的抗争，侵略与反侵略，便以惊人残酷的、血流成河的方式展开。当然战争的胜败也由此而渐露端倪。

在《幽燕怒涛》中，冯闻智这样描述道：

> 1943 年的春夏之际，冀东的八路军三大主力团，经过两次恢复基本区的战役，绝大部份老区根据地都已恢复。

冀热边特委在 7 月召开了成立后的第一次特委会，会议还决定整编部队。第十二、十三团改小团建制，即团下不设营，另增加了 5 个地区队，同时会议还决定成立由杨思禄任营长的独立营，负责党政军领导机关的警卫任务。

会议对恢复基本区的各方面任务，作了具体的部署。要求各部队迅速进入老区，向盘踞在老区的敌人展开攻势，利用青纱帐的有利时机多消灭敌人，还要求地方干部随部队返回老区后，立即开展农村工作，尽快恢复农村的抗日政权。

会议结束后，各部队遵照分区领导的命令，立即行动。刚宣布成立的独立营，在宣布成立该营的次日，杨营长就带着营部人员出发了。

那是一个风雨交加的黑夜，杨思禄营长率领营部人员掩护着一批地方干部，冒雨来到滦河岸边。他们借助闪电的光亮，找到了渡河的路线，大家都脱光了衣服，跳进了滦河的波涛汹涌之中，开始了紧张地泅渡。有少数不会游泳的人，也在大家的帮助下，安全顺利地漂到了对岸。幸喜那天夜黑风大，借助风雨声的掩护，使峡口炮楼里的敌人竟毫无察觉。在天亮之前，大家都安全地到达了孙家峪。

可大家进入孙家峪后，才发现这里的房屋早已被敌人烧光。当地的孙助理从地洞里找来了一些小米，架起了两只锅子，给大家煮了些稀粥。大家围着火旁边吃边烤衣服，等两碗粥喝完，衣服也基本烤干了。这里已是丰滦迁老区的边缘。杨营长和地方干部道别之后，带着营部的人员继续南下。

在那一天的傍晚，他们就到达了山区南缘的崇家峪，跟先期已到达这里的二营六连会合了。这真是一个让人激动不已的时刻。杨营长和战友们建立了亲如手足的真挚感情，二营的干部和战士见到自己的营长，如见到自己的亲人一样，异常高兴。久别重逢，每个人都有说不完的话。

但那时局势紧张，真是天天有仗打，处处有枪声。杨营长看望了大家之后，来不及细叙，就匆匆地回到营部听取梁振宇连长的汇报。

梁连长痛心地向杨营长报告了在路南遭遇敌围攻的经历。他说，由于老区的环境恶劣，6月中旬我们穿过了北宁路，来到路南新区。刚活动了几天就惊动了敌人。6月20日，我们刚到后店子一带，天还没亮就被敌人包围了。从早晨一直打天黑，打了十几个小时，但敌人没能得逞，我们趁着夜黑，突围出来。可是我们却伤亡了48位战友。梁连长说到这，不由得热泪盈眶，再也谈不下去了。

杨营长却对梁连长说："对于这次的战斗，我不这样看。我们现在是面对着强大的敌人进行抗战，像这样遭遇突袭，是难以避免的。何况你带着六连打的很不错。以一个连的兵力就和1000多名的日伪军打了12小时，很了不起了。你们还打毁了3辆坦克，消灭了近300名敌人。你还不知道吧，整个冀东都把你们看成抗敌英雄夸哩！你们可别骄傲噢！"

梁连长听后，脸红红的，内心真是又宽慰又激动。他不知如何向营长表达自己的感情，直对杨营长点头："营长，你放心，大敌当前，我们六连绝不会居功自傲！"

数日之后，杨营长带着一、二连，像神兵从天而降似的落在了敌人山地炮楼群里，直到发起攻击枪响之前，敌人还没有发觉。

这就是丰滦迁腹地内的一片山区，柳沟峪、东西莲花院等十几个小村庄如星罗棋布散在这山间盆地里。别看这里是个小山洼，但景致却是冀东最好。遍山松柏，冬夏常青，绿荫掩映。可谓春闻林间鸟语，夏听柳上蝉鸣，秋观板栗裂口，冬赏白雪晶莹。虽四时之景不同，却也堪称八路军的伤病员休养的一片圣地。冀东共产党的一些重要会

轻声细诉

杨争 著

议都曾在这里召开，比如柳峪沟会议，正是那次的会议确定的行动方针，扭转了低潮中的冀东抗日形势，从而把冀东的抗日战争引出了低谷，它最终成为冀东抗日战争史上重要的篇章。后来这里就成为了冀东卫生部有名的根据地，一批又一批的勇士，就是从这里康复之后，又重新的返回了抗日的战场。这也就自然而然的成为了敌人的眼中钉肉中刺，必欲拔除而后快。

鬼子五次治强后，这里就成了他们每次扫荡的重中之重。渐渐地敌人在这片美丽的山洼里又陆续的修建了许多的炮楼，同时又挖了深沟把炮楼连结成为一个完整的防御体系。尤其是在山区的边缘赵庄子建了一个很大的据点，作为对各炮楼敌人的物资供应基地和战斗指挥所。敌人企图就这样把冀东八路军战地卫生所永远的挤出去。

上级领导把拔除柳峪沟附近的炮楼任务交给了独立营。杨营长又把进攻洼子地南大山上炮楼的任务，交给了一连。指战员早已憋足了劲。一排接受了任务后，立即行动，他们就如小老虎似一气爬上了山峰，直到距敌炮楼近在咫尺了，敌人才猛然发现。可他们一时又搞不清进攻部队的情况，只是盲目的乱打几枪，以为就把八路军给吓跑了。一排长一边命战士还击，封锁住敌人在炮缕上的枪眼。一面带着步枪班在火力的掩护下继续前进，他们一直摸到炮楼底下，按照战前了解的敌人的防御工事情况，绕到了炮楼前面，躲开了炮楼的射击孔，从敌人的背后发起了迅雷不及掩耳的猛攻。经过一阵激战，在天亮之前，一排就占领了这座最高山峰上的炮楼。于是独立营再攻打其它的炮楼，就立即显得更加主动了。随即一连的二、三、四排又迅速的占领了洼子地南面的各山头，他居高临下，俯瞰赵庄子北山上的炮楼，立刻对鬼子在赵庄子上的据点，造成了很大的威胁。二排上山之后，马上用火力封锁了赵庄子据点和山上炮楼之间联系的通道，使山头的各炮楼处于一种孤立无援的被动境地。

但二连在攻击马家冲村东头的炮楼时，因山势低平，久攻不下，和敌人形成了八路军在战斗中最不愿意看到的对峙局面。战斗一直打到太阳西斜，还没解决问题。

杨营长一看，这样和敌人耗下去，我们肯定吃亏。他忙派人取来了二营最好的武器，也就是迫击炮，战斗才有了转机。说来这个迫击炮可是二营的宝贝。它是从伪治安团手里夺来的。部队出口之前就把埋在了山里，直到今天才把它派上了用场。当时连同这炮，还有从伪军俘虏一块跟来的炮手老邓。现在他已是咱八路军的炮兵班长了。这小伙子打炮确实有两下子。这会儿他按照杨营长的旨意，对着鬼子炮楼连发两弹，结果两发全部命中，早已作好了准备冲锋的二连战士，趁着炮弹爆炸后的浓烟，一鼓作气冲到炮楼底下，将炮楼里的守敌一个不剩，全部消灭。

这时天已全黑。经过了一天一夜的战斗，战士们围地而坐，简单的吃完了晚饭，稍稍休息之后，个个又精神抖擞起来，他们原地待命，不停地擦拭着自己的武器，只等杨营长一声令下，立即再次投入战斗。

而杨营长正在召开干部会议，部署夜袭赵庄子据点一事。忽然侦察员跑来报告，说赵庄子的据点里的敌人，趁天黑之后，丢下了大批物资，连夜逃跑了……

杨营长觉得敌人不会这么轻易放弃据点，里面一定还有文章。于是连夜又把两个连队拉出了山地，迂回到山区的南部。果然，没几天就得到了情报，伪治安军有一个团的兵力又将卷土重来，从王家湾子进入了山区。

杨营长摸清了敌人必经之路后，于当夜把两个连队又埋伏在马家冲村西山脚下。这是一个大大的口袋，只等着晕菜的伪军不要命的往里钻吧。

轻声细诉

杨争 著

果然不出杨营长所料。天刚蒙蒙亮，伪军就从莲花院一带奔西边来了。

　　埋伏在阵地上的战士，每个人都在隐蔽处聚精会神地盯着不远处的公路。莲花院离马家冲很近，只有几里路。没一会儿，一连的战士们就看见了敌人走在前面的尖兵。战士们不由自主的屏住了呼吸，眼看着敌人的脚步离自己越来越近。但敌人并没有发现脚下的陷阱，直到走进埋伏在路口的二排跟前，才看到八路军指在眼前冷冰冰的枪眼。他们像兔子见了老鹰一样，大喊一声"不好！"撒腿就往回跑。可惜为时太晚。二排勇猛的火力断了敌人的回路，这些恨自己腿短的敌人一个也没逃过二排射出的子弹。

　　敌人主队见状后，有些人往东山上跑，有些人往回路上跑，顿时敌人的队伍混乱不堪。

　　在二排的枪响之后，埋伏在山脚下的一排以更加迅猛的动作冲向北山，正好和山上溃逃的敌人相遇。这真是狭路相逢勇者胜。敌人的一挺机枪刚射出一梭子子弹，就被跃身跳到眼前的三班长一把抓住了机枪。三班长一手抓着机枪，另一只手朝着夺枪的敌人面部狠狠一击，将敌人打昏在地。他随即端起敌人的机枪向冲上来的敌人一阵猛扫，敌人的另一挺机枪还没来得及架塌，就愣被战士张玉喜给夺了过来。时间不长，爬上山的敌人就被一排的战士们给全部消灭光了。

　　这时二连也从洼子地上冲到了大道西侧，两个连合力向北追歼敌人。这时的伪军早已溃不成军，无力抵抗，只知往山上乱跑。两个连队一直在看不到敌人的踪影时，才停止了追击。

　　这回日伪军可让八路军打伤了元气。打那以后，再也不敢进山区来骚扰了。这片美丽的山区又恢复了往日的宁静。

　　攻打山地炮楼的枪炮声也震惊了附近据点里的敌人，

他们闻风丧胆，惶恐不安，于是纷纷逃跑。下水路据点和刘城子据点的敌人撤走之后，丰滦迁中部的各村庄才终于得以彻底的平静下来。

至此独立营胜利的完成了铲除山区炮楼的任务……

青纱帐起来以后，也就是敌人难受之时。驻新庄子据点的伪治安军独立八团，在四面被地方抗日武装包围着的据点里，粮草全无，饥饿难捱。他们乞求日本主子帮助他们解决吃饭问题，然而时隔很久，日寇才答应了他们的要求。由日本兵配合着伪军押运粮食。可他们刚离开唐山不久，敌人押运粮食的消息就传到了杨营长的耳朵里。杨营长立即派侦察员到公路上进行侦察。在他了解清楚了敌情之后，杨营长迅速带领部队赶到左家坞镇南面，命一连埋伏在距左家坞据点不到五里路的南下庄，命二连埋伏在公路东侧的小港村。两个连队乘黑夜进入阵地后就封锁了消息。虽然离敌人据点这样近，敌人却毫无察觉。

天亮之后，突然下起了瓢泼雨，顿时道路泥泞一片。敌人的运粮车队在雨中满是坎坷不平的路上，小心翼翼地前行。他们也怕中了八路军的埋伏，所以一直到望见左家坞的据点炮楼后，敌人这才算长出一口气。

然而这一切还是没能逃脱杨营长的视线。公路上敌人车队的情况早已映入杨营长的望远镜里，站在南下庄院内的杨营长已将敌人的一切都看的清清楚楚。正当敌人望着左家坞的炮楼高兴的时候，杨营长已给他身边的重机枪班长下达了射击的命令。

随着重机枪一阵阵欢快流畅的"哒哒"声，一连阵地上枪管齐发，颗颗子弹都射向分路上的敌群。直打得公路上的敌人四处乱窜，人倒车翻。乘着敌人混乱之际，一连的战士冲上公路，就在公路上与顽抗之敌展开了肉搏。

而此时守在小港的二连也早就做好了冲锋的准备。他们按照杨营长的命令，一听到重机枪响就立即行动，以迅猛的动作冲上了公路，卡住了敌人向丰润逃跑的去路。敌人在两个连的前后夹击下，被打得晕头转向，混乱不堪。

那时战场的南面就是丰润县城，北面是左家坞据点，这两处都驻有敌人的重兵，眼看敌人即将被消灭，据点里的敌人冲了出来，我们迅速后撤。逃亡的敌人趁机溜进了左家坞的据点。

敌人在左家坞稍做休息，又补充了部分兵源后，又出发向他们的最终目的地新庄子据点前进。这一路他们走走停停，唯恐再遭到八路军主力部队的奇袭。

将近中午时分，敌人的运粮车队才走出离左家坞据点不到20里路。当他们看到离新庄子据点不到10里路时，这群敌人才把一颗悬着的心放了下来。

可敌人又是高兴得太早了。正当他们以为可以放心大胆地往前走的时候，杨营长的队伍又出现在他们的面前。早已埋伏在吕各庄西山公路两侧的二连，一见到山下公路处的敌人就发起了猛攻。早已成了惊弓之鸟的伪军们，一听枪响就本能的就地爬在公路两侧的路沟里不敢抬头。车队后面的日本鬼子看着这些无能的伪军已无力抵抗，就亲自下手进行反扑。正好鬼子和在路边的高粱地里等待已久的二连一排相遇，战士们没有丝毫的犹豫，即在高粱地里与日本鬼子展开了短兵相接。一个日本鬼子端着刺刀朝一班的赵大个子刺来，大赵一闪身，让日本鬼子扑了空，随后就顺势朝日寇面部猛击一掌，打得日本鬼子晕头转向，大赵则使出了二龙吐须的绝招，抠住了日本鬼子的双眼，日本鬼子疼痛难忍，嗥叫了一声就倒在地上。大赵则趁势给他补了一刀，结果了这个日本鬼子的狗命。此时冲进高粱地里的日本鬼子被一排的战士们消灭了不少，剩下的几个活着的也逃出了高粱地。

这天的天气雨停后，显得格外闷热。二连的战士们个个汗流浃背。有的战士甚至因出汗过多而晕倒在地，有的战士没被鬼子打倒，反因天热虚脱而口吐白沫四肢无力。幸亏有许多群众送水及时，挽救了许多人的生命。

当二连在吕各庄打响之后，这一带各村的群众也都自发的行动起来，他们冒着密集的火力，往阵地上送水送饭的人流络绎不绝，就连腰带山南麓的马户的乡亲们，也挑着水，抬着食品，步行50余里，把水和饭送到了阵地上。老百姓高兴地边走边嚷着："五总队又回来了！"

杨营长根据战场上的情况，带二连及时撤离了战场。

二营，这支出生于丰滦迁地区的队伍，不论它改变成什么番号，乡亲们都熟悉它。它由五总队改为十二团二营，又由二营改为独立营，不管它怎么变，五总队和丰滦迁的乡亲们在一起同甘共苦患难几载，肝胆相照的心没有变。子弟兵和老百姓更像是亲密无间的战友，五总队一回到丰滦迁，就像是回到自己家一样，就连小孩子都认识五总队里的许多人。这次独立营连续打击伪治安军独立八团的消息不胫而走，乡亲们都关心着在战场上负伤的那些同志们。杨营长一下战场，就有无数乡亲们前往慰问。

在冯闻智的书里，我还读到这样一桩趣事：

冀东老区的军民们，在恢复基本区战役取得胜利后的欢呼声中，迎来了1944年的春节。

由于敌人经不住抗日武装的凌厉攻势，纷纷后撤，收缩了抗日老区的许多据点。老区人民在被敌人践踏得遍体鳞伤的土地上，怀着喜忧参半的心情，过上了盼望已久、没有枪炮声的春节。

地处抗日老区中心地带的下水路村，在春节的除夕夜里，更是洋溢出一片喜气洋洋的欢乐气氛。因为今天夜里要在这里召开冀东军分区的干部"同乐会"。为了迎接子弟兵的到来，村民们都喜笑颜开地忙活起来。他们自动打扫街道，收拾屋子，把敌人驻扎时糟蹋的破烂不堪的院落打扫得干干净净，就准备迎接军分区领导的到来。

担任司令部警卫任务的独立二营，就驻扎在离下水路只有5里地的何家营。战士们以战备的姿态过春节，决心保卫司令部开好这次"同乐会"。

因为今晚是除夕之夜，一连的连部里，天一放亮，通讯班长小刘就把通讯员小苗叫了起来：今天鬼子据点没动静，估计没情况。那咱们就抓紧时间打一场消灭虱子的歼灭战吧。我已把水烧好，你呢，快去把连长指导员的衣服都拿过来。把他们的衣服也一起煮一煮，烫一烫，让他们干干净净的过个春节。小苗连声说好，两人说干就干，一边煮着衣服，一边又说开了。小苗说："你知道么，老百姓有一句常说的顺口溜，叫做八路军好，八路军妙，一身的虱子两脚的泡。"

小刘说："咱口外口里的一共打了两年的仗，这虱子能喂不肥么？正因为这样，咱说什么也得让连长指导员今晚穿着干干净净的衣服去司令部开同乐会，坐在会场上也

→人们对我说潘家峪里的这个小院子就是父亲和许多八路领导军都常住之地。包括冀东英雄节振国，不过他每次来都喜欢翻墙而入。

显得精神些。"

　　两人又赶紧把洗完的衣服拿出去晾上，省得晚上他们穿不成。忙完了这一切，已是快吃晚饭的光景了。他们发现连队里不管是干部还是战士，今天个个精神气十足。大家不约而同地都来到连部，一起守夜。与其说是守夜，还不如说是等着去参加同乐会的连长指导员回来，分享冀东军分区干部同乐会的盛况。

　　小刘和小苗等几个战士等不及，索性到村口候着去了。没一会儿，便看见连长和指导员匆匆地走了过来。奇怪怎么后边还有一个人呢？原来是四排的石排长。原本连长特意批他回家去过春节的，可是他在家里坐不住，老是惦记着警卫任务，万一有了情况，自己不在排里恐怕误事，所以人在家里只和家人一起吃了顿年夜饭，就跑回来了。

　　一些人说笑之间返回连部时，却看到一、二排排长们都早早地在等着了。梁连长更奇怪了："你们现在还不休息，来连部有事么？"

　　大家说：我们是来销假的。你批准那几个回家过年的战士，也都在家里只吃了一顿饭，早早就赶回来了。他们说怕部队有任务要转移，唯恐调队了呢！

　　指导员听了两位排长的话，对连长说："你看看，他们都和石排长差不多，身在家中，心却还在部队。这说明咱连队的凝聚力有多强！"

　　正说着，只见上士也推门进来了。大家不约而同的又把目光转向他。原来上士是奉连长和指导员的派遣，去卫生部看望伤员的。上士从身上的背包里拿出许多的花生、栗子和窝瓜子，他统统一股脑的倒在连部的桌子上，他说："这些土产品是乡亲们慰劳伤病员的，可伤病员舍不得吃，让我拿回来给大家吃。说这是他们对战友们表达敬意的最好方法。自咱们上回铲除了山地的炮楼之后，卫生部就又

→这是 1946 年的照片，已是旅长的父亲仍带着抗日期间冀东军分区颁发的"坚持中坚"的奖章。因为这枚奖章是父亲的最爱。与父亲合影的是团政委周乃文同志。

带着伤病员回到了莲花院一带，他们都感谢咱们为他们打出的一个舒适的休养环境呢！"

　　大家听了上士的介绍后，都甚感自豪和欣慰。梁连长指着桌子上的土产品对几位排长说："你们待会儿走时，都带上一份，分给排里的每一个战士手中，让他们也尝一尝。这就叫'瓜子不饱是人心'嘛！"

　　通讯员小苗看大家谈兴正浓，便又把保存了半年的一包茶叶找了出来，给大家泡了茶水摆在桌上。于是众人便边喝茶边嗑瓜子边说起了当晚同乐会的事。

　　梁连长兴奋地说："今晚的同乐会可是咱抗战以来第一次才有的这么多的干部聚集一起参加的会。几乎住在附近的部队连级以上的干部都参加了。院子里的人是坐的满满蹬蹬。有些是几年来无机会见面的老同学，有些是过去一起工作的战友，也有的是分手后就未曾会过面的同乡，在四四年的除夕夜里，咱今天全见着了。你说痛快不痛快！"

梁连长是说得眉飞色舞，一屋子的人是听得津津有味。

梁连长大手一挥："最后当然是首长讲话，咱李司令说，敌人费了九牛二虎之力，不但没能毁掉我们的抗日区，反而我们的抗日区更扩大了。敌人千方百计地想消灭咱主力部队，我们的主力部队不但没有被消灭，从两个团更扩展成了三个团。我们要乘胜前进，主动向敌人发起进攻！"

通讯班长小刘心细，一边听连长说话，一边却发现了连长胸前多了一样闪闪发光的东西。他叫到："连长，你戴的是什么功章啊？"

这一叫吸引了所有人的注意力。大家顺着小刘的手指，果然看到梁连长胸前那枚银灿灿的奖章。只见这枚五角形的奖章上面印着祖国地图的轮廓，有一背枪的勇士骑着马在长城上飞跑，下面印着"坚持中坚"四个字。坐在那儿一直微笑不语的指导员，这会儿站起来指着奖章对大家解释说："中坚"这两个字，在古书上有三种说法：一是把全军的主力称为中坚。二是指骨干力量；三是古代将军的名号，叫中坚将军。咱这奖章上的"中坚"可能是指"骨干力量"。再说咱梁连长对这一称号，也是当之无愧的！

大家听后觉得好不过瘾，忍不住一齐鼓掌。

梁连长不好意思地说：指导员其实只说对了一半，这个荣誉说到底还是首长给咱全连的奖励。我只不过是代表而已。如果没有大家的努力，我个人又能做什么呢？这次咱独立营还有四个人也接受了奖章，除了咱杨营长、贾副营长外，还有咱指导员哩！

指导员说：首长对咱的表扬只能说明过去，不代表往后。现在天也快亮了，如果是抗战前，大家在正月初一，就得忙着拜年了。现在大家都忙着打鬼子，谁有心思拜年呢？咱还是趁这几天好好休息，把大家伙儿的劲养足，过年之后，准备打仗！

大家意犹未尽的渐渐散去，但每个人的心里都充满了胜利的信心。

放下冯闻智的书，我当然会想到父亲那枚"坚持中坚"的奖章。我很早就知父亲的那枚奖章，父亲说那是在冀东根据地时，因战功卓著，冀东军区授予父亲的奖章。那也是父亲众多的勋章中，他最爱的一枚！不过现在当我在阳光下仔细抚摸那枚奖章时，我觉得自己仿佛能看到奖章上面的父亲生命的印迹，那纯粹是生命和血对信念执著的追求和浓缩后的绝对真诚。我甚至能体察到上面依然留有抗战风暴的无数枪林弹雨催落下的细细尘埃……父亲与死亡之神一次又一次的擦身而过，那银质的奖章，不正是父亲用自己的斑斑血迹凝固结成。它简直就是父亲生命和信念的无言证明，也是父亲理应享受的尊严和发自内心的自豪和骄傲！

但我更感谢《幽燕怒涛》的这部书，它让我知道了父亲获得这枚奖章的许多真实感人的细节。在书的下一个章节，我还读到这样一桩事：

> 一天上午，杨营长正在屋子里看战报，忽然有一个年轻女子，悄悄地，蹑手蹑脚的走了进来。杨营长并不认识她。只听她吞吞吐吐地对杨营长说，她是刘景余连长的表妹，可是，可是……
>
> 她最后还是说出了她也是刘连长的未婚妻。
>
> 原来如此！杨营长当即叫人把刘景余连长找来，同时又安排好刘连长表妹的住处。经刘连长详细地说完两个人的故事，杨营长才知他们俩自幼就订了婚事，因为抗日，不得已婚期一再后拖。如今女方干脆找上门了，要求领导批准他们结婚。
>
> 杨营长二话没说，批了两个人的婚期。
>
> 刘连长结婚的事一经传出，顿时成了人们谈论的头号

话题。本来这"男大当婚女大当嫁"的习俗自古流传到今，早已成了人间天经地义的事。像刘连长这样30多岁才结婚，更应当是无可厚非的。可是不然，人们对这桩婚事却褒贬不一，众说纷纭，把他们的喜事看成了怪事一件。

为什么男女结合的事现在会弄得这般是非颠倒呢？这就是日本侵略者给中国造成的悲剧。自日寇侵入中国以来，所有的中国人都处于"国难当头"之际，在这"抗日高于一切"的年代里，人们都投入到火热的抗日战争之中，繁忙的抗日工作挤占了人们的所有时间，人们也就无暇再顾及婚姻之事了。男青年们所关心的事是站岗、送信、给抗属代耕，抬担架运伤员……这些繁重的工作每天都使人忙不过来，哪里还有心思考虑婚事呢？况且在这战火纷飞的年月里，一旦自己遇难，岂不是给女方制造了悲剧吗？男青年们的这种思想状况，在当时的抗日区里是普遍存在的。女青年们在肩负的抗日工作方面和男青年差不多，可是女青年们对婚姻问题有一个比男青年更大的顾虑，那就是结婚以后万一有了孩子怎么办？这不仅仅是影响她担负的抗日工作问题，而更重要的是增加了她本身的遇难机会。抗日区里的群众每年都得以大部分时间应付敌人的大扫荡，万一有了孩子也就使她的行动不便，就有可能跑不出敌人的包围去，像这样在敌人大扫荡时母子一起遇难的事已屡见不鲜。

因为抗日区里的男女青年们都存有顾虑，所以他们虽到了结婚的年龄也宁可不结婚，也不给自己找麻烦。当然在炮火中结婚的人也有，那是极少数，也只是乡村里的群众才有过这样的事情，像刘连长这样的婚事，在抗日部队是绝无仅有的。

那天梁连长参加了刘连长的结婚仪式由营部回来以后，正碰上连部里的一些人在议论着这件事。大家见梁连长回来了，就忍不住七嘴八舌地问这问那，都想听到更多的一点新闻。梁连长坐在炕沿上，先喝下杯水，才笑眯眯的对大伙儿说：新娘子长得可俊了。白白的皮肤，水灵灵的眼睛，一看就知是个好媳妇。咱刘连长也不差，身材高大，老实憨厚，也会是一个好丈夫。大家伙都祝愿他们能白头到老，幸福天地长呢！

梁连长还说，在杨营长给他们主婚的仪式上，听了他们男女双方的自我介绍，大家才知道他们是自幼订婚的表兄妹，要不是日本侵华，两口子现在也该有娃儿了呢！

书读到此，有时还真觉得冥冥之中，生命是有某种电磁感应的。像刘景余连长结婚这种"绝无仅有"的事，还真是理应刻不容缓。或许刘景余对生命已觉察出某些征兆？因为几个月后，刘连长就在杨家铺的那场战斗中为了保卫区工委领导，而献出了自己年轻的生命。

我看了不少有关回忆杨家铺战斗的文章。因为在那场包围中，日军派了独八旅3000余人，再加上伪治安军，将冀东430多名干部和战士全部围歼，使冀东的抗日领导机关遭受重创，也是冀热辽边区抗日斗争史中最为惨重的事件。在丰润县委党史资料中是这样描述的：

1944年的青纱帐倒了以后，日本侵略军集合了9个大队和伪绥靖军5个团，再加上地方上的伪军3万多人，以长途奔袭、分进合击的战术，对长城以南的抗日区进行大扫荡。敌人一旦发现党军领导机关住地后，就进行长途奔袭，多路围攻。

1944年10月16日的晚上，冀热边特委在丰润县城东北觇依寨村召开会议，讨论部署抗日根据地内减租减息和除奸保卫工作，会议由特委书记李运昌主持。参加会议的有特委组织部部长周文彬和特委委员钟子云、李子光、丁振军、李中权等。会议结束后，李运昌同志指示与会人员马上分散活动，要迅速离开皈依寨百里以外，以避免遭敌人的奔袭合击。

按照李运昌司令员的指示，参加特委会议的人员于当天晚上就离开了皈依寨，李中权带着政治部的人员奔赴滦东，李司令员带着司令部的人员去了滦河以北的山区，周文彬带着特委机关人员由独立营二连保卫着到腰带山一带活动。

独立营二连的连长刘景余带一个排，保卫着区党委机关的人员住进了杨家铺，周部长则带着一个排住进了李庄子，十三地委的丁振军书记带着区小队住进了夏庄子，行署朱其文副主任带着行署人员住在了姚庄。

这几个村庄相离不远，有事互相联系也很方便，并且有两个战斗连队担任警卫。

然而就在次日拂晓，住在夏庄子的部队首先发现了敌情，丁振军带领部队向东撤退。

在夏庄子战斗打响不久，周文彬则带着队伍也从李庄子撤回到杨家铺。在村外，他们两路人马不期而遇。当即决定向东面的皈依寨转移。可为时已晚。他们刚进杨家铺村里时，东边也响起了枪声。一切情况表明，他们已被敌人合击在其中了。

杨家铺在李庄子北三里地，四面围着断断连连的小山，特二连连长刘景余已经在杨家铺布置好了警戒。刘景余是杨家铺人，地形熟悉。他建议队伍向北部山地转移。经过简短的商量，大家一致同意他的意见，坚定由杨家铺村北下向皈依寨、潘家峪方向转移。周文彬命令部队马上跑步上山，尽快抢占北山的制高点。刘景余连长按照周部长的命令跑步上了村北的毡帽山，并迅速抢占了制高点，掩护着周部长和与会的几百人都撤退到毡帽山南坡的洼地里。他们还不知道，这次敌人有计划的包围，是接到了准确情报后，纠集了山海关、唐山和冀东几个县的敌人，其中以日军为主，伪军为辅，约四、五千人，长途奔袭而来。他们如恶狼疯狗一般扑来，企图与抗日武装决一死战。

行署人员没有按指示东移，而是改变路线，绕道奔向黑山沟，突围成功。而敌人占领了夏庄子后，又占领了李庄子，随即向毡帽山攻来，把周文彬和四百余名无战斗力的与会人员围在了毡帽山。

上午10时，各路敌人齐头并进，从四面八方往毡帽山上攻来。刘连长则带着一、二排跟冲上来的几百名敌人展开了激战。

见此情景，敌众我寡，力量悬殊，久经战争考验的周文彬同志立即命令："把所有的文件都烧掉，彻底轻装，准备突围！"于是机要人员和干部把机密文件、粮票、钱票等一捆一捆的投入到火中，全部烧尽。这时战士们卧在山石后，沉着应战，干部们精简行装，擦拭武器，准备决死的战斗。

一双双焦虑的眼睛紧盯着山下的敌人，等待首长的命令。

此时的山下，数不清的敌人都端着上好的刺刀的枪，象高粱荏子一样，白茫茫的一片。没多久，通讯员气喘吁吁地跑来，报告说："丁振军同志牺牲了！"同志们听后都很悲痛。周文彬说："大家不要过分难过。情况不允许我们沉痛和追悼。要千方百计保存自己，为了复仇，为了胜利向南冲去！"

刘景余对周文彬说："请首长放心，我地形熟，从小就在这里拾柴捡粪，您就跟着我走吧！"

说完，刘景余对身边的战士们高喊："同志们，跟我来，为牺牲的同志报仇！"刘连长一声令下，9挺机枪一齐开火，如同撒开炽热的火网，战士们一跃而起，如猛虎下山向敌人扑去。队伍跃下山岗，扑进河沟，杀开了一条血路，冲出了突围。

可刘景余第一次冲到李庄子北时，却发现首长没跟出来。就对战士们说："我们的任务是什么？"

大家异口同声说："保卫机关，保卫首长！"

刘景余说："那好，不怕死的就跟我往回冲，救出首长！"

于是，战士们又在刘连长的率领下，端着大枪朝原路回去，机枪又在叫了。

刘景余冲回北沟，找到了周文彬，他着急地说；"周主任，您怎么没跟我出去呢？这回您紧跟着我。我背也要把您背出去！"

周文彬却对刘景余说："不要管我，你的任务是保卫机关和全体干部！"

刘连长深知周的意思，于是，调转枪头，再一次组织冲锋。

与此同时，河沟里，干部们仍坚持着众寡悬殊的战斗。他用仅有的短枪，少得可怜的子弹，只有在敌人接近到对面时，才能开枪。

当第二次冲锋成功，突围出去后，刘景余一看首长还是没出来，于是再一次冲了进去。战士们早已上好了刺刀，有的则只穿一个汗衫，有的干脆光着脊梁，一串串大汗珠从战士们的脸上，身上流了下来，又与血混在了一起，分不清在他们身上和脸上淌的是血还是汗。当刘景余第三次冲回原路，找到周文彬时，他已头部负重伤，躺在血泊中了。据生还者说，周主任临死前，还从牺牲的战士身上拣起一支三八大枪，向密集的敌人射击，一打倒了好几个鬼子。刘景余看见周主任已牺牲，感到自己没有完成好保卫首长的任务，万分难过。他情不自禁泪流满面。但情况紧急，不容多想，他向战士们高喊："我们要给牺牲的同志们报仇！"这时，刘景余自己也已挂了花，子弹也打光了。他命令战士们："把没有用的枪全砸碎！"战士们只得用刺刀和枪托、拳头和牙齿，与敌人展开了肉搏。敌人用十几挺机枪一齐向刘景余扫射过去，一串子弹打进了刘景余的腹部，后面的一个战士要扶他。他把手一挥，坚定地朝前指着，于是战士们又掉转枪口扑向迎面而来的敌人……

据我所知杨家铺就是刘景余的家，那天夜里刘景余到家后，还没来得及跟新婚的媳妇多说两句话，就发现了敌情，当他带着队伍跑上北山的时候，女人的目光就一直没离开过自己的丈夫那飞速而去的背影。当丈夫在山上和敌人打起来时，她目不转睛地盯着丈夫的每一个动作。此刻的她多么盼望着丈夫能安全的转移出去啊。她顾不得枪弹横飞的危险，似乎也听不见震撼着山谷的枪炮声，一直就这么站着，直到两腿麻木如棍，也舍不得离开。邻居大娘一再劝她离开这里，暂避枪弹，她呆呆地站着竟连大娘的一个字也没听进去。只知枪声越来越紧，敌人也越来越多，战斗越打越残酷。当丈夫从山头上撤下来跟敌人拚杀的时候，她的内心已有不祥的预感。但她仍然心存企盼，直到山坡上的喊杀声和枪弹声，骤然全部停止时，她才两眼一黑，"扑通"一声晕倒在地……

敌人退走后，乡亲们含着眼泪来到战场，抬着门扳，端着热水，来抢救伤员和辨认烈士遗体。他们无言的把烈士们装殓起来，全部埋在了马蹄山下。

现在杨家铺已建成了一个很高大的烈士陵园，在松柏与青草下，烈士的英灵与忠骨最终得已安息和宁静……

我不知自己为什么对刘景余连长这个名字特别的关注，而且专门摘录出来。也许是因为父亲在谈到这个勇敢善战的连长，脸上不无深深痛惜的神情吸引了我。也许是因为他死的那么悲壮，让人忍不住要扼腕叹息。

父亲说，以刘景余的勇敢和智慧，再加上他那个连队的精良武器装备，冲出敌人的突围真是一点问题也没有。可他为了营救特工委的领导，三次突围成功，又三次再入魔掌，最后还是在弹尽粮绝后，无畏地牺牲了。悲叹之余，我又很庆幸父亲能那么爽快地批准他们小两口成婚，让他们能在当时那么残酷的环境中幸福地结合。虽然数月之后，刘景余就为革命捐躯了。但我想九泉之下，他对父亲一定还是深怀感激之情的。

在《幽燕怒涛》这部书里，我还看到了有关父亲负伤的记载：

腰带山周围的村庄平静了几天之后，突然又来了一群土匪似的敌人。他们到各村抢劫，不论是吃穿用，见什么抢什么，老百姓十分愤怒。二营了解情况后，才知这伙敌人就是驻左家坞据点的天字治安军一〇二团。这个团的团长叫门治中，是个有名的老滑头。他自己也为自己没有受到过八路军致命的打击而沾沾自喜。他这次带队出来讨伐，是在事先经过周密调查的基础上，在他确认这个地区绝不会有八路军时，才出来得逞的。因为他认为这是一个投机的好机会，既可以在日本人面前讨好，又给弟兄们抢点东西，捞些实惠，以提高日渐衰落的士气。

于是门治中带着队伍在腰带山一带开始肆意横行。几天下来，他看到确实没有遇到八路军后，便为自己的神机妙算而自鸣得意了。这时的门治中已开始盘算着回去之后，如何邀功领赏的事了。应该先写一份报告，说自己消灭了多少八路军，让日本人知道我门治中是个多么了不起的将才。在冀东这块地方，舍我其谁?! 腹稿在胸，成功在望，一想到从今往后官运亨通，钱财满贯，他阴险的脸上，露出了一丝笑意。

这一天的拂晓之前，一〇二团在马庄户就做好出发的准备，早饭之后，门治中就带着他的"得胜"队伍，兴冲冲地上路了。

其实杨营长早就带着队伍驻扎在距马庄户仅有十多里地的皈依寨村。独立营在皈依寨守着敌人已两天了。只是大队人马悄无声息，只等敌人入瓮了！

不过战斗开始前，梁连长还是依照老习惯，从营部受领任务后，先召开排长会议，对各排进行了安排，等排长们走后，他一定要找来司务长给他算清账。梁连长不会吸烟，也不会喝酒，他每月的津贴费都省下作为招待来队的家属之用。有时来队看望亲人的家属多了，他就要向司务长借些钱来用。可是他唯恐在他不幸，哪次战斗中牺牲了，死后却落下欠公款的坏名声，于是每次战斗之前，他一定都要和司务长算清账。当时能还的就还上，还不上的，就委托别人代还。他认为自己这样做绝不是多余的事。在战斗频繁的岁月里，什么情况都可能发生。当时所有的抗日战士有谁没有做好随时捐躯的心理准备呢？

独立营的指战员们是从半夜就进入到伏击阵地的。同往常一样，杨营长带着重机枪也和一连在一起。

小山下面就是公路，这是敌人必经之路。当敌人的骑兵踏上小山顶的时候，埋伏在山顶后面的一连战士就一跃而起，消灭了数名骑兵之后，一连就对公路上敌人开始了猛击。

这时站在山头上指挥战斗的杨营长又和往常一样，不顾敌人还击射来时的密集的子弹，一方面指挥一连猛攻，一方面指挥重机枪扫射。在公路上敌人遭到这突如其来的打击，乱成一团。没有被打倒的扭头就往回跑，有的则就地卧倒企图抵抗，这时的门治中也从幻想的美梦中惊醒，撒脚就往回跑。趁敌人混乱之际，一连的两个排像猛虎下山冲到公路上，首先消灭了企图抵抗的敌人，然后顺着公路在敌人的屁股后面猛追，跑得慢的敌人成了八路军枪下鬼，大西山下来的二连则堵住了敌人的后路，敌人毫无反手之力。在两个连的夹击中，敌人逃进火石营内也不敢停留，继续往东奔跑，企图占据刀庄户之后再作抵抗。可是马庄户的民兵早已作好了准备，没等敌人进村就开了枪，这时丧魂落魄的敌人已成了惊弓之鸟。他们前面有民兵的阻击，后面有八路军的追赶，唯一的逃生之路就是爬山，于是门治中带着自己的残兵败将，丢盔卸甲，纷纷爬上了南大山。

一、二连的战士们追到火石营村东，看到残敌已占领南大山，正在考虑下一步如何行动的时候，忽然传来了杨营长负伤的消息，大家怀着喜忧参半的心情撤下了战场。

杨营长负伤的消息传出以后，许多乡亲们都来看望他。杨营长和乡亲们的心，始终是联系在一起的。杨营长为了保护老区的群众，不知流过多少血汗，今天乡亲们又看到他身上绷着绷带，心里都有说不出的难过。

想起那年春节的一天上午，伪治安军独立八团从新庄子据点出来扫荡，马庄户的群众在民兵的掩护下纷纷外逃。敌人来势凶猛，民兵抵挡了一阵子就被打散了，这时村里还有许多群众没有跑出来，眼看就要遭殃了！就在这危急的时刻，忽然村东头山上响起了清脆的枪声，而那些即将进村行凶的敌人则应声倒地……

原来这是杨营长带队来救群众的枪声。当敌人再次出动的情报传到杨营长所带的部队后，住在珠峪的杨营长立即下令部队出击，他一方面指挥部队向马庄户围攻，一方面他自己则带着重机枪班顺着山猛跑，一气跑了5里路，就在敌人刚要进村行凶的时候，他赶到了马庄户的东山上。

敌人一听到杨营长的重机枪声，犹如兔子见了老鹰似的争相逃命。可二营的队伍已经包围了马庄户，来不及逃跑的敌人全都丧了命。敌人伤亡了100余人之后，逃回了他们老巢，马庄户的群众这才避免了一场灾难。老百姓得救了，可是杨营长的胳膊却负了伤。

杨营长舍生忘死地解救群众的事情虽已时隔两年，可是乡亲们却始终记忆犹新。今天杨营长又为惩治劫民财的敌人负了伤，这怎么能不使乡亲们难过呢?!

前来看望杨营长的乡亲们，在回家的路上还在交谈着，杨营长是好人哪！要不是他带队打掉了山区的炮楼，又逼走了赵庄子、下水路、刘城子据点，咱们现在哪能有这样安全的环境呢！大家都暗自祝愿他早日康复。

→死去的人实在太多了，我不由得还想提一个人，叫钟奇。他是1932年参加红军的。是父亲的老乡，也是江西于都人。他们一起于都从出发，历经二万五千里长征、再从延安出发，一起到冀东抗日。父亲说他们俩非常要好。后来钟奇到十二团当了副参谋长。这张像片拍摄后不久，1942年8月，在冀东的"复仇战役"中，钟奇叔叔还是没能躲过敌人的子弹，过早的牺牲了。这张照片，几十年了，即使是在早年战火纷扬的年代，父亲也一直精心的保存着。

但就在那次战斗后，父亲身边最得力的助手梁连长还是因负伤过重而英勇牺牲了，又一位我非常熟悉却不曾谋面的勇士倒下了，这位身上曾7处被敌人刺伤，活捉过4个日本鬼子的硬汉，终究还是没能活到抗战最后胜利的那一天……冀东抗战的沃土下，也由此又深埋下了一颗不屈的死而无憾的魂灵！

死去的人实在太多了。我不由得还想提一个人，叫钟奇。他是1932年参加红军的。是父亲的老乡，也是江西于都人。他们一起从延安出发，一起到冀东抗日。父亲是十二团二营的营长，钟奇是十三团二营的营长。父亲说他们俩非常要好。套用现在的语言，"哥们"一词绝不过分。家里有一张父亲和钟奇叔叔的合影。非常难得的是在那个年代，两人的合影是如此清晰。钟奇叔叔个头和父亲差不多高，只是比父亲显得细弱而清秀。后来钟奇到十二团当了副参谋长。这张像片拍摄后不久，1942年8月，在冀东的"复仇战役"中，钟奇叔叔还是没能躲过敌人的子弹，过早的牺牲了。这张照片，几十年了，即使是在早年战火纷扬的年代，父亲也一直精心的保存着。

冥冥之中，我总以为这些为民族的解放事业而捐躯的英烈，倒下的只是那平凡的肉身，我相信他们的精神不灭、灵魂不朽，他们一定会是长夜中翩然起舞的萤火虫，永远的活在人们的记忆深处……

父亲一生共负伤5次。其中一次最重的是就是那次他亲手操控重机枪时，子弹从太阳穴擦过，正是这颗子弹差点要了父亲的命。我现在还能清晰地看见父亲头上左侧那长约两公分的枪痕。还有一颗子弹打断了父亲的左手大拇指，其余的则都是在胳膊和腿上。父亲说这都是小日本和国民党送给他纪念，父亲把它们当作记忆，仔细收藏着。

父亲还说，冀东的老百姓真好。他几次负伤都是在老百姓的家里养好的。老百姓对父亲，就像对自己的亲人一样。有好几次都是父亲正在群众家里养伤，便碰到鬼子来搜查。敌人向家中的妇女喝问："他是你什么人?!"妇女总是用"他是我丈夫"的坚定回答来保护父亲。父亲说，有时他连妇女长的什么样都来不及看清。

其实这种事我小时候在电影里真是屡见不鲜。可这种真实也的确在父亲那个年代，数不胜数。几十年过去了，那些可爱可敬可亲的女人，也许早已不在人世，父亲甚至连她们名字也记不得，但我相信她们始终活在父亲的记忆深处，且今生今世也难以消失……

8

记得父亲应约曾给当年的这些革命的"堡垒户"专门写过一篇文章，我看后很感动，父亲是这样写的：

> 1986年7月的一天晚上，一位青年敲开我的家门。当我认出他身后的老人就是几十年前，我们在冀东抗日时期的"老堡垒户"赵凤池时，真是惊喜万分。
>
> 在"文化大革命"时，赵凤池受到无端迫害，我们一些在冀东抗战的老同志给当地政府和党组织写证明信，才使他摆脱困境。多年来，他一直想看我们，直到我们调到北京，离冀东地区较近时，我们才有了见面的机会。
>
> 可是落座没一会儿，老人就想走。因他看到我的儿女都住在家中，房间并不宽裕。他说："杨营长，能见上你一面我就很舒心了。要不是你和李运昌、李焕章这些老首长给我开了证明信，我这把老骨头也不知埋到啥地方了，我不再给你添麻烦了。"
>
> 我一再挽留老人，并安置他和儿子住下。我的内心真是感慨万分。当年我们和他一起钻地洞挤土炕，从没有过半点的生分，就像一家人一样。老人为保护我们八路军出生入死，受尽了苦难和危险。今天我们当了官进了京城，怎么能忘掉他们呢！忘掉他们无疑是对革命的背叛呵。于

是我坚持对他说："你不许走，哪怕我们一家人都睡在地板上，也要老哥你住好！"

赵风池老人在我家小住了几日，没提任何个人要求就回去了。但他一走，却让我平静的心，掀起阵阵波澜。我们的党史、革命史上曾有无数追忆赞扬英雄、烈士和各级领导干部的文章。但却很少有赞扬象赵风池这样为革命做出过贡献而又默默无闻的老百姓。可中国革命的"大厦"正是建立在无数像赵风池这样不显山露水的"黄土"之上啊！我的思绪一下子飘得很远……

1939 年 6 月，八路军第四纵队奉命挺进冀东，配合冀东人民举行武装暴动。10 月以陈群为支队长、苏梅为政委的"苏陈支队"（即后来的十二团）组成，战斗在冀东的丰、滦、迁地区。

由于冀东大暴动受挫，八路军主力西撤，苏陈支队化整为零，我们来到滦县杨柳庄西璨庄子村开辟新区，就住在赵风池家。

当时形势极为险峻紧张。日伪军疯狂大扫荡，到处实行"三光政策"，抗日战争处在低潮。正是在这种形势下，赵风池耳濡目染和八路军的言传身教，使他认识到共产党是一心为老百姓谋幸福的组织，八路军是真正的打日本鬼子的人民军队。老百姓要脱离苦海，只有投身抗日，跟共产党、八路军走。

在苏陈支队进驻赵庄子第三天，陈群同志就交给了赵风池一项任务，叫他连夜到韩新庄子给冀东军分区李运昌司令员送一封信。赵风池揣着这信就像是揣了一团火，冒着瓢泼大雨，走了 40 多里泥泞小道，亲手把信交给了李司令员，顾不上喝一口水，又带着李运昌等分区领导连夜返回赵庄子开会，他因而受到了分区领导的奖励。赵风池也由此走上了抗日革命的艰难之路。

完成这次任务后，陈群同志对他说："通过这次考验，看得出你们一家子是真心实意和我们一起打日本鬼子的。以后我们就在你家建立联络点，由你当我们的秘密联系人。"

赵风池无比激动："只要八路军有用得着我的地方，就是让我上刀山下火海，我也绝不说半个不字！"

从这以后，赵风池家就成为八路军的落脚点。李运昌、陈群、苏梅、李焕章等人经常在这里住宿、开会。每当八路军来村时，他都拿出家里最好的食物，腾出最好的住房，动员全家站岗放哨，担任送信领路等任务。一个革命的"堡垒户"，在形势最艰险的时候，建立在日伪军林立的炮楼、据点之中，就像一颗钉子钉在敌人的心脏，在冀东抗日游击战中发挥了不可磨灭的作用。

赵风池堡垒户建立不久，1939年秋的一天傍晚，一股日军从丰润县经上水路路过，陈群队长带领12名战士，由赵风池带路，尾随敌人，趁他们正在一个水池旁休息时，

→就是在这座山坡的热土之下，赵凤池老人一生坚持为两个不知名的小红军上坟祭扫。于是上天感动，人们终于找到了其中一位小红军的后人。

发动突然袭击，打死打伤十几个鬼子。等敌人组织反扑时，赵风池已带着八路军转移到山上，并趁着夜色潜回赵庄子隐蔽起来。这次奇袭，我们以十几个人对付一百多名鬼子，虽然消灭敌人不多，却也大煞了日伪的威风，给当地抗日军民极大鼓舞。

1904 年，赵风池根据陈群等首长指示，协助部队组织了游击队，配合正规部队骚扰日伪军据点，牵制日伪军。十二团专门给他们发了委任状，对他们进行多次表彰。这支游击队还为正规部队培养输送了许多干部战士。

在艰苦恶劣的战争年代，赵风池和八路军指战员及地方政府的工作人员建立起亲密的鱼水关系。不知有多少个著名的抗日英雄得到过他无私的帮助和掩护，也不知有多少今日身居高位的党政军干部睡过他家的土坑，钻过他家挖的地道山洞，更不知有多少八路军战士、地下党工作者在他家养过伤，受过他一家人的救护。

我们当时都叫赵风池"老大哥"，叫他的父母亲为"爹娘"。陈群同志在长期潜伏他家时，还与赵风池结拜为干兄弟，情同手足。苏梅同志有一次被敌人围在村子里，赵风池机智地利用熟悉的地形在浓雾中，保护他从敌人眼皮底下安全转移；以教书为掩护的区长李焕章长期住在他家从事秘密工作，赵风池经常担任送信，破坏敌人公路、电话线的工作。而且有些文件，缴获的枪支弹药大都藏在他家。

1942 年，第二任区长夏启林同志因躲避敌人把腿骨摔坏，在赵风池家养伤，3 个多月的时间里，赵风池的母亲和妻子用尽了各种土办法悉心治疗护理。有一次正赶上鬼子突然进村包围，赵风池急忙把夏的手枪、文件藏在老母亲的身上，让她装着放羊一起转移脱险。还有一次鬼子把全村人堵住，挨家挨户地搜查，赵风池的母亲便把夏启林的枪藏在灶膛里，说夏是自己的大侄子，又一次骗过了敌人。

那段期间，我冀东分区十二团主要领导、地下党和游击队负责同志如周文彬、节振国等，都曾以赵风池家为落脚点，甚至连印章都交由他保管。这种互相信任的革命感情，是在血与火的考验中建立起来的。

在川老峪北的山坡上，至今还有两座八路军战士的墓，里面沉睡着两位当年和我一样从延安来的红小鬼。虽然已过了四、五十年的风风雨雨，但坟墓依旧保持完好。因为这么多年来，每逢清明，赵风池必去上坟添新土，从未间断。我想即便是自己已故的亲人，恐怕有人也做不到这点。而这两位革命烈士只不过曾在赵风池家中住宿过，其中更有一人他连名字都不知道。这就是战争年代人民群众对子弟兵为血浓于水的情谊啊！

1941年陈群同志牺牲后，我和县长甄一明同志也常在赵风池家中开会、住宿，也成为"堡垒户"中的常客。

当时正值日寇大扫荡时期，形势十分严峻。有些有在这种险恶的环境中动摇害怕，甚至叛变投敌。但是赵风池却更加坚定了自己的革命信念。经常冒着生命危险为我们侦察敌情，送信，站岗放哨，保藏武器弹药和各种军用物资。

1942年农历九月，我们二营要转移到别处，有一挺缴获的重机枪不好带走。我把赵风池同志叫到洼子地里，对他说："这挺机关枪可是咱独立营的命根子，打胜仗少不了它。可现在部队行动不好带，我把它就交给老哥你了。"

赵风池拍着胸脯向我保证："营长你只管放心，我在枪在！"

当晚他想方设法把机枪搬回赵庄子，把枪藏在村北的山洞里。第三天，日本鬼子忽然包围了赵庄子，把他和村里几个人抓到大庙前严刑拷打。赵风池被剥去衣服，受到敌人各种酷刑和假枪毙的威胁。最为惨痛的是赵风池唯一的女儿，那天让日本兵的军靴当场踢死。但所有这一切都没有动摇他"人在枪在"的誓言，至死也不说出八路军枪支弹药和伤病员隐藏的地方。由于敌人那次是秘密进村，也怕引来八路军，所以没敢开枪，赵风池这才捡了一条命。

在当时的情况下，武器的重要性非同小可。我对武器，尤其是歪把子，看得真是比自己的生命还重要。鬼子在战斗中，也常常是听对方使用武器枪支所发出的声音去判断对方军事力量的大小和规模。记得那时候老百姓曾这样形容过我的歪把子：只要听到那机枪一响，不管是老百姓连鬼子都知道这准是杨思禄的二营来了。别打啦，赶快跑吧。

后来我们部队开回赵庄，看到枪支完好无损。我们大家都非常高兴，真是心里面的一块石头落了地。特别是知道赵风池一家人是用生命保护了武器，更是感动不已。为了这事，我还专门叫部队杀了口猪，请他和部队一起庆贺。

从这以后，凡是有重要武器物资需要隐蔽，我总是第一个想到赵风池。我们还曾把缴获鬼子的一门炮和两发炮弹藏过他那里。

1944 年冬在迁安县打了一次胜仗，缴获了敌人 30 多只马四环步枪，我派人连夜用牲口驮到他那儿藏起来。赵风池这个坚固的革命堡垒户，当时就像我们十二团一个最保险的"军需库"，为八路军储藏过大量武器弹药和军用物资，却从没出现过一次闪失。从 1939 年至 1944 年，赵风池一家光挖了地洞和山洞就七个。这都是他们一家人在无数个日夜里用汗水和信念结晶而成的。所以我常对孩子说，当年在冀东打仗，之所以常胜，就是因为有千千万万个象赵风池这样的"堡垒户"，否则我们八路军连落脚地都没有。

对我来说这些文章看过不知多少次。不过每每读完这些，我的心还是好像被尖锐的针刺了一下，感到说不出的痛！

轻声细诉

杨争 著

的确自从我们家搬到北京后，干净整洁的客厅里，经常会有一些农民打扮、操着唐山口音的冀东人，坐在沙发上和父亲聊得津津有味。而且只要他们一来，父亲不让他们小住几日，决不甘休。我和姐姐都不理解父亲。这种生死之交，对于没有那种经历和体验的我们，如何会有共鸣呢！

我在想，我和父亲生活了几十年，天天早上看他起床洗脸穿衣，看他每日雷打不动的睡午觉，看他那么的爱打球，爱游泳、爱发脾气。可我却对父亲的内心又知道多少呢？我是他的女儿，无论从血缘上，还是从情感上，都应该距他最近。可在精神的世界里，我却好像距他很远。无论从哪个方面来说，我们都像是生活在两个完全不同的世界里。同样是一家人，我们却在现实中，在同一个屋檐下，生活的迥然不同。这种差异，造成了我们对人生、对社会，甚至是对自己，在认知上的错位。

想象一下吧，从十几岁参加红军的那一刻起，父亲每天早上起来一睁眼，面对的都是战争流血和死亡。也许他根本就不知道在今天或者明天发生的一场战斗中，他就有可能被一颗小小的不知从哪飞来的子弹夺去生命。谁知道自己的生命能有多长？但父亲从不惧怕自己的生命会很短。生命不足惜，只要能把小日本赶出中国，只要能打垮国民党，只要让中国的劳苦大众都有饭吃，死，哪怕是一千次，又算得了什么？！当然即使这就是父亲骨子里的意识，父亲也不会如此这般说。父亲从来不说这些冠冕堂皇的话。套用父亲那时的一句很流行的很经典的话，什么叫革命，就是把脑袋系在裤腰带上！父亲一生一世的、锲而不舍的追求，仿佛就为了这么简单的道理。就是凭着这种信仰和追求，让父亲置生死于度外，置虚荣和浮名而不屑，跟共产党走了自己一辈子无怨无悔的漫长之路！

每个时代都会造就一批属于自己那个时代的地灵人杰。父亲一生的经历、信仰，就是那个时代的缩影。

渐渐的不知曾几何时，我和赵凤池一家人，尤其是他的几个儿子也都有之深度交往。

←我去冀东有名的抗战堡垒户赵凤池家，老太太近百岁了，却依旧思维清晰，身体硬朗。她那么亲切自然的将双手放在我腿上。一遍又一遍向我询问父亲的近况。

那一年我甚至去了一趟河北滦县。不仅去看望了赵凤池依然健在的老伴，老奶奶现在已是近百岁的老人了，更到山上找到了在父亲文章里所说的那两座红军坟去扫墓祭拜。

印象中那是一个晚秋，即使70年风雨飘然，土坟三尺蒿棘，满山硕果累累的柿子树和深红色的大枣树，依旧在澄净的蓝天下，将那两座小红军的坟茔点缀得如此庄重与醒目。从赵凤池儿子的口中，我才知这两座红军坟，并没有因为他们的父亲过世多年而无人看管。十几年来，他们把父亲做了一生逢清明扫墓的事，又继续做了下去。我的书出版后，许多媒体电视台都纷至沓来，争相到唐山采访他们一家人。甚至通过媒体的帮助，最后还真找到了这两座红军坟的后代。

红军的后代对于赵凤池的家人，感恩不尽，长跪不起。

这就是人的良心、上帝的眼！

只是现今社会，谁还能拥有这样一份沉甸甸无私忘我的高尚情怀呢?!

记得有一天早上，我还没起床，冷不丁被父亲的电话吵醒。我吓了一跳，以为出了什么大事。因为父亲从来不会轻意给我们打电话。即使有事，那也是妈在电话里转达父亲的意见。结果这一次竟是父亲亲自给我打电话。我全神贯注的听着，生怕会漏掉什么。结果竟是父亲让我尽快给他查一个人的电话号码。父亲说那人病了，他很不安。父亲要知道他病的重不重，好点没有。我知道那人是父亲在冀东时的司号员，叫韩洪明。父亲爱说韩洪明是自己的干儿子。父亲老说要不是他的那些兵，他自己早死了。

父亲说在战争年代，逢到行军打仗时，他经常太累太累，走着走着，就会骑在马背上睡着了。而他的这个司号员总是那么细心地照顾父亲，为他撩开头顶上的树枝，小心翼翼的别让树枝刮着父亲的脸。战斗打响时，韩洪明经常扑在父亲的身上，用自己的身子挡住敌人的子弹……

父亲曾说过一件事，就是在一次的战斗中，他竟然和他的司号员，也就是韩洪明，两人被同一颗子弹击中，好在子弹是斜穿两个人的腿部，尚无大碍。但由此可见，在战斗中两人间距有多近！

父亲和他二营的士兵，哪里是一般人眼中的上级和下级，长官和战士，他们分明就是情同手足，没有血缘关系却胜似有血缘关系的好战友好兄弟啊！

让一个战士如此信赖和爱戴自己的首长，甚至不惜失去自己生命，为首长挡住敌人的枪弹。那么这位首长一定要有一个除了权利之外的也能让战士去爱他护他的理由。这个理由不需要很高尚，却要很真实。也许只有一个就足矣！

那么这个理由是什么，父亲的魅力又是什么呢？

9

一个冬天的早晨，我来到哈尔滨市黑龙江省军分区干休所找到了韩洪明叔叔。他个子不高，说话带有明显的冀西口音。人很瘦，身体却很硬朗。但他说话时的声音比我想象的要高，要洪亮。我想一半原因是他的耳朵不好，失聪厉害，与人对话要带助听器。当我告诉他，我父亲亦如此，也要装配助听器时，他好像早已料到了似的，说："你父亲听力不好，就是年轻时老打仗，耳朵被炮弹震的！"

我当下心里暗自称奇：咦？我们这么多年对父亲的听力不好，早已习以为常。都以为岁数大了，听力下降是很正常的事。可我们却从没想过父亲的听力过早的衰退，是和年轻时仗打的太多，离敌人的炮弹太近有关。仔细想想韩叔叔说的一点不差，那句老话是怎么说的：老年的病，都是年轻时种下的！与此同时我则更佩服韩叔叔。他几十年不曾和父亲在一起了，可那种感觉却好像一天也不曾离开似的，对父亲依旧是那么亲近和了解。

　　那个初冬的早上，韩叔叔轻轻地拉着我的手，走进他家那整洁光亮的小客厅里。我坐定之后，才发现自己竟一直悄悄的体验着韩叔叔拉过我的手后，那留在我的掌心当中瞬间的异乎寻常的温暖。这种温暖是我和很多人握过手后，所从不曾感觉过的。一直过了很久，我的心里始终忘不了那温暖的手心和那温暖的冬日。

　　韩叔叔泡了一壶茶，和我情绪激昂的聊了起来。韩叔叔说了许多我从不曾听说过的事。

　　韩洪明和我父亲是从 1940 年至 1945 年，一起朝夕相处了 5 年的光景，那 5 年可算是抗战最艰苦的时期了。他们绝对算得上是同生死、共患难的战友了。

　　一梭子子弹同时穿过两个人的小腿。韩叔叔也没忘记他和父亲一起负伤的事。

　　韩叔叔说，你父亲打仗有一个习惯，就是愿意靠前。常常就站在机枪手的旁边，着急的时候就自己充当机枪手，拦都拦不住。所以我老得拉着他，护着点。两个人一起在老乡家养伤。他说他至今仍记得那家人的事。老大娘叫李玉梅。她的丈夫和大儿子都在我们八路军当兵。只是和我们不是一个单位。两人在李大娘家的炕上躺着的时候，大娘就叫自己的小孙子到门口去放哨望风。他甚至还记得那小孙子姓王。

　　他还记得当时父亲在炕上悄声对他说，这个村子离县城敌人的据点太近，不宜久留，得赶快走。于是两个人趁着天黑离开了村子，来到盘山附近。那里山高林密，还有许多地道老庙可以藏身。没想到他们刚找到部队，日本的一个骑兵中队就紧跟而至。敌人大概有70多人。因那里条件好，地道山洞多，部队隐蔽好，当时李运昌、包森都在，部队实力很强，部队最终还是把鬼子给消灭了。因为是鬼子的骑兵中队，我们意外的还缴获了60多匹马。

你父亲因腿伤，领导就给我们配了两匹马。你父亲对我说：这样很好，你骑一匹，我骑一匹。有了马，我们就不怕跟不上部队了。当然这都是条件好的时候。后来条件差时，你父亲还骑过小毛驴。再后来连小毛驴也没有了。

不过对韩叔叔来说，让他印象最深的还是父亲在战斗中、日常生活中的一些小事。

比如1941年和1942年，抗战最艰苦的时候，部队转战到口外无人区时，没房住，没饭吃。

韩叔叔说，那时我们每人身上一支枪一个米袋。每人的米袋里就只背能吃一周的口粮。其实所谓的口粮，也就是在每一只米袋里面装了点炒熟了的小米。一天抓三次，一次抓一把，就等于吃了三顿饭。没有水，渴了就在河边哪儿的舀点水喝。等一周的口粮吃完了，我们再回来找有老百姓居住的村子，再弄点炒小米。

最苦的是1942年的冬天，当时冀东军分区的司令员李运昌同志到我们二营传达军分区党委的指示。我们的任务就是坚持在丰滦迁长城一带，坚持无人区的战斗。同时还要求我们把长城内外喜峰口、青龙一带的老百姓组织起来。

在无人区战斗，我们面临最大的问题有两个：一是没住房，老百姓都被日本鬼子"集家并村"。那片地区已成为"无住禁作地带"。二是没吃的。没有老百姓，部队也就无法获取食物来源了。我们在口外没房子住。冰天雪地里我们部队宿营时，就在被鬼子烧光了房子的残墙断壁处睡一睡。每个人的身子底下只能找点草或者树叶子什么的铺铺。

我们全营只有你父亲有一床棉被。可就这床棉被，你父亲也从没盖过。他每到晚上就让我把棉被给最重的伤病员送去。结果就是今晚这个病号盖，明晚那个病号盖。有时大家你让我让的，最后只好几个人一块合盖那一条被。你父亲自己总也没单独盖过。

按说那时候你父亲是可以开小灶的。上级也给他配了一个炊事员。可有会做饭的管什么用？没东西做啊！我们有时就说，老张，你给咱营长弄点好吃的，行不？可巧妇难为无米之炊啊！没辙。我们就在山上打家雀儿。有时好不容易弄了点荞麦面，炊事员就赶快烙几张小饼。你父亲看战士们都饿着，他也吃不下去。得，还是送给病号吧。

当时我们营里有个管理员，叫冯闻智。你父亲那时最常说的话，就是：冯副官，想办法弄点吃的啊！

结果当时身为副官的冯闻智就得赶快想辙。弄来弄去，结果搞了几百斤的萝卜，大家就算是吃上东西了。

我们整天行军打仗，我和你父亲一起呆了5年，这期间我们晚上睡觉从来就没脱过衣服。每天晚上洗完脚后，再穿上袜子。在老百姓家的炕上我们身穿军装，头冲里枕着米袋睡，枪就放在枕侧，一有情况，我们下炕穿鞋就走。

那时候洗脚也没有什么洗脚盆。我们就用日本的钢盔在河边舀点水，架着树枝烧。印象最深的还是你父亲经常累得晚上洗脚洗了一半，就坐在那睡着了……

条件太差，生活太苦了。在那5年的时间里，你父亲和我就经历过我们身边三个最熟悉的战友，因抗不住抗战的艰苦，最终选择了投敌叛逃。一个是单德贵，一个是我们二营的支部书记陶梦兰，还有一个就是你父亲的警卫员柴进村。

在口外我们二营有一个宣传干事，叫许平。他是个大学生，也是冀东人。个子高高大大的，爱说爱笑。在那个最困难的阶段，你父亲老对许干事说：许干事，唱个歌吧。

那时候你父亲最爱让我们唱的就是贺渌汀的《游击队之歌》：我们都是神枪手，每一颗子弹消灭一个敌人，我们都是飞行军，哪怕山高水又深……没有吃没有穿，自有那敌人送上前，没有枪没有炮，敌人为我们造……

你父亲有一个木制的小口琴，平常总是我替他背着。每次吹完了口琴，他都让我用水把口琴清洗干净。逢到许平指挥连队唱歌时，你父亲就用口琴在一边为大家伴奏。

那时候战士们吃一把炒米，喝一口雪，再唱一支歌，每个人都会感到一种振奋。大家都觉得在歌声里，每一个人都唱出了精神唱出了希望！

可惜的是许平后来死了。不是为别的，就是因为饿的太久了，有一次终于我们搞了一次会餐，也就是有豆腐吃了。许平个子大，吃的太多，不知怎么搞的一下子给撑死了。

1943 年后，抗日战场发生了不可抗拒的逆转。我们从口外撤回口内，开始打起了翻身仗。部队的士气是越打越高，领导干部的指挥艺术亦是越打越精，从而结束了我们过去被动挨打的局面。

韩叔叔还说，在那个年代，我们二营就你父亲这么一名经过长征的老红军，在我们心中你父亲就像一颗长征的种子，专为冀东抗战的沃土而播撒。部队有你父亲这样的老红军，战士们就觉得像有了靠山一样心里踏实。在战士们的心里营长就是他们的主心骨，只要有你父亲在，战士们打仗心里就有底。

你父亲擅长打伏击战。部队损失小，战斗结束快。你父亲从不愿同敌人死缠烂打，而要求的是速战速决。

韩叔叔说，其实营长打仗也没什么神秘之处，就是三条：一是知己知彼。每次战斗必须要把敌人情况了解清楚。如敌人多少，有什么武器，从什么地方来……等等，一切都要了如指掌。

二是要求严格。凡是战斗中要求必须做到的，任何人也不许马虎。尤其是打伏击战时，部队必须要隐蔽好，绝对不能暴露目标。

三是指挥要靠前。战斗打响后，连长、排长，包括自己，一定要站在最前沿。冲锋号吹响后，干部一定要先冲上去。

"指挥要靠前，情报要摸准"。韩叔叔替父亲的作战要点做了精辟总结。

采访结束了，我要和韩叔叔告别了。只见他走到自己的卧室，从里面拿出一个普通的软皮笔记本。他让我看。我打开本子一看，只见本子内的首页上，赫然贴着十年前父亲到哈尔滨时，在松花江上的一条船上与韩叔叔的一张合影。照片下面还配有韩叔叔自己亲笔写的诗句。我很奇怪这种把像片不是贴在影集里，而是贴在笔记本里的方式。再往后翻，我才看出那是属于韩叔叔个人的一份很重要的资料。因为后面的翻页中我还陆陆续续看到了韩叔叔为自己老伴照片所写的诗句，为儿子生日写的总结，还有为自己的小孙子生日而作，为女儿、为儿媳……

但韩叔叔却把与父亲的合影，放在亲人之首！可是在韩叔叔漫长的82年的生涯中，不过才和父亲共同生活了5年啊！可这短暂的5年战斗生涯，却在韩叔叔的一生中占有如此之大的比重！

可反观父亲，却又何尝不是如此呢?！

有一次父亲在不经意中说出了一件让我震惊无比的事：父亲老说那个时候在和日本鬼子打仗时，八路军的武器装备非常差。可一个部队能否有战斗力，不靠几只"歪把子"，是不行的。那就是部队在战斗中能否取胜至关重要的保证。在那场"甘河草"的战斗中，八路军缴获了不少的"歪把子"。结果部队和部队之间为了歪把子引起了争执。另一营的一个战士因为抢"歪把子"，居然把二营的一个战士打死了。看到战士被自己人打死，看到战士的尸体，父亲说不出的痛心和难过。父亲不顾一切找到自己的领导。震怒之下父亲没说几句话，就和与自己从江西一起出来参加红军闹革命的顶头上司闹翻了。

头儿说："杨思禄，你好大的胆，敢用这种口气对我说话。你不怕我毙了你！"

可就在那一瞬间，父亲并无丝毫的怯场。父亲对头儿只是轻轻地回敬了一句："你的枪没有我的快！"

这一点，头儿倒是绝对的信！在战争年代父亲酷爱武器酷爱枪。父亲的枪法快准狠，也是有目共睹的。可现在为了一个士兵的命，

轻声细诉

杨争 著

父亲把一切个人的荣辱得失抛之脑后。父亲说那战士死的太不值。他为什么不死在日本鬼子的枪弹下?! 那还是烈士。可为了一把"歪把子",却死在自己兄弟的子弹中,这又算什么?! 要知道在父亲的内心深处,从没有把在冀东整天和他一起打仗、一起行军、一起流血的战士,看作是自己的一个普通的兵。无论是韩洪明、刘志民还是冯闻智,不管是梁凯轩还是张智魁,不管是魏轩还是姚树玉,不管是生存者还是已逝去的先烈……父亲是从一开始就把这些北方汉子当作自己的好战友、一生牢不可分的好兄弟呵!! 无论在哪儿,在干什么,父亲都是用自己的心和生命真挚地爱着那些与他自己患难与共、生生死死、朝夕相处的战士啊!

没有更多的理论,也没有更多的说教。父亲说,从那以后,他打小日本的时候,更多了一份冷酷无情。他要打更多的仗,从日本鬼子手里夺取更多更好的武器。他绝不能让战士们再为争一支枪而无谓的葬命。

爱兵疼兵护兵就是父亲的情感、父亲的本能。我不知道父亲的内心深处是如何解读"枪"的这件事的。但我却执意地要把它写出来。也许在旁人的眼里,在很多领导的心目中,杨思禄实在是一个太简单、太急躁的"炮筒子"和"大老粗"。作为下属,杨思禄有时甚至很难于调教和管理。父亲在领导面前既不会察言观色,也不会曲意迎合。正是这种桀骜不驯的个性,让父亲在漫长的一生中吃尽了苦头。虽然我不能说父亲在冀东当了 5 年的营长,解放后当了 9 年的航校校长,都是因为过于耿直。但我相信没有人会欣赏当面顶撞和批评领导的这种率直个性的属下。

晚年的父亲常用调侃的语气谈自己和领导不甚融洽的关系。父亲说年轻气盛未必就是优点。父亲说在冀东打仗,领导让他打外围,他却执意要去打主攻,领导说这仗不能打,他偏打它一家伙,而且还非胜不可。父亲说,现在回想起来,那时的领导,毕竟年长他几岁,还是很包容他鲁莽的性格。不但没有压抑他的个性,还给了他许多成长的空间。但我却从父亲和领导的许多磨擦中看到的只是父亲率真、坦诚、倔强的爱兵护兵疼兵的这一面。生活中常有这样一种人，他们天性就容易和领导搞好关系。还有一种人不管走到哪，总也不能被领导喜欢。父亲一直就是属于后者。也许父亲的这种个性，的的确确在他漫长的一生里给他带来过许多大大小小无谓的麻烦。可父亲却从来没有想过把自己只为伸张正义、从不奴颜婢膝的个性和棱角磨得圆滑一些，倔强的脾性改一改。

如果情感也有基因也能遗传的话，父亲甚至把这种倔强也毫无保留地传给了我们几个孩子。

可我更喜欢这样的父亲！因为我知道正是父亲这种纯朴无私忠诚厚道的品性，在血雨腥风的战争年代，二营的战士们才会毫不犹豫的用自己的生命挡住敌人射向他们营长的子弹！这也就是战士们为什么会爱戴父亲的理由，这也就是父亲的人格魅力所在吧！

我在一部有关冀东抗战的史书里，偶然地看到了父亲在八路军时期当二营营长时的一张照片。那是1942年的冬天，一个光秃秃的山坡上，冀东军区的领导和主要干部站在一起的合影。

父亲站在两排身穿八路军军服，斜挎驳壳枪的八路军干部中的靠后一排里。他的个头显得最矮，衣服又显得过长，那神态看不出是20岁，还是30岁。照片又小又旧。我不知为什么还是一眼就认出了父亲，而且就再也无法忘掉父亲的那张脸和那张脸所表达的那样一种情绪！也许是所有的人目光都那么淡，反而凸显得父亲一脸的严峻、一脸的专注、一脸的焦灼，一脸的凝重。我太熟悉父亲这种表情，太熟悉父亲这种不笑的眼睛。它要么表示父亲在思索，要么表示父亲在生气。

妈曾经对我说，你父亲年轻时，那双眼睛好亮、好有神！

10

也许对于大中国幅员辽阔的版图而言，冀东太小了。小到你不能一下就指出它在地图上的准确位置，以及它所覆盖的山峦和村庄。

可是就在那弹丸之地，仅八年的抗战期间，就有 25 万冀东人不屈的魂灵，掩埋在三尺深的黄土之下。如今风吹草绿，那里早已是高楼林立，旧貌换新颜了，可活着的人，依旧能在欢乐节庆之余，听到死者在地下不甘寂寞的声声呐喊……

我们这一代人和我们的孩子，都没有和日本人打过仗。被日本人侵略，那也是属于我们中国人上个世纪的屈辱的历史。我们今天所见到的日本人和那个日本的国家，是一个干干净净，有文化有修养的国家和民族。比如在亚洲国家闹 SARS，日本就一例也没有。原因是那个国家非常 CLEANHLY（干净），这是历史的错位，还是历史的悲哀？

因为日本人在侵略中国时，从来就没有两手 CLEANHLY（干净）过。他们杀人无数，杀人如麻，两只手上沾满了中国人的鲜血。

1943 年 8 月，当时的《解放日报》曾发表了两篇文章。一个是《国共两党抗战成绩的比较》，一个是《共产党抗击的全部伪军概况》。根据这两篇文章的统计，日军侵华的总兵力为 36 个师团，60 万人。其中中共军队（八路军、新四军）抗击了 21 个师团，35 万人，占侵华日军总数的 58%。而国民党军队只抗击着 15 个师团，25 万人，占侵华日军总数的 42%。至于伪军 62 万人（大部分是由国民党军队降敌伪化的），几乎全部（56 万人，90% 以上）都为共产党军队所抗击，国民党军队只在华南方面牵制了 6 万伪军。两项共计，共产党军队抗击了日伪军 91 万，国民党军队仅仅"抗击"与牵制日伪军 31 万。

文章又作了如下的比较：国民党有 300 万军队，装备好，共产党连游击队在内为过 50 万人，且装备差。国民党有盟邦大量经济、军事援助，共产党不但无外援，就连国民党政府的一文军饷、一粒子弹也得不到。再则，国民党有十数省的大后方，共产党除陕甘宁边区外，其他根据地则全在敌后，其抗战的环境更险恶。

父亲说经过 1943 年和 1944 年上半年我军的英勇作战，八路军在冀东不但开辟了热河、滦东、路南等新区，还夺回了被敌人蚕食的冀东基本区。冀东根据地扩大了，斗争形势也逐渐向有利于我们的方向发展。1944 年初，世界人民反法西斯阵线节节胜利，全世界无论是欧洲还是亚洲战场，德、意、日法西斯都在败退。日军在中国即使面临灭亡的命运，仍做垂死挣扎，对我抗日根据地加紧进行"扫荡"。但这时的敌人已无法把我们赶出冀东了。大部分的战斗总是以敌人的进攻开始，以我们的胜利结束。经过春季攻势后，日军最终丧失了战斗的主动权。作为最后的反扑，他们调来华北的万人特别警备队和大批伪满军蒙古骑兵队，部署于长城沿线，大搞特务破坏活动。我们又经历了 3 个多月的夏季攻势和第 3 次恢复基本区战役，我武装主力与地方部队由 5000 人发展到两万人，民兵多达20 万人。到 1944 年 10 月，已建成了包括冀东、热河、辽西在内的大片连在一起的冀热辽抗日根据地。

1945 年 1 月正式成立了冀热辽区党委、行署、冀热辽军区，下辖 5 个地委、5 个专署和 5 个军分区。父亲说那时共有 9 个野战团，以及 20 多个县支队或县大队、区小队。在冀东已建立了主力团、地方武装及民兵三种武装体制，成为全国敌后 19 个抗日根据地之一。到了 1945 年 8 月对日寇进行大反攻时，冀东又成为率先进入与收复东北的前进基地。

随着战争的发展，父亲也由十二团二营营长到冀东军分区特务营任营长、到冀热辽军区任特务团团长、到热河纵队任第二十五旅旅长，到独立三旅任副旅长……

那个年代虽说很残酷，但残酷的环境却没能泯灭父亲那颗年轻人特有的聪明好动，以及对新鲜事物强烈好奇的心灵。毕竟父亲那时只有 20 多岁嘛！父亲常说自己是"土老冒"。

有几件事父亲把我们说得笑死了。一次是父亲把鬼子消灭后，冲到鬼子小队长住的屋子里，抬头一看，屋顶上有一个东西"呼呼"在转，还有风。父亲以为小日本没死，还在搞什么名堂哩。"哗"

一梭子把子弹打在房顶上，嘴里还在说："打死你，看你还转不转！"父亲说那就是他有生以来第一次看见电扇。

还有一次是上马桶。上完厕所，马桶竟能自动冲水，也把父亲吓了一跳，一边提裤子，一边急着摸枪。父亲说他不明白马桶怎么自己会出水，他以为发水灾哩！

还有一次，1945年日本投降后，父亲随部队出关东北反攻受降。父亲在辽西平泉收缴日军的武器装备时，还同时收缴了一辆日本天主教会的小卧车。父亲从那时起，学会了开车。我们家现在还有那张小小的发黄的像片，在像片上我们看到一辆德国产的老爷车。只是漂亮的车身旁边站着一个"土八路"。

不久，父亲又喜欢鼓捣起照相机了。看来父亲除了打仗，其它他想干的事，也一件没拉下。父亲还说了好多只能发生在他们那个年代的却让这代人笑的笑话……

在那个年代，父亲对自己几个细节的处理上，颇为得意。其中之一就是关于戒烟的事。父亲说，他在抗战初期，烟瘾好大。为了

↑父亲对一切电器化的东西都感兴趣，包括汽车。这是抗战胜利结束后八路军缴获的日本汽车。

他的烟瘾，父亲说自己身边的侦察员真没少费心思。可是当敌人把父亲他们追到山沟里，侦察员就再也搞不到烟了。他看到为了能让自己抽上一口烟，战士在万般无奈下，只能用烧干了的树叶，辗成末后，再为他卷成烟丝。父亲使劲一吸，顿时口干舌燥，烟呛得父亲不停地干咳，直咳得嗓子出血，可一时半会儿又找不到水喝。父亲说，从那时起，他就一横心，发誓戒烟。果然父亲从 20 多岁至今，就真的再没抽一支烟。他的确是说到做到，一生如此。因为父亲把它视做毅力和恒心最好的体现。解放后，由于实行的是供给制，父亲每月都能得到公家免费的两条香烟。即使这样，父亲也从不抽，而是把烟送给别人。我觉得这也是战争艰苦的生活把父亲训练的结果。让父亲令行禁止，表里如一，说到做到，一股子地地道道的军人作风。

　　不过在那时父亲刚到二十五旅时，还曾发生过这样一桩小事，让父亲记忆犹新。在热河时，由于日本投降后，八路军接受了许多日伪军部队。有一天早上，父亲刚起床，就听见窗外一片嘈杂声。只听警卫员问那人："你凭什么非要见我们首长不可？你是谁啊?!"父亲连忙出门一看，只见自己的警卫员在和一个衣衫褴褛的人争执不休。那人非要进门，警卫员挡着就是不让进。

　　父亲迎上前仔细辨认，竟然是黄永胜。父亲忙喝止住警卫员，把黄永胜让进屋里。不过父亲好不诧异，大名鼎鼎的司令员黄永胜怎如此这般?! 黄永胜和父亲红军时期都在红二师，黄永胜是原来红二师的副师长，父亲仅是红二师的一名警卫员，于是黄永胜大叫："杨思禄你进步不少啊，都当旅长了！"

　　原来为了加强八路军收复东北的力量，黄永胜带着一队人马从延安过来，没成想在热河地区黄的随行人员均被国民党的飞机炸死，马夫和警卫员亦被打散。但黄永胜知道自己的部队所在的方位，于是单枪匹马的闯了进来。父亲一看他穿的破衣烂衫，连忙让他进屋更衣吃饭，把从日本军队缴获的呢子大衣给黄永胜穿上，又把身边最好的警卫员配给黄永胜。黄永胜非常感谢父亲对自己的热情款待。

轻
声
细
诉

杨
争
著

临行前，黄把自己长征时就一直穿在身上的一件毛衣，脱下送给了父亲。不久，热辽军区成立，黄永胜被任命为热辽军区司令员。

由于那时收编的俘虏太多，部队的编制几经变化。不久热河纵队又成立了独立三旅。赵文进是旅长，父亲是副旅长。有一张相片记录了父亲在独立三旅成立大会上讲话的情景。不过，没多长时间，他又争取回到了他最热爱且舍不得离开的五十九团，当了团长。

一开始对这段经历我挺纳闷的。因为从旅长到副旅长，我知道那是因为日本投降后，国共签订了停止内战的协定，八路军缩减部队，也算是向国民党表示诚意。所以父亲从二十五旅到了独立三旅当副旅长。可父亲为什么却又从三旅再降一职重回五十九团当团长呢，我则不理解。我在想父亲被降了一级，是不是犯了什么错误了。一问父亲，我更想笑了。

原来父亲打仗上了瘾。到了独立三旅后，父亲在指挥打仗中只能是副手，没有决定权。这让一向独立谋划指挥战斗的父亲很不习惯，他骨子里对当官也没啥兴趣，于是父亲又向领导请求，宁愿不当副旅长，也要回到冀东十五军分区第五十九团再当团长。这种宁为鸡首、不为牛后的执著，在我们这个时代，似乎有点不可思议。

难怪当时冀热辽军区的司令员萧克与父亲谈话时，还说过这样的话："杨思禄，你是怎么搞的？人家都唯恐官做的小，你却旅长不当，偏要回去当团长呀？"

我看过父亲的个人自传，父亲是这样谈到当时的情况的：

→顺着这条小路一直往前走便到了宋家口头，妈妈的老家。父亲在冀东打仗，想必这条小路没少走过。垂杨系马，此地曾轻别。如今只是情与貌略相似，毕竟神州几番离合！

当苏军出兵东北时，根据形势的需要，我由党校调回，分配在冀察热辽区十一团任团长，奉命出关，我团的任务是配合苏军收缴热河东部日伪武装部队，并协助地方建立民主政权。1945 年 9 月初在二十五旅任旅长，那时候部队没有政委，部队情况比较乱。我开始体会到工作并非自己以前认为的那样简单容易，深感自己的能力还很不够，经验还少，应该虚心向别人学习。

　　当国民党军队进攻承德，部队进行整编时，我为了自己继续锻炼一下，于是要求到团里工作。经过萧克司令员的批准，1946 年 6 月，我任冀东五十九团团长。这个团原是三个团合编，干部大部分是由后方调来，干部强，部队战斗力也好，所以自己在思想上就准备一定要把工作搞好，不久就因攻下新军屯据点，消灭顽军一个营，接连又打下宝坻伪军两个大队，连续受到了上级军区奖励。

　　我认为这才是父亲内心深处最真实的想法。

　　再回熟悉的冀东，再见冀东的父老乡亲，父亲如同回自己的家一样，倍感亲切。冀东的的确确就是父亲的第二故乡啊！

11

　　1947 年，对于父亲和母亲来说，那是一个很重要的年份。

　　妈说，那一年她遇见父亲，父亲还是五十九团的团长。父亲那年已经 30 岁了。当时十五军分区的司令员潘峰说，得给杨思禄找一个知书达理、文静的老婆，只有这样的老婆，才能管住杨思禄。

　　那个年代总是这样，共产党的干部多是没有文化，很多年轻的学生热爱共产党来到八路军或新四军中，领导们喜欢将这些有知识有文化的学生介绍给他们队伍里戎马一生、只会打仗不会谈爱的老干部。于是有文化的和没文化的，有能力的和没经验的，岁数小的和年龄大的，由此形成那个年代很壮观的却很不匹配的婚姻组合。恕我直言，文化背景出身不同所造成的差异，让很多夫妻最终只是政治夫妻，既大方向一致，革命理想共同,生活情趣归零,同床异梦。

妈和爸呢，他们的结合有没有这种历史人为所造成的悲剧？

我现在写作的桌边，就放了一张爸妈在那个时候的合影。从像片的背景看，他们好像是在一个农家的小院里。两人靠得很近，都穿着八路军的军装。妈梳着两根短辫，裤角挽得高高的，腰上还束着一根宽皮带。妈在父亲的胸前，笑的好灿烂、好温馨。父亲一只手插在裤兜里，好像很随意的，满不在乎似的，只是那宽厚的嘴角露出一丝难以察觉的满足和笑意。

父亲说，你妈当年和我结婚的时候，什么都没有，只是手里拎了一个小包包。

我问父亲，那小包包里都装着什么呀？

父亲哈哈一笑："就是两个小裤头呗！"

我们听后，笑得眼泪都要流出来了。

妈在一旁则不置可否。

我简直不敢相信这是真的。因为在我的眼里，妈虽算不上是个美人，但却在我们几个孩子的心目中，实实在在是个"教授"。几十年的风风雨雨都成旧事，我们几个姐妹也从小姑娘成长为人妻、人母，若干年后还能成为奶奶、婆婆……但我们当中任何一个女孩儿的气质和风度都无法和妈相提并论。

小时候老听妈讲自己的事。妈是冀东丰润县人。不过一家人却是在唐山长大。据妈说姥爷是在唐山铁路上做事，只是一个锻工，叫宋金章。姥姥则是一个谦和的家庭妇女，叫刘桂英。听这名字好像都忒老旧了，但家里有姥爷和姥姥的像片。从像片上看，穿着西服扎着领带的姥爷，却仪表堂堂，气宇轩昂。说他是教授或学者，可能更让人信服。姥姥则是一个典型的旧式的中国女人。弯眉细眼，一副娴静温雅的神态。妈一家兄弟姊妹共6人。虽说家庭条件并不富裕，但6个孩子全上学念了书。妈是老大。原名叫宋文霞。因为是老大，底下还有5个弟妹，妈一生的责任心都很强。在中学读书时，妈因颇有组织能力，在班里还一直是一个班长哩。妈写得一手漂亮的钢笔字。她一直念完初中毕业，才出去工作，而且妈的职业就是教书。

我曾经看过妈一张在中学读书的像片，妈穿了一件白色的很普通的长棉袍。头发剪得好短，微黑的肤色，眼睛大大的，鼻梁高高的，很干练、很个性。

妈一生就喜欢简洁，不喜欢复杂。妈的审美取向一生也只有四个字：朴素大方。很多人都说几个孩子中我最像妈，但遭到哥姐强烈反对。写到这，我不能不把自己小时候的模样和妈悄悄的做一对比。结果的确是和妈一样啊，皮肤黑黑的，头发短短的。我记得小时候妈就不准我们女孩子留流海，最好是连小辫子也不梳。一水儿的短发，就足矣。我们三个女儿就很能说明问题。我们留长发的时间都很短，照片里我们大多是短而又短的头发。大姐也曾留过过腰的长发，可那是在北京姥姥家上学时。二姐小时候最长的头发是过肩背。等到我时，头发能过肩就很不错了。难怪小时候别人见我都说我是"小大人"。与妈比，我似乎更显得老气横秋吧。

妈说自己在学校读书时，就向往革命。中学毕业后，在一所小学教书。校长就是一名共产党的地下工作者。他觉得妈各方面条件都很不错，于是就把妈介绍给了父亲。

妈说她和父亲结婚，其中目的之一就是想当八路军。这个动机听起来有点"不纯"。但妈那时对参加革命，打倒国民党，建设新中国的热情之心，却绝对百分百的"纯"。

我看过妈在 1947 年时，写给我大舅的两封信，那发黄的信纸，酣畅细腻的笔触，热情充沛的心绪，至今读起来，仍有一种优雅的韵味，让我可望不可及。闲来无事，我经常会一读那种年代久远的信笺，我觉得那好像是在午后醒来，不期然喝上了一杯不加糖的咖啡，虽说有点苦，但却实在是一种回味无穷的享受。

我未经母亲同意，摘录在后：

文喜弟：

　　离别数载之久，未见过音信，更不知道你工作所在地。

家中的悬念是不用提。屡次打听也未得到确音，现在忽听说你在晋察冀并曾给家一信。我希望你将你的近况和过去情形和父亲的详细情形一一告诉我，以慰久悬苦愁焦虑之心。你将想象到家中母亲和姐妹弟弟每天是怎样渴望在外的父亲和你呢。从来没有得到过一点消息。前些日子从仲先口中听到了父亲的恶息，哎呀，我内心的悲痛……我不知实否？想我们在唐山遭难时父亲是如何难受，咱母子又是如何惊虚，整日提心吊胆而生活困难又被族人轻视。

我记得数十日的时光，父亲的头发白了一半，面庞苍老了，体格消瘦了，那时候我辛酸和悲伤。而现在呢，我不知将是怎样，我有些害怕呀！不敢想象你被环境之迫而退学去躲敝（蔽），你总该记得你躲敝（蔽）的情形吧！当我们回老家一个月左右吧，我们辗转来到山里，又不幸得很，我姐俩被难。我想象得到那时父亲和你将是怎样痛心的，尤其是我俩那时的父亲呀！哎呀！假若父亲真有万一，那时将如何？我知道我的心我知道妈的心我更知道父亲那颗向上的心。哎！我希望你将一切情形详告！再者几年的革命锻炼使你学习如何了，到啥程度，对革命有何贡献？

现在我在遵化教书呢，并是已婚人了。杨思禄这名字你可熟悉，想象着你一定会知道吧？家中的生活还好，不致饿着。太充裕了也是不可能的。文馥今年该升中学，小琦在五年级，小轩也上学了，活泼而坏拙，下课时竟和别人摔跤，老师说不听。上课他不是整个回头说话，就是睡觉，可倒是很聪明，每天学的字都能记住。家中人是都健壮的。母亲从未大闹病。不知你的身体是否还那样魁伟，比先长高了没有，学会啥能耐了，现究竟作何工作？盼你将那些该告诉我的详细示之。下次再谈。

此致

文霞上

九月一日

现在我易名静波，回信勿写文霞是叮，来信可寄冀东军区交杨思禄即可

喜弟：

昨天信刚发出晚上即接到妈的信，并有你给家的信。我真高兴而跳起了。你的信我看了数遍，由字里行间我想象着你现在是何仪态。你的字比先流利而熟练多了，数年的过程、没见过的音信今一旦看见你的笔迹我该是如何快乐而愉快呀！你说："在革命的队伍里培养、教育是不次于母亲的慈爱的。"

对啦！你的确进步了，我希望你这样的话还要多说，努力深造，进步的更快！

想起了过去曲折不少哇！1944年因被捕离散时，唉！想起了那时令人心酸哪！我们倒没受辱没受屈，经半月时光而安全抵家。可那时最难受的是父亲母亲和你了。我到家后即以教书来维持咱家的生活。咱家近来不大好。因有你的公粮，总算没求人没沾人。自食自力而生活。所以伯父看咱的眼睛也变得温和点了。今年正月文馥去时还叫到他家去了。即便怎样我还是不理他的。我曾看见他数次也没和他说过一句话。咱家最困难时要算四四年的冬天。姥姥沉重的病不能动弹。她临死时还叨念着你和父亲呢！可是妈的身体可比先强多了。这几年中总很壮实的做这做那的，就是每逢年节时必要掉眼泪的。这次接到了你的信，真是笔不能出她的欢喜的。你二姐最近和文英到抚顺去了（学护士）文馥今年该升中学了，我想叫她出来到五中呢！小琦在五年级，小轩也上学了。说到我是不应该离开妈的。今年春季在杨义口头教书由同人的介绍认识了五十九团团

轻声细诉

杨争 著

↑1941年，17岁的母亲（后排右一）初中毕业时，与同班女生摄于河北秦皇岛。

长杨思禄同志。在4月中旬我们在分区结婚了，也就从那时未回家去。妈曾来看我们一次。从分区我到鲁艺学校学习。因我不适于宣传工作，正好遵化解放，才到遵化第二完小，现在杨也在此呢！杨的为人很好，待妈亦很好，并且很喜欢文馥呢！现在咱家环境不好，唐山河头韩城等处敌人常集一起出发至咱家西数十里外抢粮烧杀很惨苦。你在啥时候和父亲分开的，你不知道父亲的情形吗？我惦念的很哪！望来信是盼致

礼

文霞易名静波上
九月五日

妈的这些信，几十年以来，一直被我大舅珍藏着。在我大舅最后一次来北京时，他将收藏多年的信，带回给妈看。也正因如此，才使我们能有机会一饱眼福。所以我特别的感谢我大舅。但愿大舅

在天之灵，能接受我的无限哀思和谢意。

妈写的这些信带有很浓重的属于那个时代的烙印。字嘛，当然也都是繁体的。在那个时代的人，似乎更愿意写长句子。恕我斗胆，擅自修改了几处标点符号。不管怎样，妈在我心目中是一个性格刚烈、心绪复杂敏感而善良的女人。

父亲老说妈这辈子能和他在一起，实在是很幸福的事。

为什么？因为妈这辈子最不喜欢的事，就是做饭。妈和父亲结婚以后，几乎就没怎么做过饭。如果说在记忆中对妈妈做的饭有什么印象的话，那也只能是"文化大革命"时，妈曾给我们几个孩子做过"面疙瘩汤"！

结了婚，不用做饭，不用整天忙家务，对妈这种知识型的女人，绝对不会是幸福的全部。我也并不认为妈和父亲在一起，仅仅是为了参加革命，为了当兵！因为妈是一个毫无功利之心的绝不渴望出人头地的，从不爱张扬的平常女人。

年轻时妈的嗓音很好，那种女中音的深沉和温情，曾给我留下很深的记忆。妈还会弹得一手好听的风琴。小时候，每逢周末，妈总是自己坐在风琴旁，一边弹琴一边唱歌。有时候我挺对妈的才气惋惜。我以为妈如果去学艺术、去教书、去……干任何一种属于她自己的事业，妈肯定都能成功。但妈的一生选择了父亲、选择了我们5个子女、选择了家庭……

妈和父亲结婚之后，上了当时在冀东很有名的鲁迅艺术学校学习。妈却在艺术学校里选择了非艺术的医学专业。8个月的学习结束后，妈进了医训队的药房当起了司药。

妈不喜招摇，妈爱安静。这种爱静有时甚至到了不近情理的地步。

妈幸福么？

妈第一次见父亲之日，似乎就是和父亲结婚之时。妈说，校长当时告诉我，对方还是一个老红军呢！

那天早上临出门时，妈还对姥姥说只是去跟那位八路军团长见一面，看看情况再说。谁知妈一去，组织上就把妈给留下，根本没

→当年父亲在冀东打仗很出名，很多人都愿意给父亲介绍对象。但父亲一一婉拒。他说要找就要找一个知书达理、有文化的老婆。于是1947年，父亲与母亲一见定终身。

让妈再回家。几天后部队就办了几桌酒席，请了军分区的领导，婚也就结完了。等妈再见到姥姥时，已是夫妻双双把家回了。

"问我第一次的印象啊，嗯……就是一个个子不高，皮肤白白的南方人吧。"

"妈，你们这种结合和包办婚姻有啥区别呀！"我很不以为然。

"当然有了！包办婚姻是不管你愿意不愿意都是他。而我们只是组织介绍。同不同意还是你自己拿主意嘛！"妈激烈反对我这一结论。

可据我所知道的情况，在组织介绍之后，很少有女孩子提出反对意见的。

"那你第一次和父亲见面就同意了？"

"……"

"父亲肯定在第一次见面时，对你特温和、特没架子、特一副平易近人的样子吧？"

"……对。我们那时……嗯，就是这样。"

妈是一个不愿意轻意流露感情的人。在情感和理智的选择上，妈从来都会选择理智。

妈说在遇到父亲之前，也曾有过几次有花无果的情感波澜。妈中学毕业后，在胥各庄教书。第一次被异性大胆追求时，却是妈的同事。那位先生是一个俊朗的书生，热情可爱。妈和他在一起非常聊得来。可惜他不是一个穷教书匠，而是一个大地主的心肝宝贝。只是为了抗婚，才跑到解放区教书的。暑假期间他不知给妈写了多少像诗一般的长信。但姥爷不喜欢他。那期间姥爷正准备带着大舅去参加革命。显然这门婚事是没有缘分的。

妈为了躲开那位地主之子，不得已又换了一所学校。可就在到了新学校后，妈的一个表姐非要让妈去见一个人。说那是一个让所有女孩儿都无法抗拒的、不能不动心的男人。

是吗？妈说她按捺不住的好奇，让自己随表姐去了那个男人的家。

妈说那是一个唐山的大户人家。家中的物品摆设尊贵而高雅，豪华而不俗。老太太待妈也温婉有礼。而那个男的呀，妈说个头不算高，相貌却绝对一如表姐所说，让所有女人过目不忘。妈和他交往了数次。但这种关系却不得不再一次戛然而止。

原因很简单。妈说在他家里，看到了他父亲的一张巨幅像片，那是一个国民党将军……政治信仰的各异，屡次让妈中断了自己的少女情怀。你说妈是不是在情感与理智上，永远选择的是后者？

虽然妈和父亲之间文化差距非常大，但对那个仅见了一次面就与之结婚的八路军，妈却把自己的一生，毫无保留的无怨无悔的都献给了他。

不过现在想起来，我非常感谢妈的决定。不是因为这个世界还有我们五个兄弟姐妹，不是因为在爸妈温馨慈爱的呵护下，我们已幸福度过半辈人生，不是……

只是因为——因为父亲！

因为一切都像妈在给大舅的信里所描述的那样"他人很好……！"是的，父亲的确是人很好。以父亲的果敢，父亲的顽强，父亲对革命的付出，无论从哪一方面讲，父亲都可以问心无愧的接受妈！

当然就丈夫而言，人品和才学两样兼备，的确求之不易！因兼而有之者，少之又少。但如果让你在人品和才学当中作一选择，我情愿妈选择人品而不是所谓的才学。

女人的守护神不是男人的才学、地位和金钱，很简单只能是男人的良心。

有关男人良心的这一点，妈的确是非常有眼光和有判断力的。因为时间见证了妈明智的选择！

我婆婆在晚年不知有多少次对我说，你妈是一个很福气的女人噢。快90岁了，还能让老伴照顾自己！反之我公公80多岁去世时，婆婆才70岁出头。婆婆现在已是90岁了，可近20年的时间，只能自己照顾自己。

对于自己晚年很幸福，与父亲感情非常好，妈不仅承认且真的真的很满足！

我还记得在福州时，父亲三天两头的老下部队。一去就是十天半个月。

每次头一天司办通知说："首长明天回来。"妈准要把家里的卫生上上下下重搞一遍。床上的被单、褥单更是里外一新。

要知道当时洗床上用具可不像现在有洗衣机那么简单。我现在还能想起妈在楼上卫生间里"吭嗤、吭嗤"洗大被单的情景。经常是妈一人拧不动，于是把我叫来，我们俩一人拧一头。我实在拧不动了，妈就在一边给我念毛主席语录："下定决心，不怕牺牲，排除万难，去争取胜利！"

妈的心境，在当时做小孩儿的我，未必能理解。但在今天回忆起来，却似乎更能体会妈对父亲的那份深沉的爱意。

妈说她和父亲结婚后，一开始并不能常住在一起。那时候实行的是周末制度，也就是每个礼拜才能见面一次。

妈说，她和父亲常在周末的饭后，沿着长城边散步……

因为爸妈是 1947 年 4 月间结的婚。我的眼前不禁总浮现出这样一个画面：满山坡的青草碧绿碧绿，碧草绿树丛中，却是那一簇一簇的粉红色的桃花，一对年轻的八路军，坐在长城脚下光露的石头上，望着天边渐渐淡去的夕阳，你一句我一句的聊着，可惜我无法解读他们的心语……

1948 年，东北野战军遵照毛主席和中央军委的命令，举行了著名的辽沈战役。战役期间父亲已到冀东十二军分区任副司令员。当时部队的任务就是守住山海关，切断国民党的退路。辽沈战役胜利后，东北野战军和华北军区在 1948 年 11 月联合举行了平津战役。

为了收编国民党军队的军官，根据东北野战军总部的指示，冀东军区还组建了 6 个补训师机构。父亲奉命调到教导三师任师长。教导三师归华北军区管辖。北京和平解放后，把起义的国民党军队的连以上军官都集中到几个教导师去，组织他们进行思想教育和政治学习，以提高他们的政治觉悟。集训的时间有长有短，学习好的，思想认识提高快的就早走，进步慢的集训时间就长些。这些军官如果愿意继续在部队服役，经审查合格，可以留在解放军部队继续服役。如果要回家也准其返回，并发给安置费。

←很想让母亲亲眼再见家乡的猪洙河。妈说小时候冬天从这里上学时，河面结了一层厚冰。数十年过去了，宽广的河早就没了，就余下一点剩水……

1949 年初，按照中央军委的指示，当时的各野战军依次改称为中国人民解放军第一、第二、第三、第四野战军。平津战役结束后，教导三师改为教导二师，并划归第二野战军管辖。父亲被任命为中国人民解放军第二野战军直属教导第二师师长，并随同第二野战军在 1949 年 4 月间，渡江南下。

　　即使是现在也能想象得出当年解放军百万雄师势如破竹过长江，消灭国民党，解放全中国的盛况。那时候 4 亿人口的中国人，精神上是何等的充实与开朗。仿佛一切都是云开雾散，一切都是百废待兴。

　　只因为"中国人民从此站起来了！"

　　父亲留下妈和尚未出生的孩子在二野部队的留守处，一个人随着部队继续南下。据我所知，大致的时间和行程如下：

　　4 月 20 日，国民党政府最后拒绝在国内和平协议上签字。

　　4 月 20 日晚和 21 日，中国人民解放军第二、第三野战军遵照中央军委的命令和总前委的《京沪杭战役实施纲要》，先后发起渡江。

　　4 月 23 日，中国人民解放军攻占国民党所在地南京。

　　5 月 23 日，向上海守敌发起总攻。

　　5 月 27 日，京沪杭战役结束。

　　10 月 20 日，二野总部从南京出发，向西南进军，开始川黔作战。

　　10 月 23 日，总部到达郑州。

　　10 月 28 日，部队到达武汉。

　　之所以如此繁复的重复这些枯燥的日期，只是因为那是父亲南下的路线，我喜欢在这些枯燥繁复的日期和数字中追寻父亲清晰的足迹……

第 三 章

1

父亲在解放军的脚步迅速越过黄河、跨过长江之后，私下里想得最多的还是我奶奶。是啊，你叫父亲怎么能不想他的江西老家呢。红军当时是在怎样的一种心绪下告别于都河的啊。是生是死，谁都不敢说！父亲16岁时跨过于都河，跟着共产党打天下，枪林弹雨，南北转战。16年之后父亲已经连家乡话都不会说了，但对老母亲的思念，却自始至终的压在他的心底。16年啊16年，在这音讯全无的16年里，父亲无时无刻都想问一句，家还在么，母亲安好？父亲说，他一看到长江水，思家之心顿时难以抑制。父亲太想回家了，哪怕就看一眼……

于是部队安顿下来之后，父亲就向二野的领导请假。结果领导非常爽快的批准了。

父亲从武汉坐船去了江西。

想必这一切一如贺知章的诗：少小离家老大回，乡音无改鬓毛衰，儿童相见不相识，笑问客从何处来？

父亲现在说起自己第一次回老家的情景，仿佛还像昨天的事似的。父亲对什么都记得一清二楚。父亲说那时候，全国还不能算完全解放。地方的土匪很多。父亲回家时，带了一个警卫班的人。一进葛坳乡，他就急切地向老百姓打听，村里还有没有一个姓杨的老太太啊？人家告诉他："有。刚才还背着柴火从这里过呢！"

→这是 1949 年父亲任第二野战军直属教导二师师长的留影。

父亲说他连忙顺着群众手指的方向追去。

果然，父亲老远就看到一个弯腰砍柴的老太太。那个老太太看到一群当兵的朝自己走来，吓坏了，扔下柴火就往树林里跑。父亲仔细一看，那不就是自己的老妈吗！于是父亲就追，追得越快奶奶就跑得越急。

父亲只好在后面大声喊："妈妈，快别跑了，我是你儿子啊！"

一听父亲这样说，奶奶果真不跑了。可她早就认不出父亲了。她又怎么能认出父亲呢！16 年前，父亲和她挥手告别时，还是个红伢子。现在冷不丁出现在眼前的，好似个"大官儿"哩！她简直不敢相信自己的眼睛！她拉着父亲的手，只是翻来覆去的问："你是哪一个啊？是老二啊还是老三啊？"

写到这我的心不禁一酸，16 年之后，眼见得朝思暮想的儿子，就站在面前声声唤母，可母亲却辨不出儿子是其中的哪一个了……

父亲说："我是老三，是思禄啊！"

听父亲这么一说，奶奶终于"哇哇"的哭了起来！她一定是想起自己这么多年的担惊受怕，这么多年的受苦受累。很早以前，当爷爷去世时，有人就劝奶奶改嫁。奶奶为了三个儿子，放弃了。她始终在想我有三个儿子呢，我为什么要改嫁，三个儿子成人后总能有一个会养我吧？16年后，奶奶终于见到了一个，但另外一个又怎么样了呢？

死了。

于是奶奶痛哭不已！

父亲看奶奶还是破破烂烂的一身旧衣，已是60岁的人了，还是得自己上山砍柴，下地干活，很是心痛。父亲下决心把奶奶接到武汉，接到自己身边。父亲想让奶奶过几天好日子。

父亲说奶奶进城后，每天和父亲一起吃饭时，每次只吃一点点。这让父亲很不解。于是每次都他都得费尽心思劝奶奶多吃点。

奶奶总是说："吃饱了。吃饱了！"

奶奶终究在城里住不惯，没住几天还是想回老家去。快走时她悄声问父亲："娃子，咱们每天吃这么好，你要花费好多钱吧？"

刚解放时，部队还是实行供给制。也就是还没有实行薪金制。按每一级干部的级别不同，而伙食的标准亦不同。

父亲笑着对奶奶说："我们吃饭没得人收钱的。"

奶奶一听，懊恼的不得了。在以后的几天里，奶奶再也不用父亲在餐桌上拼命劝她多吃点了，给她什么她就吃什么，一点也不剩。父亲说他还真怕奶奶吃的太多，把胃撑坏了呢！

这事让父亲时常挂在嘴边，老念叨着。

就在父亲随着二野南下进军的脚步，离冀东越走越远时，1949年11月，我大姐在河南巩县出生了。

妈说父亲已随二野的主力去了武汉和重庆。父亲让警卫员把妈送到二野的留守处，当时的女子大学。大概的位置就在河南省洛阳边的巩县。因为刚解放，警卫员思家心切，把妈送到目的地后，也没和组织上打一个招呼，就独自返回老家去了。

在女大，一个日本大夫给妈做了接生。妈说生头胎，好痛！妈的四肢都被人固定住。可孩子还是出不来，医生只好上了产钳。所以我想我大姐的头好长，是不是和头被产钳夹过有关？想着妈一人在人生地不熟的地方生孩子，想着第一次生孩子就难产，想着年轻的妈那时一定什么都不太懂，想着想着……心不由得一痛。难怪妈老说女人生孩子是过一道鬼门关。所谓鬼门关，就是上帝让活生生的你，不由分说的无从选择的去体验一次濒死的感觉。痛，生吞活剥，撕心裂肺，那是怎样的一种折磨呵。可这一切一切和苦痛，都是在陌生的环境中，独自一人的默默承受。这如何不叫做鬼门关呢？

我相信这一定是妈第一次生孩子时最深的感受。也是妈对第一次生孩子情感的总结。以后成年的我也有了为人之妻、生娃养娃的经历，对妈所说这一切，非常认同和理解。

这真是不可言喻的天崩地裂、切肤之痛！

生完孩子后，妈就得上班了。那时候没有坐月子一说。妈说她每天上班时，就把孩子放在药房里，一边上班，一边到点儿给孩子喂奶。哺乳倒是方便了，其辛苦却可想而知。也不知过了多久，妈随二野留守处来到重庆，见到了父亲，妈似乎这才算松了口气。父亲到重庆有名的朝天门码头去接妈。父亲说第一次抱女儿，就被尿了一身……

父亲给自己的第一个孩子取名为：建新。我想其含义不言而喻，建设美好的新中国嘛。

家里有这样一张像片。我估计那是爸妈第一次到照相馆照的。地点是重庆。33岁的父亲和26岁的妈都穿着军装，妈的怀中紧抱着两个人婚后的第一个孩子，也就是我大姐。照片中的父亲似乎脱离了战争时期的困顿和苍老，充满朝气的脸上显得格外年轻和自信。其实父亲在陆军当师长时的一些像片，张张都很好看。既有南方人的那种清秀，又有父亲身上独有的那种军人果敢无畏的气质。妈似乎瘦了一些，也更妩媚了。依旧是两根半长的辫子，搭在肩上……长大后的大姐则有着一双象妈一样的大大的眼睛，只是那瞳仁比妈更乌黑、更水灵、更秀气……

多少多少年后的一天，一个雾气迷蒙的早晨，我终于也有了机会站到了当年父亲曾经站过的重庆朝天门码头。人们告诉我这里是嘉陵江和长江的交汇处。很久很久的以前，这里曾是一排又一排的跨不完的高高的石阶，因重庆本身就是一座山城嘛！当然现在的码头与当年比，已是不可同日而语了。但在初秋的寒意中，透过依旧澄黄的一去不回头的江水，看远远近近大大小小的船只，我觉得自己好像看到了53年前发生在我们家的那一幕：也是在一个雨雾迷茫的早晨，父亲大步跃上码头，踏上船板，满怀喜悦的从妈的怀里，小心接过出世不久的女儿……

建新！我一遍遍的咀嚼这两个字，我发现自己是那么理解父亲当时的心境！

2

那一年的 11 月 11 日，当举国上下还在为新中国的成立而欢呼雀跃时，当妈还在河南的巩县忙着生孩子，忙着感叹女人生孩子如过鬼门关时，在中国大地的另一侧，中国人民解放军一个新的兵种，也悄悄诞生了。我不知道它在成立之初，是否对外正式发表公告，但它确实让很多人都措手不及。

中国人民解放军空军领导机构，以第四野战军第十四兵团机关为基础，于 1949 年 11 月 11 日，在北京宣告成立。刘亚楼任司令员，萧华任政委。

我知道随着一个新的军种的诞生，也势必改变和影响一大批人的命运。可机会永远都是为有准备的人敞开大门的。

空军的组建在中央的内部，可能早有一个酝酿的过程。当时东北老航校早已集结了一批空、地勤人员和其他的技术人才。

1949 年 1 月，当毛泽东看到蒋介石准备过海去台湾时，就给周恩来写信，提出尽快组建空军。可组建空军，在别人眼中绝不是一朝一夕的事，当时的创建者却一定要把它办成朝夕之间事！

那一年毛泽东曾对刘亚楼说："必须迅速加强空军力量。"

那一年年底，朱德对参加空军会议的人员说："我们的任务是紧迫的。人民实在等得焦急了。他们希望我们很快地学会飞行，学会了就打。"

周恩来说："要很快地把学校办好，越快越好，快一个月也好。"

从后来不久就发生的抗美援朝上看，中央的这种急迫性，火候拿捏的恰到好处。

其实建设空军，首要的任务就是培养飞行员和各种专业技术人员。实现这项任务，当时有两种途径：要么完全依赖外援，把人送到国外去培养；要么自力更生，自己办航校进行培训。空军选择了后者。全国解放之初，共产党接收了不少国民党遗弃的飞机和航空器材，甚至包括机场、相当一部分的国民党的飞行人员。可即使这样，组建空军自己的航校，也远远不够。

正如刘亚楼对空军最初的构想。他在给毛泽东的报告中说："在目前没有空军部队的情况下，应把主要力量集中到把航校办好，同时分一部分力量去接受和收复各地场站。因此我们认为空军机关的组织应该避免庞大，而以短小精悍为原则。"

他甚至提出了"先航校后机关"、"一切为了办好航校"的口号。

在刘亚楼的回忆录里，我看到他这样的一段话："空军的特点之一，是建军必须先建校。没有航校就培养不出飞行员，而没有飞行员就组建不了空军部队。因此，一切为了办好航校，就是空军初建时期压倒一切的指导思想。"于是无论干部的调配，机场、营房的修建，飞行器材的分配，航空物资的保障，一切都要从办好航校出发，力求以最快的速度做好航校开学的一切准备。

可见空军在成立之初，航校是重中之重。

1950年，空军在一年内三次扩大了航校的建训规模。首先是学员的扩招，其次是航校规模的扩展。其目的是解决航空兵部队所需的团以上指挥干部的问题。第三是为组建喷气式歼击机航空兵师作准备。虽然经过三次扩大航校的种种措施，培训能力显著增长，但仍不能满足航空兵部队迅速发展的需要。

毛泽东曾对刘亚楼说："空军的基础如何，起步快慢，关键是看你航校办得怎么样。你的当务之急，首先要选好办校人。"

选好办校人！

可组建空军办校的干部又从哪来？！

当时航校所需干部的来源主要来自四个方面：一是从东北老航校抽调；二是从陆军中选调；三是从国民党空军起义和留用人员中任用；四是从大专院校学航空专业的学生中招收，其中更有90%以上的人员是从各野战军部队中选调来的。

据说刘亚楼考察干部很有一套方法。他对挑选来的干部总要问许多问题。如："他最善于做什么工作？为什么？为什么不会做？"等等。

许多当年被刘亚楼找去谈话、考核过的同志，发现了这个方法后，不由得也学会了这一种对干部的审核方法，而且都说管用。因为他的提问方式和问话内容，最能了解该干部的主要特长和所具有的已被证明了的才干，并且还能掌握该干部的最大弱点，也能从"民意测验"中明白该干部的适任职务。同时，还可以从中考察出被询问者的思想水平、分析能力、工作标准等。

写了这么多的当时的空军司令员刘亚楼，其实只想说一句话：父亲当年从陆军调到空军，第一次就工作分配问题上的谈话，就是和这位司令员谈的话。

我不知道刘亚楼对父亲的面试，打了多少分。但我知道刘亚楼对从陆军划归空军管理的上百名团以上的飞行、政工干部的德才表现是了如指掌。尤其是六所航空学校的领导班子人选，更是反复筛选。

我不知道刘亚楼还记不记得当年长征时，他们红二师里的那个小警卫班长。因为当刘亚楼司令员正在北京为空军的六所航校精挑细选干部时，父亲还远在重庆忙着收编国民党军的俘虏呢！

父亲说当时二师的任务仍然是收容国民党军队的军官，大约收容了5000余人。随着全国陆续的解放，部队收编国民党俘虏的工作也慢慢结束，二师的使命也就告一段落。于是父亲所在二师的干部，便被分为两个部分，一部分留在部队继续服役，一部分则调到西南区政府分配工作。"南下干部"的称谓大概也是在那种历史背景下产生的吧！

1950年初，父亲在二野司令部等待分配工作。由于没有什么具体的事情可做，父亲那时又对开车着了迷。没人教他怎样开，父亲就自己琢磨着开。父亲最常开的是一辆从日本人手里缴获的摩托车。父亲开始上路时感觉很好，但重庆的路窄，又弯弯曲曲的，有一次父亲差点就把摩托车开进人家的店铺里。父亲摔在路边上，他自己倒没觉得有啥，可把那店铺的老板吓傻了。

去过重庆的人都会感叹那座城市里几乎不见平地的山道。重庆没人骑自行车。不是不想骑，而是没法骑。可父亲非常高兴，在那座城市里自己除了学会开汽车，又学会了开摩托车。父亲就是这么一种人，对啥新鲜东西都感兴趣，都想学。

前几年常听人说，现在的老红军已所剩不多。有人甚至爱把老红军昵称为"国宝"。可见共产党对老红军一直是珍爱有加的。而又禁不住在想国宝一级的珍品，是如何打磨雕琢而成的？

如千年古玉，一定是选上好的玉料精心打磨，再经其岁月时间的风刀霜剑，最后才越加璀璨与斑斓，为后人所承认且永远无法仿制。

如果说红军时期的二万五千里长征，对父亲16岁的生命仅仅是初次的打磨，而八年抗战的艰苦岁月，则一定是对父亲的革命意志和体魄全方位的精雕细刻，这17年的战火洗礼，无数次与死神的擦身而过，一定会在父亲的体内注入和浓缩了一个坚强的魂魄。犹如千锤百炼的战鹰，父亲焦灼地等待自己人生的又一次腾飞的时刻！也许他不知道自己将飞向何处，但他却知道自己一生都必须接受新的刺激和新的挑战！生命只会在克服和战胜困难及挑战中越战越强！这样的生命对于父亲才能赋予更深更广的含义。

随着新中国的诞生，父亲由一名普通的陆军师长，逐渐地成长为新中国空军的一名高级将领。这种转变对于父亲绝对不是量的积累，而是质的飞跃。这种裂变，好像是一只蛹变成一只蝴蝶，一只"家雀"变成一只振翅高飞的雄鹰，这是怎样的一种心路历程啊！

1950 年 4 月，62 年前，那是父亲一生都会记住的日子。

父亲说，那时我在二野司令部待命，所以和野司的首长们都比较熟。当时二野的副司令员兼参谋长是李达同志。他经常到我们小食堂吃饭。记得那天吃午饭时，李达突然对我说："杨师长，中央决定从陆军抽调一部分干部去组建空军。野司经过研究，认为你去比较合适。怎么样能行吧？"

因为我对领导的这一决定毫无思想准备，所以我初听到这个消息时，甚感突然。尽管在当时那种情况下，干部的调动往往是领导同志的一次谈话就决定了。但我还是不安地问："李副司令，我够条件么？让我带兵打仗还凑合，但对空军我可是一窍不通啊！"

李达笑着说："杨思禄同志，你是经过长征和战争考验的老同志了，政治上可靠，身体也好，也还年轻，再说不懂的地方，还可以边干边学嘛！"

我知道当时自己的年龄也算不上年轻了，因为我那时已经快满 33 岁了。但我又想，既然组织上认为我合适，并已做出了决定，我理所当然要无条件的服从命令了。只是没想到这次短暂的谈话，竟由此决定了我整个人生大半辈子与中国空军结下的不解之缘。

谈话后不久我就接到了去空军工作的正式通知。我带着妻子和刚初生不久的女儿急忙从重庆乘船，穿三峡过武汉，然后坐火车，于 4 月 27 日到达了北京。一路上我的心情既兴奋又紧张，那种感觉真是不亚于又要参加一场新的战斗。

在去往北京的路上，我不由自主的回想起 1939 年秋，一件令人难忘的往事。我们抗大毕业的一批学员刚到中央组织部报到等待分配工作。那天正好赶上日本鬼子的飞机第一次轰炸延安。从全国四面八方聚集到延安的优秀儿女，其中很多人都是第一次见到飞机。

当时我们部队不过是小米加步枪。别说没自己的飞机了，就连反空袭的武器也没有。我的一个战友叫杨兴财，是在江西于都同我一起参加少共国际师的小伙伴，又共同经历了二万五千里长征，转战南北，那么多的枪林弹雨都没能击倒他，可那天却让小日本的飞机扔下的炸弹给炸死了。我非常悲痛。他的牺牲在我心中留下很深的创伤。想到现在我们终于有了自己的人民空军，自己的飞机，而我又能亲身参加新空军的建设，这怎能不令人兴奋呢?! 但兴奋之余我还是有些紧张。过去虽说是打了十几年的仗，那毕竟是在地面同敌人真刀真枪的较量。现在面对空军这个崭新的领域，我又能做些什么，又能否胜任呢?

到北京后，我被安排在前门西河沿的"光明饭店"，这可能算是空军第一个招待所吧。饭店里早已云集了从全国各地调入空军的干部。有不少是战争年代我所熟悉的老同志，如坦克师师长曾克林，陆军某师师长王学清，陆军某师政委姚克佑等。在饭店里我们这些久别重逢的老战友聚在一起，一边等待分配工作，一边议论着旧事和未来。

记得大家谈得最多的还是空军到底是怎么回事。并互相打听着什么叫歼击机? 什么是航校? 空军的编制和体制和我们所知道的陆军的编制和体制区别在哪，等等。因为大家都是从陆军来的，所以谁也说不清。但有一点则是相同的，那就是不管将来干什么，都要发扬陆军的不怕困难、艰苦奋斗的革命精神，在实际工作中干出点成绩来。

"五一"前夕，空军司令员刘亚楼，参谋长王秉璋，以及干部部的部长杨春甫在东交民巷空军司令部，找我和王学清同志谈话。一见面刘亚楼司令员就亲切地说："你们俩能调到空军来工作，我很高兴。"因我以前就认识刘亚楼，在陕北给他当过警卫班长，所以这次见面一点也不感到拘束。

刘亚楼待大家坐稳后，紧接着又说："空军是我们军队新组建的军种，可以说是百废待兴。过去陆军的一些东西在空军可能用不上了，但是陆军的建军原则和方针，艰苦奋斗，纪律严明的好传统则不能丢。调你们到空军来，就是要你们把陆军的这些优良传统带过来。空军有许多新知识需要你们去学习、去掌握。可能还会遇到很多困难。但我相信总比当年咱们爬雪山、过草地要好多了吧！何况我们还有苏联老大哥的帮助。所以我希望你们既不要把它看的高不可攀，又要有虚心学习的态度。"

我和王学清同志听了刘亚楼司令员这一席谈话，内心顿觉释然。是啊，红军连二万五千里长征都走过来了，现在还有什么困难克服不了的呢！

刘司令员接着又征求我们对具体工作的意见。他说："现在有两个工作让你们自己考虑。一个是预科总队队长；一个是航校的参谋长。我知道你们俩都是正师职干部，要当参谋长，就得委屈一下喽。"

听罢，我当即表示愿意去当航校的参谋长。我说职务高低无所谓，关键在基层可以一边干一边学，还能尽快地摸索空军各方面的知识。

刘亚楼同志听后，十分高兴地说："这很好嘛！有的同志不愿意当参谋长，杨思禄你愿意去当，说明你是有眼光的。我就是参谋长出身，我认为只有当好参谋长，才有可能在将来当一名优秀的好主官！"

其实在空军组建初期后的很长一段时间里，刘亚楼始终坚持这个观点，就是将从陆军调来的一些干部高职低配。不管是军事干部还是政工干部。他不喜欢他们火箭似的一步登天，他情愿他手下的干部一级一级的每一个坎儿都蹲一蹲，磨一磨。这也说明刘亚楼对干部的要求很严。这从父亲到空军后的任职，也能略见一斑。父亲从参谋长做起，副校长、校长、师长、副军长、军长、副司令员、司令员，父亲一个坎也没缺过。这种一个萝卜一个坑的做法也很令人钦佩噢。

父亲说，我在北京过完新中国成立后的第一个"五一"国际劳动节，便赴山东济南第五航校走马上任了。

当时五航校的校长是方子翼，政委是王绍渊，我任参谋长，政治部主任是仇少久。校长顾问是苏联的杜洛夫，参谋顾问是苏联的马林若夫。

开始去时，我主要是向马林若夫了解情况，听他介绍苏联空军的管理经验。我很快就发现空军和陆军有许多相同之处。比如司令部的建设、行政管理、后勤保障和纪律、条令条例等。但毕竟是空军，它的工作又有许多新的特点。如技术性强，一切工作都要以飞行为中心等。经过一段时间的摸索，我很快就给自己定下了两条工作方针：一是在空军和陆军有共同规律性的问题上，一定要继承和发扬陆军的优良传统和作风；二是在空军特殊性的问题上，不能机械地搬用陆军的经验。

空军初期的航校，人员成分复杂，他们来自四面八方，经历不同，思想各异。除少数技术骨干是由新疆学习回来的老红军、老同志和东北老航校培养出来的部分飞行和技术人员以外，还有一部分是国民党空军和伪满空军的留用人员。这后一部分人对航空技术比较熟悉，但在思想作风上或多或少的带有一些不良习气。但我想不管怎样，把大家团结在一起，齐心协力，艰苦创业，坚强的政治工作必为先导。这在哪儿也不能丢。我是这么想的，也是这么做的。

我记得有一次吃晚饭，几个留用的飞行员将两名妇女围住，"乒乒乓乓"地向她们身边扔汽水瓶子，还又笑又叫，吹口哨起哄，吓得那两名妇女直哭。我看见后非常生气。当场下令将带头闹事的飞行员关了禁闭。并宣布："今后不管是什么人，绝不允许这种流氓作风在人民空军出现。我发现一个就要处理一个。空军特殊，但绝不是在这些问题上特殊！"

还有一次发放飞行服。有些飞行员嫌衣服难看，又比较小，就骂骂咧咧的把衣服扔在地上不穿。被我看见后，立刻命令他们马上把衣服捡起来，并当即教育他们要爱护人民财产，珍惜飞行员的荣誉。这些事情的处理得到了王绍渊政委的支持。他说："处理得对，对部队我们就要实行严格的纪律。"经过这两次事件的处理，使部队的作风有了很大的好转。

初到航校时，我凭着自己的工作热情、强健的身体，拚命地干工作。不管是营房建设还是部队管理，甚至篮球比赛，我都尽力参加。但在实践中我唯一深感心有余而力不足的，是在飞行技术管理上确实有许多不懂的地方，因而工作很难顺利展开。我越发感到，要想真正的带好部队，不掌握不熟悉部队的特点是根本行不通的，必须要由"外行"变为"内行"。所以我给自己订了一个小小的计划。每次到机场时，我总想坐一坐飞机，体验一下空中的滋味。可那时的教练机不是什么人都能随便做的。后经我向苏联顾问再三请求，他们终于破例同意让我坐一次飞机了。当时我高兴极了，可是万没想到那个飞行教官不知是要成心要整一下我这个从陆军部队来的"大老粗"，还是要显示一下他自己的高超技术，飞机升空后，他不是大坡度的拉升爬高，就是左右翻滚，动作十分粗猛。虽说我生平第一次坐飞机，可连那点新鲜感还没尝到，便早已吐得不成人形。落地后下飞机时，只觉头重脚轻，如坠五里雾般。可我还是拒绝了别人的搀扶，硬是坚持自己走下了飞机。就在这时，只听苏联顾问在我耳边道："这下你知道我们飞行员的辛苦了吧！"

　　苏联顾问的一句话，似乎惊醒梦中人。

　　父亲说，从那时起，也不知道是那个飞行员的有意捉弄，还是苏联顾问的一句重捶，使我突然萌生了一股强烈的愿望：那就是我要学飞行！一定要学会飞行！否则我无法在空军干好本职工作！

　　抗美援朝初期，空军虽然已培养了一大批优秀的飞行员，但空战结果表明，我们空军更缺的是一大批有实际经验的空中指挥员，尤其是高中层的飞行指挥干部。为此中央决定在全军范围内，用4个月的时间，挑选一批打过仗、政治好、身体强的排、连、营以上的干部，迅速到空军进行速成培训。记得在当时中央军委的命令感召下，不少师、军以上的领导同志也被挑选参加学习飞行的任务。如段苏权、曾克林，还有一大批优秀的团级干部、战斗英雄如张震和、马勇、吕茂堂、李树荣、马宁等，也在那时加入了学习飞行的行列。

这一消息也同时激励了我，鼓舞了我。我更加坚定了一定要学会飞行的决心。

　　1951年，也就是我任参谋长的一年后，我就又被任命为第五航校的副校长。在干部体检时，我发现自己的身体很好，完全可以参加飞行训练，于是我正式向校党委提出了学习飞行的请求。

　　我万没想到是，这个要求一提出，立即遭到四面八方的非议和阻力。有些人说："杨思禄，你连小学校的门都没进过，怎么可能学会飞行呢？"

　　还有人说："你这么大的岁数了，老胳膊老腿的，在空中能应付紧急情况吗？要是飞不出来，不更丢人吗？"

　　苏联顾问也劝我，说："世界上还没有33岁才开始学飞行的人。就算我们敢带你飞，你要真有一天摔死了，也岂不可惜？！"

　　就在人们纷纷议论，对此事大表疑惑不解之时，空军党委给了我很大的支持和鼓励。特别是刘亚楼司令员，他听到这件事后，说："我们共产党人就是要干别人从没有干过的事。杨思禄同志岁数大一点是事实。但他身体好，有决心，为什么不能学一学呢？将来能飞出来最好，就是飞不出来，也可以多掌握一些空中的飞行知识，对部队的管理大有好处嘛！这样的干部不是太多，而是太少。我们需要更多一些懂飞行的老同志。这个学费我出！"

　　于是空军党委最终批准了父亲学飞行的请求。

　　父亲说，这一切真令我终生难忘！

　　那时候航校领导对父亲学飞行也非常重视和支持。领导免去了父亲一切日常工作，让父亲能专心致志的学飞行，学好飞行。苏联专家也很关心父亲，并专门为父亲指定了一架雅克–18型飞机，由苏联教官亲自教父亲。

　　但父亲说，我没想到真正要学会飞行，却比我从前预想的困难还要多得多。我16岁参加革命，仅有的一些文化也大都是在十几年戎马生涯的战斗间隙中，点点滴滴，见缝插针中学到的。如今30多岁了，却要从头开始学习数、理、化和ABC，这真是比登山还难！

父亲面对如山似海的作业习题，暗暗咬紧了牙关。白天别人上八小时的课，两个小时的复习。而父亲呢，每天除正课时间外，还要用五、六个小时复习。晚上别人都休息了，父亲还要加班加点的补课复习，消化当天学过的课程。尽管这样，有些数据的运算、代数的平方根、方程式仍很难弄懂。父亲只好死记硬背，有时连走路吃饭都不放过。

妈对五航校的记忆也颇深。妈说那时他们住的是一排很普通的小平房子。校长、政委和参谋长都住在一块儿。大姐那时两岁了。妈说那段时间，父亲什么电影啊戏的，统统不看。父亲连晚上做梦都是在考数学，紧张的不得了，以至于在睡梦中的说的话都是在背方程式。

父亲说，从学飞行理论的第一天起，我就停止了看戏、看电影等一切娱乐活动。在学飞行理论的过程中，我感到最困难的是领航运算和空气动力学。经过 4 个月的艰苦努力，我终于结束了飞行理论、领航专业、飞机构造、空气动力学等专业课程。与此同时，我还挤出时间练习林肯模拟机。这种模拟机是接收国民党的（美国产的），苏联教官不愿让我们去学。可是我们为了尽快掌握飞行技术，也顾不上苏联教官高兴不高兴了。真是硬着头皮天天到模拟机上去练习。因为这对我的飞行训练确实有很大的帮助。

其实对于父亲来说，过了文化理论关，才仅仅是头一关。而真正的困难还是进入学习飞行驾驶技术的阶段。真可谓一关更比一关难啊！

父亲的左手大拇指在抗战期间被日本鬼子的子弹打断。解放后被评为二等乙级残废。我曾问过父亲，这伤残的左手不影响你开飞机吗？

父亲说，手的问题倒不大。在实际操作中，我最大的障碍却是语言障碍。

父亲说，我的飞行教官是苏联人，不会讲汉语。我又不懂俄语。我们之间在语言上根本就无法沟通。一旁的翻译则常常把关键的词语译错。这使我因此而受到了不少本该避免的"惩罚"，甚至在飞行中发生过几次危险动作。

轻声细诉

杨争 著

父亲还记得刚开始学飞行驾驶时，因为语言不通，教官常常用驾驶杆来"训"他，就像小学生不能领会老师意图，会挨教鞭戒尺一样。飞行中父亲的腿常常被驾驶杆打得青一块紫一块。有时几个起落下来，连走路都是一瘸一拐的。

有一次飞螺旋练习，飞机进入螺旋时，要带一点油门，因为这是翻译说的，没想到这样做正好和苏联教官的本意相反，刹那间，飞机像脱缰的野马翻滚着直往下冲，把教官的脸都吓白了。好不容易才把飞机改平，否则后果不堪设想。事后才知道，飞机进入螺旋后，要收油门才对。

问题发生后，校党委很重视，又给父亲换了一个被留用的伪满时期的中国教官，叫戴逸民。父亲说他的教学极为严谨负责。父亲也没有因为他在伪满军队服过役而歧视他，相反真正地把他当作老师和同志，认认真真地做他的学生。

父亲说，戴教官曾诚恳地对他说："杨副校长，在飞行上我是你的老师，但在如何当好一名革命军人上，你是我的老师。"

从父亲学飞行的经历中，父亲说他深深地感到，在人民空军建设初期，除了以陆军作为基础外，苏联同志的援助，以及一切为建设人民空军付出辛勤劳动的人，都应该在空军成长和发展的历史上记上一笔，让后人永不忘怀。

父亲在五航校学飞行时期，正是人民空军刚刚起步的时候，飞行事故也比较多。

一天，五航校里与父亲一起进行训练的另一个飞行大队发生了一起空中相撞，造成两名学员、两名教员同时遇难的严重事故。

不久，又发生了地面氧气瓶爆炸，伤亡多人。同时又传来了调入空军并已担任师长的张震和、马勇两位同志在飞行时，牺牲在飞行事故的消息。父亲说，老战友的牺牲固然令我内心非常难过，但他们的牺牲丝毫不能中断我继续学飞行的决心和意志。相反，更激励了我以最大的勇气和毅力去克服飞行中的种种困难。不达到目的决不罢休！

↑ 这就是 1951 年夏天，父亲驾驶雅格-18 型飞机，第一次放单飞的情景。

1951 年夏天，父亲终于迎来了放单飞的日子。那一夜父亲激动的难以入睡。因为那一天的来临，对父亲来说的确是来之不易。因为在父亲同一批的学员班里，父亲的同班学员大都是高中毕业生，年轻聪明，与他们相比，父亲的条件最差。但父亲没想到的是，父亲却是同期学员中学得最好的，而且是第一个放单飞的。

领导之所以第一个给父亲放了单飞，也希望父亲能给其他学员做个好样子。

父亲说，飞行前，校长吴元任亲自检查我的飞行，大队长则不断地安慰我："杨思禄同志，你不要紧张，大胆飞吧！"说实在的，我当时的激动多于紧张。我不断地问自己，明天即要发生的一切，会是真的吗？我，一个识不了几个字的穷孩子，真的能驾驶着飞机，在广阔的蓝天自由自在的翱翔吗……

第二天一早我们所有人聚集在机场时，只见天空阴云密布，风速又大，能见度也很差，飞行计划只好取消。紧接下来在连续三天待命的日子里，我心急如焚。一直到第四天早晨，机场上空才跃出一轮冉冉升起的红日。当我的飞机滑到起飞线上时，所有的教员，还有几十名同学都在塔台边上关注的望着我。我在他们熟悉的目光里，看到了赞许、鼓励、激动……飞机在腾空而起的那一瞬间，我

↑父亲从雅格–11中级教练机上走下来。

的眼睛不由自主的湿润了。飞机轻松的绕过塔台，一转弯，二转弯，三转弯，四转弯后直线下滑，定点，着陆！

当我走下飞机时，同学们都把我紧紧地围住，祝贺我的成功。我记得那天晚上，我所在的飞行大队还特意聚餐以示庆贺。这一切就是今天回想起来，仍令我激动不已……

父亲说，经过无数个日日夜夜的艰苦努力和飞行训练，我先后完成了雅克–18、雅克–11、乌拉–9等飞行训练课目。可就在我离飞完高级教练机还剩最后两个飞行日的时候，我突然接到了中央军委调我任航空兵第十九师师长的命令。接到命令时，我的心情竟变得很复杂。虽然新的工作对我极具挑战性，但我无法忘掉日夜为我学飞行而操劳的那些飞行教官和理论教员，更无法忘却积极支持我学飞行的五航校其它领导同志。我的内心充满了依依惜别之情。

记得当时校长吴元任同志对我说："刘亚楼司令员听说你飞行速成训练结束后，非常高兴。说这是我们自己航校培养出来的飞行干部。这样一些老同志、老红军能够飞出来，对现代空军的发展和未来都大有好处！"

巧得很，就在父亲顺利放单飞时，妈生下一个男孩儿。父亲忙得根本不能去医院，但父亲的心里好高兴呵！因为这是父亲的第一个儿子嘛。于是他给儿子取名为"建强"。含意就是要建设一支强大的人民空军——这也是父亲内心的宏愿！

在人民空军成立组建之初，一切都是百废待兴，一切都需要大干快上。尤其是刚解放时，国民党空军不断地对我华东和华南地区特别是对上海、福州、广州等大城市进行轰炸和袭扰，国土防空的任务义不容辞的落在刚组建的年轻的空军的头上。紧接着1950年朝鲜战争爆发，为了组织中国人民志愿军空军入朝作战，空军采取一切有效的措施，以最大的努力，再一次加速了组建航空兵部队的步伐。空军最早的航空兵部队是旅建制，以后经毛泽东主席批准，空军部队的番号才由旅改成师。当时人民空军既要担负国内防空任务，又要组成志愿军空军参加抗美援朝作战，仅靠几支航空兵部队是远远不够的。于是从1950年至1953年底，空军边打边建，一大批具有一定战斗力的航空兵部队应运而生。空十九师也就是在这种态势下建立起来的。

父亲说，我记得空十九师是由中南军区抽组部队于1951年11月在汉口王家墩成立的。下辖五十五团、五十七团。首任政委李振声，没有师长，副师长由刘鹤田担任。我上任之后，也就成为了航空兵第十九师的第一任师长。

我在任空十九师师长的过程中，更深刻地体会到，作为一名空军师级指挥员，学会飞行，懂得空中指挥是多么的重要。因为这时组织部队的飞行训练就不会像原来那样感到无从下手，相反有一种如鱼得水、游刃有余的松弛。回顾当年，在我们那一批学飞行的老同志中，大部分都是经过战争的考验，有一定的作战经验。学会飞行后，又及时填补了空军中高层领导干部的空缺，为提高空军飞行指挥水平增添了力量，从而证明中央军委的决定是正确和及时的。

3

　　1950 年，新中国刚成立不久，人们还没来得及从多年的内战中平复过来，朝鲜战争就爆发了。中国似乎是不能对那场战争袖手旁观，于是军队再次进入了战争的状态。父亲学会飞行后一直在广州的空十九师就职，远离抗美援朝第一线。这让渴望为抗美援朝尽一份心的父亲，心中很是不甘。

　　抗美援朝战争期间，我国空军有空三师、空四师和空十二师开赴朝鲜作战。在战斗中飞行员牺牲很大，根据上级指示，父亲所在空十九师抽调了大批飞行员补充了空三师和空四师的损失。如毛家明、冷志亮等。父亲说，当时空军已从初建转向组建、扩建，更有实战能力的阶段。随着在空军工作的逐步深入，父亲更意识到飞行员的宝贵和稀少，以及航校工作在为空军培养大批飞行员的重要性。

　　而在那时空军虽然采取了三次扩大航校培训规模的措施，培训能力有显著增长，但仍不能满足航空兵部队迅速发展的需要。于是父亲毛遂自荐，再一次向空军党委提出建议，要求回航校工作，继续为空军培养大批飞行员而努力。恰在此时，空军筹建十一航校，经空军党委批准，1953 年 1 月，父亲被任命为空军第十一航校校长，第一任政委则是于春山。

　　现在算来父亲在航空兵第十九师才工作了仅半年的时间。而十一航校是于 1953 年 1 月 8 日在陕西户县正式成立的。它下辖三个飞行训练团和一个理论训练大队。新成立的十一航校，虽说也是训练歼击机飞行员的，但它同原来的几个航校不同。先成立的几个航校都有老航校的基础，而十一航校则一切都要从零开始。可以说空军只是在陕西户县的那个地方划了一块地，地面则连属于部队营房上的一片瓦也找不到。

　　不过想当年初进空军时，父亲不就是在航校中摸爬滚打的吗？其结果不但了解了空军，还学会了飞行。如今一张白纸更好作画。

↑父亲在空军十一航校时与飞行二团干部的合影。

父亲要的就是用自己的双手亲自去创办一个航校。困难和挑战只能更激发父亲的斗志。为了把十一航校建设好，父亲说他把自己一个人当两个人用。也就是说会的不会的，只要航校需要，父亲就是让自己有条件要上，没有条件创造条件也要上。

父亲对航校创建之初，有一件事最引以为荣，就是有关航校的整体设计和构图。父亲说，因为我有在五航校工作的实践和学飞行的体验，心里多少有点底。特别是学会了飞行，对如何更合理的利用校舍进行部队飞行训练区和部队宿营区的划分，更好地建设新航校有了新的理解和发言权。

于是父亲找到空军主管航校建设的有关部门，提出了十一航校的营区建设意见，并要求有关十一航校建设的图纸由十一航校自己进行布局和设计。这个想法在当时许多人眼里，简直不可思议。尤其是像父亲这样的大老粗，没文化，还异想天开的搞设计吗？！

建筑部门不同意，理所当然的拒绝了。借口设计是"保密"的，非但不让十一航校参与，连图纸也不给十一航校看。但父亲偏不信这个邪。

父亲说，为此事，我就把"官司"一直打到空军党委。我对空军政治委员吴法宪说："如果我不当校长，我可以什么都不管，既然组织上相信我，让我当校长，我就要亲自参与营区的建设。这也是为了避免原来航校建设的一些不合理、不完善的地方，被重复建设以及教条主义者自觉不自觉的保留了在实际当中那些不利于飞行教学和训练的弊病。"

当即我还向空军党委立下了"军令状"：保证不超过原规定的使用面积，也绝不会超过原规定的经费预算。经我多方工作，空军党委终于批准了我的要求！

父亲说，当他拿到空军批准后的十一航校的设计权时，父亲的心情非常激动。他觉得自己终于可以甩开膀子大干了！针对原来在苏联专家指导下航校建设中的一些不合理的因素，父亲在新航校的创建中，有意识的避开这些问题。父亲说，我们的营区建设就是要以飞行训练为中心，将机关、后勤保障部门、家属区一一分开，互不干扰。这样的设计布局才会合理，才有利于飞行训练。父亲同时还虚心听取各方意见，包括苏联专家许多好的建议。图纸的设计最终得到空军党委的首肯，也为后来的实践所证明，它的确存有许多先进的和合理之处。为此，空军还于当年年底，在陕西户县十一航校里召开了一次较大规模的现场会，向其他单位推广和扩大十一航校的创校经验。

但对父亲而言，把学校的架子搭起来，这只是父亲创校建校的第一步。尽快为空军多培养一批具有战斗能力飞行员才是父亲工作的重中之重。在创建十一航校的日日夜夜中，父亲说他虽然好累好辛苦，但他工作的热情却得到了极大的发挥和满足。

父亲说，在航校的工作中，因我由外行变为内行，所以在学校飞行训练的实践中，在抓教学和组织训练的过程中，说话办事也能有的放矢。那时候我经常和飞行员泡在一起，飞行员在训练过程中有什么难题，后勤保障上有什么失误，往往都能在现场得到解决。

记得有一次驻咸阳的飞行二团在组织雅克-11的训练时，因学员刹车过猛，飞机拉大顶，而碰坏了螺旋桨，把学员吓得直哭，教员也哭，连一旁的中队长和大队长也跟着掉眼泪。我立即召集大家开会，我说："虽然出了一个三等事故，但大家不要流眼泪，哭不解决问题。重要的是我们要在今后的工作中吸取教训。"事故发生后，我没有轻易处分哪一个人，而是把重点放在研究和寻找事故发生的原因上，以及今后如何避免事故再发生的措施上。二团领导事后总结说："校长这样处理问题，比简单给我们一个处分好。大家思想上没有包袱，身上没有压力，工作干劲也就更足了。"

父亲说，他那个时候由于工作需要，经常自己驾飞机到各场站检查工作。有一次，他驾驶雅克-11飞机，从校部到二团，飞机着陆时，父亲因光想着问题，却忘了放起落架，信号员忙鸣枪示警。着陆后，父亲马上到飞训大队召集大家开会，就此事当场向全体飞行员做检讨，并希望大家能引此为戒。没想到这件事在全校引起了很大的反响。飞行员们都说，校长能这么严格地要求自己，以自己实际的事例教育我们，这远比说一些大道理更让我们服气了。

随着空军事业的发展需要，1954年军委空军在十余所飞行航校中选择各项工作优异的十一航校改为空军唯一的战斗飞行学校，航校的中心工作也由之前的培养战斗机飞行员的单一工作改为培训飞行中队长、空军引进的新式战斗机改装训练任务、空军新战术试飞任务。十一航校中心工作的此次调整，标志着中国空军在学习和消化苏联空军航校建设的基础上开始了适合中国国情的探索。

十一航校的各方面的建设，实际上标志着我们中国的航空学校在学习和消化苏联空军办航校的经验基础上，开始了新的腾飞。

父亲至今还记得一件小事。就是在父亲任职十一航校校长期间，由于工作出色，与苏联顾问的合作也很默契和愉快。父亲说，他的苏联顾问是一名苏军中校。苏联军官在军旅生涯中由中校晋升为上校一向是很难的。一次，刘亚楼司令员陪同苏联顾问团来十一航校检查工作时，苏联顾问团对父亲在十一航校的工作给予了很高的评价，他们对刘亚楼说出了他们在对十一航校总体考察后的评价和结论："这么快的就建立起一个如此完整系统的航校，在苏联不曾有过。这样能干还会飞行的校长，在苏联也不曾有过。"

父亲却很谦逊，他向苏联顾问团着重赞扬了他的中校顾问为十一航校建设所做出的巨大努力。这使得苏联顾问团的人听到后，越发高兴和满意。于是就在苏联顾问团回北京以后没多长时间，十一航校的苏联中校就接到他的苏联顾问团对他颁发晋升上校的命令。速度之快令大家诧异，大家更是由衷地为他感到高兴。

父亲的一生中一直以十一航校为荣。因为作为第一任的校长，父亲是从十一航校的第一块砖干起来的⋯⋯

更为重要的是在十一航校期间，父亲先后完成了喷气式的米格15、米格17、米格19等新式飞机的改装。其中米格19的改装成功，使父亲成为中国空军为数不多的老红军中能开超音速战斗机的飞行员。

掩卷沉思，面对父亲的心路历程，我再一次觉得内心深处有一种不能不承认的东西，那就是——感动。

父亲在嘴上老说自己是"土老冒"、"大老粗"，其实父亲在骨子深处是偏偏不信这个邪的，否则怎么会连小学都念过，竟然学会了ABC数理化？由不懂飞行变成会飞行，进而管理没飞行，彻底由外行变成内行?!

父亲的确是一个很执着的人。一如当年打小日本一样，父亲不怕死，不怕难，不怕挑战。顽强进取就是父亲的个性；就是父亲生命的意义所在！

我想如果父亲在解放后安守自己的工作，如果父亲内心深处对死亡尚存一丝一毫的恐惧，父亲从哪一个角度上讲，都可以放弃学飞行，他的工作无需非学会飞行不可。父亲只需认认真真做好本职工作，父亲一样可以无愧于自己的家庭，无愧于党，无愧于自己的生命。

可这不是父亲的个性。父亲不愿让自己的事业和生命像一杯白开水，品嚼无味。父亲从不把地位和职务，看得比自己的生命价值还重，父亲把自己的生命完全的融于事业和工作中。这种融合更像

轻

声

细

诉

第
三
章

↑父亲任空军十一航校校长后，经常飞着这架苏格尔小型运输机，到各飞行团检查工作。

是一种本能，义不容辞，生而有之的责任感……这种完美的结合使他可以忘却困苦，忘却家庭，甚至忘却自己……只要活着，就喜欢顽强的向自己生命的极限去挑战！

　　一步一步踏着父亲走过的路，回过头看父亲的身影，我以为这些赞誉之词，并不过分。因为当战争、死亡和鲜血，都变成一种经历和证明，浓缩在父亲的心灵深处，对共产党的压倒一切的爱和信任，就是父亲骨子里最本质的东西。

　　即使这样，在父亲一生的政治长河中，在各式各样的政治运动中，父亲的理念和信仰还是不免要遭到来自各方的最严酷的考验！

　　我不知为什么又想到红军在过大渡河时，有一个场景特让人难以忘却。就是泸定桥上那光秃秃、冰凉凉的十三根铁索。

　　红军一个连长带着 21 个战士组成了突击队。他们每人带一支冲锋枪或手枪、一把大刀或十几个手榴弹。他们必须伏在光秃秃、冰凉凉的铁索上一节一节地向桥那边爬去。子弹从他们的耳边，贴着头皮呼啸而过，随时随地他们当中任何一个人都会因被子弹击中而掉到身下翻腾巨浪中。但他们之中没有任何一个人低下头，谁也不去看桥下面翻滚着的激流。谁也没惧怕死亡离自己如此贴近。仿佛他们的生命生来就只为冒着敌人的炮火过河，只为自己的部队开路而生。也许他们并不知他们的成败几乎就是整个红军的成败，历史也必定会以他们的成败而改写。可眼下这 22 个红军战士则必须在敌人的枪林弹雨中顽强地前行，不能有半步的退缩。敌人的机关枪就对着战士们呼啸而来。他们却顽强地一节又一节，一尺又一尺，艰难的向前移动着。而后面的战士则紧跟着这 22 名突击队员的身后，随着勇士们向前的进度，拿着新木板，一块儿一块儿的往前铺。敌人眼看子弹也不能阻挡红军胜利的脚步，于是国民党士兵又把煤油浇在没有撤去的木板上，勇士的前方顿时燃起一片火海。但不管是敌人疯狂的子弹，还是就在眼前的熊熊烈焰，红军战士依旧置若罔闻，继续向前向前。有人被子弹击中，掉到桥下波涛汹涌的大渡河里，一个漩涡就席卷而去，年轻的生命由此终结。但即使这样也还是未能阻挡剩下的人前行的脚步。当他们终于爬上敌人来不及抽掉的木板时，22 个红军还剩下了 18 个人。于是剩下的 18 个人冲进充满浓烟的烈火中，朝敌人发起了最强有力的进攻。当被烟熏黑、衣服也着了火的红军战士冲向对岸时，国民党守军不得不放下一切，自顾自的逃跑了……

　　这就是红军，这就是我们中国人民解放军的前生今世！
　　共产党绝对有一千个理由呵护他们的"国宝"。

4

　　妈说在父亲飞行的日日夜夜里，妈的心也像父亲的座机一样，经常被悬在半空中。不过对妈妈来说最让人揪心的时刻，还是父亲飞夜航。因担忧而彻夜的无眠让人现在想来都后怕。妈那颗悬着的心每每都是在父亲的飞机安全着陆后，才能平复。当一个飞行员的妻子是很难的。这种复杂心绪的体验，不是一般女人所能领悟的。
　　妈说父亲那时每晚都要在十一、二点后，才能回家。父亲的高血压，也是在那时落下的病根儿。因为飞行员一定要吃好睡好休息好，所以父亲的午睡也是雷打不动的。每到父亲要睡午觉时，全家都要视为头等大事认真对待。

"爸爸要睡午觉啦！"那时候家里的房间小。为了不吵醒睡午觉的父亲，于是乎，妈就领着我们这一群大大小小的孩子，到院落里玩耍。每一个人都要轻声轻气的说话，蹑手蹑脚的走路。谁也不许大声喧哗！没想到这习惯竟从那时起，成了我们全家不成明文的守则，一直沿用至今！

大哥是1951年的夏天出生的。妈说大哥第一次被护士抱来喂奶时，一声不吭，只是两只大大的眼睛望着妈，眨巴眨巴的，好像什么都懂似的。给妈的印象好深。父亲喜欢这个大儿子，说他长得"虎头虎脑"的。父亲走哪儿都带着他。在广州时，妈的条件已比当年生大姐时强多了。妈请了一个阿姨。妈说那是一个国民党的姨太太，一个穿着很讲究的女人。晚上睡觉时，从来都把才几个月的大哥放在脚底下。妈看了后好心痛，但妈从不说什么。妈不会和人吵架。

在广州的日子，对妈来说，舒适而又短暂。那时广州的白云机场还是部队的机场。当时的空十九师就在白云机场里面。从照片上我可以看得出爸妈住的是一栋土黄色的二层小楼。妈很高兴，终于可以把在广州军区文工团当舞蹈演员的二妹文馥找来一叙。姐妹一别数载，有说不完的话。要知道我三姨当年参加革命时，还只是个年仅15岁的小丫头。记得那一年妈和父亲婚后第一次回家看姥姥，小妹第一次看见姐夫，就吵着闹着要参加八路军。父亲没法儿，只好让人找来一只小毛驴驮着我三姨，把她带到了冀东军分区。

后来三姨总埋怨我爸，说："姐夫，人家当年明明是骑着高头大马参加革命的，你怎么会说我是骑着一头小毛驴哩？"

父亲大笑。

可这回匆匆相见，还没说上几句话，我三姨就急着要去海南下部队演出，无法久留。妈还直安慰三姨说不急不急，现在解放了，我们又安顿下来了，以后有的是机会深聊。可谁知父亲在广州呆了没半年，空军便急调父亲进京去十一航校上任。以至于妈走时，连和三姨打电话告别的时间都没有。害得三姨匆匆从海南赶回，在那小楼里却扑了一个空。这事让妈挨三姨好一阵子埋怨。可有什么办法呢？军令如山倒啊。妈似乎意识到自己的一生都必须跟父亲的步调一致！

但是这么多年以后，我三姨还是对父亲在十九师时的事，记忆犹新。她说有一次她到大姐家，大姐夫不在，正在天上进行飞行训练。晚上回家吃饭时，她就问大姐夫，她说："大姐夫，你今天在天上飞来飞去，都看到了什么呀？"

没想到大姐夫的回答令她惊讶不已，父亲告诉她：我今天飞得足够低。竟然看到了叶剑英小别墅上面绿色的琉璃瓦哩！

天呐？！

二哥是 1953 年出生的。初生的前一天正好是斯大林去世，于是父亲就给二哥取名叫：纪林。意思是纪念斯大林。父亲那时正忙着筹建十一航校的事，妈又是一人随着十一航校的家属在石家庄留守。不过生二哥时，父亲忙里偷闲回去了一次。妈说 3 月的北方还很冷。父亲那时已有了一辆吉普车。去医院接妈回来时，父亲怕妈受风，让人用棉被把吉普车四周的窗户全堵上。这事让妈好感动。二哥眼好小，嘴好大，头一次见妈的面就咧着大嘴，直哭。好像受了什么委屈似的，也给妈的印象好深。

50 年代初期，当时已经三十五、六岁的父亲在航校工作上似乎颇为得心应手。可还不到 30 岁的妈刚生完二哥后的第二年年底，又忙不迭地去准备二姐的呱呱坠地……那时候大姐 5 岁、大哥 3 岁、二哥才 1 岁呀……照片上还穿着军装的妈挺着个大肚子，面容憔悴，已全无当年与父亲新婚燕尔时的妩媚，妈说好累。

1955 年全军实行正规化建设，规定除少部分人员外，女同志全部转业到地方工作。妈也就是那一年离开了军队。

我不知道妈对转业是什么心情，但父亲那时工作地点在阎良，妈则分配在西安市人民医院人事科工作。妈说她每天都要挺着大肚子做火车到西安去上班。就这样二姐生下来时还足有 8 斤。别说就是这么一个大胖丫头，却成了我们家五个孩子当中最漂亮的一个。也许是妈每天奔波，风吹日晒，所以二姐小时候那黑劲也颇有个性。院子里的孩子爱叫她为"印度人"。一个苏联顾问觉得二姐实在太可爱了，就唤她"洛曼"。父亲把它写成中文，就成了：罗迈。我们 5 个孩子的名字都是父亲取的。妈说她实在没有精力和体力天天做火车上班了。于是转调到部队幼儿园工作。没想到幼儿园主任的这一职位，竟让妈一直干到退休。

那个时候爸妈 4 个孩子两男两女正好，可没想到三年后，我还是不期而至。

那个年代政策上是鼓励多生孩子的，"英雄母亲"一说也是产生在那个时候吧。这个政策的结果，真可谓后患无穷。妈说当时她真不想要我。这一点我能理解。为了不要我，妈做了不少的努力，每天跳啊蹦的，可我的生命力似乎也因此而格外顽强，任凭妈怎么折腾，我就是一点险情不出。最后妈没办法了，跑到西安空军医院去要求做人流术。那时做人流术需领导批准的。父亲不同意也不签字，妇产科主任也做妈的工作，说"太大了，不好做。"

妈实在没法儿，勉勉强强生下了我。所以父亲在我的名字当中取了一个"争"字。意思是我的出生是有争议的，是父亲把我争出来的。父亲也确实常为此来而得意。从小到大，人前人后，我不知听父亲说过多少次，向别人解释我这个"争"字的来意。父亲老对我说，我没有签字，对了吧？妈也从不多解释。

所以直到现在填写名字时，若要有人问我名字是哪一个字时，我都会说是争取的争。只是偶有一次，在我 10 岁时，妈曾向我淡淡地提到，刚生下我那年，正好赶上苏联第一颗人造卫星上天，为了纪念这事，我曾被想叫做：宇征。可能对那么一个小小的其貌不扬的小女孩儿叫如此大器的名字，寄寓这么深厚的期望——征服宇宙，有些勉为其难。所以这个名字一直就没能叫起来，索性就叫"小争"吧！

我在"文化大革命"前一直就叫这个名字。"文化大革命"开始后，大家都在闹改名热，我头脑也发昏，10岁的我也和妈吵着要改名。妈没办法，就说那把"小"字去掉吧，仅取一个"争"字，这也和妈的心意，一切似乎都越简单越好。我二姐也把"罗迈"，改成了"英迈"。意思则是英雄豪迈！

妈生我时，已没什么奶水了，所以我是喝牛奶长大的，小时候很少生病。别人一说"这孩子身体好"，我总能听妈说："喝牛奶长大的"。所以很长时间一直都误以为牛奶比母奶好。

长大一点后，大家总爱拿我开玩笑。我大姐就老爱说我是掉在路边的煤球堆里让她捡回来的，因为我皮肤黑，掉在煤球堆里找不着。搞得我半信半疑的，常自怨自艾，多愁善感，自己可怜自己。

"文化大革命"时，我曾看到过父亲有一个小本，上面没有更多的内容，却只记着我们5个孩子每一个人的非常详尽的出生日期和时间。可惜那个本子"文革"后就再也没找到，成为我们全家至今的遗憾……

父亲一生酷爱摄影。家里那本大影集，夹满了我们小时候各式各样的像片。有大哥大姐抱着洋娃娃坐在台阶上的，也有他们长大了一点，骑着小自行车的。也有像皮球一样胖的二姐吃玉米棒子，二哥在一边馋得口水直流，眼睛始终不离二姐手中的玉米棒子的。还有我穿着缝着大补丁的裤子，一看就是两个哥哥穿剩下的。短短的头发乱蓬蓬的。真是应了那句老话：新三年，旧三年，缝缝补补再三年。

但所有的这些像片都是父亲的杰作！

父亲在空闲的时候最爱摆弄照相机。有些照片现在看来，甚至颇有些艺术家的眼光和情趣。那些相片不仅记录了我们从小到大的成长过程，也是我们家一部永远不能重复的历史见证。长大以后，我们都悄悄把自己小时候认为比较得意的照片拿走了，插到自己小家的影集里。妈那本大像册越来越空，最后妈不得已，索性重新换了一本相册。如今那本大相册，因为没有相角，妈再也不能粘贴照片了，上面到处残留着虫子咬噬过的痕迹，可爸妈无论如何也不会想到，他们当年精心拍摄粘贴的老相册却早已成为我们 5 个孩子心中的魂，岁岁年年永不磨灭的刻在我们的记忆深处！

1958 年的冬天，父亲和妈带着二姐再一次回江西老家去看望奶奶。父亲说二姐小时候好凶，在老家的院子里，追着老百姓的孩子到处跑……从照片上看，二姐才 4 岁大。穿着一件漂亮的条绒长袖小裙子。黑黑的眼珠子又圆又亮，透出一股小女孩儿少有的专注和认真。

在那个年代里，有一件事我觉得非写一笔：还是父亲率直的个性。在空军建设之初，肯定有许多无法完善待改进的地方。在基层工作中一些同志对空军领导提了许多的意见，父亲竟把它们归纳总结后，在一次空军党委会上，一并提了出来。父亲觉得自己很真诚，但真诚也是要付出代价的。

结果空军领导批评父亲"太骄傲！"

1955 年 2 月 8 日，经全国人大常委会通过，由毛泽东主席下令正式颁布了《中国人民解放军军官服役条例》，建立了军衔制度。这在当时的部队曾引起了广泛的关注。有不少人担心自己的军衔评低了，面子上难看，因而和别人一争高低，有的竟公开向干部部门提出要求要评什么级的军衔。父亲无论是从资历和工作，都应属于建国后第一次将军受衔之例。而且和父亲同年入伍参加革命的，甚至

轻
声
细
诉

杨
争
著

←哆来咪发唆！5 个儿女似 5 个音符。这是父亲为我们拍摄的照片。晚年的父亲再看到这张旧照时，竟问我："你哭什么啊？"

比父亲还晚的都被无一例外的评为少将。但最后的结果却是父亲在802名少将之外！

这件事对父亲是一个很大很大的震动。表面上看这也许就是就是父亲因为"骄傲"而付出的代价！但实际上还是父亲太率直太刚正不阿。可在中国那种政治体制下，这是缺点也可能就是优点。因为你对你的老领导老上级没有更多的非分之想，也就不会做出任何超出工作以外的刻意联系，你在共产党的无数次大大小小的路线斗争中就不容易说错话站错队。这算是性情使然，因祸得福呢，还是深谋远虑，百炼成钢？不管怎样，父亲依旧故我，那真是"衣带渐宽终不悔"，耿直的个性一直保留到晚年。

坦白说父亲自始至终都很尊重刘亚楼司令员。翟云英阿姨曾对我说过这样一件小事。"文化大革命"后，刘亚楼虽然早逝，但也未能幸免于被批判。翟云英阿姨带着刘亚楼的几个孩子过着窘迫的生活。

1969年刘亚楼的父亲在福建武平老家去世。翟云英阿姨赶到福建去料理后事。父亲听说此事后，不但热情相助，给阿姨许多粮票和衣物，还专门派了一辆车送阿姨回老家。翟阿姨说，你父亲是个好人。在那个年月对我们一家人没有一点歧视不说，还那么热情，让人难以忘怀。一直到现在翟阿姨和我父母关系依旧很好。

在父亲一生的任职当中，曾有三个级别的职务，父亲任期最长。一个是抗战期间二营营长一职，为期5年。一个就是50年代航校的校长一职，任期长达9年。最后一职是福州军区空军司令员，任期为15年。

父亲说，自那件事以后，他就一头沉在十一航校默默地工作。父亲说，他甚至做好了就在十一航校养老告终的打算。父亲没有怨言。在他任职航校校长期间，不但为空军培养了一批又一批合格的飞行员，由于他工作上细心严格，任校长期间更是没有发生一起飞行事故。于是不久就成为了当时空军航校工作的典范。

有时候我也在想，像父亲这样一个农民的孩子，从小没念过书，没有文化。可他就是学会了飞行，不仅自己成为一名合格的飞行员，还当上了培养飞行员的航校校长。这种成功对父亲是偶然还是必然?!

在父亲任十一航校校长的那9年期间,从十一航校毕业的飞行员不计其数,也算得上桃李满天下了。作为一名校长,眼看一批又一批的飞行员飞上蓝天,父亲心里一定溢满了幸福和喜悦。可这其中又有多少不为人知的艰辛与苦痛呢?

我们家从1953年随父亲到陕西阎良的十一航校后,一呆就是近7年的时间。

妈说家里一直就是住在一个小平房里。我不知道里面有几间房。但我知道在那7年的时间里,我们家已从两个孩子,变成5个孩子了。

由于那时航校的建校体系和思路基本上都是借鉴苏联的,所以父亲在那时也有一个校长专用的小飞机雅克-11。父亲经常自己架着飞机带着孩子到西安空军医院去看病或度周末。大哥小时候因为总哮喘,病多一些。妈说有一次大哥坐在父亲的飞机上眩晕呕吐,可他不敢说,就拉着自己的大衣领子,把呕吐物全吐在了大衣里面。

从爸妈在那一时期的给我们照的像片,也能看出一点很有趣的事。比如从一开始的照片上看,院子里是光秃秃的,没多少花和树。后来随着我二哥二姐和我的相继问世,又渐渐地长大,我们身后的树也越长越高,越长越密。以至于高大的树,超过了我们家的平房顶,门前的那条小路上的灌木丛,也长得有一人多高。

夏天时院子里的蔷薇和玫瑰到处盛开,美不胜收。因为太美了,连一向戎装的父亲,也忍不住来到院子里,在到处盛开的玫瑰花前照像留念。

看得出父亲对十一航校,有着太深的眷恋和太多的柔情。

5

50年代是共产党成立新中国后的第一个十年执政期。作为党和国家主席的毛泽东,他所思考和想付诸实践的理论,必然决定了中国的命运，也决定了生活在那个时代的中国人的命运。虽然说那些巨大的错误只属于伟人们的，但是灾难和疯狂却是同一时代的人所被迫付出的不平的代价！父亲在军队里为保卫新中国的国土安危，也许躲过了那个年代的诸如"反右"，诸如为大干快上而盲目炼钢炼铁的"大跃进"，诸如人民公社的大食堂，尤其是全国各地出现的高指标、高速度、浮夸风、瞎指挥和"共产风"所对老百姓生活的重创，使我们5个孩子在军队高高的围墙下，在爸妈温暖的羽翼呵护下，却也一个个能平安健壮地长成。

但在中国绝对没有世外桃源，政治风暴从未因敌人进攻的枪炮停止而终结。其实在中国某一个特定的时期，对一个人的考验，更多的不是在体能上，也不是在智慧上，抑或是战斗中，而是在政治上的残酷的无休止的较量中，它根本不以你的意志为转移。你可以在疆场上是英雄，但不能证明你在政治的斗争中就不会是狗熊！你也许不会倒在敌人的枪林弹雨里，但一次小小的政治风暴就能把你生命之树连根拔掉！更何况在中国只要是政治运动，大都是疾风暴雨式的，从上到下，以点到面，摧枯拉朽，上到政府官员，下到小小老百姓，一个不能少。属于美国的龙卷风级。

作为一名熟谙枪弹的地道的军人，父亲还不知全国解放后，他未来生命岁月的主战场，早已转移。他一没留神差点让第一颗小小的政治流弹击倒。

那年的4月，党中央决定在全党进行一次反对官僚主义、宗派主义和主观主义的整风运动。党中央要求各级领导机关和干部着重检查和处理人民内部矛盾问题的情况，检查对于党的"百花齐放，百家争鸣、长期共存、互相监督"方针和"勤俭建国"方针的执行情况，检查那些脱离工人群众、农民群众、士兵群众、学生和知识分子群众的官僚主义现象，检查那些不从六亿人民出发，不从团结各民族、各党派和广大的党外群众出发，不从团结全党出发的宗派主义现象，检查那些不从实际情况出发的主观主义现象。《指示》还说："这次整风运动，应该是一个恰如其分的批评和自我批评的

←1959 年 12 月，父亲在赴大连空三军任职前，携母亲和我二姐再次回江西老家看望奶奶。

轻声细诉

杨争 著

运动。" "应该放手鼓励批评，坚持实行'知无不言，言无不尽，言者无罪，闻者足戒，有则改之，无则加勉'的原则。"

这就是大家日后耳熟能详的当时所谓"三反"和"五反"。现在看来有点像"文化大革命"的预演。刚开始是共产党约集各民主党派的负责人举行座谈会，请他们帮助党整风。结果是一不小心让一些右派分子钻了空子，结果在整个社会上出现了一股反党反社会主义的思潮。于是当年 6 月，中央正式发起了一场反击右派的斗争。当时的反右斗争，被毛主席这样的定性为："反共反人民反社会主义的资产阶级右派和人民的矛盾是敌我矛盾，是对抗性的不可调和的你死我活的矛盾。"

这场反右斗争的后果很严重，其结果是把一大批知识分子、爱国人士和党的干部错划为右派分子，使他们和他们的家属长期遭受委曲和打击，不能为国家的社会主义建设事业发挥他们的聪明才智。这不仅是他们本人的不幸，也是国家的不幸，民族的不幸。据统计，全国共划右派分子 55 万余人。其中相当多的人是学有专长的知识分子和有经营管理经验的工商业者。全国 55 万余人被划为右派分子的人半数以上失去了公职，相当多的人被送劳动教育或监督劳动，有些人流离失所，家破人亡。少数在原单位留用的，也大多用非所长。

当时的党报把那场反右斗争，形容为"惊涛骇浪"，"十级风暴"，"黑云压城"。

父亲说他这一生在性命的生与死上有三次大难，政治斗争上亦有三大难关。父亲说当年16岁参加红军就踏上二万五千里。长征路上没掉队，没饿死，是克服了第一大难。抗战多次负伤，没死，是第二道难关。学飞行，没出事故，没摔飞机，是克服了第三道难关。可这一切与之他在后来所遭受的政治风暴，简直不可同日而语。的确在中国，个人的身家性命和政治生命有时完全是两回事。

父亲政治生命第一隘口出现时，就是那个时期的事。有人就借"三反""五反"的运动，写信给空军领导说父亲在重庆二野解散时贪污挪用公款，是右派。这顶大帽子，这种无中生有的事，对一向刚正不阿的父亲不啻是五雷轰顶！因为在中国最恐怖的，莫过于你是那可圈可点的政治运动里面浩如烟海的冤假错案中的其中一桩！即使几十年后的历史会还你一个清白和公正，可又有多少人愿意拿宝贵的生命去交换无谓的等待呢！

在那些日子里，父亲说他痛苦且焦急。他想不出自己对党还有什么能做的，自己却没做！公家的东西有什么不该拿的，自己却在不经意间带走了。父亲对革命事业对党的忠诚，不是寥寥数语，所能说透的。可谁在他背后非要至于他死地而后快呢！在父亲的革命生涯中，父亲百分百的相信党、相信组织。因为父亲早把自己的一切毫无条件地交给了党！可此时此刻，父亲第一次问自己，你怎么知道组织会百分百的相信你呢?!

虽说父亲是个"大老粗"，可父亲常常是粗中有细。父亲在二野移交工作时，把凡是自己经手的工作，文件都一式三份。于是父亲就用手里这备份文件为自己据理力争，父亲要为自己讨一个公正和清白。可在后来漫长等待的日子里，父亲终于知道自己受伤了，且伤得很重。这诬告犹如是一颗从背后飞来的子弹，打在自己不曾设防的要害处！后来父亲才知在和平年代里被暗器击中，是稀松平常事。可是父亲第一回只能自己为自己包扎伤口，自我疗伤！

同年年底父亲在北京终于受到了空军司令员刘亚楼的召见，他代表组织还父亲了一个公正："杨思禄你要放下包袱，大胆工作。那些谣言不要信！我还不知道你是什么样的人么?！"

……！

朝鲜战争结束后，中国大陆处于相对和平的环境，然而国土防空作战方面却出现了紧张的局面。这是因为国民党军队在1949年退居到台湾岛后，一直在伺机"反攻大陆"。1959年1月，父亲奉命到福建前线参加防空作战，实际上就是在指挥所里学习空中指挥。父亲把它看成是组织上对自己最大的信任。在大约一年的时间里，父亲觉得自己得到了很大的锻炼。

一个前苏联的作家这样说过：在我漫长的一生中，有多少小小的子弹和霰弹落到我的身上了，击中我的心灵，我不知它们从哪儿飞来，却给我留下许多弹伤。而当我的生命已经暮年，这些数不尽的伤口开始愈合了。

在那些曾经受伤的地方，就生长出思想来……

轻
声
细
诉

杨
争
著

6

1959年5月，父亲调离他心爱的工作单位十一航校后，到空六军当副军长。

不到一年，父亲又从空六军调到大连空三军任军长。

60年代初，父亲被任命为空三军的军长后，我们全家随父亲来到了大连。我们就住在当年日本鬼子占领东三省时，在大连星海街的山坡上盖的一幢小白楼里。现在看那房子并不很大，但在我们儿时的记忆中，那却是一幢很大很大的房子，而且是那么静谧、安全、温暖，甚至带有一点点的温雅和奢华。一条细细的用许许多多大大小小的鹅卵石铺成的小路崎岖延伸的通向我们家的大门。小路的两旁则是高高大大的北方的核桃树和松柏树，它们一株一棵的簇拥在我们家的门前楼后，遮天蔽日。秋天的时候，我的两个哥哥会和警卫员一起用竹竿去打还挂在树上的青核桃，我则快乐地在地上捡来捡去……

那房子是典型的日式建筑。拉开厚重的带有铁艺雕花的玻璃大门，仅玄关处就分成两道门厅。第一道门厅是全家人和客人换鞋的地方，有一个很舒适的沙发长椅。第二道门则是一面纤秀而华丽的木质的穿衣镜。穿过长长的走廊，便能看见一个很气派的大客厅。保养的很好的木地板上铺着厚厚的地毯，宽大的沙发后面是一个欧式的壁炉，可壁炉上面却端端正正的挂着两幅巨大的伟人的画像。一幅是斯大林，一幅是毛泽东。那两个伟人的巨像也成为我们脑海中最深地记忆之一。还有两个不能不提到的地方就是，客厅的一端连着一个很大的室内花房，里面摆满了各类盆栽。另一端则和餐厅相连。它们都是厚重双开的玻璃拉门。椭圆形的餐厅有两面高大的窗户，中间是一个巨大的长方形的铺着白色洁净桌布的餐桌。记得小时候我和二姐坐在父亲的左右手，离他最近。这样父亲吃好东西时，我们总是能最先得到。每样菜从来都是被炊事员分成两份。一份放在父亲这头，一份放在哥姐那头。父亲早上爱喝一点蛤蟆油，我常常有幸也能跟着喝一点。那种甜甜的滋味，至今也还清晰的记得。我们兄妹都记得连接在厨房和餐厅之间的那道特殊的装置。那面墙是用一面墙的酒柜装饰而成的。特别之处就在酒柜中间有一扇小门连着厨房。门道里有一个小喇叭，里面还有一条绳子，上面拴着一个小铃铛。饭好了以后，厨师只需对着那个小喇叭说话，楼上客厅的父母就能听到。厨师说话不方便时，也可以用手摇铃。我们经常去拽那根绳，以至它多半时间是坏的……

60年代初，中国发生了严重的三年自然灾害。那时候我在上幼儿园。令我至今难忘的是一桩小事：那天晚上小朋友们都上床睡觉了，我却不能！老师让我一个人坐在休息室门口的长廊上，吃晚餐我没吃完的剩豆腐。那豆腐又干又硬，和石膏一般的难咽！我记得自己孤独的捧着小铁碗，一边看着小朋友安然幸福地入睡，一边一小口一小口的吞咽着那碗难吃已极的硬豆腐。昏暗的灯光在我头顶上的那块儿天花板上晃啊晃的，除非吃完，否则我不能去睡。

我气死了。难道老师不知我妈当时还是那个幼儿园的园长吗！我会告我妈，让她去批评那老师的。我不记得我是怎么吃完那豆腐的，只是知道在以后很长的一段时间里，我是什么豆腐都不吃的。当然事后我妈听完我说的这件事后，非但没有去批评那位老师，还把这种想法当笑话告诉了那老师。结果是那老师到底还是找碴儿把我又教训了一顿。

在50年代末期、60年代初的日子里，我们5个孩子虽说还没饿到营养不良，但每一个人都是小脸精瘦，下巴颏尖尖的。长大后，曾看过一本书，说朱德在那个年月回到了他阔别了50年的家乡。那是他离乡后的第一次，也是最后一次的回家。他用祖传的客家话问堂兄弟："你们为什么都这么黄皮寡瘦，说话都吊不起气?"他堂兄弟直通通的说："还不是因为肚子吃不饱!"朱德听后，用拐杖猛敲了地面……

轻
声
细
诉

杨
争
著

↑大连的家，就是这扇美丽的大门，开启了我们5个孩子幸福快乐的童年。

违背客观规律的"大跃进"的继续发展，使国民经济比例失调越来越严重，1959年的工农业生产遭到比1958年更大的破坏。从1960年上半年起，全国市场供应日趋紧张，粮食供应更是严重不足。当时中共中央曾发出一个文件，《关于调运粮食的紧急指示》。在这个文件里我们看到，"近两个月来，北京、天津、上海和辽宁省调入的粮食都不够销售，库存已几乎挖空了，如果不马上突击赶运一批粮食去接济，就有脱销的危险。"父亲在那个时候，又把奶奶从江西老家接了过来。父亲还带我们全家到照相馆里照了一张像片。所有的人的脸，绝对都是这辈子最瘦的时刻！我也不例外。也就是在那张像片中，奶奶把一只好粗糙的手放在我的手上。

　　还有一张像片为证。我和哥姐们坐在一起，我的头发短短的乱蓬蓬的。显然已无人为我细心打理。小棉袄外面的外衣一看竟是哥哥们穿剩下的，4个扣子掉了3个，唯一的一个上衣口袋还咧着半个大嘴，里面鼓鼓囔囔被人随意的塞了一个大手绢。两个膝盖头落着大补丁。可看得出圆圆的补丁上面依旧又磨出了一个大窟窿。显然这条裤子不止一个孩子穿过哩！不过穿着双膝都打着大补丁的裤子，我小时候一样没少照过像。直到今天有人在看到我们家这类像片时，依然以为这一切并不是真的，而是用现代技术伪造上去的。的确这和许多人心目中的高干子弟相去甚远！在那张像片里，我二哥则穿了一件灰上衣，引人注目的是上面有一个布头剪贴上去的小五星，那是好孩子的标志。我二姐两只小辫子又长又细，脸圆圆的像个大皮球。这张照片就这样无意中最后成为我们家最为精典的老照片。

　　几十年后有一天，我老公偶然看到我们家那张著名的像片后，故意大惊小怪地叫道："这哪像是将军的孩子，一群小叫花子嘛！"这虽说是太夸张了，但所谓的新三年旧三年缝缝补补又三年！我对此话理解之深已深到骨髓！

　　在另外的一张像片里，我怀里抱着一个小娃娃。这个娃娃在我哥姐他们小时候的像片也都出现过。不过在他们怀里时，那是一个穿着美丽的小裙子，一头金发的洋娃娃。到了我能抱着它时，已是光着个脑袋，浑身上下赤条条的，分不清男和女的塑料娃娃了。可我记得自己还是很喜欢那个小娃娃的。它常睡在我的枕头边上。

我不知我哥姐们的记忆如何，但在我的记忆中妈是最不喜欢给我们买玩具了。我就记不得自己小时候玩儿过什么像样一点的玩具。唯一有一件会跑的小篷车，还是我大舅去大连时，给我买的。它给我带来了许多的意想不到的快乐。仅此，我也会很怀念我大舅的。

小时候每到妈妈去上街时，我和二姐只要在家，都会到星海街有轨电车站上去等妈妈的。现在想来也是一向心细的二姐对母亲的关爱所为。所以她才会老是领着妹妹去车站等妈妈。

黄昏中我们看着车一辆一辆的开过，终于盼到妈妈从电车上走了下来，我们高兴地迎上去，争着抢着帮妈妈拿包。回到家后，我们抢着把妈妈的包打开，当然经常是什么也没有。至少没有我们想要的和喜欢的。但我们一样爱妈妈。长大后才知那个年代中国老百姓不知饿死多少。我们却在部队的营院中平安长成，是否无意中躲过一场自然灾难和政治风暴也未尝可知。

现在再回头看那段历史，50年代从抗美援朝，到反腐败处决刘青山，张子善，再到全党反高、饶的斗争，从整风反右到"大跃进"运动，以及当时著名的"庐山会议"，新中国第一个十年之路竟走的如此沉重而坎坷。那么多的政治运动，是否为60年代的"文化大革命"，埋下了深深的伏笔呢？

但父亲毕竟是一名军人。他一生的岗位和职责几乎就是四个字：保家卫国。

朝鲜战争结束后，对于年轻的共和国而言，中国大陆似乎进入到一个难能可贵的和平环境中。相反对国土防空，却不得不进入到一个紧绷得状态中。这主要是国民党在1949年到台湾后，就从未停止过对大陆的袭扰。而这种袭扰则是以国民党空军为主要的军事力量。它大可分为两个阶段，50年代中期是以台湾空军对我东南沿海的城镇、岛屿、渔场、商船和军事设施轰炸扫射为主。60年代初则

↑1962年在中国三年自然灾害最困难时期，父亲把奶奶接到大连。这是我们全家人和奶奶的唯一合影，也是父亲最喜欢的一张像片。

是以实施侦察为主，偷窥我大陆各处军事设施、核试验基地等。尤其是在美国的支持下，国民党空军装备使用了性能较好的侦察飞机，趁我人民空军刚成立不久，武器装备均十分落后的情况下，使他们在夜间出动电子侦察飞机窜扰大陆，更是家常便饭。

刚开始国民党空军主要使用的是 B–24、B–25、B–26、C–46 等型飞机进行空投特务，散发传单，接济潜伏大陆的残余势力等破坏活动。那时候国民党空军的情报署还成立了一个"技术研究组"，对外则称"第 34 中队"。这个中队，主要装备美国的 B—17、P—2V 型飞机。此后很长的一段时间里，国民党空军都是以这两种飞机为主，夜间窜入大陆进行电子侦察活动。

据说这个中队的飞行员，都是从国民党空军中技术好，思想纯正，尤其是在多发动机上飞行过 2000 小时以上的飞行员当中精挑细选的。由于飞机是由美国提供的，所以台湾空军每次出动的具体任务、飞行航线、飞行高度，都要由美国人提出计划；执行任务后更要全部向美国人详细汇报，并交出侦察资料。全部活动由美国情报机构——"海军辅助联络中心"控制，这实际上就是美国出飞机、出钱，国民党空军出人，为美国获取中国大陆战略情报的一种特殊形式的间谍活动。

50年代末期，国际上中东事件爆发，使对岸的国民党更是磨刀霍霍，准备利用这个时机"加速进行反攻大陆的准备。"蒋介石亲自召开紧急会议，由其国防部下令陆海空军积极备战。宣布军队处于"特别戒备状态"，并取消了官兵的休假，与美军"整天整夜保持接触。"

中央军委召开会议，传达了党中央、毛主席的指示，紧急入闽作战，夺取制空权！

但在50年代，人民空军具有夜间作战能力的歼击机飞行员很少，无力组织截击。有时起飞拦截，也因情报有误，或是指挥引导方面的失误，也发现不了目标。一开始我人民空军主要对付的是国民党空军的B-17飞机。它原是美国的活塞式轰炸机，经过改装以后作为战略侦察机使用。它的低空性能好，续航时间长达17个小时，机上的电子设备可侦察到地面雷达的部署和性能，窃听到对方的指挥通话，据此作机动飞行，来摆脱对方歼击机的拦截。它的活动方式巧妙而灵活，由于准备充分，一次进入大陆的活动时间少则三、五个小时，多者达十个小时。尤其是这种飞机能够在暗夜、复杂情况下的低空飞行，最低高度甚至能在不受地面威胁时低至200米左右。可我们空军当时对在低空500米左右高度的飞行目标，雷达很难发现并掌握其航迹。而当时我们截击机上的雷达装置更只能适宜3000米以上的高空作战。因此1957年是国民党空军B-17飞机活动最猖獗的时候。那一年国民党的B-17飞机进入大陆侦察，不能说是畅通无阻，却也是来去自如。我空军虽曾出动飞机截击过69架次，却无一成功，这使得国民党飞机越发有恃无恐。当时曾有一架B-17低空飞越大陆9个省，长驱直入直抵河北省石家庄地区，在长达9个小时的飞行时间里，未能遭到我空军的任何打击。这个严重的事件不能不引起了国家领导人高度关注。周恩来总理当晚就表示："我们应用一切方法将蒋机击落。"

当年毛泽东主席一句很有名的话："全力以赴，务歼入侵之敌。"我想就是指这件事。

从那以后，空军从端正防空作战指导思想入手，对战备工作进行了全面的整顿，提出了一系列措施。首先决定实行防空作战的"专责制"，规定凡负有作战任务的指挥机关和部队，其军事首长必须有专人负责组织防空工作，有关部门和战勤保障单位都必须以国土防空作为中心任务，并对作战的成败负责。其次是建立夜间作战点，扩大歼击航空兵师的截击范围，使各作战点之间能对入窜飞机形成连续拦截，增加拦截机会。同时改善低空作战的情报保障，增配雷达。最关键的是对当时我空军的截击机上机截雷达性能进行了突破性的改进，使原来 3000 米以下高度难以发现目标的截击雷达，在 300 米—500 米的高度上也能发现和截获空中目标，这就为在夜间低空击落敌机创造了必要条件。

1959 年 5 月的一个夏夜，国民党的王牌飞行中队"第 34 中队"如同往常一样，按照美国人的布局，再一次目中无人大摇大摆的飞入大陆领空。

那一天他们同样还是选择了一个气候条件复杂，细雨霏霏云低雾暗的时刻，他们以为我空军根本没有招架之功。然而那一天却是我国土防空作战的历史上第一次发生了重要转机的日子。我空军截击机大队中队长蒋哲伦在深夜奉命驾机拦截，在领航员的正确引导下，蒋哲伦从云隙中出航，使用机上拦截，有效的抓住仅存的五、六分钟的战机，两次开炮，终于在广东省西部成功的击落了一架 B-17 飞机，飞机残骸坠于广东恩平境内，当时机上国民党少校胡平山等 15 人全部毙命。

随着我空军连战皆捷，这一切在国民党军中引起惊慌。在以后长达九个月的时间里，国民党空军再也不敢轻举妄动。直到 1960 年 2 月以后，在美军装备的支持下，国民党军队停止使用 B-17 飞机，更多的使用 P-2V 飞机，继续开始对大陆纵深地区进行袭扰。他们也更加急于查明我空军进驻沿海机场的情况与动向。在战术上也改

↑这是父亲在 1961 年空三军任军长时，空三军领导的集体合影。自左至右：政治部主任任球、副军长吕茂堂、副军长曾征、军长杨思禄、政委邓东哲、副政委杨大伦、参谋长黄鲁。

变了活动方向，采取看机会、抓空子、大速度、擦边等方法机动侦察，同时积极进行了做好轰炸我沿海机场和重要目标的准备。

自新中国成立后，中国人民解放军的作战性质和首要任务都发生了许多重大的转变。有关战争的理解，武器的新概念，甚至于作战的手段和方式也随着科学技术的进步和发展而日新月异。过去父亲不管和国民党还是小日本打仗，尽管残酷血腥，但父亲熟悉那个传统的战场，传统的武器。不管是山地战还是平原战，不管是一处沟壑亦或是一座村落，哪怕是一个险象环生的隘口，父亲也能迅速找到保护自己打击敌人的最佳位置。然而父亲自从进入国土防空的领域后，有关战争的演变、战争定义的思索也完全进入到一个崭新的境界。即使对手还是老对手，随着科技的进步，军事战略家们也不敢因循守旧，抱着有什么样的武器打什么样的仗的做法，而必须要适应现代战争的这种打什么样的仗就得造什么样的武器的新思维了。

人民空军在建国后，虽说是和老对手国民党作战，但实际上却更是在和美国军队的先进武器和先进设备在新的领域里较量和作战。所以有必要多说几句有关美制 P-2V 飞机的话。它原是美国海军反潜巡逻机，它的低空性能、航行设备均优于 B-17 飞机。在这种 50 年代美国改装的设备完善、技术先进的低空侦察机上装有全景搜索雷达，在高度 400 至 600 米时能清楚地判断 10 公里以内地形。飞机性能好不说，上面还装有电子侦察和电子干扰设备，让我人民空军无论用高射炮还是歼击机，均不能击落。究其主要原因，主要是 P-2V 飞机上有两种干扰设备，一种是金属丝干扰，使机上雷达截获目标不稳，难以精确瞄准；另一种是回答式电子干扰，当截击机机上雷达瞄准天线共和时，P-2V 飞机的干扰机收到信号后经过自动调制，发射一种高能量的反相信号，使截击雷达抓不到真实目标，而跟踪假目标。

父亲当时已到沈阳军区空军空三军任军长一职。对于我方经常不得不眼睁睁地看着国民党的高空侦察机从辽东半岛的璀璨夜空，得意洋洋的一飞而过，真是既气愤又深感焦虑。

父亲的办公室里有一幅巨大的军事地图，站在这偌大的地图前，倾听窗外绵长不绝的海岸线上波涛拍岸如鼓，父亲无时无刻地不在提醒自己要尽快熟悉制空领域上新的作战特点，新的作战方式，熟悉自己的部队。

为了打击敌空军的嚣张气焰，空军决定，除夜间出动飞机截击外，还针对敌机的活动规律，组织高射炮部署于敌机进出大陆地点和主要航路检查点，进行堵口设伏，机动作战。也就是说除了飞行部队外，当时驻防在东北地区的陆、海、空三军的高射武器基本上也都必须担负着打 P-2V 的作战任务。

为了对付国民党的 P-2V 飞机，父亲三天两头下部队，了解情况，研究解决对付敌机的机载干扰设备的方案。按上级领导的指示，要求空军所有部队都要进行"破三关"的训练。

所谓三关，也就是指发现关、截获关、射击关。我人民空军在实战拦截中，除了歼击机外还调用了轰炸机，陆、空军 100 多个高射炮营，进行机动设伏。这一系列的措施，对当时我国土防空的作战能力确实起到了增强和提高作用。但由于我高射炮兵营在实际作战拦截的过程中开灯开炮的时间上总是太早，导致多次打击敌 P-2V 飞机未果。于是部队在边作战边积累经验的基础上，又根据总参谋部指示，及时调整了机动高射炮兵群的部署，采取堵口设伏和机动设伏相结合的办法，每个炮群组成宽阔 6-12 公里、纵深 4-6 公里的火网，同时压缩开灯开炮的距离，组织无线电、雷达伴动，并运用"快速近战"的战法，对付国民党飞机的电子干扰和机动。

60 年代初我国正处于困难时期，"部队住帐篷，睡地窖，蹲山头，高粱米饭分着吃，粮食不够就用瓜菜代，但为了练好开灯就照准，照准炮就响，炮响敌机落的本领，干部战士顶着严寒，没日没夜地练。有的战士把胳膊都练肿了仍不肯休息，有的连队一练就是一个通宵。许多干部一再推迟婚期和探亲。在发现有敌 P-2V 动向时，干部战士则在山头上炮群边上待机歼敌。有时一个晚上要跑多次警报。但大家宁跑千次空，却不能漏一次情。尤其是到了晚上，指战员经常不脱衣服睡觉，再苦再累也没有怨言。"

其实不管战争的手段和表现方式如何千变万化，人的因素始终是第一的。

1961 年 11 月 6 日，设伏在大连地区城子疃的我空军高射炮兵炮群，终于首次击落一架 P-2V 电子侦察机。

父亲对那一天记忆犹新。父亲说那次战斗之所以打得干净漂亮，就是因为反机动、反干扰的措施到位。当敌 P-2V 飞机从韩国群山机场起飞，以 300 至 600 米的低空，300 公里的时速，又一次利用暗夜，企图经黄海上空辽东半岛窜扰我东北地区时，我情报雷达早已掌握到情况，炮群作了充分的准备。一张无形的天罗地网悄然向敌机张开，全军上下都早已严阵以待。当晚 18 点 48 分，敌机窜向我庄河、城子疃炮群间隙时，驻该地的伴动雷达灯站，立即加高压，诱使敌机改航西窜，敌机迅即向东南急转下滑，正好进入我高炮五〇二团八连上空，顿时炮弹如雨，齐刷刷地向狡猾的敌机 P-2V 飞泻而去，一举将其击落！从探照灯照中目标到飞机坠地，仅用了 30 秒钟的时间，充分体现了"快速近战"的作战威力。片刻之后，敌

↑这是空三军打下 P-2V 飞机后，父亲（左后 1）和空军司令员刘亚楼（前排右 2）、空军副司令成钧（右前 4）、沈空司令员曾国华（右前 5）、副政委杨大伦（右前 6）同空三军有功人员合影。

机坠毁于碧流河以东永宁屯北 300 米处，机上国民党空军"技术研究组"中校叶霖等 13 人全部毙命。

这次战斗获得国防部很高的评价。当时总参谋长罗瑞卿闻讯后，专程从哈尔滨赶来现场视察，在空军司令员刘亚楼上将、沈阳军区司令员陈锡联上将，沈空首长的陪同下，观看了飞机残骸，并对作战部队表示慰问，同时还指示对机上所有遗体就近立碑掩埋，以便日后其亲属认领。再来犯者，照此办理。

妈说她还记得父亲当时正在下部队，深夜匆匆赶回家，让妈妈找出新军装后，又急忙赶到现场。

家里的影集里有几张当时击落 P-2V 残骸的照片，我看到父亲穿着呢子军大衣在现场和总长以及空军首长在一起的合影。

国民党的 P-2V 在那次被我人民空军的高炮部队击落后，大伤了国民党空军的元气，到大陆领空的侦察活动一直到 7 个多月后才开始恢复。

那些年防空作战的任务很重，父亲常到福建参加轮战。父亲虽说是南方人，但对当时漳州的气候炎热和老百姓生活的艰苦，记忆颇深。父亲说他们每天的生活用水就是一个大缸。有一天父亲午休起来热的不行，便去卫生间冲凉。一进卫生间吓一跳。只见随他一同去轮战的副军长，早已钻到那大水缸里，正在那自得其乐的消暑降温呢！

父亲说现在回想起来，还让他要笑个不停。当然这只是艰苦而又紧张的生活中一个小小的插曲。

也就是在那一年，父亲被中央军委正式授命为少将军衔。父亲那年是 44 岁。妈是 37 岁。家里的相册上有一张照片，父亲身穿少将军服，妈穿着一件无袖的真丝绣花衬衣，帅气与美丽。绝对称得上两人一生的经典合影！

我们 5 个孩子也都见过父亲那套天蓝色的少将礼服。妈一直很珍爱的收藏着它。每年的夏天，我们都会看到妈从那个老旧的散发着一股淡淡馨香的樟木箱子里，找出父亲好多沉重的各式各样的将校呢军服、军大衣，拿到凉台上去晒太阳。其中就有我们非常熟悉的那套将军礼服。让人钦佩的是几十年过去了，妈竟然保存的完好无损。即使现在展开，阳光下也依旧是那么干净笔挺，纤尘不染。抚摸那套具有特别意义的将军礼服，我常想那套礼服不应该仅仅是父亲戎马一生的荣誉见证，也不应该是对父亲血肉之躯历经五次枪伤最高的奖赏，从一个红小鬼到解放军的高级将领，那分明是父亲，作为一个普通人，以自己坚强的灵魂、无所畏惧的胆魄，平凡的身躯在经受过人生数十年血与火、生与死的考验之后，对党、对军队、对自己问心无愧的证明！

父亲在空三军工作了近 6 年。我以为那是父亲一生中难得有的平静和快乐的时光。那时候在大连，江拥辉是旅大警备区司令员，吴岱是旅大警备区政委，父亲是空三军军长，还有大连海军基地政委宋景华，他们 4 个人恰巧都是 1933 年入伍，同年参加少共国际师的红小鬼，又一起在红一军团参加了长征，又都是三四三旅出来的，彼此非常熟悉。父亲说逢到周末，他们"四人帮"就要想方设法在一起一聚。哪怕搞个"四菜一汤"，四个人也开心的不行。不过他们更喜欢在冬天时，一起出去打野兔。我以为父亲他们这些打了几十年仗的人，更多的还是想找个地方过枪瘾。

7

有时候也很想写一写我们5个孩子小时候的事。毕竟每个人都会有自己难忘的童年。父母虽说养大了我们5个孩子。但我们5个兄弟姐妹在一起玩的最多的时间也就是"文化大革命"以前在大连的时候，我们5个孩子都是常年住幼儿园，长大上寄宿学校，只有周末和寒暑假在家。这样细算起来能呆在家里的时间并不多。也许正是这样，我们对儿时家里的一切，也就有了更深的印象。

记得那时候我们晚上在家时，最盼父母出门。这样就没人管我们，我们则可以痛痛快快的大玩了。我们会把家里楼上楼下的灯全都关掉，玩儿一种叫"不要动！"的游戏。大家在黑暗当中，要么藏在窗帘后面，要么藏在桌子底下，门后面。我记得最清楚的是，每当我去找哥哥姐姐时，我那两个哥哥最喜欢把毛巾被裹在身上，让你即使看到了他们的身影，也辨不出谁是谁。最后玩输的总是你！

逢到寒暑假时，妈妈最爱给我们召集在一起开会，宣布惩奖条令，给大家评小红旗。比如每天谁早晚主动拉窗帘啦，谁在吃饭时主动摆碗筷啦，等等。我大姐比我大8岁，记忆中她跟我们在一起玩的时候最少。她最爱看小说，成天都爱抱着一本书看来看去的。父亲在节假日时最爱给我们几个孩子照相。有一张相片是父亲给我们5个孩子一起照的，其中4个孩子都在看镜头，只有大姐一人手拿书一本，眼皮都没抬一下。长大后逢到看这相片时，她都会好遗憾地说，当时怎么没人提醒她一下，让人从镜头中去她那双美丽的大眼睛！

我还记得小时候大姐曾买过一本书，叫《香飘四季》。她回家看入了迷。妈却说那是黄色小说，非让她退了回去。书是给退了，不过书名却让还只有 8 岁的我，牢牢的记住了。当我长到我大姐那个年龄时，我到底还是搞到了那本书，是陈残云写的。非常不错的一本小说。不过一点也不黄。我至今仍能记住书里的人物和情节。

我二姐虽说比我大 3 岁，我们小时却玩的最好。从记事起我们就一直睡在同一张大床上。冬天的晚上，她老让我给她抓后背。一会儿这边，一会儿那边，真没办法。有时候你还没抓完，她自己倒睡着了。可我二姐最会讲故事。而且她讲故事我又特别的爱听。

每个礼拜我们从学校一起走回家时，她总会给我讲故事。不过印象最深的还是晚上躺在床上，她爱给我讲厕所里突然伸出一只手，一个恐怖的声音在问："你要什么颜色的手纸啊！"把我吓个半死！

那时候在我二姐的引导下，我们还有一种特殊的嗜好：收藏糖纸。别看我们那时还不到 10 岁，我们收藏的糖纸却有好几大本。有普通纸的还有玻璃纸的。我们最喜欢的是米老鼠的外国小娃娃的。好多的糖纸我们都是成套的收藏，尤其是玻璃纸的，收藏起来非常不易，我们要把交换回来后的糖纸，放进洗脸盆里先用水泡一夜后，再把泡后已平整光洁的糖纸，夹在一本不用的书里，或者贴在卧室里的玻璃窗上。花花绿绿的糖纸在太阳的照耀下，真是妙不可言呢。等糖纸上的水被阳光吸干后，我们才能把它最后收藏入册。当然越是成套的也不容易收集。可正是这种不容易，反而更让我们知道珍惜。它成了我们童年最快乐的见证！后来离开大连时，我们还把它装到妈妈的箱子里，一起带到了西安。

有一件事我们全家都记得。大连的冬天很冷。大哥常在每年的冬天犯过敏性哮喘。听说兔子肉能治哮喘，酷爱枪的父亲常在那个季节到郊区去打野兔。父亲有几支很不错的猎枪呢！于是两个哥哥在很小的时候，就会帮着父亲擦枪哩。

有一天，父亲他们在楼上的客厅里擦枪，我和二姐在床上玩儿。我二姐拿了一颗空子弹头玩儿，玩着玩着她就把子弹头放进了嘴里，我就坐在她对面。只见她"嘣"的一下，一咽嗓子，就把那颗子弹

轻声细诉

杨争 著

头吞进到了肚子里。这下可不得了，我们赶快喊妈妈。我记不得二姐后来哭了没有。大家急急忙忙地把她送到大连空军医院。医生给她拍完 X 光片后，说看到那子弹头了，就在胃里呢！先别忙着开刀，看能不能排泄出来吧！结果那个护士特负责任，每天都特认真地检查二姐的粪便，三天后还真的随大便排泄出来了。让所有的人都松了口气。

小时候我和我二哥也玩儿的很好。记不清是什么原因了，很小的时候我们四个小的孩子曾一起睡过一张大床上。我和我二哥挤在一起。我依稀记得他一定要和我在被窝里玩儿打仗游戏，他一会儿用手比划当小人儿，一会儿又用手比划当小汽车，嘴巴嘟囔个不停。一分钟也不闲，真是精力过剩。

小学二年级时，班上有个男生总想欺负我，二哥知道了，有一次周末快放学了，大家都准备离开教室了，他突然冲了进来，对那个男生挥了挥拳头，说："以后你不许欺负我妹妹!"这一幕既让我吃惊又让我感动。

我大哥从小身体就不好。只要一住校，准得犯哮喘。没办法老师只好让他回家住，每天走读上学。大连的冬天，真可谓冰天雪地了吧，经常是每天天不亮，大哥自己小小一人儿，顶风冒雪去上学。可最让人不可思议的是，只要让他能天天回家，再冷的天他也不犯喘！妈说我们 5 个孩子，就数大哥上幼儿园最难。他不爱去。一到去幼儿园的那天早上，妈找他就费劲。躲在桌子底下拖都拖不出来。好不容易把他送到幼儿园里去了吧，你前脚刚进家，老师的招呼也跟着到了家里。老师说："人又不见了!"妈一抬头，嗬，你瞧吧，人家跑得比你快，这会儿正在院子里撒欢玩儿呢！

上学后大哥的数学和英语最差。我记得妈常在家辅导大哥的功课。大哥在英语书的单词边上写着好多中文的同音字，以强化记忆。我们常翻他的英语书。真是好玩儿的很。

我还记得在每年的冬天，我们家楼下的仓库里永远都会有一筐筐青绿青绿的印度苹果。那苹果特别特别的甜。在寒假的夜晚，窗外北风呼啸，我和二姐一边坐在二楼温暖的客厅里吃着印度苹果，一边则听妈在灯下给我们讲《白雪公主》的故事。我现在还记得父亲写字台上的那盏墨绿色的台灯。现在回想起来，那一幕幕永远不会再现的生活场景，何止是温馨，简直就是完美！

夏天的时候，我们几乎每个周末都在父亲带领下，一家人浩浩荡荡的向大海边出发。父亲这一生最爱的就是水，也爱把他的孩子放到他喜欢的大海里。在水中畅游，那是父亲生命中不可缺少的一部分。我们几个孩子本来皮肤就黑，一个夏天下来，个个更是晒得跟非洲小黑人儿似的。不过一想到在海水里游泳，我就情不自禁地要想起那用旧轮胎做的游泳圈。我记得一家人坐在父亲的小车到海边时，小车的后背箱里塞满了黑色的游泳圈。我们五个孩子一到海边就一人一个的套在身上，父亲他们游到大海深处时，我们就抱着救生圈，泡在夏天灼热阳光下的碧绿碧绿的海浪中，在海边的浅水湾里无忧无虑的任意飘荡。现在想也挺恨那个圈。因为也就是那个圈，让我这个在海边长大的孩子，居然没学会游泳。

暑假时父亲偶尔还会把我和二姐接到他的办公室去。因父亲的办公室就在大连最美的海边上。父亲中午小憩后，一定会带着警卫员到海边游它几千米。我们也会跟父亲一块儿去。当我们懒得下水时，我和二姐索性就在岸边玩儿。有一次我把小裤头脱下来洗，突然一个大浪迎面打来，吓得我手一松，裤头被海浪卷走。我吓得"哇哇"大哭。旁边的人则哈哈大笑。让我气死！

有一次，父亲从深海里游回岸后，在沙滩上晒太阳。看见我和二姐在岸边瞎玩儿，顺手就在沙滩上捡起一段草绳，他自己拽住一头，让我和二姐拽紧另一头。我们以为父亲要与我们玩拔河的游戏，没想到当我们用尽气力时，父亲却把他那头的绳子"啪儿"的一下给松开了，我和二姐瞬间就摔个仰面朝天。

父亲大笑，开心至极！

记忆中我们小时候怕父亲也不怕父亲。因为父亲从来都是工作特别的忙。就是节假日，也很少能和我们在一起。但父亲对我们5

个孩子从不打骂，更没说过一句粗话。这种教育的结果，就是我们家5个孩子长大后也都从不会讲粗话脏话难听话。父亲在他生气时，顶多会对我们说："我手痒痒了！"但父亲只要说这么一句也就够了。因为每到父亲这么说时，我们都自然而然的老实了。

大连星海公园的海滩，简直美极了。

帆、船、岛、云、一切仿佛都是在海风的吹拂下，飘荡而起的天然油画……然而就在那个美丽的夏日，有一个情景让我和二姐记得特别深。虽然那是几十年前的事了，可我们总觉得那一切就如同昨天发生的事一样：

那天我们全家都在海里游泳，突然天气骤变，原本潮水退得离岸很远很远，不知什么时候。一下子就高涨到我们的脚边；原本风平浪静的海面，此时却是雷声大作，任性的海浪突然掀起一人多高

↑当年三个少共国际师的红小鬼，三个江西老表，后来竟在大连喜相逢。父亲（空三军军长）、吴岱（大连警备区政委，左1）、江拥辉（大连警备区司令员）。晚年的父亲常指这张像片，笑说："三个小将军！"

的巨浪，让人惊恐万分。在海中正在玩耍的我们吓坏了。一个个忙不迭地从海里逃到岸边。可这个时候我们突然想到了一个很重要的事，就是父亲还在大海深处没有回来！顿时我们每个人的脸都吓得刷白，心都提到嗓子眼上了。我们个个都焦灼不安，因为我们好担心去深海中畅游的父亲啊！

我记得我们几个孩子站在岸边等啊等的，睁大眼睛望着大海的尽头，暴雨如注，海浪掀天，我们不管不顾，翘首以盼，也不知过了多长时间，我们终于在海天一色的尽头，看到波涛汹涌的海面上浮出几个小小的黑点，渐渐地由远而近，那一定是父亲！于是我们高兴地在岸边扬起细小的手臂又喊又叫……

终于父亲在警卫班战士的簇拥下，镇定而用力的游回到了岸边。父亲上岸时风浪高起，急雨如鞭。战士们冻的瑟瑟发抖。他们却全然不顾，尾随在父亲的身后，突然我们听见他们放声唱起了当时我们认为是那么流行而又那么好听的歌：歌声迎来了金色的太阳，双桨划破了千层波浪。我们在海上架桥辅路，让航行的战友们一路顺畅。年轻的航标兵用生命的火花，点燃了永不熄灭的灯光……

忧郁的海岸，年轻的士兵，那支动人心魄的歌啊，转瞬之间就这样镶嵌入我记忆的深处。我没想到那情景在我未来岁月的记忆长河中，竟是一幅那么深刻且永远享用不尽的优美画卷……

也就是那年的夏天，二姐在星海公园海滩上的一块大礁石边上，终于学会游泳了。我却在大海里泡了 6 年，仍旧一事无成。最后学会游泳还是在西安兰空大院的游泳池里。真是莫名其妙吧！还好有情可原的是，离开大连的那一年，我才 9 岁。而且在那年，我因为在学校成绩优异，居然被学校特别批准跳级。我从二年级就像小鲤鱼跳龙门一样，一下子跳到了四年级。

快乐永远是那么短暂。而快乐的童年更是转瞬即逝！

记得成人之后，有一年的夏天我又有机会来到海边。可那一次我只有两天的逗留时间。我们临走的那天早上，也是突然天气变坏。我在床上被惊炸的雷声从睡梦惊醒。我看见窗外狂风大作，暴雨如注，电闪雷鸣。不知为什么一个念头猛然从心底萌生，我发现自己突如其来的特别想到海边，不仅仅是去看海，而是要再去看一眼暴风骤雨的海岸！

于是我不顾一切的只披了一条大浴巾就冲出房间，在大堂里，我向前台借了一把伞，就决然地走向屋外的暴风骤雨中。

从我所住的宾馆到海边，走路要走 10 分钟。暴雨旋即打湿了我的浴巾，手中的小伞形同虚设。可我并不怕。只是头顶上不时炸响的雷声和凌厉的电闪，让我心有余悸。路边的积水没过了我的小腿肚，我担心自己随时会被雷电劈死，可我还是毫不犹豫地快步走向海边，并且一路上我还一直不停地在想象着风暴中的海洋是何等模样，我甚至还想起了高尔基的那篇名著《海燕》：在苍茫的大海上，风聚集着乌云，在乌云和大海之间，海燕像黑色的闪电高傲地飞翔……憧憬让我离海越近，心跳得越快。以至于当我神闲气定的站在漫长的海岸时，为了保留脑海中的那一丝丝幻想和憧憬，我竟不肯马上睁眼望向眼前的大海！然而眼前的大海还是让我大吃一惊：苍茫的大海再一次在大自然中显示了其不可颠覆的霸主地位。任凭风狂雨骤，雷电交加，宽广无垠的大海，却一如婴儿的摇篮，显得那么的平静祥和。我突然发现自己站在海堤边的那一刻，再响的雷在海的怀中也失去了声响；再凶猛的电闪，在海的波涛中也失去了光亮。甚至那滂沱狂泻的雨流，千滴万滴，落在碧绿碧绿的海水中，竟也显得如此苍白无力而无声无息！

我还看到一群年轻的男女在一望无际的海浪中快乐的玩水球……

我忍不住一步一步走下沙滩，双脚迈进大海。天呐，脚下的海水竟这般的温暖，我的心一下子松弛下来。童年在海边发生的焦灼的盼父亲的那一幕，刹那间涌入我的脑海，顿时我发现了自己在一瞬间竟明白了父亲何以会那么酷爱大海，何以会那么酷爱在海中的击浪！

父亲对海的体验一定比我更深更切。只是父亲从没有说罢了……

那一刻，我觉得自己的心离海好近，离父亲好近。这真让我有说不出的喜悦。

第 四 章

1

有一天早上，我们从睡梦中醒来，大家不约而同的看到了紧挨着我们床边的那扇玻璃窗外面，有一只很大很大的猫头鹰一动不动的矗立在那棵核桃树上，它那两只大大的眼睛还直盯着我们呢。妈说猫头鹰是益鸟，让我们不要惊动它。可它居然在我们的窗边一呆就是好几天。我们都吓死了。也不知是凶是祸。它为什么不赶快飞走呢？

1965 年的国庆节，举国上下都在欢庆。我甚至还记得当天的各大报的头版篇幅都同时刊登了毛主席和刘主席两幅并排而立的大照片。我们都觉得挺新鲜的。我们一点也没意识到我们的幸福童年即将结束。而明天于我们是天堂还是地狱，我们更是一无所知。

1966 年夏天，我和我二姐一起看了我人生的第一本长篇小说《欧阳海之歌》，我们都迷上了那本小说。我们甚至每天都会准时坐在家里那台老旧巨大的收音机旁，听《小喇叭》广播那部长篇。我们都被欧阳海感动！尤其是欧阳海一个人扛木头的那段。我们差点把它给背下来了。我们不知道在那个季节出版的这部小说的背后，会有何更深的政治含义，更不知道"无产阶级文化大革命"的风暴即将在 960 万平方公里的国土上疯狂的展开。中国历史上最为恐怖的浩劫就要来了吗？可就在中国大地天崩地裂之前，一切都是那么的平静而美丽。

在那个暑假里，父亲的工作又发生了变动。他被任命为兰州军区空军副司令员。我们全家随父亲一起离开了我们生活了6年的大连！

美丽且宁静的大连，温馨且难忘的童年！

离开那日本式的小楼，我们全家不知为什么没有过多的依恋。我记得当偌大的一个小楼空空如也时，楼下的客厅里，毛泽东和斯大林的那两幅巨幅画像依然还纹丝不动的挂在墙上。现有想想很不可思议，这两个巨人生前谁也不喜欢谁，谁也不认同对方的思想，情感上也互相排斥，但老百姓以为他们是朋友加兄弟。于是把他们的画像并排挂在一起，奉若神明。如果说在大连的那个日本式的老房子里，有什么东西让我们5个孩子印象最深、最舍不得的话，那就是这两幅巨大的伟人画像。它不仅把我们家的客厅填得那样满，也把我们幼小的心灵填得那样满。因为从我们到大连的第一天起，我们首先映入眼帘的就是这两幅伟人画像，一连6年我们也是天天看着这两幅画像，一点一点长大的。于是我们和这两幅画像产生了一种说不清的情愫。但临走时妈说那两幅画像是公家的，我们不能动。

妈还让炊事员酱了好多香喷喷的小鸡，好吃得不行。我记得妈老不让我吃，说这些酱鸡都是为了坐火车而准备的。我因为小，因为要坐火车而兴奋的要死。可我没想到我兴奋的过头了。人上了火车没多久，就被单调而又讨厌的车轮声，给晃荡着了。等我醒来时，火车依然在"咣当、咣当"的往前开，可我最馋的酱鸡却连一只爪子也没见着，全被我的哥姐吃光了！就这样我们全家坐火车到了北京。

有谁能知道政治上的龙卷风就在那一年的初夏，已从中国的心脏悄悄地卷起。那场风暴比之50年代的反右，更为复杂和恐怖。它历经十年，所到之处，没有硝烟，没有炮响，不见流血，但却让无数身经百战的将军、元帅，甚至国家主席，都轻而易举的应声倒下。

父亲又怎能幸免？！这也是父亲政治生命的第二关……

经过毛主席批准，中央宣布由陈伯达带领工作组进驻人民日报，实行夺权。6月1日，人民日报发表了他主持起草的题为《横扫一

←这张将军与士兵的照片上了当年的解放军画报封面。很多人都不知道其背后的真实故事。在空三军有一个年年被评为先进的红色雷达站，为了保卫祖国的领空不受敌人的侵犯，战士们常年驻守在一个几乎没有土寸草不生的海岛上。如何能改善部队生活，让战士们吃到自己种的新鲜蔬菜呢，于是军长带头铲土送给雷达站。

切牛鬼蛇神》的社论。即使现在重读那篇社论，那里面的字字句句还让人毛骨悚然，不寒而栗。那篇社论是这样说的："目前我国无产阶级文化大革命的规模和声势，在人类历史上还不曾有过，它的威力之大、来势之猛，远远超出了资产阶级老爷们的想像。事实雄辩地证明，毛泽东思想一旦掌握了群众，就会成为威力无穷的精神原子弹。"

有的时候我们真的很难在这类文章中分辨出哪一些是毛泽东自己的语言，哪一些是陈伯达、姚文元这一类"革命写手"的语言。

记得梁启超最为推崇的清代大家戴震曾说过这样一句话：酷吏以法杀人。后儒则以理杀人！死于法，犹有怜之者；死于理，其谁怜之？

后来的"文化大革命"让所有中国人都看到了陈伯达言之的这枚精神原子弹的杀伤力，的确十分巨大！我们完全可以视其为政治原子弹，它远比美国扔在日本那两颗物质原子弹更后患无穷，更让人惊恐。只不过这种以革命的名义遭戮杀的大批干部群众，谁怜之?!

也许中国人一向在窝里斗时，所谓群众斗群众上更勇猛、更无后顾之忧。

由于这场中国历史上最为惨烈的政治风暴——"无产阶级文化大革命"的大幕正式揭开，放眼看中国，果然"牛鬼蛇神"遍地都是。不靠"打、砸、抢"，不靠群众斗群众，又如何实行打倒一批，解放一批人呢! 中国老百姓由此而遭遇的空前劫难，简直惨不忍睹! 不过，那是后话!

当父亲 80 多岁的时候，他依旧体态轻盈，思维敏捷。在他身上根本看不到老年人特有的举止迟缓和拖踏。他一年四季天天游泳，面色红润，气宇轩昂。每年到医院去做体检，医生总大惊小怪道："首长你的体质简直和 60 岁的人一样啊!"

父亲每次都开心大笑："怎么你还想给我找对象么!" 父亲生性就是一个这么乐观开朗的人。父亲最不爱记的就是那些个人的恩恩怨怨。

但是我们 5 个孩子都记得并共同目睹了父亲在"文革"的浩劫中绝无仅有的悲伤与眼泪……

文化大革命，六〇后以前的中国人有谁会不记得那个被称之为无产阶级"文化"的"大革命"?!

1966 年夏天，父亲正好 49 岁。在当时的兰州军区空军党委的领导班子里，父亲无论是年纪上还是资历上都可以说是最年轻的。父亲又是飞行干部，很受当时的杨焕民司令员所器重。父亲自己又何尝不想在有限的生命中为党和军队做出更大的贡献呢?!

我们家搬到西安的那天晚上，天气不知为什么突然由晴转阴。半夜里，窗外下起了瓢泼大雨。我和二姐睡在一个大床上，我们都被隆隆作响的雷声惊醒。也许是老天爷非要给我们一个强烈的暗示，可凡身肉胎的我们却浑然不觉。我们醒了却又沉沉地睡去。

第二天，我们非常好奇的发现同住小院里的两个女孩儿主动来到我们家找我们玩。

她们对我二姐说："昨晚的雨下的好大噢!"

"是啊，雷好响噢!"

她们"噢噢"的发音，让我和我二姐笑了好半天。

从她们的嘴里，我们知道兰空机关的院很大，我们就住在机关大院的最后头。司令、副司令，政委、副政委，头头脑脑的家都住在这里。这个后院占地面积也不小。它是由4栋联体的小楼组成，两家共处一栋。一共才住了8家。靠近围墙的好大的一片空地上还种了很多的麦子。后来我和表姐还曾对着那片宽广的麦地，大唱那时流行歌曲：麦浪滚滚闪金光……我没有想到我们在那个小院里仅住了两年，却对我的一生产生了那么深远的影响。

那两个女孩儿当时告诉我们，院子里的孩子们都到延安参观受教育去了。她俩是因为有病才没去成。

妈给我们几个孩子联系了部队的子弟小学，也就是当时被称作的机场小学去继续读书。大姐和大哥则是在陕西省的重点中学上学。可我没想到9月开学的时候，我们发现自己已不需要上课了。

我们被告知"知识越多越反动!""读书无用!"

用毛主席当时的话，就是说："我们过去自己没有大学教授、中学教员、小学教员，我们把国民党留下的人统统收下来，逐步加以改造，有一部分人改好了，另一部分人还是照他们的老样子。""现在大、中、小学大部分都是被资产阶级知识分子独霸的一统天下。"

于是学校成了"文革"的重灾区。知识分子就是"臭老九"。学校依旧在，可我们却再也无课可上了。

我记忆最深的那个满口四川话的语文老师，没教我们书本上的任何东西，也没书可读。原来的教材都是"封、资、修"的产物。上课的时候，她就教我们唱《东方红》。可她又不是音乐老师，她的嗓子又尖又细，用川音唱出的那个《东方红》，还真别有一番韵味。

可以这么说，从到西安起，我们就再没上过课。我们浑然不知那是一场灾难，反而还觉得无课一身轻呢!我们经常上街宣传毛泽东思想，也和大人一样唱语录歌跳忠字舞。

印象最深的是坐公共汽车不要钱，但你得拿着红宝书，大声的朗读毛主席的语录。第一次在公共汽车上面对陌生人念语录时，还张不开口。所以我记得自己念的又急又快。可整座车上的人，却鸦雀无声。后来我才知道并不是我的声音有什么特殊的乐感，如何的好听，或者说对语录有什么更深的体会，只是因为当时的我在公共汽车上念的可全是"最高指示"啊，谁要是乱说乱动，谁就是反革命！这让我印象好深。

那时候中学生以上都可以参加红卫兵，红卫兵里又分"造反派"和"保皇派"。我们小学生只能当红小兵。而只有红卫兵才能每人得以一个用红绸布做的上面印有"红卫兵"三个大字的红袖标。而红小兵是什么也没有的。

记得当我那两个哥哥有一天回家时，每人臂膀上都挂着一块红袖标时，真眩晕了我们的眼！

不过我那两个哥哥都是"保皇派"！

当所有的孩子都不需要学习和上课，他们的精力和体力又从何发泄呢？那时候毛主席几次在北京接见百万红卫兵，那激动人心的场面又让多少热血青年夜不能寐啊！我哥哥他们在那年的 10 月，向妈妈提出要去北京串联，因为毛主席要接见红卫兵。红卫兵坐火车也是不要花钱的。那时候我大哥 15 岁，我二哥 13 岁。妈妈不能不同意他们去进行"革命"的大串联。她给两个哥哥每人 15 块钱，妈妈把钱缝在他们的内衣肚兜处。二姐也对妈闹着要去北京串联。妈看着才 12 岁的二姐，坚决给予了否定。二姐那失落的表情，让在一边的我竟有几分得意。谁让才 9 岁的我连开口的权利都没有呢？

两个哥哥随着西安的红卫兵，手拿学校开的介绍信，坐着火车到了北京。车厢里挤满了手臂上挂着红袖标的孩子。很多人找不到坐的位置，只好一路站到北京。到北京后一辆大卡车把他们拉到北京的一所中学。他们都睡在教室里，地上铺着稻草，连盖的被子也没有。条件是苦的，他们的心却比火还热，他们要见毛主席。可遗憾的是毛主席不能老接见红卫兵，他老人家也好累。现在回想起来，也未必不是一件坏事。哥哥他们在北京呆了好几天，还是没能等到那最幸福的时刻。于是他们就跑到北海，想去划船，却被告知那是修正主义的东西，早就不允许划了。所有的船都被锁了起来。他们不知还能干什么，便又坐火车去了南京和上海。我二哥说他印象最深的是在上海看到红卫兵拿着剪刀满大街的去剪女人的细裤腿。一个女孩子死捂着自己的裤子不让红卫兵剪，结果红卫兵把她的手剪得鲜血直流。

唏嘘！在那个年代里，有哪一个中国人，中国人的家庭在史无前例的浩劫中，没有历经从天堂到地狱的磨难？！几乎无一人能幸免。只是因内伤的程度、深浅各异罢了。但是问题在于，如果它只是像美国的龙卷风那样，即便有摧枯拉朽之强力，那也仅仅是一种自然的灾害。可"文革"的伤害，对我们中国的几代人都是从灵魂到肉体的无药可医，不可逆的痛创！其次，"文革"的可怕还在于当它突如其来的在某一个噩梦般的早晨降临时，你非但不知如何抵制它，反而还像一个虔诚的教徒为它顶礼膜拜，振臂高呼，唯恐自己在思想上不能更革命、在路线上不能更极左、甚至在色彩上都更通红呢！

也许这就是陈伯达所说的精神原子弹的威力，也许中国人都中了魔，也许对"文革"真正有价值的最客观最公正的评判不属于我们，而属于我们的后代？

也许也许也许……可在那种红色的思想，红色的海洋中，所有人都失去了理智，都陷入了疯狂，它像瘟疫在全国上下，在每一个人的心中，如无情鞭笞的罗陀，飞快的旋转着……

这种疯狂连我们小孩子也都无法幸免！等哥哥们革命的大串联回来时，西安已是深秋季节了。兰空机关大院里的"四大"正进行的如火如荼。根据林彪的建议，中央军委、总政治部发出"关于军队院校的文化大革命，必须把那些束缚群众运动的框框统统取消，

轻声细诉

杨争 著

完全按十六条的规定办，要充分发扬民主，要大鸣，大放，大字报，大辩论"的通知，并指出，以前中央军委、总政治部作出的"关于军队院校的文化大革命运动在撤出工作组后由院校党委领导"等规定，已不适合当前的情况，应当宣布取消。同日，中共中央转发了这一指示，并指出，"中央认为，这个文件很重要，对于全国县以上大中学校都适用"。从此，全军院校乃至于全国掀起了"踢开党委闹革命"的浪潮。全军除野战部队外，各级党委受到了严重的冲击，军队院校随即陷入了瘫痪。

于是大字报铺天盖地的从机关的办公大楼，一直到我们的那个后院。甚至连道路的水泥地上也被大标语统统写满了。

有一个周末，难得父母都在家休息。我看见爸妈在客厅里翻出我们小时候最珍爱的那本大相册。天啊，我们简直不敢相信自己的眼睛，只见妈妈从影集里挑出照片，爸爸则把妈妈挑出来的像片，用剪刀剪个粉碎。我们悄悄地在远处观察，那些都是爸妈穿西装的像片，或者是坐在沙发上的像片……"文化大革命"里有一个很重要的理念，就是"破四旧，立四新。"至于什么是"新思想、新文化、新风俗、新习惯"，没人去深究。但是凡是旧的东西，老的东西，包括几千年的中华民族的文化沉淀，却必是糟粕无疑。

我们的糖纸怎么办？它一定也是属于"四旧"的东西吧？我和二姐好像从爸妈的举动中意识到了什么。于是在一个濛濛细雨的早上，二姐带着我到我们家后面的那片空旷的麦子地里，我们用小铲子挖了一个坑，然后十二万分不情愿的把我们收藏了那么长时间的那么多成套的糖纸，一一埋到了坑里。我二姐还仔细的做了一个记号。我们以为将来还会有机会再把糖纸找出来哩。我们不知道那一别就是永远！我们不知道在我们今后的生活里永远不会再有五色斑斓的糖纸飞扬，而我们儿时的甜蜜，一定是从那一刻在有意无意之中永远的埋进了土里！

一个初冬的夜晚，我们全家刚睡下，就被一阵阵急促的喧哗所惊醒。我和姐姐们从梦中被人叫起时，突然惊讶的发现我们的屋子

←文革的劫难让很多中国老百姓茫然不知所措。只因为父亲穿西装，便让这张相片仅余残缺之美！

里不知什么时候站了一群警卫连的战士。他们在一个干部的指挥下，把我们家翻了个底儿朝上。从大连一直跟我们到西安的警卫员正在帮抄家的人从我们屋的柜子顶上把父亲最心爱的猎枪、子弹，全部从上面搬了下来，我们所有人一言不发，眼睁睁的看着他们把父亲心爱的枪全部搬走。我们吓坏了，但也不知发生了什么事，也不敢问爸妈。只知那些日子里让他们操心的事已经够多的了。

这就是所谓的抄家吗?!

紧接着警卫员也被撤了。于是我们5个孩子每天都到食堂去打饭，家里几乎从不开伙做饭。

后来我才知道父亲被批斗被抄家，在我们兰空的那个小院，父亲是第一个，头一名！

据说面对造反派铺天盖地的大批判，所有人都示以沉默，唯有父亲对造反派的无理和冲撞，说了一句话，那就是："真他妈的厉害！"

结果就因为这一句话，父亲在兰空机关党委里面是第一个被拉出来游街并勒令在雪地里下跪的。

这又是父亲倔强的个性使然。

随着天气越来越冷，各地党政军机关揪出打倒"走资本主义道路当权派"的斗争则越演越烈。学校不上课，机关也不正经上班。

甚至军队也和地方一样搞游街和批斗了。

一个冬天的早晨，父亲又要像往常那样去上班了。当时我们还不知道父亲早已被停职。父亲上班的工作也就是打扫厕所。阴沉沉的天空，飘着稀稀落落的小雪。可不知为什么，我们那天都不约而同的集中在爸妈的卧室中。我们第一次震惊的发现，父亲那天自己亲手把军装上的那两枚鲜红的领章，和军帽上那鲜红的五角星一一拔掉，只穿了一套军装去上班了。父亲一边拨领章帽徽，一边流着眼泪对妈说："静波，我对不起你！但你要相信我，我没有做对不起党，对不起毛主席的事！"

天，父亲的眼睛里流出的是泪水吗？

父亲你哭了吗？

长了这么大，我们是第一次看见父亲哭。曾几何时，父亲在我们心中，即使不是一片天，也是一面墙，一棵不会弯腰的树，一个铮铮铁骨、不知软弱为何物的硬汉啊！可现在究竟发生了什么天大的事，让一向坚强果敢的父亲这么心酸落泪呢？我们不知道！我们只知道父亲从小当红军，两面红旗一颗星，父亲带着它跟着共产党，从江西到延安，从打日本鬼子到赶走国民党，迎来全中国的解放，出生入死，浴血奋战了几十年，怎么今天说不带就不带了呢！别小看那两面红旗一颗星，那是父亲一生的信仰和追求啊！自我们有幸生在长在这个温暖的家庭里，我们就没看见过父亲对我们大发雷霆。更没从父亲坚定的眼神中看到过犹疑和沮丧！可现在我们是第一次看见父亲的眼泪！这眼泪虽轻，却犹如倾盆大雨，顿然让我们六神无主。父亲在那一天早上的流泪对于我们全家来说，不就等于是天在突然之间塌了下来吗！！

随即我们几个孩子都"呜呜"的哭了起来。可我们还不敢大声哭。我们怕我们的哭泣，让父亲心情更糟。那个年代，所有的事都是扭曲的，所有的人也是人妖不分的。那时的中国人，只要是冠以"造反"二字，真是"可上九天揽月，可下五洋捉鳖。""舍得一身剐，敢把皇帝拉下马。"人间的事，不怕他们做不出，只怕他们想不到了。

可就当我们所有人都泣不成声的时候，只有一个人，没有眼泪没有哭。她就是妈！在一片哭声中，我们听到妈特别镇定的对父亲说："思禄，你别这样！要坚强嘛！"

思禄！这是我们第一次听到妈当我们的面，如此这般称呼父亲！

我们看到父亲听妈如此这般说完后，果真什么也没有再说一句，他看也没多看我们这一地大大小小悲悲戚戚的小脸儿，转身就下楼去了。

父亲是一个地道的军人，军人的天职和本能在要求他内心即使有天大的委屈，也只能选择服从。

我们5个孩子，当时大的只有17岁，小的只有9岁。但在那一天里，我们每一个人都意识到自己就是在那一瞬间突然长大。因为在我们纯真的瞳仁中，第一次完完整整的看到了父亲的眼泪，父亲的屈辱，于是都刻骨铭心的把那一天刻到自己的灵魂上！

后来我们得知，父亲被停职、被强行摘掉领章帽徽一事，并不只限于我们一家。后院里大多数家的首长都未能逃脱此厄运。但也有例外。比如那些思想转弯快，或奴颜于"造反派"，或和"造反派"的思想一拍即合的领导，他们非但没有停职挨整，还大权在握，对父亲他们那些"保皇派"，颐指气使。

从那天起，父亲每天按"造反派"的要求，穿着不带领章帽徽的军装去上班。也就是从那天起，我们家再也没了欢笑。然而事态的发展并没有到此为止。

在那个阴暗的冬天里，更让人心碎的事一而再地发生了。"造反派"们认为大会小会的没完没了的批斗还不过瘾，于是他们把后院挨批斗的老干部拉去上街游行时，还有一种叫戴高帽的内容。"造反派"们做出各式各样，长短不一的，只有皇帝朝廷上的官员才戴的官帽，甭管你现在是司令员，副司令员，政治部主任还是……统统像押送犯人一样，让这些戎马一生的将军如小丑般的排着队，每人或锣或鼓，边敲边喊着"我有罪，我该死！"的口号，慢慢往前走。从军区空军的办公楼前，一直要走到后院我们每家住的楼前。

"造反派"唯恐这样做，老干部的心还不够痛，又让他们每喊一声，都要将手中的锣敲一声响，作为喝彩！逢到这时，我们都悄悄地躲在自家的窗帘后面，简直不敢睁眼！以至于后来每次游街，只要锣鼓一响，后院的大人孩子，个个心惊肉跳。

我记得那时父亲被停职后，每天上班的内容也就是被批斗被游街被戴高帽被下跪，或者打扫办公楼里的公厕。但父亲回家后从不提这些事，可一向胃口极好的父亲对一日三餐再也没了食欲。父亲吃不下饭。我二姐当时也就 12 岁，她每天会给父亲熬些稀稀的大米粥，让父亲消消火，暖暖胃。父亲夸她："会疼人！"

那时候我们最常听到的是谁谁被打倒了，又是谁谁畏罪自杀了。仿佛历史在给中国的老百姓，中国成千上万的家庭上演一场类似《等待戈多》这样的黑色幽默剧，只是这黑色幽默剧何时才能给我们打出"谢幕"的字样呢？

我们甚至不敢有更多的企盼，我们只希望有一天，父亲再上班时，能重新佩戴上他最心爱的领章帽徽。随着动乱的日渐深入，父亲却从瞬间的迷茫中清醒过来。

一个雪夜，"造反派"又把父亲和当时都还在职在位的司令员、副司令员们从家中的被窝中拉起游行，在雪地里下跪。父亲这时已恢复了理智和镇静。批斗会结束后，父亲从雪地里搀扶起当时的司令员杨焕民，坚定地小声对他说："这是反革命在整老革命！"

这就是父亲对当时混乱已极的军队，混乱已极的国家的思考之后的痛苦总结。他没有理论，却坚信那些所谓的"造反派"就是打着红旗反红旗的反革命！父亲从心眼里瞧不起他们，不怕他们。父亲对"造反派"直言："你们凭什么说我是反党反毛主席？！凭什么说我是走资本主义道路的当权派？！我到兰空的任职，就是中央军委任命的，是毛主席亲自批准的。"

在那年年末的北京，在北京工人体育场两次召开军队院校和文体单位来京人员大会。中央军委副主席贺龙、陈毅、徐向前、叶剑英出席了大会。周恩来总理也出席了大会。几位军委副主席就军队

"文化大革命"问题作了重要讲话，对军队一些单位的造反派冲击军事机关，揪斗领导干部，大搞打砸抢等错误做法提出了严肃的批评。他们指出：一讲黑帮，所有的都是黑帮，一讲走资本主义道路的当权派，所有的都是走资本主义道路的当权派，这样打击面太宽太大。真理就是真理，跨过真理一步，就变成了谬误；凭主观空想干革命，就要犯错误；明明看到老同志心脏病发了，还要抓来斗，这些人没有无产阶级感情；少数人表现不好，败坏我军的光荣传统。如果不改正，就是废品，将来不能用。他们强调：人民解放军不能乱，一定要有秩序。可惜以上军委领导人的讲话，被林彪、江青一伙诬为"反对毛主席的无产阶级革命路线"。会后不久，他们的讲话就遭到了批判。最后他们自己也一个接一个不明不白的倒下，甚至消失……

那年的冬天真的好长！

1967 年 1 月，中共中央终于发出了《关于不得把斗争锋芒指向军队的通知》《通知》指出："人民解放军是无产阶级专政的最主要的工具。它担负着备战和保卫国防的伟大任务，担负着保卫无产阶级文化大革命的伟大任务。今后，任何人、任何组织，都不得冲击人民解放军的机关。"《通知》还规定，不准挑动群众对由军队负责守卫的地方电台，监狱，仓库，港口，桥梁包围、冲击，占据和破坏。

天下大乱没有得到天下大治。

在中国大陆，夺权之风越演越烈，局势更加混乱。稳定全国必须先稳定军队！在当时主持中央军委日常工作的叶剑英主持下，军委碰头会研究制定了中央军委《八条命令》。《命令》规定：一切指战员、政治工作人员以及勤务、医疗、科研和机要工作人员，必须坚守岗位，不得擅离职守；要严格区别两类不同性质的矛盾。不允许用对待敌人的方法来处理人民内部矛盾，不允许无命令自由抓人，不允许任意抄家、封门。不允许体罚和变相体罚；一切外出串连的院校师生和文艺团体、体工队、医院、军事工厂的人员和职工等，应迅速返回本地区、本单位；对于冲击军事领导机关问题，要分别对待。今后则一律不准冲击；军队内战备系统和保密系统，不准冲击，不准串连；军以上机关应按规定分期分批进行"文化大革命"。军、师、团、连和军委指定的特殊单位，要坚持正面教育的方针，以利于加强战备，保卫国防。1月28日，经毛主席批准，《八条命令》颁布全军执行。

2月11日，为更好地贯彻《八条命令》，中央军委又颁布了《中共中央军委关于军以上领导机关文化大革命的几项规定》（即七条规定），要求全军要无条件地不折不扣地执行中央军委的《八条命令》，规定军以下单位及军委指定的特殊单位，一律不搞"四大"，坚持进行正面教育；各级军事领导机关一律不允许自下而上的夺权。不允许任何人任何组织冲击；军以上机关的"文化大革命"，必须由党委领导，不宜成立各种文化大革命战斗组织、已成立的，必须以行政单位进行改组。这些组织对党委有批评和建议之权，但不能代替、监督党委和行政领导行使权。《规定》指出，认为只要是当权派，就一概打倒，是完全错误的；在运动中，要反对无政府主义、极端民主化、小团体主义、个人主义和主观主义等不良倾向，要加强运动的革命性、科学性、组织纪律性。

《八条命令》和《七条规定》的颁布，对稳定军队起到了很大的作用，受到了全军广大指战员的热烈拥护和欢迎。

曾几何时，部队中轰轰烈烈的"四大"，就这样戛然而止了。

父亲，终于又以一个军人应有的尊严，佩戴着鲜艳的领章帽徽，昂首挺胸的去上班了。

可怜的"造反派"们，早晨醒来，发现历史竟在一夜之间嘲笑了他们，抑或是把他们玩弄于股掌之间后，又无情的抛弃了他们！

杨司令员的脸上依旧没有半点笑容。昨天他们还想在他身上再踏上一只脚，让他永世不得翻身！今天早上在办公室里，他们发现自己还得和过去一样，不得不毕恭毕敬的称他为首长！

这种转瞬之间的变脸，相信绝非是"造反者"内心所愿。可又是谁让他们当了一回变色龙呢?! 谁才是历史上真正的小丑呢！不过在那个年代，英雄和小丑的命运结局可谓殊途同归。都不会赢得观众的喝彩！

关于"文革"关于"文革"的灾难，很多后来的人，七〇后或者八〇后甚至九〇后们，都不一定清楚它对中国文化中国历史所带来的真正痛创是什么？作为真正经历者的我，一定有千百个理由认为那一定是中国数千年史上最为阴郁黑暗时刻！很多人自杀被杀，我们家因为是部队，相对而言冲击还算是轻的。但不管怎样，中国千千万万的老百姓为"文化大革命"付出最昂贵的几代人代价，这是不容置疑的！

我记得当一切恢复正常后，我们家里又有了欢笑。在接下来的那段时光里，父亲高兴时特别爱唱歌。父亲五音不全，但声音的音质特别好，低沉且洪亮。父亲的生活习性就是早睡早起。所以每天早上天还没亮，父亲就在我们家的楼道里一展歌喉。父亲最爱唱的是红色娘子军的军歌：向前进、向前进！战士们责任重，妇女们怨仇深……父亲的歌声吵得我们睡不了懒觉，甚至引来了邻家男孩儿的抱怨。

那年冬天将尽之时，空军召集兰空常委全部进京开会。在会上，空军领导批评了兰空某些人搞"四大"的做法，认为"造反派"对兰空党委一班人的批斗是错误的，并明确提出由杨焕民司令员主持兰空机关工作，让杨思禄副司令员到兰空指挥所负责军事训练和作战方面的具体工作。

父亲说他自己当时是既感到压力又有无穷的动力。因为大西北自解放后就一直是国防科研的重要研发基地。60年代和苏联关系紧张后，它又成为反修防修的战斗前沿。看看那一年发生在中国大陆震惊海外的若干大事吧：

1967年的4月，美国侵越之后，在疯狂轰炸越南北方的同时，连续派遣军用飞机侵犯中国领空，轰炸中国领土。中国人民解放军空军部队奋勇迎击入侵美机，在很短的时间里，就击落敌机5架。中央军委颁发了嘉奖令，祝贺这一重大胜利。

5月，中国自行设计制造的中程导弹在甘肃某地发射成功。

6月，中国在大西北的上空成功地爆炸了第一颗氢弹。这是广大工程技术人员、干部、战士排除"文化大革命"的干扰，坚持国防建设所取得的突出成就。氢弹爆炸成功，是中国核武器发展的又一飞跃，标志着中国核武器的发展进入了一个新的阶段。

不管是氢弹原子弹的爆炸，还是各种导弹新型飞机的研制和开发，作为现代化军队的一个军种，显而易见，任何一种武器装备的研制和发展对空军而言，都是必不可少的。科研工作自然在空军现代化建设中处于十分重要的地位。国家领土的安全更需要强大的军队作为坚固的屏障。周恩来总理曾这样说："我国是拥有有960万平方公里国土的国家，要有强大的人民空军来保卫。"自空军成立以来，空军就义不容辞地担负起大量的试飞试验任务，许多国防工业部门、其它研制单位委托的各种试飞试验的任务，诸如导弹、航炮、炸弹，都是在空军的参与下，共同完成的。甚至于在发展中国核武器事业中，空军更是空投核弹和取样试验等任务中一支必不可少的

→父亲是江西人，对中国的饮食文化一直很有兴趣，文革前期下乡"四清"时，竟亲自下厨为工作队烧菜。这是我非常喜欢的一张照片。

军种。然而这些都是非常艰险的工作。由于兰空部队所处的特殊的地理位置，除了自身参加机截空投小型原子弹试验和其他试验外，对保障我国多次进行核试验和各种导弹试验的工作顺利完成，也付出了许多常人所不知的艰巨而细致的工作。

现在回想起来，"文革"虽然乱了党，乱了国家，但不敢乱军队。军队毕竟还是在"文化大革命"中最艰苦的时候，成为逆流中的坚石。

父亲说他到兰空指挥所值班，内心格外充实。和以往的习惯一样，每当父亲到一个新的岗位，他总是抓紧一切时间下部队，看地形，到基层调研，掌握第一手的情况。当时因为战备的任务很重，兰空机关要搬迁到甘肃省兰州市市郊的夏官营附近。那里因地处偏远，连火车停靠的站台都没有，这给干部和家属带来工作和生活上的许多不便。父亲不认为兰空机关搬迁到夏官营是个好主意，而建议领导慎重考虑。父亲明知领导不会喜欢他的提议，父亲还是直截了当的向领导阐明自己的观点。这是父亲一贯的工作作风。父亲有棱有角的个性，真是难被岁月的风刀霜剑磨圆。

有一件事，父亲记得很清。就是在那次氢弹试验成功的日子里，父亲陪同聂荣臻同志去大西北空军试验基地检查工作。在飞机上，不知为什么，聂帅突然问起父亲对"文化大革命"有什么看法？

父亲虽说一当兵就在红一军团红二师，抗日时期又在华北军区，聂帅可说是父亲最大的顶头上司，但父亲和聂帅毕竟不很熟。可既然聂帅突然这样问自己，父亲的坦率真诚的个性，依然如故。

父亲说："我不理解文化大革命。那么多经过长征，为革命出生入死的老干部，怎么一夜之间都成了反党反毛主席的反革命呢？我想不通！"

聂帅听完父亲的话后，一言不发。后来父亲说，他说这番话时，痛快归痛快，可那却是在1967年，文革之初的事啊。那时候谁敢对"文化大革命"说半个不字呢！父亲说自己说完之后，心里多少还是有些忐忑不安的。

但事实证明，聂帅没有对父亲另眼相看。

那年夏天，妈带着我搭便机去兰州看父亲。那是我有生以来第一次坐飞机。

一下飞机，父亲就问我："在飞机上吐了没有？"

我说："没吐哇！"

父亲很满意。我还告诉父亲，在飞机上，机组人员老问我将来长大了干什么？我说我长大了，也和父亲一样学开飞机。父亲难得开心的大笑起来。

在兰州我第一次看到黄河。每天晚饭后，爸妈都会带着我到黄河边去散步。大家都说，这就是黄河、黄河。我看了看那河水，除了好混浊外，我感受不到其它啊！

我们住在部队的招待所里，父亲白天上班时，妈就在屋里给我辅导数学。妈不愿看到我们小小年纪却无书可读的状况。在那个时候，我才知道自己是多么怕应用题，才发现自己天生的对数字多么不敏感。任妈妈怎么讲，我始终都是不明白。妈又教我下象棋，打乒乓球。那一年我 10 岁。如若是现在，10 岁的孩子，家长对他期望值高不说，而学业本身的负担就很重。可我们那一代人，在那个年代里，简直不能用"荒废"二字所形容、所概括！

在"文化大革命"最初的日子里，我记得在大部分的时间中，我们都是在家里制作毛主席像框，那时候也不知从哪来的那么多的废胶片。我们用各种颜色的塑料绳把它们编织在一起，然后把报纸一层层的使劲搓成一个棍，再塞进编织好的胶片里，做成各种各样的毛主席橡框。我们同时还收藏毛主席像章。当时人们礼尚往来的物品，大多是这类东西，以及毛主席的红宝书。我们的青春和热情，时间和精力也一滴不漏的倾注在此。那时候我们比的是谁最爱毛主席，谁更忠于毛主席。

我记得警卫连的一个战士，索性把 7 枚毛主席像章全部直接挂在前胸的肌肉上。后来因为疼痛造成晕厥而被送进门诊部时，才被人们发现挂在他胸前肉上那些血淋淋的毛主席像章。

一直到很多年以后，我才知道我们家在离开大连空三军以后，那里也发生了更为剧烈动荡不安的事件。三军大院的男孩子们，发疯一样冲进从小长大的生活过的幼儿园里，一路狂追辛辛苦苦把他们带大的老师们，号称是要剪掉她们头上的大辫子。很多老师头上的长辫都是留了几年十几年，印象中她们私下里是最喜欢互相比谁的辫长谁的发好。每次照相时，她们为了显示其长长飘逸的大辫子，都喜欢将两条长辫有意垂在胸前。可是面对十几岁大的男孩子们，在造反派破四旧立四新的伟大口号前，谁敢保留心爱？于是她们不等男孩子们动手，自己快快了断。可谁听到了她们心痛无比的哭声呢？

子弹在飞，不过子弹为谁而飞，却是历史之谜。幼儿园的老师为了躲避这些在夜空中飞来飞去的子弹，带着更小的还只有四、五岁的小朋友们全都爬到了床铺底下。

有人说中国的"无产阶级文化大革命"，是革中国文化的命！可是如果仅仅是为了教训"臭老九"，为了打倒那些"走资本主义道路的当权派"，还可安抚和厘清我们多少人心中的混乱。但"文化大革命"真的只是革了文化的命吗？仅仅是破四旧立四新那么简单吗？在如此疯狂的惨烈的不可理喻的年代里，我们都付出了什么，又得到了什么?！

历史对我们这一代人的评判是"他们丧失了接受了正规教育的机会，成为在文化、学识上准备不足的一代。"

可谁能告诉我们，是谁把我们推到这种可怕可悲可怜可叹的命运之中，这种"准备不足"又会对我们的未来的一生埋下什么样的命运或者说是什么样的恶果呢?！

我的父亲当年为了新中国的解放抛头颅洒热血，他一定不是为了有一天自己的孩子只读完了小学，便再无学可上，或者儿子在16岁时当兵喂猪，或者全中国人的后代都去上山下乡，在农村广阔的天地里"大有作为"！

这个阴郁的黑暗的完全是人祸造成的灾难，如果仅仅是捉弄或嘲弄了父辈或者是我们这代人，它的影响力倒也还是有限的。可"文革"的阴影真的不会波及到我儿子，或我儿子的儿子吗?!

有人对 50 年代的生人做了这样的总结：初生时，遭遇国家的"英雄母亲"的政策，已经 4 亿的中国人，还在拚命的鼓励多生。这个政策的结果是，让本已有了 4 个孩子的妈，又不得不生下我。谁都知道这种政策，对后来国家的可持续发展大打折扣。60 年代初，还是孩提的我们正在长身体时，又遭遇到了三年特大的自然灾害。让我们营养欠佳，体质太弱。等我们求学时又逢"文化大革命"，无书可念。当我们走上社会，需要工作时，又不得不上山下乡，因为那时候物质匮乏的中国已面临人口太多的窘迫。"就全国来说，最能容纳人的地方是农村，容纳人最多的方面是农业。所以从事农业是今后安排中小学毕业生的主要方向，也是他们今后就业的主要途径。"所谓"大有可为"只是一种托词。等我们到了结婚生子时，国家更因人口的压力，提出了"晚婚晚育、独生子女"的要求。等我们人到中年，上有老下有小，成为家庭的脊梁时，又不得不面临下岗失业。等我们进入老年，单位早已不能为我们养老。当一对小夫妻面对四个老人时，我们又几乎是没有子女可依靠。

我们是被"文化大革命"牺牲或埋葬了的一代人吗?!

我们可以哭泣，可以沉默……后人也可以对十年的那场灾难与浩劫，做出最伟大最深刻的评判。但是我们这一代人的生命永远不再轮回，我们这一代人的青春更是一去不重返！当改革开放后，当中国再次发生巨变时，我们这代人除了少数人成为弄潮儿，更多的人则无奈的成为改革后的失败者、社会上多余的人。

如果历史是由人墙堆砌而成，我们这一代人一定是失败的足以让历史"拍案称奇"！

有人把我们那一代人的失落，称为"中国人才的深谷。"这种比喻也许准确到位。但这些华丽的文字却不能给我们这一代饱受痛创的身心，以丝毫的抚慰。

我们在哀痛中回味人的一生中最美丽的只属于我们一次的青少

轻声细诉

第四章

年，除了打砸抢，除了"三忠于四无限"，除了无学可上无书可读，仿佛我们这一代人命里注定只能在"广阔天地"中虚度时光。荒唐的镜头荒唐的命运如同一段剪错了的灰色胶片。

其实更荒谬之处还在于我们在那个不讲知识不讲文化没有思想的年代里，却满怀无产阶级不能"解放全人类"的高尚苦痛，而现在在 21 世纪的人才辈出的今天，年轻人却又高呼"我平庸我快乐！"究竟谁在思想上更深刻，谁在情感上更浅薄？！这种错乱，真让我们对"文化"的"大革命"，有着深刻地切肤之痛啊！

我不知道我们的后辈当中，是否真会有人在"文化大革命"的垃圾中，扒出一堆屎来，如果中国式的"文化大革命"再次重演，那么华夏民族所遭受的一定是灭顶之灾！

1967 年的冬天，中共中央发出了停止外出串连，大、中、小学开始复课闹革命的号召。但是"革命到底"的决心，让学生们依然滞留在学校之外。他们在社会上与各行各业的造反派"联合"在一起，仍然都处"揪斗走资派"，简直乐此不疲。导致冲击各级领导机关，武斗流血事件层出不穷，出现了极度混乱的七、八、九三个月。不得已，在 1967 年 10 月，中共中央正式发出《大学、中学、小学校复课闹革命的通知》，要求"全国各地大学、中学、小学一律立即开学"，"一边进行教学，一边进行改革"。

于是停课已久的各学校在领导班子不健全、缺少教材和经费，教学设备遭到严重破坏的情况下，开始了所谓的复课闹革命。

当然复课闹革命只是流于号召。在各地方给中央文革的简报中有如下反映：绝大多数的学校"大联合没有实现"，"武斗不断发生"，许多学生不愿到校，还有些学生"要求退学"。同时，复课闹革命还遇到一个更严重的问题，即在废除了高考制度，大学停止招生后，全国中学已经积压了六六、六七两届的初、高中毕业生没有进行分配。大量积压的毕业生，是使学校和社会动荡不安的一个因素，并成为学校恢复教学的障碍。

1967 年 10 月，教育部在关于复课闹革命的情况材料中把毕业生分配问题作为"急等解决"的首要问题，并作了如下的反映："毕业生不分配出去，新的学生进不来，而今年毕业和招生人数又比往年多了一倍以上。这不仅涉及教师和校舍问题，而且还需要解决这些学生是一批毕业出去，还是分批毕业的问题。"

那时候连我二哥都已和我大哥上同一个学校同一个年级同一个班了。不知上天是有意还是无意，那年冬天我们家发生了一件大事，国防科委二十一基地到西安各个中学招特种兵去新疆，我大哥政审体检均合格，应征入伍了！

那一年我大哥才16岁。比起后来在中国发生的那场空前绝后的知青上山下乡运动，他算幸运吗！我们全家都记得他穿着一身崭新的军装回家告别的情景。

大哥那时已经是一米七六的个儿了，可那身三号的军装在大哥的身上，好像还是大了一号。他一屁股坐在他们睡觉屋子里的那个写字台上，显得那么潇洒和帅气。除了父亲还在兰州不能回来外，妈和我们全家人都围着大哥。大家看着他，笑啊笑啊……欣喜和羡慕，溢满了我们每一个人的心中。然而我们当中没有人会清醒的意识到那时的他，还只是个孩子，只有初一的文化水平，本该继续求学的他却只能去新疆戈壁滩，离家很远很远，而且被分在连队的生产班里，只是喂猪而已。

晚上妈到火车站去送大哥。火车站挤满了身穿一身绿，胸戴小红花的新兵。

1968年初，大哥当兵走后，部队的院子里当即就掀起了一股当兵潮。不管男孩儿女孩儿，只要年龄上许可，能当兵的都当兵了，能走的都走了。

不久，连我大姐也当兵去了。我们的后院一下子好像被掏空了。

2

1968 年五一前夕，父亲突然被召到北京参加一年一度的五一庆祝活动。那年毛主席在天安门和全国人民欢度五一时，父亲在那天也登上了天安门城楼的观礼台。当天国内各大报刊都登出了上天安门城楼及观礼台的人员名单。这在当时的确是一种莫大的政治荣誉。因为这其中也包括了许多在"文革"中曾经被打倒又复出的老干部。父亲的内心的的确确真是感慨万千啊！

父亲在想什么呢，也就是一年前，他被停职被摘掉了领章帽徽，在雪地里下跪，打扫厕所，被人辱骂……现在真是雨过天晴了么？

五一过后，空军领导找父亲谈话，说父亲的工作将有所调整，让父亲在北京待命。于是在待命的日子里，父亲又把妈和我接到了北京。

我们都住在东交民巷的空军招待所里。也就在那里我还遇到了和父亲一样也在北京待命的马仁辉伯伯。他和父亲的命运那么相似。一起从江西于都参加红军，又不约而同的在长征路上负伤掉队，同样在"文化大革命"挨过整，又被平反，如今一起和父亲在北京待命。他老来父亲的房间找父亲聊天。两人在一起又说又笑，好不开心。我记得他比父亲个矮，还瘦小，只是眼睛大大的，见我时总是笑笑的，一副很谦和的样子。可惜他去世较早。

那一年我 11 岁了。记忆中在北京的那段日子是很平静的。实在无事可做时，爸妈带我去逛了一次中山公园。那次的经历我是忘不掉的。因为当时我走的很热，不知怎么搞的和父亲走散了。于是让妈给我买一瓶汽水。就这么一点点小小的要求，妈却任我磨破了嘴皮也不肯满足我，理由是回家可以喝水，现在能忍则忍。如同我小时候上街，让妈给我买一个玩具一样，妈从来都是坚决地予以否定。还记得自己稍大一点时，特想学吹口琴。妈还是不肯给我买。非我让学会后，再给我买。气得我和妈吵，说没有口琴，怎么才学得

轻

声

细

诉

杨

争

著

会？！妈说一旦我真拥有了口琴，肯定还是学不会。正好我大舅出差到我家。劝妈给我买。看大舅的面子上我总算是如愿以偿。不过妈确有先见之明，我至今也没学会吹口琴。但那支口琴现在我依旧十分仔细的珍藏着。

有时认真回想一下，小时候妈究竟给我买过什么呢？6岁时，脖子上长过一个囊肿，在大连空军医院住院手术时，妈来医院看我，给我买了几本小人书。其中有一本印象非常深：王羲之练毛笔字。小小的王羲之坚毅刻苦，为了练好字，墨水把池子里的水都染黑了。妈真是用心良苦。也就是在妈这种严格的要求下，长大的我，觉得自己无论从哪一个角度看，都更像一个隔代农民！

不管怎么样，现在的我依然能回想起小时候和妈上街的情景，妈的手紧紧地拽着我的手，也许怕我走丢了。但手被妈妈这么紧紧地拽着，内心却是满满的安全感和踏实感！但愿这种感觉也能从我的身上，被我的儿子所感到！

在那个夏天最热的时候，传来了福州军区空军司令员谢斌一时想不开，把头弄伤的消息……

↑这是父亲带我在空三军机场的留影。很多人不相信将军的孩子能穿打补丁的衣裤。但这就是60年代中国的家庭现状！这裤子是哥哥们穿过的，然后又留给了我。所谓新三年旧三年，缝缝补补再三年，绝不是传说噢！

几乎是同时，父亲被中央军委任命为福州军区空军司令员。空军领导要求父亲立即走马上任，刻不容缓。于是我们和父亲从北京匆匆赶回西安，父亲把搬家的事全委托妈办。自己简单的收拾了一下，就走马上任了。

但有一件事，让父亲一辈子都不能忘。当他从北京回西安，飞机在西安机场落地时，兰空的一位老领导竟亲自去接父亲，还对父亲冷不丁的来了一个"立正，敬礼！"搞的父亲措手不及，手忙脚乱的赶快也还了一个礼。

他非常郑重的对父亲说："杨司令员，对不起你。"

父亲明白。一切皆因"文化大革命"。父亲被批斗，下跪，被摘掉领章帽徽，自尊心受到莫大的屈辱……可这样的事在那个年代，真是遍地都是，多如牛毛，你想数都数不过来。

父亲郑重的向对方还完军礼后，笑了："算了，别这么说。革命嘛。"父亲挥挥手。父亲是大老粗，说不出更精彩的语言。但两位老同志真诚互换，内心的真实想法早已无须一语道破，于是一笑泯恩仇。

父亲从不忌恨那些整过他的人。在父亲的生命中，从没有过打击报复，给别人穿小鞋，利用职权整他人，这种非君子的小人哲学。父亲老说自己没那个脑子。也许因为我们的生命太短，我们要干的事却又太多。我们没有更多的时间去感伤，去怨恨。所以在父亲晚年时，面色红润慈爱，神闲气定。人们总说富润屋，德润身。其中感悟一定只有品德高尚的人才略知一二吧！

杨焕民司令员在送父亲走时，声音也哽咽了……他一定是想起"文革"的冬天，在那个阴冷的办公室里，父亲给他轻轻地盖上军大衣的情景。因为在批斗挨整期间，老干部们未经允许，是不能随便交谈的。一旦被造反派抓到，上纲上线，你是跳到黄河也洗不清。

但关于那个冬天那个早晨所发生的事，却会永远定格在两个人心灵的最深处。他们都记得那天批斗会结束后，经过无数次的下跪和游街，所有人都身心交瘁。父亲从杨伯伯的办公室走过时，看到杨伯伯疲弱的身子，斜倚在沙发上。过道里的冷风从敞开的门"嗖嗖"直入，父亲怕杨伯伯受冻着凉，于是径直走进杨伯伯的办公室，把自己身上的大衣脱下，轻轻地盖在杨伯伯的身上。其实这件事很小，但一直到杨伯伯的晚年，有一次他病重住院，我在医院里陪他。我和他又聊起"文化大革命"，聊起我父亲，谈起这件事，没想到我生平第一次看到了一向不苟言笑的杨伯伯不平静的脸上，那两行清泪……

我被杨伯伯的眼泪所震惊！因为不管是以杨伯伯在兰空的地位和威望，以及他一向严峻硬朗的为人处事的工作作风，我相信即使是他的生活中最亲近的人，谁，曾几何时，看见过他老泪纵横的那一面？

父辈们在为新中国打下江山的岁月里，结下了许多生死之交，可他们一定没想到在"文化大革命"，在那个万劫不复的迷茫日子里，在自己人打自己人的斗争中，一样又结下了更为珍贵和深厚的战友情谊呵。这种情谊是地窖深处的被收藏的老酒，无论何时开启，都那么温暖那么香醇那么令人回味。

父亲那年是 51 岁。父亲知天命，但不信天命！父亲在那个年纪，怎么不想走更远的路，干更多的事呢?！

1968 年夏天，父亲独身一人踏上了东海前线。那个年月，"文革"的动荡，让中国很乱，社会很乱，军队也一样很乱。福州那块地方，在父亲的眼里或许不陌生，但那的政治形势、军队状况，父亲心里并无十分的把握。工作上一定会是千头万绪，但却不能有半点闪失啊！飞机在福州机场平稳着陆后，父亲望着紧夹着机场跑道的那两座大界山和小界山，心里真是沉甸甸的。父亲不知道今后的 17 年可能就是他为党为军队做出贡献的最后的 17 年了。他也不知道 17 年后，随着他的离任，也就是福州军区的整体解散……父亲更不知道一场更大的考验将再一次别无选择地降临到他的身上。在福州，在那座美丽宁静的小城，父亲遇到了自己人生旅途中最后一道更为险峻的隘口！

3

小时候在西安无法像成人那样去体验夏季的炎热。8 月份从西安往福州搬家正是骄阳如火的日子。作为孩子的我们还无法分担父亲那时内心深处的一切思绪。

在西安的最后日子里，望着又一次搬空后而显得空荡荡的小楼，我们一家人心里全都是对未来新地点、新环境的憧憬和渴望。妈妈带着我们兄妹三人乘飞机途经上海到福州。二哥那年 15 岁，一路上他已经能和大人一起帮忙抬行李和搬东西了。二姐 14 岁我才 11 岁。逢到一地，我和二姐总是一边一个的站在妈的身边。看见那么多的人为我们上上下下的抬行李、搬东西，妈不断的埋怨我和二姐是没用的小女孩儿，帮不了大人的忙。我们在上海待机时，妈为了感谢随行的陈秘书和警卫员，我们还一起到淮海路一家挺不错的照相馆合影留念。

可是当妈妈和我们到达福州机场时，父亲并没能来机场接我们。司办的秘书对妈说，首长正在开会，实在抽不出身了。

在车里我们兴奋无比的望着沿路的街区和行人。我们发现福州满街都是低矮的破旧的木板房。两三辆公共汽车就足以让全城人都受益。只是街头巷尾总能看到一棵棵好大好大的百年老榕树。8 月里整座城市都飘逸着白玉兰的馨香。由于南方多雨，福州的池塘也特别多。给我们印象最深的是几乎所有的池塘上面都会架着一个用木头搭建的上面没有顶的厕所。有人一边解手，一边还能探出头朝外张望。更令人匪夷所思的是这样的池塘下面竟然还养着鱼。

由于地处前线，50 年代常遭受国民党飞机的轰炸和破坏，60 年代又赶上"文化大革命"，60 年代末期的福州，城市的建设非常缓慢，再加上只有一条铁路通福州，所以给人的感觉与其说福州是一座城市，不如说是仅具备城市的雏形，或者说是城市的郊区，农村里的集镇。

我们的车终于到了一个山脚下，经过一条扬满尘土的沙子路，汽车驶进了福空大院，停在我们新家的门口。

那是坐落在半山坡路边上的一所房子。因为楼墙的外层是近似奶黄的白颜色，院子里的人都管它叫大白楼。一进家门我们几个孩子就先冲到楼上客厅。只见客厅的地上放着一个纸盒子。我们打开一看，里面全是排列的整整齐齐的半青半黄的果子，我们当时不知道它叫什么，也不管三七二十一，每人一个，剥开皮就吃。果肉刚进嘴里，我们就感到一股怪怪的味道。是什么味呢？谁也形容不出来。我们只好"呸、呸！"的往外吐。我们把手里的果子统统全扔到了凉台外面。

中午吃饭的时候，父亲才下班回家。父亲见到我们的第一句话就是："吃过芒果了吗？"

啊！原来那东西叫芒果……天，我们这几个北方长大的孩子，就这样算是第一次到了南方，第一次吃到了南方最好吃的水果！

父亲把我们叫到阳台上，指着家大门口正中间的那6棵树，说："你们看，这就是芒果树。你们今天吃的芒果，都是从这些树上摘下来的。"

小小的芒果树在福州8月的阳光下，既不显得高大也不那么茁壮。但我发现它每一片树叶在我的眼中都是那么青翠碧绿，那么好看。

其实住久了，你会觉得福州是个很美的小城。我始终觉得那是一个宁静清爽、与世隔绝的地方，是我人生的第二故乡。那里的气候宜人，资源丰富，兼备了依山傍海之优势。终年茶香果美，林茂花繁，森林覆盖率居全国之冠。让我尤爱的是福州城里的那条长长的迷人的闽江。站在我家的凉台上，那江边的旖旎风光尽收眼底。我常常在夕阳中眺望远远的静静流淌的闽江，黄昏中的江水载着金色的余辉渐渐远去，沿岸那一溜儿全木质的民房宛如纯朴的恋人紧偎在江边，霞光中江岸余烟袅袅……

多少多少年以后，这幅温婉的画面虽说带许莫名的乡愁和淡淡地感伤，却也始终萦绕在我的脑海深处，成为我思绪和记忆中的最爱。

福空机关所处的位置就是在闽江边的半山坡上。比起其它军区空军而言，福空是属于建立最晚的军区空军。由于成立的时间短，所以无论从人员编制到基础设施，再到营房建设，都远未成形。比如我之所以能站在小楼上便对闽江一眼望到底，就因为别说福空大院，就连整座福州也根本没有多少参天大树，更没有多少宽阔的水泥路！

比如福州的别名为榕城。因为那里百年以上的老榕树特多。但我们福空大院里的这种老树却并不多。不管是办公大楼，还是家属楼，甚至到机关连队，所有的营房屋瓦都裸露在半山坡上。走在临街的大马路上，整个部队营房，可说是一览无余。记忆最深的还是部队营院里每一条路都是土路，几乎没有柏油路。汽车一过，尘土飞扬。福州一年四季又多雨，于是走在哪儿都是满脚的泥泞。

记得刚到福州时，有一天父亲在露天的放映场上做报告。我和二姐新认识了一个本院的孩子。她带着我们在家门口边上的马路上疯跑。远远的我们一边看父亲在做报告，一边高声说笑。把妈妈气得从凉台上把我们全都喊回家，美美地熊了我们一顿！其实现在想来那也是树太稀少，院子太小，条件太差的缘故。几句高声笑语，恨不能就让全院都听得到。

我记得初到福州时，只要晚上放电影，在我们家我住的那个房间甭说是电影的音响，就是坐在我那小屋里往外看银幕，也能八九不离十的把电影看个大概。这一切比起我们刚离开的西安兰空大院，真不知差了多少。办公大楼更是又矮又小又简单！但在父亲的心中，一张白纸正好让他大展身手，画最新最美的图画！

我们在大白楼住了也就一年多的时间。爸和妈商议还是搬出了大白楼。

那是上一任司令员陈化堂住过的老房子。那栋房子非常大，每个宽宽大大的房间里都有几扇方向不同的窗户。夏天福州再热，住在那栋老房子里，仍有说不出的爽快。楼上的客厅大到我和妈可以偶尔打打羽毛球。但哥哥姐姐都当兵以后，父亲决定搬到后面靠山

轻声细诉

杨争 著

边上的那栋小房子里去。而把那个大白楼改为让其它首长两家共住的地方。父亲觉得我们一家三口，即使再加上秘书和警卫员，住那么大的房子，也实在太浪费了，父亲不想搞特殊化。

那段岁月正好是"文化大革命"的中后期。"无产阶级专政下继续革命"的理论依旧是"文革"后期的主题和灵魂。在此基础上，毛泽东又说："社会主义革命还要继续。这个革命，还有些事没有做完。现在还可继续做，此名斗、批、改。"

据说毛主席特别希望通过斗、批、改建立一种新的秩序，实现"天下大治"的目标，建设一个他向往的理想社会。这其中包含了他渴望胜利地、圆满地结束"文化大革命"的意向。在他看来，斗、批、改既是"文化大革命"的继续和深入，也是"文化大革命"的扫尾阶段。按照"大破大立"的原则，斗、批、改中的一切活动都要为"大批判"开路。这种"以阶级斗争为纲"的大批判在形式上表现为无限上纲、声色俱厉、不容置疑、武断专横，而在内容上更是以政治思想、阶级斗争为统领涉及深入到民众社会生活的一切方方面面。

当年的 10 月，中国共产党八届十二中全会在毛泽东主持下，在北京召开。这次会议是在大批中央委员和候补中央委员遭受诬陷和批斗、被剥夺了出席会议权利的情况下召开的。在这种党内生活极不正常的情况下，批准了在江青、康生、谢富治等人主持下作伪证写成的中央专案审查小组《关于叛徒、内奸、工贼刘少奇罪行的审查报告》，做出了把刘少奇"永远开除出党，撤消其党内外的一切职务"的错误决定。几乎在相同的时间里，《解放军报》刊登了《柳河"五七干校"为机关革命化提供了新经验》一文。军委办事组转发了总后勤部《关于军队开办干部劳动学校若干问题的报告》，要求全军认真执行。据此，全军先后办了 190 所"五七干校"。

这个政策最富有成效的结果就是成为"四人帮"排除异己、惩罚干部的手段。一大批在"文革"初期挨整的老干部被下放到"五七"干校劳动改造。实际上"文革"后期他们又被平反释放，大多官复原职，也给后来的工作带了一些问题。当然这都是后话。

在那时全国绝大多数省、市、自治区革委会已建立。父亲一到福建就被结合到福建省革命委员会，在福建省革命委员会里任常委委员。

或许这一时期的政治斗争不如文革初期的"天下大乱"，以及造反派"全面夺权"那么让人惊恐。但在人们灵魂深处，它的深刻性和广泛性，绝不亚于前者。人们都在等待那个许诺在大乱之后的大治。但"一打三反"、"深挖五一六反革命集团"等激烈运动让他们再次绷紧阶级斗争这根弦。大乱之后并没有出现团结和谐的气氛。人和人之间的关系更加相互警觉和疏离。几乎每一个成年人，都在默默地承受巨大的政治和精神压力。在这种社会环境中生存，虚伪和人们交往中本能的彼此之间不信任、冷漠，最终导致每个人不得不具备两副面孔和双重人格。

部队虽说不会像社会那么复杂，但人的工作是越来越难做了。父亲虽说是福州军区空军司令员，但也兼任党委书记。父亲去福空后的很长一段时间组织上没给父亲配政委。父亲只要不下部队的时候，就是在办公室和人谈话。有被打倒后又复出的，有犯错误要求平反的，有告状的，有故意找碴挑刺的。真是千头万绪，错综复杂。

父亲又一次把自己全身心的投入工作之中。在福州的日子里，父亲的工作越来越忙，压力越来越大。江西、福建两省虽说地方不大，但面临台湾，地处东海前线，部队作战训练任务繁重，每年光来福建轮战的飞机就有几百架。况且福建有许多机场离台海很近，飞行员一个起落就很容易地连人带机落在了属于国民党的桃园机场。更别说那时有许多军工企业都划归部队管，比如江西的多个千人以上的大厂都是从东北刚迁入江西。不管是支左的问题还是生产的问题，也都需要福空党委去研究解决。

记得有一年为了庆贺毛主席生日，中央要求我们自己军工厂生产的"强五"、"直六"、"歼十"、"井冈山四号"等4架飞机同时上天，江西省近两万名工人为此展开了胜利大会战。总参总政空军的首长都赶赴现场，父亲在江西更是一呆就是小半月不能回家。那

轻声细诉

杨争 著

↑拉练这一词，现代人已经很陌生了。在文革后期，毛泽东很想让中国人民解放军一而再地体会跟党走，听党指挥，重上长征路的深刻含意。于是不仅仅是军队要"拉练"，连我们小学生也未能尽免！

些年妈妈老说家里才是父亲的真正的招待所。因为父亲在家的日子少之又少，甚至不如在部队的时间多。说实在的父亲忙得也确实无暇再顾其它了。我们也算不清父亲一年到头有多少个日日夜夜是在部队、在基层度过的。从机场到飞行中队，从高山到海岛，哪怕就是一个小小的雷达站，父亲都要亲自体察，尽早熟悉地形，掌握部队情况。虽说摆在父亲每天工作重中之重的内容就是两样：既不能摔飞机，更不能跑飞机。但当时处于"文革"后期，政治斗争那么复杂，对于飞行出身的军事指挥员，父亲深知在他任职的期间，一架飞机不从天上掉下来，一架飞机不跑出去。说到容易做到难！原本白白胖胖的父亲，很快就晒得又黑又瘦。

从小到大我听人说父亲最多的一句话就是："首长和蔼可亲，平易近人，没有官架子。"可是那些年月里，父亲每天回家后，很少对我们露出和蔼可亲的笑容。父亲说话也越来少，也不会像在西安时那样时不时在家里引吭高歌，给我们大唱《红色娘子军》了。我们别说能和父亲聊天，就是平日里在家见到父亲的日子也不多。妈成了我们全家的总管。5个孩子所有的事，都是妈负责。长年在外当兵的哥姐，他们总能收到妈一封封温暖殷切的家书。但他们从没收到过父亲的一个字。没能小小年纪去当兵的我，对这点印象最深。所以长大后我在一个偶然的时候，收到了两封父亲的亲笔信，在我来说，就显得格外珍贵。

4

1969年，国内政治形势尚不平稳，国际上的大舞台更风云变幻。在我国东北又爆发了苏军入侵中国边境的珍宝岛事件。

那年的4月父亲到北京参加了中国共产党第九次全国代表大会。大会通过了中国共产党中央委员会的政治报告和修改后的中国共产党章程，选举了中国共产党新的中央委员会。"九大"通过的政治报告和党章，使"文化大革命"的错误理论和实践合法化，同时还把林彪作为毛泽东的"接班人"正式写入党章，从而加强了林彪在党中央的不可置疑的位置。也许后人在评判那这次代表大会，认为在思想上、政治上、组织上都是错误的，可在当时全军传达学习了会议精神。有谁敢提出反对意见么?! 也许我们现在看那段历史会觉得荒谬可笑，可一旦你的生命是属于那段历史，或是那段历史的一部分，那么不管你是谁，你命中注定只能就是那段历史的牺牲品。而且不管你是可笑还是可悲，不管你是英雄还是狗熊，永远不会有人为你的生命喝彩，为你的牺牲做补偿。这就是所谓"以理杀人"最为残酷的下场吧。

在中国每一次政治斗争的风暴过后，父亲惊回首，总会发现身边又有一批熟悉的身影不知何时消失。那惨烈之状，绝不亚于在战场上死于敌人的枪弹。况且它的恐怖还在于，有时你根本不知道你的敌人是谁?

"九大"之后，当时身为毛主席的接班人、亲密战友，我们的副统帅林彪，突然上了一次井冈山。按照林彪的习惯，他的这次井冈山之行，除了江西省委知道外，并没有对福州军区和福州军区空军打招呼。父亲一班人事先谁也不知道。但是军委空军知道，且还派了一个副参谋长一同前往。

为林彪出行打前站的人，是乘坐林彪的专机"子爵"号，由北京的西郊机场出发，降落到江西的空军樟树场站，然后再改乘"安-24"型客机向井冈山附近的吉安空军机场寻求落地。

然而他们在飞临吉安上空的时候，忽然发现那是一个多年不用的土机场，遍地是野草，以至于多年的荒草把飞机跑道都覆盖上了。机场的导航设备更差。别说大飞机，小飞机降落也很困难。亏得空军的那位副参谋长是个老飞行员出身，他指挥"安-24"试落了几次，总算平稳着陆了。飞机上的几个人，紧张的一颗心都拔到嗓子眼上了。

事过数十年，我们现在早已无法揣摸 1969 年的那一天，林彪重上井冈山，希冀寻回一种什么样的情感。但林彪这趟上山回北京后，由江西省委提议，军委空军党委认可，大家一致认为很有必要在当时的情况下，在井冈山附近再建立一个二级机场。因为井冈山是中国革命的圣地，中国工农红军的摇篮，没准哪天毛主席也要重上井冈山，其它老一辈无产阶级革命家都纷沓而至，没有可靠的机场让飞机安全着陆，那怎么行呢?!

于是在 1970 年初，在井冈山附近选建新机场，便经空军党委做出决定，由福州军区空军正式开始了运作。

现在看，太和机场为今天的江西省井冈山旅游资源的开发促进，起到了巨大的推动作用，但当时的历史可给所有为之出力的人都下了一个解不开的套。

给父亲当了十年之久的周秘书说："我是 1970 年到司办给首长当秘书的。那时我们就老往江西跑，为新机场选点定点。当时一起考察地形的还有空军的吴富善副司令员。我们就坐着飞机在井冈山上飞来飞去。从地理位置上看，樟树场站离井冈山要 300 多公里，太远。吉安虽比樟树近，又有一个机场的雏形，但吉安山多路不平。选来选去大家一致认为离井冈山最近的早禾镇，也就是太和地面较为开阔。它距井冈山仅有 90 公里。"

选址确定后，福空上报空军，再由军委批准在太和建立了二级机场，可供轻型轰炸机起降，由空军四十二团、侦察二团驻守。

谁也没想到，机场建后不久，林彪事件就发生了！

父亲在福空后来的遭遇让我听后为之唏嘘。

那年 8 月，中共中央九届二中全会在庐山举行。这个会议本身的议题也许并不复杂，但它却在有意无意之间引爆了一个可怕的重量级的炸弹，以至后来不知多少人被它击中。果不其然，又一批党政军的高官为此而无声无息的消亡了。

父亲也因此又一次被政治的流弹击中！

在那个著名的会议上。老百姓看到的首先是江青拍的几幅艺术照，其中就有林彪学毛选的照片。林彪在那个会上称毛主席是"天才"。这种天才大概中国几百年，世界几千年才会出现。可是毛主席在事后，也就是南巡讲话中却把那次庐山会议定性为党内第十次大的路线斗争，而斗争的性质则是"两个司令部的斗争"。

事后对于庐山的斗争，当时的提法或政治意义上的解读则是：我们同林彪一伙的斗争，是一场两个阶级、两条道路、两条路线的大搏斗，是马列主义同修正主义，革命与反革命，政变同反政变，复辟与反复辟的你死我活的斗争。

可在那个年月好像人们都忘了一个很重要的事实，那就是这种斗争，就是再激烈，再你死我活，只要它在没有被公开化之前，别说老百姓，就是党政军中多少高层干部，也如坠五里雾中，看不清也弄不懂啊！印象最深的是当时毛主席要求军队、地方都要谨慎。解放军要学全国人民，一切行动听指挥。要读马列的书。没多久，中共中央发出《关于高级干部学习问题的通知》，传达了毛泽东在党的九届二中全会上的指示：党的高级干部，不管工作多忙，都要挤时间，读一些马列的书，区别真假马列主义。

那个时期我们家的书柜上果然多了许多大本硬壳的马列著作。比如《反杜林论》、《哥达纲领批判》、《共产党宣言》、《法兰西内战》、《国家与革命》、《唯物主义和经验批判主义》等等。

还没等父亲坐下来好好读书，毛主席又对北京卫戍区《关于部队进行千里战备野营拉练的总结报告》作了批示。批示要求全军"利用冬季实行长途野营训练一次。实行官兵团结，军民团结。"

部队要拉练，学校也要拉练。我记得那一年我刚上初中。我们也不上课了。妈妈给我准备了一条小薄被，我们也像解放军那样，把背包打成一个井字，背在肩后。从学校出发，穿过福州走到马尾。整天走啊走的，全身又是汗又是泥。白天吃的就是白米饭拌虾皮，晚上我们就睡在别的学校教室的水泥地上。

父亲也带着福空的机关干部从福州开始，拉练出发了。只是他们走的更远。家里有几张黑白相片，照片中的父亲背着黄色的军用挎包，雄赳赳气昂昂的走在队伍的前面。

现在想一想当时就是再怎么学，除了毛泽东本人，谁也不会分清什么"真假马列"。如果历史在那个时期定格，那么在那个时期，有谁敢公然怀疑林彪，这位毛主席的亲密战友，党中央指定的接班人，军队的副统帅，说他是一个野心家、阴谋家呢?!

当时在空军部队，还有一个人是任何人都忘不了。这个人就是林彪之子林立果。正因为林立果曾是空军作战部的副部长，空军自然成了那场路线斗争后的重灾区。当时因为林立果写了一份读毛主席战争什么的小报告。这在当时被吴法宪视为了不得的人才。在当时谁不学林立果的小报告，那绝对是立场问题、态度问题。空九师还专门以"安全"为名，开了一个学习林立果小报告的一个会议。空军要求下面各单位都要去参加学习。福空也派了13个人去开会。这在日后也都是父亲要交待检查的问题之一。

两个司令部、两条路线的斗争也许激战正酣。可中国老百姓，中国军队却一片混乱。有几人能从那个迷魂阵和漩涡中跳出来呢?

当时福空的政委叫韦祖珍，他比父亲晚到福空。上任一年有余，被调到广西省自治区当第一书记。他走后福空党委又有一段时间既没有政委也没有副政委。由于福空地理位置比较特殊，父亲深感压力太大。于是福空党委向空军党委打报告，希望尽快加强政工方面的力量。

与此同时有一个人很快到福空当了副政委。这个人当年也和父亲共事过。他叫查全伦。原是广空政治部主任。他的调入原是空军党委的一纸命令。即使吴法宪事先与父亲打过招呼，父亲又会有什么选择权吗？这种组织程序上的事，到后来再清查与林彪事件有牵连的人和事时，有些人可以装作浑然不知。认为查全伦就是父亲把他从广空调来的。因为在后来的"批林批孔"运动中，这次的人事安排，被视为是林彪小舰队向福空方面的"安钉子"！

在同林彪的斗争中，毛泽东称"广州、武汉是重灾区"。查全伦是广空的人，当然逃不脱干系。父亲在自己一辈子的革命生涯中，从来没有为自己找过靠山。也没有和谁结过死党。父亲最不会玩儿的就是中国官场上的"权术"两字。而且和许多普通人一样，父亲在官场上永远都是后知后觉者。然而查全伦的调入，搅乱了福空党委一班人，让父亲险些遭受不白之冤和灭顶之灾。

父亲称党内第十次路线斗争是他人生第三道也是最难逾越的隘口！在那次残酷无比的斗争中，父亲说他人生第一次想到了自杀。

眼看政治斗争越来越复杂，父亲的心情也越加沉重。

我们家搬到山角上那栋青色的小灰楼后不久，父亲担心的事还是发生了。

1971年1月到9月13日之间，空军共派了19个工作组到福州军区空军去检查工作。后来有两种说法。一种是说在这9个月当中，空军共来福空99人次。一种是说共有66人次。不管哪一个是准确的，在当时都给父亲的思想和精神造成了巨大的压力和负担。性格开朗爱说爱笑的父亲，在复杂的斗争面前，经常不得已陷入痛苦的思索中。

有一天早上，一向早起早睡的父亲，没能起床。父亲说他头痛的不行。医生来后先给父亲量了血压。血压非常高。原来父亲的高血压病犯了。但父亲吃了点药后，又戴着那顶大大的圆圆的草帽去上班了。从我懂事起我就知道父亲在一生的工作期间，从没有因病住院或请假在家休养过，也就是说父亲从没住过医院。父亲知道自己一分钟都不能躺下。

那年夏天真是一个让人心烦意乱的夏天。19个工作组带来了诸多事，几乎每件事日后都成为父亲的十次路线斗争的错误"罪证"！

8月的一个中午，父亲正在家睡午觉。查全伦带着林彪小舰队的干将于新野来到我们家里。此人虽说名义上只是空军司办的一个秘书，但说话办事却是一副通天的派头，谁也不敢得罪的。

因为父亲在睡觉。妈妈下楼接待了他们两个人。他们来的时间很蹊跷。早不来，晚不来，偏偏是中午一点半左右来。于新野的手

↑父亲（左前1）下部队与随行人员合影。袁善法副参谋长（前右1）、作战处长朱明海（后右1）周士义秘书（后右2），情报处长宋桢（左后1）。

上还捧了一个用玻璃盒子装的大灵芝。现在看一颗灵芝也不过百十块钱，但那时却是一个很希罕的东西。尤其是我们南方人，很少见这种东西。

妈正准备上楼叫父亲，却见父亲似乎早已听到动静，一边穿着衣服一边快步走下楼来。给我们大家印象特别深的是父亲下楼见到北京来人，并不惊讶。他朝他们点了点头，说："对不起，我有点急事要赶快到机场去。"

父亲说完，头也不回的就走出家门，愣把查全伦和于新野两个人晾在了客厅里。

这事给妈妈和我留下极深的印象。因这太不符合父亲为人的个性了。父亲是待人一向很热情的人，从来不会把到家里来的客人弄得尴尬不已。

父亲后来说，他其实已和于新野在一招见过一面。于新野对父亲说林副统帅对父亲很器重，希望父亲好好干。这种话说得父亲丈二和尚，摸不着头脑。父亲在红军当一名红小鬼时，的确是在林彪的红一军团。林彪是红一军团军团长，但父亲只是一个战士啊。林彪也不可能认得父亲。事过几十年，怎么会提"器重"一事?！那天查全伦陪于新野到家来，原本是要定下晚上一起吃饭的事。可父亲在和于新野谈完话后，那天中午却根本无法入睡。思前想后，找到这么一个"有急事要去机场"的理由，借口闪开了。

没想到事后查全伦真到机场去查父亲那天的动向。当他知道父亲躲了起来，有意回避他们时，气得背后大骂父亲"这小子不是东西!"

50年代初，父亲在十九师当师长时，查全伦是师政治部主任。两人共事时间不长，但合作期间却很愉快。可复杂的党内路线斗争让他们对人对事的判断都产生了严重歧异。这种歧异是不是在于他们人生的价值取向不同，我不知道。可这真是人生祸区福境，皆念想造成。利欲炽然，即是火坑；贪爱沉溺，便为苦海。一念清净，烈焰成池；一念惊觉，航登彼岸。念头稍异，境界顿殊。

那个时候我们家和查全伦家住的地方相距不远。他妻子是一个很年轻的女人。不甚漂亮，却自有一番韵味。印象颇深的是夏天她曾在院子里，穿过一条黑色的连衣裙。那个年代那种穿法那种款式甚至那种颜色都是独一无二的。他们夫妇有三个孩子。最大的男孩儿可能也就十三、四岁吧。我和他第二个儿子经常讲话。在一起玩过捉迷藏。他大概只有十岁左右。那是一个大眼睛瓜子脸，不爱说话特爱笑的男孩儿。

我不知道查全伦到福空后对我父亲是否就是另有图谋，还是一般常人，并无其他。但有一件事则是不可否认的，他很喜欢我。每次见到我，总会用他那双镜片后大大的眼睛，满是欢喜的望着我。嘴里面还不停的"小五子、小五子！"的叫着。坦白说，他是父亲身边众多叔叔辈当中，给我印象最深最好的人之一。我也很喜欢看他那张十分和善的面庞。

他最小的孩子是个女儿，当时也只有六七岁，那是他心中最爱。那个小女孩儿黑黑的肤色，圆圆的脸蛋上有一对黑黑的圆眼睛，让我印象好深。我时常会想，如果不是林彪事件，如果查全伦没上"贼船"，那么他那三个孩子即便不是最幸福的也会平安快乐的长成的。

后来我问过不少人，他们都对查全伦的工作能力和人品，大加赞赏。那一年他调到福空时，年富力强。如果没有林彪事件，他原本可以为党和军队做很多的工作。可一切都戛然而止，我相信他是决然不曾料到的。可像查全伦叔叔这种人和这种事，在中国那个年代，又何止他一个?!

我更忘不了的是"九一三"事件后，又过了 10 年后的一个早上，当时我已是医院的一名实习大夫。在一次上午查房中，我突然看到一个非常眼熟的人，脸色黑黄的躺在一个普通病房中的病床上。不用别人说，我也知道他就是查全伦。挂在他床头的病历卡片上明白无误的写着他的名字，以及他所患的病症：肝硬化晚期。

我们就病论病的交谈了几句。他什么也没有多问我，我也没问他。但我注意到他的脸上已没了往昔经常挂在嘴边的快活。他依旧带着一副眼镜，只是镜片后的目光是如此的无神和呆滞。

我真不知道自己能对他说些什么。但我知道我和他之间再也不会有那种愉悦的关系了。这如同我们曾经一起坐过一条船，当风平浪静的时候，我们一起看日出日落，并不知船有会翻的险恶。可就在船驶入暴风骤雨的险滩之后，船触礁了。有人一不小心掉下了深不可测的大海。可怕的不是他掉下海，而是他掉下海后没被淹死，当他又爬上船时，他猛然发现，所有的人都不认识他了。那种感觉，我想就是等于人的一生死亡过两次。可是这一切又是谁的错呢?! 毛泽东有一句非常响亮的语录，我小小年纪就会背诵：谁是我们的敌人，谁是我们的朋友，这是革命的首要问题! 但需要指出的是在政治斗争中，在实际生活中，我们最难辨认的正是所谓敌与友的关系!

什么时候能给予我们辨别敌友的最佳时机呢，那一定是狂风骤雨之后。

有人说只有退潮时，才知谁在裸泳。

可惜即使我们都将敌友排好了队，却只怕轻舟已过万重山了!

我知道查全伦出事后不久，他年轻的能干的妻子就复员回了老家。他宝贝的小女儿也跟去了河北。

查全伦在医院住了大半年，随后就孤独一人的去世了。

我不知道他心里对我父亲是否有几分愧意。虽说父亲的表现没能如他所愿，但父亲却因此受到了巨大的牵连。那种痛苦的饱受折磨的日子，现在回想起来，也不是轻意能治愈和平复的。但查全伦的所作所为也许真的不是有意加害于父亲。他本人他的家庭他的孩子又何尝不是那场政治斗争的最大最无辜的牺牲品呢?!

谁怜之谁救之?!

我还在想，在林彪事件中，有谁能证明查全伦一定就是怀着小舰队的旨意到福空任职，来"掺沙子"的。因为福空地处沿海前线，地理位置很重要。再加上父亲的资格比较老，是老红军、长征老干部。查全伦当然希望父亲能像他一样为"林副统帅"效忠、以此扩大林彪在空军的势力范围，所以才叫于新野来给父亲谈话做工作送灵芝草，但他一定事先就知道林彪当时就是反毛主席，是反革命吗？！或者他怎么能知道林彪代表了一个与毛泽东不同的资产阶级司令部？！

其实后来经过漫长的 10 年审查，查全伦终于被定性为在第 10 次路线斗争中只是犯有严重错误的人。

但有何实际意义吗？即使已不需要再关押，还能入院治病，但已病入膏肓，离黄泉之路仅一步之遥。

有很多人几十年后依然纠结在中国历次的政治运动中不能自拔！他们总是要求组织上还自己一个公正。他们也确实有一千个理由要求组织必须为自己正名正身，但是很多人死了也没有得到应有的公正。死了依旧心有不甘！

这真的是一件很悲哀的事！也许我们可以把它理解为革命理念献身的人生代价之一。

政治斗争让很多陌生人结下新的友谊，更让很多好朋友成为异已、陌路人！

这是无产阶级与资产阶级之间你死我活的斗争所带来的人群分裂！你要么是属于资产阶级阵营的，在无产阶级专政下，你死无葬身之地。你要么是无产阶级阵营的，但这也保不了你终生不会站错队。

所有人都因上面的乱，而下面也乱。你怎么知道他是谁线上的人？你怎么知道你做的事，有一天不被你的同事和朋友，甚至你的上级当作反革命处理？

多少年多少年以后，我和父亲在不经意的闲聊中又提起了批林批孔，提到了查全伦。父亲冷不丁的说了一句话，这话竟让我触电一般，陷入在一种回味、思索和深深的感动之中。

父亲说："查全伦放出来后，我真想去看他一次。可我去不了。因为我身边有太多的眼睛在盯着我。"

其实父亲一生中这样的战友、部下太多太多，相互的愧疚也太多太多……

……

那年月父亲的心每天都是沉甸甸的……

我记得那年夏天在于新野走后不久，父亲又急急忙忙的下部队了。后来才知那年夏天，也是8月间毛泽东坐火车南下到各省和大军区放风的时候，现在看有点像毛泽东对林彪有意识地"敲山震虎"，此举对久经沙场的林彪，也许还没什么，却惊动了林立果和他的联合舰队。直到现在也没人知道当时军队高层的真实内幕。当时好像没有军委一说，最常听到的都是林办、吴办……

有一天林彪突然以"加强战备，防止敌人突然袭击"为由，发布了"紧急指示"，调动全军进入紧急战备状态。黄永胜以"林副主席第一个号令"正式下过这个"紧急指示"，此举在各方面引起了极大的震动，由此造成了军队内部的再一次混乱。后来人解释当时林彪的"指示"，是他篡党夺权的一次预演。

可在那个年代，以一个军人的天职，共产党员的党性，你除了选择服从，还可能有其他可能吗?!

父亲带着随行人员来到南昌。刚进入部队，就接到空军政委高厚良的急电。因为属于保密内容，必须要进指挥所才能接听。结果父亲一行人驱车几十分钟后，才通上了电话。当时周秘书就此向父亲提议，党委办公室里本身就有保密电话，咱们随身带一部不就行了么。要不然总是驱车几十里路，才能接听到电话，耽误军机可不是闹着玩的了。征得父亲同意后，周秘书就在他住宿的房间里安装了一部保密电话。可巧得很这部电话在跟随父亲下部队后，竟一次也没用过。因为再没人给父亲打过电话了。可在林彪事件后，这却成了父亲又一不可饶恕的"罪证"之一。

也就在那几天里，林彪一行人坠机在温都尔汗。父亲接到大军区韩先楚司令员的急电，让他马上回福州。电话里韩先楚只告诉父亲"有大事!"至于什么大事，则一字没提。但父亲能从韩司令员的

轻
声
细
诉

杨
争
著

口气中听到了一种兴奋。父亲说他不知为什么，有一种预感。肯定是有好事发生了。这么一想，好长时间在父亲内心深处的压抑感，突然变得一阵轻松。父亲当天坐火车匆匆赶回福州。

那一天父亲下了火车后，连家也没回，几乎是直奔大军区去开会的。等那天晚上父亲回家时，他早已在大军区和韩司令员他们一起吃过了晚饭。不知为什么我对父亲那天回到家后的情景记得特别深。因为我从来没见到过父亲是那么的兴奋，简直就是欣喜若狂。他一定是喝了好多的酒，满脸通红。父亲高兴的不停的冲我的脸上"哈哈"的，让我闻他嘴里的酒味。我和妈妈问他有什么喜事，父亲不说，光不停的大笑。后来父亲连军装也不脱，上楼就往床上一倒，又像小孩儿一样继续一个人笑个不停。那种快乐真是源自内心，无以形容。我和妈都猜不出能有什么事会让父亲这么快乐。可惜父亲的这种快乐，我平生绝无仅有的只见过那一次！

当然没过多久，发生在 1971 年 9 月 13 日凌晨，那件震惊中外的重大事件，随着蒙古人民共和国温都尔汗荒漠里的一声猛烈爆炸，世人皆知了。

5

不管将来的历史会对林彪做如何的定论，有一件事毋庸置疑，就是中国最后一个把毛泽东捧到极限的人，除了林彪，非他人莫属。直到现在我们这些人都会把他的经典语言，熟读在口。比如"伟大的导师、伟大的领袖、伟大的统帅、伟大的舵手"，"毛主席的一句话顶我们一千句、一万句。""毛主席活到哪一天都是我们最高的领袖。谁反对他，全党共诛之，全国共讨之！"等等。

我们也无从考究林彪说这些话，是否另有其深意。但从毛泽东后来在许多谈话中，我们知道他老人家好像并不认同这些表述。

当然现在反思那段历史，林彪本人或许也是那个时代的最大最可悲的牺牲品！

只是在中国的政坛上出了这么大的事后，必然又是拔出萝卜带出泥，随之一大批人和事件都受之牵连，别说有人企图混水摸鱼了。单"四人帮"的存在，就足以让中国再次陷入到更大的震荡之中。

　　"九一三事件"后，果然"四人帮"又一次成功的利用了中国的每一场运动，把它们视为排除军内异己，扫清军内障碍，为日后控制军权做准备的最好时机。很让人不能理解的是这种乱党、乱军、乱国的做法，在当时却颇能大逞其道，屡试不爽。

　　"四人帮"非常清楚他们的势力在军队最不堪一击。而林彪势力在军队的清除，正好让他们能乘虚而入。他们大可借"深入批林"之际，篡夺军权。这实在是他们梦寐以求太久的，而且迫不及待的事。于是"大揭发、大批判"，"放炮烧荒"，"点火放火"，这都是他们在"文化大革命"中娴熟已极的手段。只不过"文化大革命"时，军队没让他们过够瘾。这回他们当然不会错过林彪赐给他们的良机。在他们眼里，解放军三总部和各大军区、军兵种一个也不能少。而北京、武汉、广州、福州、南京军区的司令、政委们，更是他们的重中之重。让异己分子成为这场运动的牺牲品，是再名正言顺的事了。所以又一批人应声而落，一点也不稀奇。

　　因为在当时所有的人都渐渐发现了这样一个事实，即生活中并没有因为铲除了这么大的一个反革命集团，而开始像想象的那样轻松或者好起来。不管是工作还是生活，好像更让人压抑和窒息。就像林彪在位时没人敢说不字，林彪一垮台，所有的人又像是避瘟疫一般，老早就开始自觉排队，划清界限。是上船还是没上船，这可是每一个人能否活下去的生死大事。

　　当时有一种说法，"批林批孔"是二次"文化大革命"！

　　父亲在1972年的初春就开始参加了大军区举办的学习班。在那次的"批林整风"的学习班中，父亲发现自己不知什么时候成了需要检查交待的对象。这个由大军区领导，空军和海军参加的学习班，一共办了两个半月的时间。一开始大军区的领导认为从群众反映的材料上看，所提出的问题都是"领导与被领导，工作关系上的问题。"

在学习班结束的时候，韩先楚还曾对父亲私下交了底。韩司令员说："周总理对福建的情况很清楚。他说杨思禄是可靠的。这说明组织上过去对你是信任的，现在也一样还是信任的。"

大军区王建安副司令员又找父亲说："海军在这次的学习班后，即在二所召开了党委扩大会。你们空军那里怎么办，你们自己研究决定。4月份中央要开三中全会，5月份要开军委扩大会。你们要争取早一点开完党委扩大会，就比较主动。我看时间也就一个星期就足够了。"

军区领导一再找父亲谈话："你们要先在常委内部统一认识，然后再召开党委扩大会。常委的同志要姿态高一些，你要多承担一些责任。"

父亲回到福空自己的办公室里，屁股还没坐热，军区副政委的电话又来了："你的准备工作做的怎么样了？我给你提几条意见。一、对自己的直接责任和错误要交待清楚。二、作为党委书记有领导责任的问题。比方你们机关就有买林立果的小册子嘛。政治部门就更严重。三、你要接受经验教训的问题。你在这次的路线斗争中是不是阶级观念不够强，特别是对两面派的人物认识不清。四、带原则的问题要说明白。非原则的问题就不要解释。五、给你提意见的同志，不要给小鞋穿。总之你要多承担责任，把党委扩大会开好。"

这些话一字一句都使父亲内心深处的压力陡然而增。父亲向军区领导表态："大家对我的工作有意见是正常的。我一定会高姿态全心全意的接受批评的。"

话是这么说，可父亲总有一种来者不善、善者不来的忧虑。果然，福空党委扩大会上，父亲空前未有的遭受到了批判。一开始内容大都是限于工作上的。

↑父亲和张希雍政委在福空驻榕部队的五一阅兵式上。

　　一、九师现场安全会，福空派人参加了。回来后还决定学习林立果的小报告。并增订了一万五千册的小册子。

　　二、空八军调江西的问题。

　　三、三区协同会。

　　……

　　后来越来越多的问题则是：查全伦是怎么来的？谁把他弄来的？他来了以后都搞了哪些阴谋？查全伦和死党的勾结，你都知道什么？他为什么让于新野找你谈话？还给你送灵芝草？更有甚者，在一次司政后机关大礼堂上的批斗会上，有人还这样问父亲，你和林彪一定很熟吧！你来福空当司令，是不是也是林彪下的命令？！

　　父亲说，我和林彪怎么能不熟呢？报纸上天天见。就是我认识他，他不认识我。台下哄笑。

　　父亲又说，至于我到福空当司令员的任命，那是周总理下的，和林彪有什么关系呢？！你们想弄清这一点，很容易，可以去查我的档案嘛！

　　一名因病休息多年的老同志曾向空军党委和父亲分别写信，渴望重返工作岗位。父亲过去和这位老同志一起工作过几年，虽知他能力有限，但吴法宪找父亲谈话，征求意见时，父亲还是同意空军党委的命令将他调入福空任副政委。父亲把他当作自己多年共事的老战友了。没想到的是在揭批大会上，这位老同志却被批林批孔运动吓得胡言乱语，无中生有，为了达到和父亲划清界限的目的，硬说自己调到福空来，是父亲想拉帮结伙，扩大自己的势力范围。

　　父亲错愕的睁大眼睛望着对方，好像初次相识。

　　福空有一个处，原计划印林立果的小册子 400 册。在一次空军会议后，空军的一个副参谋长希望这个处回福州后，可以多加印一些。结果这个处回福州后共印了林立果的小册子 3000 册。批林批孔时，这件事如果说是杨司令员同意的，那这个处便一点责任也没有。责任当然是福空现任司令员兼党委书记的。

　　还有一次在福空批斗会上，一位空军领导对父亲尖锐的说："杨思禄你对井冈山边上太和机场的修建问题，怎么没检查交待啊？"

　　父亲内心对这位领导的话诧异之极。因为正是这位空军的领导带着福空的头儿，多次到江西选点定点的。可是今天怎么都说成是杨思禄为林彪修建太和机场了呢？

　　父亲想了想，对这位空军领导说："太和机场的修建报告，是空军党委直接写报告上报军委批准的。选点定点的工作也是空军党委决定让你带着我们福空的同志一起去的。这一切你都忘了吗？如果要交待，你先说清楚吧。"

　　还有一位大军区的领导则在大会上说："杨思禄，你见过于新野两次，你是上了钩的人……"

　　父亲说："说我工作上有错误，我承认。要说上钩我不能承认！"

　　浑水摸鱼。在那场批林批孔的运动中，父亲看见有人正在把是自己的事和不是自己的事都推在父亲的身上，以示个人的清白。也有人趁机把脏水泼在父亲的身上，落井下石。父亲就是浑身长满了嘴，恐怕这会儿也是说不清道不白了。

父亲的心凉了，透心儿凉！但父亲相信自己是没上贼船的人。更没做过对不起党、对不起人民、对不起毛主席的事。父亲以为心正不怕影子歪，没做亏心事，不怕半夜鬼叫门。

在面对那么多揭发批判不久之后，作为福空司令员、党委书记，父亲虽然每天上班，但更多的时间还是要不时的到福空三大部去看大字报。明眼人都看得出的那时父亲的工作实际上早已被架空。人人都忙着大揭发大批判，没事的看别人折腾，有事的人更要忙着早早跳出来，打击别人洗清自己。当时司政后三大机关的办公人员，每天上班除了看看大字报，都已无事可做。福空部队不得已再一次陷入混乱之中，部队工作实际上已是半瘫痪的状态。

在近一年的时间里，没完没了办学习班，没完没了的各式各样的检查交代，让父亲心力交瘁。可父亲每天晚上还是坚持去打乒乓球，早上很早就起来去散步。他相信身体是本钱，他更相信党中央、中央军委会把一切问题弄个水落石出的。

说起打乒乓球，老福空的人都知道那是父亲闲暇时的最爱。不打牌不玩麻将，父亲一生最喜欢的就是运动。在靠海边住的时候，父亲就去游泳。离水远了，父亲就去打球。只要能运动，能出一身的透汗，然后好好的洗个热水澡，父亲就是再忙再累，也能达到遍体舒坦的效果。或许运动本身就是最好的减压！我就是在福州和父亲学会了打乒乓球的。那时候我和妈每天晚上都陪父亲去小食堂打球。父亲喜欢打角球，左角右角弧度越大，角度越小，父亲越高兴。经常是父亲把对方吊得左右乱跑，自己则开心的"哈哈"大笑。后来我打球的思路竟和父亲一样。因为打球的姿式标准而又好看，我不仅是校乒乓队的队员，还曾差点代表福空参加全空军的比赛哩！

妈也经常打。妈打球的姿式也很标准好看。当然在打乒乓球上，父母都曾是我的师傅，到后来都不是我的对手。

不过在运动在玩的时候，也常能看出父亲的一丝天真的执著的个性。父亲和所有人一样不喜欢输。玩什么他都不爱输。

　　在福州时，父亲和妈突然爱上了下象棋。只要父亲在家，几乎每天中午吃完饭后，两人都要在楼上走廊里的圆桌旁杀上几盘象棋。父亲下棋时老爱悔棋，但他却不允许妈悔棋。后来妈说没办法，便给父亲约定，每人只能悔三次。可父亲还是下不过妈。每次父亲输了，他都会不高兴。最能表达父亲愤怒的心情，那就是扔象棋。我们家楼的后面就是一个半高的山，上面都处都是野生野长的马尾松。每次输棋之后，父亲就随手端着棋盘，打开厕所的窗户，连棋带盒的就往窗外山上的草丛里一丢，嘴里还嘟哝着："老子再也不跟你下了。"

　　不过好在父亲坚持不了多久，没几天我就会发现家里不知什么时候又买回了一副新的象棋。爸和妈他俩又乐此不疲地在走廊里下上了。当然只要父亲一输，那棋还得扔。我真后悔当初怎么没给爸妈算一算，看看他们在福州那几年里，到底扔过多少副象棋。

　　因为父亲在福空工作时间长，威信很高，所以在批林批孔的初期，在父亲最困难的时候，很多人也一如往常一样对父亲非常尊敬。父亲始终记得在那段阴暗的日子里，有一天他到政治部去看大字报，当他到批林批孔办公室稍作休息时，一位干部给父亲递过一杯热茶后，悄悄对父亲说道："杨司令员，现在部队乱了，有些大字报也未必都是正确的。我看很多事都是捕风捉影，无限上纲上线的事。你要冷静。不是你的事，你就不能承认。"

　　父亲心头一热……

　　妈也始终记得那天傍晚，父亲开完批斗检查会出来的时候，阴冷的天空飘着不大不小的雨滴，当时警卫连的连长吴庆忠、指导员石渡江早早地就在批斗会现场的门口等着，保护着父亲。等父亲一出现会场的大门口时，他们早就有所准备的为父亲撑好了伞……

　　父亲的心一阵温暖。

　　然而事情远没有完结……

福空地处台海前线，战备任务一直就很重。不可否认，批林批孔对部队的作战训练带来了很大的冲击。

1973 年 12 月，中央军委发布了八大军区司令员对调的命令。当时的理由是：为了加强军队建设和反侵略战争的准备，使军区主要领导干部交流经验，熟悉更多地区的情况，经毛主席、党中央决定，北京与沈阳、南京与广州、济南与武汉、福州与兰州八个大军区司令员相互对调。

用组织措施背靠背的揭路线斗争或者阶级斗争，实则政治斗争的大盖子！还有什么更深层次的东西呢？

转眼 1974 年的春天又来了。那年春天的雨水格外多。淅淅沥沥的小雨一下就是数月。潮湿的雨季，阴霾的天空。也许是人们看不到晴天，更看不到太阳吧，以至于每一个人的脸都是那么晦暗无色。

终于有一天不该发生的事还是发生了。一天在漳州场站，部队进行飞行训练时，一架战机起飞时，飞机没能拉起来，却冲出了跑道。这个事故虽被定性为三等事故，但却引起了直至大军区领导的重视。当时皮定钧司令员为此事曾专门到福空开会，支持福空领导班子不能乱，不能在战备训练中掉以轻心，并作出了五条相关的指示。可惜等他的车轱辘刚离开福空机关大院，造反派的大字报紧接着就张贴过来，说皮定钧的那个五条纯属是"放屁！"

那年 1 月中共中央转发了由江青主持选编的《林彪与孔孟之道》（材料之一）。"四人帮"在驻京部队和中直机关召开了"批林批孔动员大会"。除了在大会上，江青对周总理、叶剑英等领导人进行了不点名的批判，在大会之前，江青还以个人的名义，给海军、空军、国防科委、南京部队、广州部队的领导机关亲自写了信，号称是要通过"批林批孔"，把这些地方的阶级斗争和路线斗争的盖子彻底揭开！

其实现在看，所谓的"批林批孔"也好，阶级斗争和路线斗争也罢，什么揭盖子捂盖子，说穿了政治斗争的焦点只有一个字：权！

轻
声
细
诉

杨
争
著

权！权！只是当时大家只能说路线斗争，不敢说权力斗争罢了。

这种提法是把党内斗争庸俗化吗？

如果在党内斗争中真的没有权力二字，那么中国革命史、党史军史都可以重新写！

当年的３月６日，中共中央、中央军委发给福州军区党委、福建省省委一个"九号文件"。

这个九号文件，给整个福建省、福州地区都掀起了狂飙巨浪。不管是地方还是军队都立即陷入了更为巨大的混乱当中。

在文件中，中共中央、中央军委斥责："福州地区批林整风运动长期深入不下去，把群众镇压下去，这同有些领导长期捂盖子是分不开的。你们应该严肃认真地对待自己的错误，在批林批孔中把福州地区阶级斗争和路线斗争的盖子彻底揭开。"

这份措辞严厉，定性明确的中央文件是中央派可靠的人乘中央专送文件的飞机直飞福州机场的，然后由大军区派专车直接到机场去取回。

其实九号文件到达前，福州早就是山雨欲来风满楼了，福州街上的大字报已经铺天盖地，群情激昂了。群众手持高音喇叭上街游行、高呼革命口号。那阵势不是"二次文化大革命"又是什么？！

在九号文件传达一周后的一个夜晚，王洪文代表中央给福州军区党委的一位主要领导人通了电话。他直接了当地说："这次斗争不是对着你们的，而是冲着韩先楚的。你们要集中力量把韩先楚捂的盖子彻底揭开。"

他这么一讲，天色骤变。真是几家欢喜几家愁。有人得意，有人陷入万劫不复的困境。

在福州军区副司令员石一宸的回忆录中曾有这么一段描述："有头脑的人会清楚地看出，九号文件要福州军区集中力量把韩先楚捂的盖子彻底揭开，可韩先楚已经早就调到兰州军区了。那么现在又揭谁呢？为什么要彻底揭开呢？显然这一切是针对韩先楚领导下曾经埋头工作的副手们的。那么那一时期的副司令员、副政委，和韩先楚工作关系甚好的福空司令员，在四人帮眼里，他们都是韩先楚的黑干将！都是异己分子，都属于必须打倒之列！"

于是因为和"韩先楚工作关系甚好"的父亲又一次进了"学习班"。不过这一次不叫学习班了，叫"四联会"，即福建省委、福州军区党委、福建省革命委员会、福建省军区党委联席会议。父亲当时是以福建省委常委的名义去参加会的。

事后周秘书说："首长去四联会时，是我陪他去的。当时要求什么也不用带，甚至连刮胡子刀也不准带。陪首长的就只有咱们福空保卫部的一个王干事。我一看，就知道出事了。"

但父亲离开家的那一天，也就是去"四联会"时，父亲没有告诉妈和我们，他究竟发生了什么事。其实他是被迫关进"四联会"的。虽说父亲没有像文革那样游街戴高帽，但那段日子是父亲一生中最难过的日子。父亲前脚刚走，我们家那栋小楼，也如同受了重创的病人被缠满了白色的绷带，大字报、大标语立即刷满了我们家外墙。记忆最深的还是家门口的那两根大柱子，上面严严实实的裹着两幅巨大的标语："打倒杨思禄！""打倒南霸天！"

办公大楼前贴满了揭批父亲的大字报，还有让人自尊心受辱的漫画。父亲进学习班没两天，家里司机、警卫员、炊事员全撤了。妈妈和我陷入在巨大的茫然之中。

一开始我还能去父亲住的西湖宾馆看父亲，只是发现父亲的身边熟悉的周秘书不在了，而多了一个保卫部的干事。他每次都坐在我和父亲之间，手里拿着一个本子一支笔，煞有介事的记着什么。父亲身边所有的东西都收走了，甚至包括刮胡子刀、裤腰带一类的硬器。

父亲问我："家里人都还好吗？"

我怔怔地望着父亲，仔细的体会父亲的意思。我暗想父亲为什么不直接问：你妈好么？而却问"家里人都好么？"深度一想，顿时明白了父亲的家人，实际还涵盖他的三大员，他们是否还在呢？

我说："家里还好。炊事员老胡，警卫员小张他们都走了。司机小王也回车队了。"

父亲似乎早已料到，更平静地对我说："你也该锻炼锻炼了。没事要经常帮你妈做做饭，搞搞卫生。你回去对你妈说，我身体很好，每天早上我都可以看到窗台上那几只活蹦乱跳的小雀儿哩。"

我顺着父亲的手指，望向窗外。父亲住在三楼。那栋红色的小楼，想必父亲是不能随意而下的。灰色的天空，湿冷的雨滴，春天里毫无生气的马尾松灰头土脸的在院子里淋着迷离细雨。果然只有窗台上那几只偶然飞落的"吱吱喳喳"的小麻雀，方能打破了父亲生活中的死一般的沉寂！可父亲管它叫什么，是"小雀儿"吗?！这还是我有生以来第一次听父亲说这个词。

后来我回家说给妈听，妈告诉我"小雀儿"一词，是北方冀东一带的人，对麻雀的俗称。

父亲是南方人，却长期在北方生活，以至于很多口头语都是北方土语。然而几十年过去了，父亲却突然从口里冒出这么个词儿。就好像一个天天说普通话的人，冷不丁地对你冒出一句地道的家乡

↑福州军区司令员杨成武和父亲一起接见原国民党陆军航空队花莲分遣队长李大维少校。

话。你肯定会诧异。可是这词儿这调却是地道的冀东土话，南蛮的父亲内心一定是想到了什么，又在不期然中渴望着什么吧！

面对"自己的同志"、"自己的领导"一遍遍地逼着父亲承认"反党反毛主席反革命"的罪行，莫不是父亲再一次想起了自己在战火纷飞的年代那些熟悉的、活着的和死去了的好战友好兄弟?!

父亲从16岁参加红军，从那一天起，父亲就把自己无条件地交给了党，交给了中国革命的解放事业。身上五处枪伤，一处伤残。父亲也在一遍遍地问自己：为了党为了革命事业，我怕过死吗？没有！如果连生命都不足惜，那么对党和革命事业我还有什么能贡献的没贡献吗?!

父亲说他一生中，即使在抗战最艰难的时候，身边那么多人挺不住而叛逃，他对党对革命也从没丧失过信心，更没对自己丧失过斗志。但在"四联会"期间，父亲说他有生以来第一次想到自杀，想到了结束自己的生命！也许在那个年代父亲的那种情绪并不代表懦弱，而是几近于崩溃的绝望。父亲是一个地地道道的由中国共产党亲手培养起来的工农干部，如果有文化也是共产党的文化，有知识也是社会主义的文化知识。不管是宏观还是微观，也就是说不论是从父亲的人生履历还是从他每天的实际工作内容上来看，他都是在共产党的方针路线指导下，做他自己力所能及的事。曾几何时，他却一下子站到了共产党的对立面上去了，做另一个阶级另一个司令部想做而不能做的事呢？

路线斗争的荒唐，仅说"庸俗"都为轻！它绝对是一桩使正常人神经错乱的精神酷刑！父亲一定是觉得自己太委屈太委屈了。用父亲自己的话讲，不要说是反党，就是每天睁眼上班，忙得亦全是党的工作，满脑子想的也全是怎样才能把党的工作干的更好。天天读书看报学文件，毛主席著作也没少读少背，整天大会小会的教育干部如何跟上形势，自己也是一步不拉。就算是有错误，也应该是先进与落后之分，觉悟高低之别，可从什么时候哪一天起，自己做了什么事，说了什么话，一夜之间就成了党的罪人，反革命分子，

轻声细诉

杨争 著

专政的对象呢?!

父亲想不通,想到脑仁儿都疼,也还是想不通!

其实现在看,在那样的年代在那样反复无常的多次党内路线斗争中想不通弄不懂的人,又何止父亲一人?!

可那时的我对父亲内心深处这种痛彻心肺的绝望,并不懂。每次去西湖宾馆看父亲,看到父亲身边总有一个人看着父亲,这让我很不自在。免不了每次去见父亲时,我老要问他:"爸,你什么时候能回家啊?"

父亲老对我一成不变的回答说:"个把礼拜吧。"

个把礼拜是多长时间啊?我记得那时候我老在琢磨这件事,以至于"个把礼拜"这个词儿,也是在四联会期间从父亲那儿学来的。一直到今天,我对和父亲在"四联会"那几句对话,始终记忆犹新。

那时候所有人都开始对妈妈和我躲闪着,生怕粘上了会有说不清的麻烦。妈整夜睡不着,难过的不吃不喝的。老是一个人搬着个小扳凳坐在我们家的院子里那株茶花树下,冲着鸡窝发呆。在福州

↑父亲和福空副司令员蔡勇、秘书曹文生等人一起摄于李大维起义时驾驶的U-6A飞机旁。

时，妈养了几只老母鸡。因为特别爱下蛋，而让父亲喜欢。父亲下班回家时，最爱问我们的就是："母鸡今天又下了几个蛋啊？"

父亲被关进"四联会"后，不知是黄鼠狼偷的还是人偷的，反正母鸡死得死伤得伤，每天早晨起来我们再也不能在鸡窝里捡到它们刚生下来的热乎乎的鸡蛋了。

妈不胜悲哀。

3、4月份的福州，阴雨绵绵。细雨打湿了楼前柱子上的白色醒目的大标语，我记得自己当时就盼着雨能下得大一点、再大一点，最好雨水能将白柱子上的大标语，连同那黑色的让人心跳的墨迹都浸湿洗掉……我和妈妈的心就像雨中淡淡的白茶花，倍感凋零。

有一天周秘书突然打电话到家里，说让我们准备一下，军区保卫部要来家里收枪。这是自"文化大革命"来我们家经历的第二次抄家收枪的事了。

妈对我说，让他们都拿走吧。省得你父亲一到星期天没事时就擦枪。

可父亲是军人，从来都是爱枪如命啊。如果说"文化大革命"第一次抄家抄枪，那时我还小，没什么更深的感触，那么这次的抄家抄枪，我的心却说不出的沉重和落寞。

一辆军用吉普车"吭哧吭哧"爬上大坡，然后不由分说粗暴的堵在我们家大门口。一群当兵的从车上跳下来，三下两下就拿走了他们想要的一切。望着警卫员屋里那空荡荡的枪柜，我觉得父亲视为生命最爱的那部分也在那一瞬间灰飞烟灭了……

那一年也是我高中临毕业的最后一年。我们学校也和社会上一样，校园内贴满了横七竖八的大标语和大字报。还有人把福空机关揭批我父亲的大字报转抄在我们学校的墙壁上。我的几个关系一向很铁的同学也渐渐地和我疏远了。我经常是一个人走在山边上那条来往于学校的小路。也就在那条路上独自行走时，一颗颗莫名的石子常常从我背后飞来。可回头看时，却又什么人也没有。

有一天，我不知为什么早上上学时竟迟到了。这在我中学四年的生涯中真是绝无仅有的事。也许是老天有意地捉弄。那天早上当我匆匆的几乎是和我的物理课老师同时一步跨进教室的门口时，同学们都已齐刷刷的坐在自己的位子上了。我相信我和我的老师都在进门的那一瞬间被教室里的场景惊呆了。

只见教室前后的两块黑板上，全部写满了"打倒杨思禄"、"让杨思禄永世不得翻身"的巨大的口号。这还不算完。在教室门口到通向我课桌的地上，则是用黑色的毛笔写着"踩死杨思禄！"的大标语。斗大的毛笔字把教室前后两面和地上全部塞满了。我当时只觉得自己的脑子里"嗡"的一声，随即便是一片空白。这一切简直和电影里的蒙太奇一样。我只记得全班同学都在目不转睛地盯着我。不管他们是有心还是无意，我想他们一定都看到了我最难堪的表情。物理老师同时又是我们班的班主任，也是我一生中都不会忘记的好老师。我记得他拿出黑板擦镇静而缓缓地擦去教室前面的大标语，用很轻很轻地语气对全班同学说："以后不要再这样干了。"

那天老师在课堂上讲的是什么课，我一点也不知道。整整一天，我也根本不知自己都做了些什么。下课的时候我看到校园里又贴出新的大字报。大字报的内容是强烈要求校领导更换"高二4班"的团支部书记！也就是我！有一位语文老师当着我的面拍手叫好。

有件事我这辈子都没齿难忘。也就是在那天上课的时候，在我最难堪的那一瞬间，有一个男生偷偷地在上课时，向我的坐位扔过一张纸条，上面写着鲁迅的一句名言："辱骂和恐吓，绝不是战斗！"

仅凭这张小小的纸条，我便永远永远的记住了那位男生。那种友谊从此永久地定格在我内心深处。

随着岁月的流逝，我还发现时间并不是最好的一剂良药。因为数十年后的今天，我依旧还是常常想那些为把我置于痛苦之地，而精心设计精心谋划的另外几位同学。我祝福他们在人生的危难之时，永不会遭人暗算！

有的时候，也会感激自己与毛泽东共处过同一时代。人性中的丑陋与阴暗在无产阶级与资产阶级你死我活的激烈斗争中，被放大与暴露的如此淋漓尽致，让人惊骇之余更让人铭肌镂骨！

后来我才知道我的几个当兵多年的哥姐也过的颇不轻松。我二哥虽早已提干，但因父亲的事，则发配到农场劳动去喂猪养牛，一直干到我父亲从"四联会"出来。我二姐则被领导叫去谈话，让她主动和父亲划清界限。

后来对父亲的斗争渐次升级，他搬到西湖宾馆里的另一所房子里，而我再也见不到父亲了。对父亲的批斗也在不断升级。父亲时不时地会被人从"四联会"拉到福空一招的礼堂，进行揭发批斗。父亲所到之处，水泥地、墙壁全是白纸黑字的大标语。妈因为着急上火，得了急性口角风，后来则渐渐地发展成面肌痉挛，再后来便是面瘫。可那时妈根本就没心思去治病。结果那病由急性到慢性，一拖就是几十年，越来越重，越来越不好治，以至这病痛给妈的晚年生活带来了巨大的精神和肉体上的痛苦。为此，我们全家都非常的难过。

在别人的眼光中，或许我父亲因是首长，而与常人不同。实际上这么多年，只要是在家里一定都是母亲说了算的。父亲工作时一直非常忙，我们5个孩子真的都是靠母亲的关怀与呵护，渐渐长大的。很多人也许不会相信，小时候在东北，我们5个孩子的棉袄棉裤都是妈一针一线缝出来的。虽然我们是住校，但每周回家还是会有一大堆的衣服要洗。这一点大姐体会最深，她说因她是老大，洗衣服的活没少干过。

哥哥姐姐当兵后，封封家书都是妈写。我们5个孩子有什么问题，在家里也一定是第一时间会与母亲沟通。找对象结婚生孩子这样的大事，更少不了要让母亲参与。母亲的话在很多时候更比爸爸管用。举一个很小的细节，每年的年夜饭上，给大家一年工作作总结的一定不是父亲而是母亲。我们早就习惯了妈妈对我们一年的工作学习情况进行点评。有了第三代后，妈妈除了点评我们，还会点评第三代哩！

↑这是我们全家在福州时的合影。

由此说来，在家中妈妈一直是我们儿女的中心。晚年妈妈身体不好，爸爸精心照料。父亲常对我们说：你们5个孩子成长成人，都是你们母亲的功劳！

正因为如此，当妈晚年生活不便，很需要找一位阿姨照顾她时，她却坚决反对。以至于我们都得听从她的意见，结果摔跤受伤。否则怎么会有父亲90多岁了，还悉心照料80多岁的妈妈？还给妈推轮椅？！

妈同时也她兄弟姐妹6人中的老大。在我三个舅舅两个姨的心中，妈更是有之举足轻重的地位。

我老舅甚至把他的大姐当作老妈看待。老舅常对我们说：长姐如母嘛！

最令我们子女欣慰的是，妈从来都没有说过一句对我们5个孩子不满意的话。妈不在乎我们是否有钱有权。妈说只要5个孩子健康就好。仅此，我也会好好爱我妈妈的！

父亲在"四联会"期间，除了交代还是交代。他们让父亲写自己和林彪的关系，承认自己有反党反毛主席的罪行，是上了贼船的人。实际上整个批斗过程就是父亲不承认他们的诬陷，他们则必须让父亲承认莫须有罪行的过程……这对人的精神和意志真是难以想像的折磨和摧残。

父亲说他不堪其辱。"被批判的人是既不能对抗，也不能申辩，申辩也没有用处。"

父亲那年 57 岁。父亲说他这辈子都忘不了食堂里每天为父亲做饭的一个老师傅。每次父亲在食堂进餐时，老师傅总是趁人不备，用福建话悄悄问父亲，想吃什么？他看父亲一点饭也吃不下，怕父亲想不开，就老劝父亲："我们都知道你们这些大官都是好人。就是那些王八蛋使坏在害你们！"

父亲说他怎么也没想到一个素不相识的老师傅能对他那么好，在他最阴暗的日子里，给了他那么大的安慰。

父亲后来说："我不能死。我要活着。我要看看那些专整人的王八蛋，能有什么好下场！"

父亲当时身边的周秘书是一个正义感非常强的秘书。在父亲进"四联会"时，人们也开始对周秘书抓住不放。他们逼他承认在"九一三"前后，父亲在下部队时，使用保密电话一事。周秘书则自始至终坚持实事求是。他说："保密电话是我向首长提出的。拿来后就一直放在我的房间，首长一次也没用过。"

后来小车班的司机也开始给父亲贴大字报，说这那的。周秘书忍不住说道："你们懂个啥？瞎胡闹嘛！"

于是大字报就朝周秘书砖头般的砸来："周大秘书是保皇派！"

没多久，周秘书也失去了司办党委秘书一职，靠边站了。

周秘书后来告诉我："当时有一幅漫画，画的是首长拿支枪，背个被，提着一个保密机，准备上山跟林彪去打游击。其实我最清楚，首长下部队带支枪，就是想有机会打只野兔什么的，过过枪瘾。至于老带一床被子，那是因为你父亲爱干净。部队招待所很长时间都是从更不换床上用具的。这大家都知道。"

他对我说："批林批孔倒了一大批人。我觉得除了查全伦外，还有一个人很惨，就是原来空八军的副政委李登云。这个人工作能力很强，当时也就是四十几岁，正是年富力强干事业的大好时光。可惜在清查有牵连的人和事时，李登云也无法幸免，福州军区要杨司令员到江西下部队之际，把李登云从江西带回福州。当时我们坐在一架飞机上。我们心里都清楚，可又不能对他说什么。我看得出首长心里很难过。因为飞机一落地，军区保卫部的人就当着首长的面，把李登云带走了。后来李登云被关在福州场站养猪班里劳动，一直到粉碎"四人帮"后，才得以平反。可等他被放出来时，已是快60岁的人了，什么事不能干不说，还得了一身的病。出来后，没多久就因心脏病复发，过早的去世了。"

周秘书说："当年李登云在福州场站喂猪时，我还悄悄地去看过他。看到那么一个有魄力的人，却在那里喂猪，我心里真不是兹味。可我又不好说什么。后来李登云对我说：我心里明白，当时杨司令也是爱莫能助啊！"

其实在批林批孔中还有很多人无声无息地倒下了。

福空的人谁会不记得蒋亭副司令员呢。他是一个山东人。个子高高的，不爱说笑。生活上极为简朴。很多人都记得他在指挥所值班时，一顿饭就是两个馒头，一碟咸菜。但在工作上他是一个极认真负责的人。父亲在"四联会"关押期间，蒋亭被视为杨思禄的黑干将，同样遭到批判。这对性格内向的蒋亭来说，内心的伤害非常大。

1976年7月7日，驻闽部队在福建东山岛搞三军联合演习。当时父亲在福州指挥所值班，蒋亭在漳州指挥所值班，袁善法在东山岛前沿负责现场指挥。

福州军区司令员皮定钧一行13人，因天气不好，在乘坐福空的一架直升机前往东山岛的途中，在漳浦的山涯中不幸坠毁。

空八军的副军长李振川，也不幸随机坠落。这对当时的福空不啻是最大的事故。当时总政还专门派了一个副主任，总参派了一个副总参谋长联合来调查此事。

后来虽然事故原因已被查明，当地的老百姓还在出事地点修了一个纪念碑，但一向认真负责的蒋亭却对皮定钧的意外去世，深感内疚。外界不实的谣言四处蔓延，再加上批林批孔一事，对他这位"黑干将"，一直没有定伦。这一切都在蒋亭的内心造成了极大的压力。最终造成他心脏病急发，过早的去世。

妈说，最惨的还是他的夫人老庄。妈说蒋副司令夫妻感情一直很好。别看他俩在一起时话并不多，即使每天晚上散步，俩人也从不一起并肩走。而是一前一后，一远一近，在福空院子里不疾不慢地转悠。但蒋副司令员的突然去世，让老庄的情感简直无法接受。妈说她到现在还记得在蒋亭的追悼会上，老庄撕心裂肺地对老头喊道："老蒋啊，你把我扔下就这么走了，让我今后可怎么办啊!"

蒋副司令员的突然过世，别说他夫人，他身边的任何人也毫无准备，料想不到啊!我们家和蒋亭家一直是多年的邻居。妈说自蒋副司令员去世后，老庄就再也没把她家的窗帘拉开过。

妈说也特别的巧。一年后的 10 月，在蒋副司令员去世正满一周年的时候，老庄在单位也是和蒋亭一模一样，以心脏病猝死的方式，离开了人世。

这对他们生前遗下的 4 个孩子来说，真是天大的不幸。仅一年之内，便父母双亡。

你说那不是一个让人心痛心寒心碎的岁月吗?!

也就在那年的 6 月，父亲被关在"四联会"时，我大姐回家生孩子来了。我大姐有很严重的心脏病。她在兰州当兵。医生早就警告说，我大姐的心脏是不能生孩子的。可我大姐还是非要生一个孩子。妈当然放心不下。现在快要生孩子了，妈知道家里一切条件都不如从前，到总院看病还得让大姐挺个大肚子坐公共汽车去。可即使这样，妈还是让大姐回家生孩子。毕竟在眼前看着，心里踏实啊。

我还记得妈和我陪着行动不便的大姐去门诊部做妇科体检。从我们家走到门诊部，先要下一个大坡，过一条马路后，然后再上一个大坡。这对正常人都得喘大气儿，更何况是一个有着严重心脏病的孕妇呢！医生一听我大姐的心脏就建议我大姐立即到总院去住院。经过请示，我们又坐着福空门诊部派的看病救护车，把大姐送到军区总院妇产科。那时真正距大姐生孩子，还有两个月哩。

妈说她从心里感谢福空门诊部，感谢福州军区总院妇产科。在大姐住院保胎时，没有一人对我们一家人采取歧视的态度。其实又何止是医院和门诊部呢。妈说她那段岁月里，被她铭记在心的还有很多好人。比如妈时不时的会在某一个清晨，早上一打开厨房的后门，门口常能放着一只热呼呼的锅，里面准有炊事员老胡包好的粽子啊烧好的猪蹄什么的。姜洪照副参谋长的老伴徐坚阿姨，更是常常到后院的小路上，逮着机会就和妈说几句宽慰的话，给妈捎点可口的食物。还有蔡处长……他们在那个冰冷的年代里，有意无意的把一丝丝的人间温情，留存在妈一生的美好回忆里。

那年的 7 月，福州的天气闷热异常。我们晚上常热的睡不着觉。不管白天和黑夜，大家都不停地扇扇子。白天不用动，胳膊上就能渗出一层又一层细细小小的汗珠。换做往年的夏天，在这种酷热难挨的日子里，我总能听到父亲在盼望台风登陆的声音。可我们能见到父亲的日子越来越少了。在父亲所说的"个把礼拜"的日子中，我们度日如年。我和妈妈都好想父亲。

爸，你好吗？

紧接着在那一年的 7 月 7 日，发生了一件让福空所有的人都忘不掉的大事：福空侦察二团的飞行员范某驾机叛逃台湾。

与其说这件飞行员叛逃事件对当时的福空是一个震撼，不如说这件事对当时的福空是一个灾难，或者说是灾难的开始。因为从那年起，一连 4 年，每年的 7 月 7 日福空都会发生一件惊天动地的大事！

1974 年 7 月 7 日，范言圆驾机叛逃。

1975 年 7 月 7 日，福空十四师四十一团由崇安到向塘转场，接连发生 4 架飞机在起飞后因气象条件复杂，飞机撞山。

1975 年 7 月 7 日，因福建三军在东山沿海联合搞演习，福州军区司令员皮定钧一行 13 人在漳浦坠机，无一人生还。

1976 年 7 月 7 日，福空政治部副主任在下部队途中发生重大车祸。

老福空的人都知道那绝对就是福空的黑色"七月"！于是从第 5 年起，7 月 7 日成为福空的飞行忌日。从 1978 年后的每一年 7 月 7 日，福空都有一个不成明文的规定：即在那一天，福空所有的飞行部队都不飞行，而是搞"飞行安全大检查"。

当然这都是后话。

其实在 1974 年的夏日，在父亲还被关在"四联会"期间，福空发生了飞行员叛逃台湾的事件不仅震惊了福空，也震惊了福州军区、中央军委，以至中央对这件事都十分重视。在福空群龙无首的那样一种情况下，中央军委在当年 8 月派了一个以黄玉昆为首的四人工作组到福空，全面接管了福空的工作。

然而对于父亲而言，这时候"四联会"已经开了 4 个月了。经过成百上千次的审查、复核，造反派们在父亲的身上始终找不到借以打倒父亲的罪行和证据。

那年的"八一"，又到了庆祝建军节的日子。冷不丁我们听到了一个信息，说父亲要回家过"八一"了。我和妈不知有多高兴啊！

父亲回家的那天，我问妈要不要把柱子上的大标语擦去。妈说，随它去吧！其实那些大标语上面的字早没了，除了刮风下雨，自然飘落外，还架不住我时不时的抻抻拽拽的，现在也就剩下了个边边角角的白皮了。

我们都还记得父亲从"四联会"第一次回家……父亲明显瘦了许多，可依旧步履轻快。父亲回家后，就径直上楼，挨个挨屋的把每个房间巡视一遍后，才在楼下的客厅坐下。我和妈就坐在父亲的身边。大家没说什么，但看得出每一个人的脸上都是那么的坦然自信和轻松。父亲那天还要了车，我们全家一起到总院妇产科看了看正在待产的大姐。

那天父亲并没有在家住下。父亲晚饭前又回西湖宾馆了。父亲后来说，从那以后他的日子越来越好过了。父亲每天可以走很远的路去散步，再没有人对他的行为有所限制了。

其实那年的 7、8 月间，也正是党内斗争异常激烈的时期。王洪文一伙利用权力，将北京、南京、广州、福州、武汉等一大批军队领导干部的专案材料签发给中央政治局委员并报毛泽东。他等不及毛泽东的批复和指示，在 8 月中旬就主持召开了各大军区司令员、政委会议。会议气氛非常紧张。毛泽东看了材料，又听取了邓小平等关于会议情况的报告。毛泽东说："都是一些老问题了，不要搞得那么紧张。"又说，各地大字报揭露的都是老账。要实行惩前毖后，治病救人的方针。一棍子打死就不好了。并进一步指出要"安定团结"。

毛泽东的八月指示意义重大。第一，它对 1973 年底八大军区司令员对调后在批林批孔运动中进行的清查工作来说，实际上是做了一个总结，宣布了这一清查工作的结束。现在看来，毛泽东虽然在 1974 年初批准开展批林批孔的运动，可他并不希望就此再一次开展文化大革命式的"打倒一切"和"全面内战"的混乱局面。尤其是对江青等人批评也越加尖锐，他告诫王洪文不要搞"四人帮"，"不要搞宗派"，一再批评"江青有野心"。同时明确指出："说批林批孔是二次文化大革命是不对的。"这就使得"四人帮"企图通过批林批孔整掉一大批军队老干部的阴谋彻底破产。第二，更为重要的是毛泽东"安定团结"的指示，也是结束"文化大革命"的决策。在以后的一段时间里，毛泽东反复强调要"团结起来"……

后来在 1980 年审判"四人帮"时，王洪文作证自己当年在南方主持召开的各大军区领导会议，矛头直指周总理、军队老干部，则是受江青指使。

妈则在事后对我说："事实证明，你爸这人不是风派、溜派、震派。只要咱光明磊落，不搞歪门邪道，不管到什么时候咱也都不怕！"

果然没多久，邓小平根据毛泽东的一系列的指示，在当时提出了一个非常著名的观点："三项指示为纲"。虽然毛泽东很快又将其否定，再一次在全国掀起了"批邓、反击右倾翻案风"。但那一年的10月，父亲，终于走出了西湖宾馆的大门，重又回到自己的工作岗位上了。毕竟在发生了谁也不想看到的范言圆叛逃事件后，作为福建前线，福空不仅所处的地理位置重要，其作战训练和飞行训练的任务也是相当的繁重。

　　父亲重回福空上班的第一天，在一次机关大会上，他就向大家表态："大家要一心一意做好本职工作。我这人一向就事论事。不会整批斗过我的人，也决不会在工作上给这些同志挑毛病，穿小鞋。"

　　父亲的话，稳定了很多人的思想情绪。后来司、政、后机关里好多干部都说："一般经受一次冲击或者挨过一次整后，大多都呆不下去而要求换地方。可杨司令就不同。还和从前一样，待得挺好。就像什么事也没发生过一样。"

　　的确，在福空经历了批林批孔那么大的动荡后，依旧能平稳的过渡，部队没发生任何事，父亲确实以自己的真诚，证明了自己在那次政治风暴中非但不会轻易倒下，还以自己坦荡的胸襟，再一次赢得福空广大指战员的尊敬和拥戴。

　　当然这种良性的互动关系，不可能是朝夕之间一蹴而就的。我以为人和人的交往中，并不是所有的敬重都能互换，所有的付出都能理解，所有的心血都能不白流。

　　还是那句话：人的良心上帝的眼，真诚会让苍天流眼泪。

　　有一位从福空一组建就在福空工作过多年的老同志，对我说过这么样一件小事。他说有一年年末，你父亲到我们政治部吃年夜饭，秘书斟满酒后，你父亲向大家敬酒说："过去的一年，在大家的共同努力帮助下，咱们福空的工作做得很有起色，取得了不少的成绩。可我这个司令员在一年中很可能会有一些问题处理的不合适，在此就请同志们原谅了。在明年新的一年里，我希望咱们大家能齐心协力，更上一层楼！"

父亲说完此话后，就将杯中酒一饮而尽。

他说，老司令的这番质朴的话语，比每一个人手里面的杯中酒，还要赤热醇畅，让很多在场的人，听后心里面痛快之余，还有几分温暖。大家再一次感受到了老司令为人处事的一贯的谦和作风。

还有一位在福空气象处工作多年的老同志，他说父亲是一位很少见的对下级非常体贴尊重的首长。有一个细节让他终生难忘。一次他要向首长汇报近日的气象报告，当他走进司令部会议室时，正遇上首长在开常委会。时任政委见他进来，一顿训斥："谁让你进来的？没有看见我们正在开会吗？"

他吓得进退不是，欲辨无言。

只听父亲对政委小声地说："是我叫他来汇报工作的。"

如此这般，才让他暗松一口气。

他多年后回忆这事对我说："其实根本就是我自己的冒然闯入。那时候年纪轻刚到机关当参谋不久嘛！从此我知道杨司令员待人宽厚。"

后来他调到总参当了气象局副局长。

父亲对有才华的画家、作家、摄影家，也一向很尊重。福空著名的画家徐升隆对我说，有一次下部队正好和父亲都在一个飞行团。两人一起进食堂吃饭，父亲叫徐升隆和自己一起吃，徐升隆执意不肯。于是父亲特意让炊事员把自己桌上的一盘菜给他送了过去。就这么一件小小的事，让老徐一辈子都记得。

父亲对政治工作也一向非常重视。谁都知道当年福空有一个爱兵模范叫王裕昌。他原是高炮五师的一个管理员。有一次部队在福州机场附近的小界山脚下组织当地的民兵军事训练，一个身份为理发员的新民兵，由于初次进行手榴弹实弹投掷，心慌意乱，把拉了弦的手榴弹只扔在自己的脚边。王裕昌眼疾手快，一手推开民兵，一手抓起手榴弹就扔。结果是训练的民兵得救了，王裕昌自己手指头却炸掉了三个，腿炸掉半条。

有人把这件事称为事故。父亲听完汇报后却说："我在这个训练意外中看到的是一个英雄。一个爱兵的英雄！"

后来王裕昌的事迹不仅在福空传为佳话，在全军全国也传为佳话。我去福空时，正好和王裕昌的女儿小学同班同桌。

父亲在福空任司令员期间，曾在很长时间里同时担任党委书记一把手。在福空，父亲也曾和韦祖珍、黄玉昆、王静敏、张希雍四位政委共事，多位副政委合作，他们当中许多人都是知识分子出身，有的甚至是大学生，参加过当年北大"一二九"的学生运动。很多人一开始并不瞧得起父亲。有一位文化程度很高的副政委曾当面对父亲不屑并和父亲大吵。据说这是副政委一贯的作风。因为这位副政委也曾因工作上的事当面顶撞过前任政委。但和父亲共事了几年之后，他从心里感受到了父亲为人的宽容和大度。最后不仅改变了对父亲的态度，还非常配合父亲的工作。

但在原则问题上，父亲执著的个性依然如故。那时候随着城市的建设和发展，福州需要修建新机场。当时父亲的一位老领导新任福州军区司令员，刚到位不久，大家一起熟悉情况去看地形，司令员提出在福州原有的机场上重新进行扩建。父亲当即表示了异议，并详尽的阐明自己的观点。父亲认为福州机场两侧的大界山和小界山严重的限制了跑道的距离。这两座山的障碍不是扩建所能解决的，否则只会往里面白扔钱。

司令员听后很不高兴。说："杨思禄你是怎么搞的，连我的话你也不听吗?!"

父亲说："首长是看我长大的，我这不是不听，而是实事求是嘛。"

结果那天两人不欢而散……

我知道父亲是一个善于把委屈埋在内心深处的人。这是父亲的个性，也是父亲的无奈。因为我知道在那个年代，一个中国共产党党员的委屈和党龄是成正比的。时间越长，资格越老，内心的委屈度也一定会越高。从刘少奇到邓小平，哪一个是例外吗？父亲从心里是忠于党忠于毛主席的。作为他的女儿，父亲对共产党和革命事业，这种朴素的阶级感情，我真是感同身受。但是这种忠于度也和

轻
声
细
诉

杨
争
著

委屈度一样是成正比的关系。作为共产党的一名忠实战士，你可以说你对党的事业只讲贡献不讲委屈，但你能容忍别人说你政治上是反动派，思想上是反革命，灵魂深处是资产阶级吗？

1978年，父亲到中央党校学习。一去就是8个月。父亲说那是他一生中难得的没有压力，只是学习的轻松时刻。然而就是这短短的8个月，福空连续发生飞行事故多达10起。中央党校学习结束时，父亲给空军司令员张廷发打了一个电话，父亲想知道自己该到何处报到。没想到张廷发对父亲说：你赶快返回福空吧。那里已摔了10架飞机了。

父亲二话没说，即刻坐飞机返回福州。在父亲最后工作的那5年时间里，父亲庆幸自己，从那时起，福空又是一连数年无事故，并作为典型连续受到空军的嘉奖。在安全防线上福空自范言圆事件后，再也未发生一起飞机外逃的事件，相反台湾倒是向我们大陆跑来了两名飞行员。一个是黄植城，一个是李大维。

父亲对自己所做的一切都问心无愧！

1982年，父亲终于盼到了福州军区党委纪委一个红头文件。虽然为了这一刻，父亲一等就是8年。但父亲还是等到了人生最重要的时刻！

文件的题头是：关于杨思禄同志在贯彻一九七四年中央九号文件期间被错斗错批的结论

内容如下：

> 中共中央、中央军委一九八二年七月二十二日通知：
> 一九七四年三月六日中共中央、中央军委给福州军区党委、福建省委的复电《中发（1974）9号文件》是错误的，应予撤销。根据通知精神，一九七四年三月十六日福州军区党委在贯彻中央九号文件时，向中共中央、中央军委报告说杨思禄同志问题严重，要彻底交代问题的电报是错误的，决定予以撤销。在揭发批判中强加给杨思禄同志

的不实之词一律推倒。材料按照中共中央、中央军委规定予以清理，扩散出去的材料一律无效。

中国共产党中国人民解放军福州军区委员会

一九八二年七月二日

整整 8 年，一个抗战打完了。党终于把压在父亲心头上长达 8 年之久的大山搬走了。组织上也向父亲承认了错误。

我不知道父亲在看到这份红头文件时，是一种什么样的心绪！！以往所有的痛苦和冤屈都值得吗？！我只是在想在那个年代还有很多很多人都和父亲一样，身背十字架依旧日复一日默默地为党工作。可惜他们当中很多人没有活到组织上为自己平反的那一天，或者说一直到离开人世时，也还是含冤而去，死不冥目的。与之相比，父亲算庆幸的吗？

于是有人说，你父亲一生还算是比较顺利，没有大风大浪的。

也有人将此归结为幸运。

但我始终认为是性格决定命运。并不是所有人都在那个年代那种位置上能把持住自己。在人整人的年代，即使你同样挨过整，可你能不去再整人吗？！

何以晚年的父亲能神态安详，面容红润，高龄高寿？就在于父亲心底始终很干净。既不愧不怍，更不畏强御！

在父亲到福空任职后的 15 年的时间里，不知什么时候，我发现我们居住的福空大院，也在悄然的发生变化。所有的黄土路，都被改造成笔直宽广柏油路。父亲是南方人，对南方的一草一木，都一见如故，甚为亲切。从他到福州任职的第一天起就特别注意美化环境。在以后漫长的 15 年当中从不轻意去砍过一棵小树。非但如此，他还动员机关干部战士在营房大院里的空地上，挖坑种树。经过十几年的种树栽树，果然营区里到处都长满了桂圆树、橘子树和芒果树。这样每年冬天，所有机关干部，都能吃到自己家门口栽种的桔子，夏天又能吃到桂圆、芒果和荔枝。除此之外，我们机关大院里还长满了高大遮天蔽日的白玉兰树、黄玉兰树、大榕树，还有我特别喜欢的凤凰树和山茶花。而在山坡上则又栽满了桃树。那些树越长越大，越长越高，不知不觉院子里很多大路小路都深藏在碧绿可人的浓荫下。山坡上那参差不齐、高低错落裸露的房屋也渐渐的被一株株大树肥硕的绿叶所覆盖遮挡。

每到春末夏初，整个营区都沉浸在浓密芬芳的鸟语花香之中。而我每每走过山坡上的那栋大白楼时，我都会想那是我们家刚搬到福州时住过的第一所房子啊。不知不觉我发现大白楼门前的那六棵芒果树，早已长的如此高大健硕。一番风雨过后，更让它枝繁叶茂，硕果累累了。

更让人惊讶不已的是数十年后，有一次当我再回老福空的大院时，我甚至不敢相信自己的眼睛，是不期然间闯入到南方某一硕大的热带植物园了吗？到处是树，到处都是几十年的老树！不知名的小花，不知名的小鸟，不知名的果实，随处可听可看可吃啊。

美极了，美极了！山坡上再也看不到单调突兀的营房，再也看不见裸露的泥土地，走进我们家原来的那栋小楼，在凉台上，竟再也看不到斜阳依依的波光闪烁的长长闽江了！

那一刻，我多么想让父母能和我一样，旧地重游啊！再好好看一看福空的大院，再深切地闻一次林中的鸟语花香啊！

1983 年 6 月，父亲被任命为军委空军顾问。1985 年秋天，父亲正式离开了他一生中最后的长达 17 年的工作岗位，由此迁居北京。

这一别便是人生的最后挥手吗？

最让人难以忘怀的是当年父亲乘飞机离开福州时的场景。

那一天福空三大部处以上的干部全部自发的到机场为老首长送行。不管平时是对父亲是有意见的人还是对父亲没有意见的人，在那一天都"齐刷刷"来到了机场。那真是一个让我们铭心永记的难忘情景。

飞机就要起飞了。当父亲像以往一样，快步从候机室里走出来时，他惊讶的发现，居然有那么多的满满的人，早已全部列队静候在从候机室到舷梯的两侧。那场面我相信福空以前没有过，福空以后也不会再有。父亲一时竟怔住了。因为在为他送行的两行长长的队伍中，不管是三大部的首长还是各处的普通干部，所有人都在深秋的寒风中给父亲庄重的敬最后一次的军礼！而此时此刻，这每一个人的每一个军礼在父亲看来竟是如此的珍贵，如此的不同凡响。它绝对不是一次下级对上级的简单的礼仪，更不是同事之间一次普通的致敬。这每一个军礼注满和凝结了福空广大指战员对父亲多少敬重之情和多少不舍之意啊！！很多人在那一刻眼眶湿润了，眼泪不由自主地掉了下来，很多人对父亲只重复着说一句话：老司令啊！你一定要常回来看看我们啊！

父亲和每一个人握手，向每一个人还以军礼。刹那间父亲想到了 1968 年的夏天，他一个人匆匆上任到达福州机场的那一刻，想到了 17 年来，自己带着一班人无数次下部队的艰辛。不管是高山还是海岛，不管是新建的机场还是旧有的场站，甚或一个班乃至仅有几个人的雷达站，凡是福空驻军所在地，父亲一个不漏的全部去过。父亲还想到了 17 年来自己种种的遗憾，那么多想做而还没来得及去做的事，那么多想看还没能去看的干部，还有那些早逝的战友。父亲更想到了曾和福空战友们一起分享过的所有酸甜苦辣的日日夜夜……

人的一生真是太短了。哀吾生之须臾，羡长江尽无穷！人生能有几个 17 年？！

17 年前父亲到福空任司令员时整好 51 岁。不可不谓年富力强，踌躇满志。如今岁月沧桑，父亲已是 67 岁的老人了。但父亲很庆幸把自己人生最后为党工作、为军队建设的 17 年，全部献给了空军、更献给了福空部队！

没有遗憾没有懊惜。此刻，父亲把每一张依依惜别的面孔，都深深地印在自己的心窝里；父亲把每一个真诚的最后的敬礼都看作

↑再见了，父亲与每一个人深情道别！再见了，父亲向最后的福空深情致意！

是整个部队对自己 17 年工作的肯定和奖励。

父亲从心里向大家致谢！向自己深爱的部队、每一位认识的和不认识的福空指战员，敬最后的军礼！

谢谢你们来送我！

谢谢你们这么多年对我工作上的支持！

站在机舱门前，父亲突然觉得自己的双脚好重好重，再看一眼福空这些熟悉的人熟悉的脸和自己的好部队好战友吧！再看一眼机场两侧熟悉的大界山小界山，以及这秋天万里无云的天空吧。17 年来无数次的往返其间，早已熟知它每一道云翳所传达给父亲的每一种信息。父亲的战机从来没有因为多云多雨多雾而折断过起飞的双臂啊！

再见了，父亲向每一个人深情道别；再见了，父亲向最后的福空深情致意！那一刻父亲觉得自己的心被福空数万名指战员的情，填得那样满……

后 记

　　到此，本来可以划一个句号了。可总觉得意犹未尽。父亲是1985 年年末定居北京，我们全家人随着父亲也陆陆续续的从各地辗转回到了北京。巧得很，书写到此也正好是父亲离休满 20 年的日子。回想 20 年前的今天，刚开始面对父亲退居二线，我们几个孩子还无不担心一向过惯紧张生活的被人称为"首长"的父亲，突如其来的赋闲在家，还不得闷出病来。我们还在想如何让父亲能渐渐地适应这漫长的晚年生涯。

　　其实后来的生活证明，我们的担心纯属多余。

　　父亲始终是自己生命的主宰！

　　从把自己离休生活安顿后的第一天起，父亲就把每天练毛笔字，当作自己雷打不动的事。我以为这一切都和父亲当年在抗战期发誓戒烟一样，父亲说到做到，每天一小时，数十年如一日。写一手好字，是父亲内心一直久存的心愿。可惜工作的时候没有时间，离休后，父亲尽量做自己一直想做而不曾做过的事。这么多年，父亲不知用掉了多少"一得阁"的墨水，写了上千上万个字。如今父亲的字真是让人刮目相看哩！

　　游泳则是父亲锻炼身体最好的方法。在条件许可的情况下，父亲基本上坚持天天游泳。每天游十圈近一千米。父亲一天不游泳，晚上睡觉都不香。

　　父亲现在已是 87 岁了。他看报写字依旧不戴眼镜。

　　我们家的客厅里有一个很大的玻璃柜。一般人家都会把这种客厅柜当作多宝阁，或者是酒柜。可是我们家的柜子里却摆满了父亲

←每年父亲过生日，总政和空军都会送来巨大的花篮和蛋糕。

离休后，参加总政干休所组织的老干部的各种比赛的得胜奖杯。这些大大小小的奖杯，把偌大的柜子装得满满的。让所有到我们家的人无不赞许称奇，更让我们这些晚辈自叹不如。

晚年的父亲很知足。那么多的革命先烈都没能活到为之流血牺牲的今天。父亲说，我还有什么可抱怨的吗?!

尽管历史一定是沧桑的，不论它兴衰与否。但经过那么多的人和那么多的事，如今父亲的心态早已很平和。有的时候我在想，生命是美丽的。美丽之处就在于它的短暂和不可重复。伟大与光荣，平淡与庸碌，并不是所有的人都能有掌控驾驭自己生命的能力。生命价值的判断又没有一个统一的标准。也就是说不管一个人是怎样的一种活法，精彩也罢，无所造诣，平平淡淡也罢，人的一生就那么几十年。能够为人类为社会做出更大的贡献，当然更好。倘若他的能力有限，却一步一个脚印的为自己明确而清晰的人生理念付出一生的代价。我想仅此，他就可以无怨无悔了。至于能否得到社会的肯定，这一点并不重要。

妈有一年在父亲过生日时，曾给父亲写过这样一副手书，大意是：无愧峥嵘岁月，关山戎马挥戈。平生纵不问蹉跎，夕照长歌。

　　这种坦然的心境，是父亲的晚年越加超脱且从容不迫的精神基石。

　　有一年的元旦，父亲突然生病住院。我们几个孩子到医院去看父亲。一场大病下来，父亲一下子就消瘦了许多。父亲两只手因为扎针而到处都是淤血。我握着父亲的手，好心疼。我知道父亲在病重的那一瞬间，一定一定很痛苦。可父亲却对我们有说有笑。父亲没让也不想让我们看到他痛苦的一面。我们刚坐稳还没说上几句话，父亲就催我们走。我们只好走出病房。医院的走廊很长，风又大，他就站在病房的门口不肯进去。我们怕他着凉，不住摆手让他赶快回病房。可是我们一直走到楼梯拐弯处，回头一看，父亲竟然还站在病房的门口，一动不动的盯着我们渐渐离去的背影。我的眼泪一下子就夺眶而出。因为在那一刻，我听见我的心里在对父亲大声的呼喊：爸爸，我们爱你，非常非常的爱你，你是我们心中最好最好的父亲，你知道吗？

　　入冬的北京，突遇内蒙古强大的寒流，华北地区气温陡降10至12度。北京地区终于下了入冬以来的第一场迷迷霏雪。这场早来的冬雪，让北京人更早的感觉到了冬天的寒意。

　　那个周末，雨雪交加，道路泥泞。我们如往常一样，回大家去和父母团聚。我们进家门的时候，父亲正好要出门去游泳。

　　我说：爸爸，今天外面下了好大的雪啊！你还要去游泳吗？

　　父亲没回答我们子女的关切。依旧快步向外走去。

　　我们不由得在父亲的身后大声叮咛：爸爸，你今天一定要少游一点啊！

　　……

　　……

2003 年 11 月 8 日于北京丽水嘉园

2005 年 1 月 2 日二稿于北京丽水嘉园

轻
声
细
诉

后
记

补　记

问　祖

　　看我们家的族谱，才知我们杨家的始祖是 491 年前，明嘉靖年间因躲避战乱，逃难从福建的长汀到江西的。等到我父亲这一代时，已是第十三代了。

　　我不知道我到底应算是福建人呢，还是应算是江西人。但我却对江西老家有着一种天然的不可抗拒的亲近感。

　　老家现在的房子是清末年间，大约是 1872 年重盖的。我管它叫祖屋。不算两个耳房，祖屋大约还有三间大小。祖屋的后面有几棵百年的老樟树，雄伟气魄。想来老祖宗原先还是有点小钱的。房屋的位置选得非常好。三面环山，对面有一个相当平坦开阔的平地，紧挨着祖屋的还有一个很大的池塘。池塘里一年四季有鱼。池塘边还有几株杨柳和翠竹，煞是好看。先祖盖其屋时，想必问过风水。否则在那样的一个山坳里，能有这么一片美丽的盆地，实属难得。

　　其实在这以前，从我们家族谱最早的记载中，我们所看到的房子远比现在要大得多，算来大约有 500 年了。那是一个大院子，有不少的房子。中间那个最大的房间，上面题有"弘农堂"三个大字。不过好像后来家道衰败，房子越来越少，大概是都卖得差不多了。于是在清末，我曾祖父又重修盖了房子。它还是在基祖最早建房子的地方，位置基本上没动。中间最大的一间依然还是杨家祭祖的地方。只是原来叫"弘农堂"，后来被曾祖父改为"杨氏宗祠"了。再看那房子的细部结构，觉得真是和一般乡下农村人的房子别无二致。没有屋顶花哨的装饰，更多的只是实用而已。每间屋的窗都很高很小，内设天井。肥水不留外人田，这种典型的乡村习俗，一直沿袭至今，未有丝毫改变。

沿着祖屋走了又走，望远山、祭祖坟。恍然中总以为自己不管走在哪一处，四周都有祖先的身影。他们或远或近，时清晰时模糊，却是围在我的身边，笑笑的看着我，说着我一句也听不懂的家乡话。心一下子揪揪的，变得好不多愁善感。毕竟近500年来我们杨家的祖祖辈辈都在这牛婆湖、这祖屋里看过日出，听过落雨，走过那田间的小路，收获过一茬又一茬的稻谷。生儿育女，眼泪和欢笑，失望和企盼，祖屋脚下的这块土地真是无一处不留下老祖宗们深之又深的足迹。

父亲说，他就是在祖屋里出生的。于是90多年前祖屋里那一声遥远的婴儿的啼哭声，更让我的思绪沉湎于很远很远……

→什么是"根"呢？也许它只是一种文化上的观念上的，属于人们精神情感上的认识。假如你不承认它，否定根的存在，你一样可以在这个世界很快乐的生活下去，至少它不是我们生活的必需品。可为什么还是有人对此锲而不舍的要寻根到底呢？这是对中国传统文化的一种本能的认同吗？

只是现在祖屋早已荒芜了许多年。准确地说，也就是父亲他们哥几个参加了红军始。光阴荏苒，大半个世纪已过，杨家十三代的世孙，居然在近80年的时间里，一个也不曾回过祖屋！再加上前两年一场突如其来，莫名其妙的大火，只把祖屋的那间祠堂的屋顶烧了个精光，剩余的若干间却完好无损。邻家的农民便自得其乐的在祖屋里面养起了猪和牛。

　　于是当我们杨家这第十四代子孙第一次回祖屋时，所能见到的则是满地的青草，满地的猪牛粪便，真让人无处可下脚。

　　大火虽然烧毁了祖屋祠堂的房顶，奇怪的是祖屋的大门依在。那扇厚重的大门上方，题着"杨氏宗祠"的几个大字，居然也完好无损的安在。细看字的下方，那淡淡的带着浓重的晚清画风的人物画，还是那么鲜活和生动。还有门廊上那两个圆圆的不知道代表何意的八卦图形等，一一均在。这一切是否给我们暗示了什么，我们不能诠释。

　　于是站在先祖的门前，忍不住要去想当年的场景。

　　500年前，我们家的基祖名叫体胖，字一郎。想必他是一个体形瘦小、体格羸弱之人，父母为其起名叫体胖，充满着满腔的希望与憧憬吧。

　　明中期，兵荒马乱。他不知为何撇下另一个兄弟，带着老母，离开福建长汀老家，来到了江西于都，在一个叫牛婆湖的地方，安家置业。他是否也和我一样，被江西这片青翠碧绿的土地所迷恋？于是他放下老母，说："妈，我看咱们就在这里安家吧！"

　　老母又瘦又小，她环顾四周，眼前的山峰一座又一座，可不见炊烟，没有乡舍。放眼望去却满山遍野地长着高大的苍松翠柏，一层浅绿一层深绿，把绵延起伏的山峦点缀得如此秀丽壮观。山间还有一个又一个清澈透底的池塘，欢快的鱼儿在池中掀起一波一波涟漪，池边蛙声一片。再看绿草丛生的小路边上，长着一株又一株美丽的开着紫色花朵的参天大树。更让老母高兴的是她居然又在异乡异土看见了许多久违的大榕树。

老母终于长舒一口气，微笑着对儿子说："好，我们就暂时在这里安家吧！"

于是体胖伐木造屋，开山种田，在一块好大好大的池塘边上盖起了基祖在江西牛婆湖上的第一座茅屋，在门前的泥田里，插上了自己的第一亩早稻。没过多久，基祖又在牛婆湖找了一个当地的姑娘作媳妇。婚后，基祖体胖有了两个儿子。

日子就这么一天天的过去。有一天老母病逝。体胖望着老母，心里好难过。他深知自己再也没有能力带老母回福建长汀老家了。再看自己的两个儿子，说着一口浓重的江西本地话。他明白自己死后，也只能埋在牛婆湖了。

体胖的长子取名叫润通。若干年后体胖去世了，儿子润通像当年体胖葬老母一样，也把基祖体胖葬在了牛婆湖的后山上。那年月，盛行修家谱族谱。润通小时候常听父母讲老家的事，便有意无意的记在心底。老人都过世后，他怕后辈忘记祖宗，于是找人修了杨家到江西于都后的第一份族谱。并画了一份图，上面详细记载着体胖在牛婆湖开创的家业、房屋、田地和池塘。

于是日子也和体胖在世时一样，就这般慢慢的过去。润通又生了三个儿子，分别取名为文鸣、文吟、文龙。

那时候已是明末万历年间的事了。据现在的史料记载，明末清初的日子，老百姓的日子并不好过。

很想知道的是文鸣一家人读过书吗？他们每天是怎样过日子的呢，用的是什么样的瓷器？只是有关这些我想知道的家居日常琐事，族谱一概不记载。

那一年回祖屋，在老屋门前的池塘里，捡到一个瓷很粗糙、釉色也极差的盘子。我想，老父亲小时候一定用过这样的器皿装过食物。那么先祖们也用过这个盘子吗？

从明、清直到民国初年近500年的光景，经历了若干个朝代的更迭，先祖们不管是体胖，还是润通、文鸣，他们在牛婆湖生活劳作，繁衍生息，不知不觉的已有十三代生人了。但他们都是面朝黄土背朝天、靠种田为生的农民。牛婆湖的青山绿水见证了这一点，山前脚下那些已有数百年的老榕树也见证了这一点。如今只是先人已去，流水依旧。龙山还是那么高，青草还那么绿，与之不同的是牛婆湖的先祖们生活，不知为何每况愈下，一年不如一年，一代不如一代，始终生活在社会的底层。

家道是从哪一年开始衰败的，为何衰败，我们不得而知。只知道到了父亲那一辈时，家中已是饥寒交迫，食不果腹了。父亲对家的回忆，对自己童年的记忆都只有一个字：穷！的确家无半亩田，缸无一粒米。父亲是饿着肚子长大的。但是有一件事，基祖体胖是无论如何也想不到的。那就是当年他背着老母因战乱逃到江西时，就是想找一个安静平和不打仗的世外桃源。他想不到他那一辈或是躲过了战争流血和死伤，他的后人却还是因战争而鲜血横流，惨不忍睹。

尤其是中国的农民一直就是各个时期各个朝代的最弱者。那年月在父亲老家，国民党和红军都来招兵买马。一个家中哥哥去当白军，弟弟去当红军，是常有的事。但父亲哥几个都参加了红军。当兵就能有口饭吃吧。死？难道在家就不会饿死吗?！

体胖的第十三代孙子，几乎都参加了第一次国内革命战争。至今人们都还记得江西中华苏维埃苏区的第五次反"围剿"，国民党为了消灭共产党，用飞机大炮快把江西苏区的这块土地炸平了，不知有多少人死在那场国共大战中。江西之所以被称为红土地，那纯粹就是江西人多少生命之血染红的嘛！体胖的第十三世孙，有两个随着中国工农红军离开江西，开始了长征。其中有一个就饿死在长征路上。不过在江西流传这样一种说法，红军二万五千里的长征路，每4公里就会倒下一个江西人。那个叫杨思福的，体胖的第十三世孙，也只是数万名死去的江西人中的一个。

红军一走，白匪就来抄家。奶奶只能背井离乡，逃离了牛婆湖的祖屋。这一别就是直到解放，直到奶奶去世也没再回去过牛婆湖。

土改那一年，祖屋早已空无一人。村里的农民就搬进了祖屋。

↑2005年应约为北京儿艺话剧团《红领巾》授旗。父亲九十五岁了，却一直是我们家的明星。因为一年到头约见他采访他的电视台及报社的记者从不间断。父亲并不是名人，却永远都不会缺少渴望知道并无比敬重他的晚辈。

那时候谁住在那屋里，这房子就归谁。没有人去查问这祖屋的来龙去脉和归属权。父亲的祖屋因而被三家分得。只有那题有"杨氏宗祠"的房子，没人敢要。因为那是杨家祭祖的地方。

如今父亲已是近90岁的人了。父亲依旧没有回过祖屋。但我知，他在内心深处，对祖屋对牛婆湖对老家的怀念，决然不亚于我。

我倒是回过祖屋若干次。汽车沿着赣江在绿树掩映的乡间公路上急驶。不知为什么离祖屋越近，我反而就会越想年过九旬的老父亲。现在日子好了，父亲却年事已高，回老家竟已是力不从心的奢念了。多想让父亲常回来看看祖屋，看看赣南的青山绿水，这种突如其来的对老父亲的思念，让我凝眸窗外，情不自禁地泪流满面。

于是每次回老家，每每站在残败荒芜的祖屋前，面对"杨氏宗祠"这几个深红色苍劲有力的大字，心下还是很想对数百年前的老祖宗深情致意，问体胖，问润通，问文鸣，问列祖列宗，你们安好?! 双手合十，对老祖宗一拜再拜，敬请你们不要对眼下的残屋破瓦心灰意冷。山在水在儿孙在，杨家的根就在。杨家的根在，大树就永远不会倒。

冥冥之中，恍惚基祖体胖慢慢地朝我走来，伸出他那宽厚温暖的大手抚摸我的头，轻声细语。我认真且仔细聆听，我知道那声音虽然遥远，却很清晰。500年的时间隧道，瞬间变得很短很短。

他说什么？

不期许五世之泽，不在乎千年田八百主。只要记得自己来处和去处，足矣！

这才是杨家的精气神！

……！

记于 2004 年夏

根

对于现在中国大陆里很多年轻的城里人来说，几乎没有"根"的概念。当然宽泛的意义上，也是有的，比如是中国人，或北京人，等等。但再深入地问一句，你的故乡在哪儿？你童年的老屋在哪儿？有多少人会牙不打磕儿地立马答出来呢？

像我这样的在军队院子里长大，即使现在已进入老年的人了，也一样对老家啊老屋啊这种家乡的概念一无所知。这是好还是不好呢，是幸运还是无所谓，每一个人的体验一定是不尽相同的。可我知道这种对"根"的淡漠，除了与生活经历造成有一定的关联外，更多地还是大陆解放后，数十年的教育所培育的结果。

比如在台湾，或者是说在海外的华人世界里，由于没有经历文革的痛创，那里的人对中国的传统文化和习俗有着相当完整的传承和不断的发展创新。人们普遍的敬奉祖先，不厌其烦的寻根问祖，对中国文化或者说客家文化更有一种发自内心的喜爱和认同。你能不说这一点和我们小时候受到的教育，即所谓的"破四旧，立四新"是决然不同的吗？！

但是每一种环境都会对人产生至深的影响，这是不容人置疑的。而且在某一种环境当中生活越久，这种影响也就越深。渐渐地这种环境也会对人的情感，产生一种依恋和认同。我在福州生活了近 17 年，我理所应当的认为那就是我人生的第二故乡。可这次在阔别 20 年后，旧地重游时，我看了又看我们家曾经住过的三处老房子，虽然令我唏嘘不已，但并没有产生深至骨血之中的那种"根"的震撼力。

什么是"根"呢？

也许它只是一种文化上的观念上的，属于人们精神情感上的认识。假如你不承认它，否定根的存在，你一样可以在这个世界很快乐的生活下去，至少它不是我们生活的必需品。可为什么还是有人对此锲而不舍的要寻根到底呢？

↑在人民大会堂参加纪念中华苏维埃成立90周年的展览会上，正巧遇见航天英雄杨利伟。我对他说，你和父亲都姓杨，只是一位是开国将军，一位新时期现役将军，请一起合影留念吧。没想到媒体听我此言，赶快过来拍照，走在右侧的谢飞导演（谢觉哉之子）听此一说，竟也与我们站成一排，于是就有了这张像片。

是对中国文化的一种本能的认同吗？

我的祖籍在江西于都县葛坳乡牛婆湖。那是一个仅有十户人家的小村子。由于它太小太偏，以至于现在还没能通公路。也正由于它太小太偏，没有公路不能通车，于是村子里直到现在也不会有噪音和尾气的污染。在牛婆湖你无论走到哪里，都会感觉蓝蓝的天是那么纯净，远处的山，是那么深邃。我可以说池塘里的水，总是清绿清绿。百年以上老树，那里好多好多。碧竹翠柳，青草依依，整个牛婆湖都给了人一种纯天然的享受。

父亲就在牛婆湖里的一个百年老屋出生的。虽然祖谱里记载，那是杨家500年的老屋。但父亲说他自己早在七八岁左右，就离开了牛婆湖，随父母逃到异乡去了。他16岁时参加红军，也是在曲洋乡一带。父亲对家乡有什么记忆吗？除了奶奶和伯伯，我几乎很难听到父亲说江西老家的事。即使没有文人墨客那种"瘦马恋秋草，征人思故乡"的笔触，也没有"旧路青山在，余生白首归"的心绪吗？

父亲一生所信仰的是共产主义，所接受的教育也是共产党的思想，共产党的文化。对于中国几千年的文化和习俗，十五、六岁就参加革命的父亲，要么不了解，要么认为大多是封建的传统的，并视为糟粕。至少我从来就没在父亲的口中听到他说出"风水"一词。也许他不信也从未想信。当然这和思乡怀旧，是两个概念。

在老家赣州，曾听得一位共产党的书记，讲一个国民党将军如何怀乡的细节。那还是中国五六十年代的事。那时候国土防空还很弱。国民党驾驶的美国飞机，高空性能好，因此很容易就飞入大陆的腹地，并且不被我空军发觉。那位老家是赣南的国民党老兄，一个起落就把飞机飞到了江西，当他在赣州上空看见家乡的土地，那熟悉的茅屋和广袤的田野，他情不自禁涕泪横流。为了表示他回到了家乡，他将自己身上的毛衣脱下，并扔在那块他永不能回归的土地上……

但即使父亲是共产党的将军，父亲一生回乡的次数也是屈指可数的。父亲的晚年，也许因为耳背，他说话也越来越少，经常独自一人闷闷的，闭目无语。但有一次吃饭，不知为何说到他母亲，父亲竟又说起自己小时候很调皮，老爬树且常挨打的事。父亲说："我母亲一揍我，就会说，打你个苦瓜样！"父亲说完，竟开怀大笑起来。那红润的面孔，透出一股难得一见的幸福、率真和稚气！

有父母在，就很容易找到回家的路。对于我们很多人来说，父母就是家的别称，家的代名词。奶奶是 1977 年去世的。父亲因为工作忙，只让身边的秘书回老家为奶奶料理了后事。从那以后，父亲就更少回老家了。

这一次祖屋修缮好后，我极力鼓动父母返乡。父亲始终不置可否。我把我们家记载有 500 年的祖谱给他看，他的兴趣也远不如我想像的那么大。

←近些年，父亲传奇且骁勇一生，更让我们家渐渐成长起来的第三代深为理解且敬仰。现在连外孙杨天宁（青年歌手，音乐制作人，中国金唱片金奖得主），也要采访姥爷了！

轻声细诉

杨争 著

　　其实按我们家的祖谱记载，我们杨家一共有十四代传人了。父亲是第十三代。在父亲以前，杨家的香火一直很旺。一直到我爷爷那一辈，家道才开始衰落。待到了我父亲那一代时，不知为何竟只剩下两户了。父亲那一辈人，现在也只有他一人还健在。我回老家若干次，对祖上的事，竟比父亲知道的还多。于是偶尔会给父亲讲一些老家的故事。但父亲总是面无表情地听着，不发表任何带感情色彩的评论。他只问过我，他的爷爷叫什么，并让我把他爷爷的名字写给自己。对于祖谱，以及祖谱上老祖宗的坟或画的祖宅和田地，父亲不问也不看。有关修谱的事，父亲更是一字不提。有人说，祖宗创业时，必是长厚待人，但到了子孙辈就会变薄，愈薄则愈衰。乃至于家业逐渐衰替，天下风俗，一家兴替，莫不如此。更有人对我说，君子之泽，五世而衰。不要对祖上的事太操心了。

　　我不知该如何解读父亲的心境。世世代代以务农种地为生，到最后也没逃脱出一个"穷"字。那时父亲的家乡，为了有一口饭吃，这家的兄弟去当白军，那家的兄弟去当红军。这样的家庭在一个村子里左邻右舍当中真是再普通不过了。所以当共产党说，当兵要去当红军！只有共产党领导的红军能够推翻压在农民头上的三座大山，才有好日子过，父亲对此笃信不疑。因为在他小时候最饿最冷最困惑的日子里，他爸他妈他的那些爷爷奶奶老祖宗，没有一个人救过他，给他过温暖。而父亲在晚年，有房有车有一家老小一二十口人围着他转，这一切除了共产党，还有谁能给他呢？！

记得我们那个年代有一首歌的歌词，大意是：太阳最红，毛主席最亲。这仅仅是一种宣传吗？

终有一日，父亲决定返乡了。不是回奶奶原有的老房子。父亲自奶奶去世后，就再也没把它当作家。父亲要回祖屋，也就是我们家500年前的老房子，他的出生地。那个家，自他六七岁被迫逃离后，一别80余年，从未回去过。

有一个人我一直从心里非常感谢，他就是给父亲当了十年之久的老秘书，叫周士义。小时候在福空，父亲在指挥所值班。我常会提着一个饭盒给父亲送饭。那个时候我就对周秘书印象很深，个子高高的，不仅人帅，排球亦打得非常酷非常好！那个年代晚上没事到球场看机关比赛是常事！后来周秘书和一个很漂亮的女人结婚了。在我们的眼里，终于知道什么是郎才女貌的现实版！只是小瞿阿姨每次和周秘书闹别扭时，喜欢先跑到妈妈那里去诉苦！

→相信周秘书去江西老家的次数比我们多，唯没有想到的是30年后，当父亲再次提出回老家，已近退休的他居然能从遥远的重庆来赣亲陪父亲一同前往于都老家。最为关键的是少年时和父母一起回江西老家也是周秘书陪同，时间距此刚好为30年整！这真让我称奇并感动不已。

相信周秘书去江西老家的次数比我们多，唯没有想到的是 30 年后，当父亲再次提出回老家，已近退休的他居然能从遥远的重庆来赣亲陪父亲一同前往于都老家。最为关键的是少年时和父母一起回江西老家也是周秘书陪同，时间距此刚好为 30 年整！这真让我称奇并感动不已。一路上我细心观察，发现这么多年过去了，他和父亲在许多问题和事物上，看法与处理方式始终极为一致。两个人在行程安排，见谁不见谁，彼此心照不宣，勿需多语，简直让人不可思议！于是我们几个孩子常开玩笑，说我们家理应有 6 个子女，周是老大！

中国有一句老话，就是"六十不留饭，七十不留宿。"

父亲那次回乡时，已是 90 岁的高龄了。还没出门，我们就被忠告，老人家出门一定要忌"急、赶"。

一定要慢慢走，悠着来。可不知为什么从一上路，父亲给我的感觉，就是一路要碎步小跑……

北京—南昌—赣洲—于都，等我们到葛坳乡的那一天，已用了 5 天的时间了。而在这 5 天的时间里，父亲真是什么人也不愿见，什么事也不想干。父亲甚至说，他要养精蓄锐，一切都等他回乡回来再说吧！

记得那天早上，所有的人匆匆吃过早饭后，便一起驱车前往老家葛坳乡了。因为父亲说要给奶奶上坟，我便和一行人先打前站早早地去了。

奶奶的坟离乡政府不远，是在一条小路的尽头。然而你一旦站立在奶奶的坟前，便发觉坟前的视野相当地开阔。奶奶的墓并不大，一块简简单单的青石碑，几行不甚清晰、潦潦草草的些许小字，上面记述奶奶简而不能再简的生平，底下则是一些晚辈的名字。除了我哥姐的还有一些我压根不认识的名字。他们告诉我，写的名字越多，说明生者是一个很有福的人。原来中国人的乡下，在墓碑上竟也有虚拟的成分啊！我很是无奈。我们一行人中有一个叫小谢的同辈经验丰富，为人极好。我因为不懂乡下的风俗。几乎所有的规矩都是他一点一滴地指教而成的。他让我先叩拜与奶奶坟墓相近的几座墓碑："打声招呼吧，也算是希望他们在阴间好好照看奶奶。"于是，我就按乡下人上坟的习俗，扫墓、压上黄纸，又在坟前摆了不少的供果，然后再对祖坟的近邻拜了几拜。

他又说："给祖宗上坟，坟前的晚辈要磕头的！"

我立即摇头："不不。我长这么大，还从没跪过双膝哩！"

他们都不说话，却很认真且用诧异的目光看着我。

我真的没下跪过嘛！

不一会儿，便听得路边车响，我没想到父亲他们一行人竟来得比我们预料得要早。我赶紧走过小山坡，去迎父亲。但是我一看父亲，心一下子就抽了起来：天，父亲快步朝我走来，满脸全是泪！

父亲好像是早就在等我一样，一见到我，就把自己的右手伸向我。我赶快三步并作两步走上去，一手扶住父亲，一手握住父亲的手。父亲的手好凉啊，冰冰的吓人。我搀扶着父亲来到了奶奶的坟

↑八一建军节，总政老干部局张局长（左1）到家里慰问时，父亲高兴地打开他最喜欢的茅台酒。

前，不成想父亲一见到奶奶的坟，"扑通"一声就双膝跪下了。父亲一句话也不说，可是他眼中的泪啊，流了又流，流了又流，根本止不住。我怎么能看父亲的眼泪呢？于是我也不知哪来那么多的泪水，竟和父亲一样，恸哭不已。那一刻我才发现，不知什么时候我早已和父亲一起双膝跪在了奶奶的坟前……

长这么大，第一次看父亲眼中有那么多的泪！

长这么大，第一次看父亲如此真诚地双膝下跪！

父亲毕竟也是 90 岁的高龄，何以要这番动情动容动心啊！

父亲在奶奶的坟前跪拜了许久，他竟只是有泪而无声。我不知道在那一刻，父亲的心中在想什么，我不问也不能问。

只是在和父亲一同跪拜在奶奶的坟前，依稀记起那么多次给父亲讲老家的故事，给他写爷爷的名字，让他看祖屋和老树……父亲始终面无表情的听着看着。现在才知，当时我怎么那么幼稚，家乡的这一切，其实早就像烙铁，烫在父亲心灵的最深处。儿时的家，老母背柴的旧影，那温言细语，父亲哪一处记忆不比我更深刻，更细腻，又何须我多嘴饶舌，繁言赘语?!

后来人们在奶奶的坟前放了许多烟炮。父亲这才慢慢起身离去。他还是一言不发。我们依次上车。我坐在车里竟哭了许久，且一塌糊涂。

小谢后来说："我知你父亲一定要跪的！"

可是父亲一跪一拜的心境，有几人能真正地读懂?!

我们终于将车驶进葛坳乡的东村了。那是父亲真正的老家，500年来祖祖辈辈，共计十三代人得以繁衍生息的土地。

路边有一棵巨大的榕树。榕树的中间有一个碗口大的空洞。树已太老且似枯死，但我们看到的却是它长满了枝头的葱绿碧透的新叶。道路必经之处，有一个池塘，上面有一座古老且美丽的小桥。池塘边上的柳树叶，将它们那些修长茂密的枝蔓，摇曳得那么轻柔且妩媚。

我对父亲说："爸，那棵老榕树，你小时候一定爬过！"

轻

声

细

诉

杨

争

著

→这是父亲建国60年，92岁再上天安门时的留影。为了这一盛大节日，很多人登上天安门时，都穿西服扎领带。父亲却从衣柜里找出这套由总政专为老红军老将军订制的红军服再上天安门。

父亲笑了："哪能记得？"

乡里的书记告诉父亲："杨将军，我们查过了，当初您老走时，才十一二岁大。您就是在这个房子里出生的。"

父亲笑而不语。我们绕过祖屋的后门，后门紧挨着房子处，有几株高大的百年老樟树。它们若有灵性，一定会惊诧，当年从这座茅屋里出生且顽皮的小毛娃子，如何又鹤发童颜，健步而来，重归故里。

这正是人生飘忽百年内，且须畅饮万古情。放眼青山无限好，犹道不如故里归啊。

我们一行人就这样走进了老屋。屋子里摆了两张方桌，上面放满了糖果和糕点，以及乡下人自制的食品。我们就分两边坐在方桌边的小竹椅上。父亲抬头看房，歪头看墙，那一刻，父亲的脸上写满了两个字，那就是"快乐"！

父亲就这么坐着坐着。我让他起来四处走走，他摆摆手。难道他哪也不想去，就只想这么坐下去？

终于，父亲站起来，他走到方桌边，端起一个盛满糖果的盘子，笑笑的走到祖屋的门口，那门边上站了一地半大的乡里孩子。父亲把盘子里的食物一点一点地分给所有的孩子，片刻，他又走回来，端起了另一个盘子，又笑笑地走向门口的孩子，然后继续分盘子里的糖果和饼干。看到邻家的孩子们用两只小手捧着那包装的花花绿绿的糖果，父亲红润的面庞上，露出和孩子们一样的欣喜和满足。

　　两盘的糖果分完了，我们一起走到了祖屋的门前，我们都看到了老屋外那一片蓝蓝的天，青青的山，翠翠的竹，还有所有的人那畅快欢愉的笑脸……

　　随后我们再把烟酒、红包分给邻居，我们和老家的人一起在题有杨氏宗祠的门口合影留念。我看到门廊上那 100 多年前的老画，人身猪面的或牛面的几位先人，也在和我们一起大声地欢笑。仿佛我们都知道人生如此短暂，而我们所拥有的快乐更是稍纵即逝。

　　此时，挂鞭，来回穿梭奔跑的孩子，以及喧闹的人们把个巴掌大的小村子，弄得震天价响。

　　父亲就这么一直看着看着，许久他才转过身，说："我们回去吧！"

　　我们走了，离开了祖屋，离开了那片延续了我们家十三代生命的土地。

　　告别江西，又回到了北京，很多人都讶异父亲的气色，祥和而又滋润。"一定是呼吸了几许老家的新鲜空气吧！"

　　他们实在找不到其他更好的理由。

　　我亦不再赘言。因为我知道在回乡的日子里，我们看到了什么，是根，是花，是我们杨家 500 年十三代人所浓缩的生命之精华，在我们回乡的那一刻，瞬间的竞相怒放！那其中的养分与香甜，绚丽和灿烂，是我们子孙生生世世所吸收不尽，且回味无穷的啊！

　　这也许就是生命之根，所带给我们的意义和启迪。

　　根深才能叶茂，我相信。

写于 2006 年

妈　妈

　　我不知道我妈妈是从哪一年开始老的，但是我知道我妈妈是真的老了。

　　以前我在家里总是能接到妈妈突然打过来的电话。在电话里我习惯了妈妈激昂悦耳的声音，一口吐字清晰且标准的不带任何方言的普通话。

　　"小五！你在做什么?!"妈妈每次叫我的名字，哪怕只是叫我的小名，我也有一种很犀利很吓人的感觉。

　　然而在听到我的回答之后，却不管我说什么了，妈妈的语气一定也会放轻松许多，于是便和我谈起她想要说的事。

　　其实大多的时候都是无甚大事，如电话中所问，只是想知我正在做什么！

　　但是妈妈现在是真的年迈体衰了，因为我已经有一年再也没听到妈妈这些年始终如一的电话呼唤了，也就是说妈妈在最近的一年里竟一个电话也没有给我打过。

　　以后也再不会有了吧?!

　　也许正因为再也没有了妈妈的电话，我发现自己变得特别想听到妈妈在电话里的声音。

　　妈妈年轻的时候嗓子非常好，她喜欢唱歌，也爱弹琴。小时候家里有一台很简单的风琴，妈妈最爱一个人一边弹琴，一边唱歌。直到现在我还记得风琴是在大连快搬家的时候买的，花了妈妈当年的一个月的工资30元钱。风琴买回的那天，我们几个孩子新鲜极了，妈妈不让我们乱动琴键。那时候我们要么凑到风琴旁，要么在别的房间竖着耳朵听妈妈唱歌。妈妈的声音纯厚，低沉悦耳。可惜我每次对妈妈发表我的这番见解时，妈妈总是很不以为然，很不当回事。这风琴一直跟随我们到福州，不知为何没能搬回北京。这让喜欢旧情旧物的我，很是怅然。一直到十几年前，一个非常偶然的

↑一盏灯，一枚小镜子，一只手表，一架小飞机，一本书，这些都是小时候的我们最熟悉不过的物件和场景。

机会我在路边看到一个收废品的人车上，竟拉了一台风琴。他告诉我是刚从附近的一个幼儿园收购来的。我高兴极了，连忙从他的手下买下，不期然还是一台星海牌的风琴哩，音阶直到现在一直很准。这么多年，我老公和儿子常为这台风琴抱怨我，说它又旧又占地。我却是爱极，因为那是妈妈喜欢的东西啊！

妈妈的声音这样好，在电话里也总是显得激情飞扬。以至于我每次听到妈妈的声音，都会想：妈妈的声音为何总是那么年轻呢？

过去我曾经听到过很多人夸赞我妈妈长得很漂亮。其实妈妈气质最好的时期是她中年以后，也就是三、四十岁这样一个年龄段吧，尤其是在大连的时候。那时候妈妈无论怎么照相都会显出非常优雅和高贵的气质。所以才会有人说她像个"教授"。不过妈妈对于这种赞美，一样也很不当回事。

妈妈一生的命运都很好。比如我认识很多阿姨，她们的丈夫都是早早就去世了，剩下一人独自捱过孤独的晚年。妈妈却不是这样。如果说妈妈是家中的大总管，那么现在的妈妈在生病以后，却享受到了爸爸对妈妈无微不至的关怀和照顾。我们会看到太多的这样场景：90多岁的爸爸，温柔体贴的照顾80多岁的妈妈，吃饭给她夹菜，出门给她戴帽子，看着她一口一口的吃药，散步拉着她的手……

女人最高的梦想是什么？

一定是和你所爱的人相濡以沫，白头到老。

我以为妈妈对于这一切全部都拥有，并且非常快乐的理解和接受了爸爸对她一生一世，始终如一的爱。这该是人生多么大的精神满足和享受啊！妈妈还有5个非常孝顺的孩子，对于这几个孩子，妈妈从来都是相当满意。别的也许无以自傲，但在妈妈的教育下，5个孩子甭管男孩儿女孩儿，一生从不说脏话骂人话。再也没有比当母亲的看到自己的孩子，平安而快乐，而心里安宁的了。

有时候我会报怨命运不济，得到的总不是自己最向往的。于是有一个朋友对我这样说："那是因为你妈妈的命运太好了，她把你们几个女儿的福份全享尽了，所以你若有不济，那么上帝也是很公平的。"

我回家后，赶快把这番话讲给妈妈听，我说："妈，你一生享福太多了，我们几个女儿都没得福享了。"

妈妈高兴地笑了，虽然从没听过这种评论，但对于这一点倒是欣然理解并坦然接受。她说，是啊，我很幸福。

妈妈的衰老是非常突然的，而且进展很快。

比如我们家每一年的元旦、春节都会全家相聚在一起吃饭。爸爸从来不爱说话，于是新年伊始，便都是妈妈给我们全家人做总结。我们习惯了每一年这一天的这顿饭，妈妈理当如此的开场白。每当妈妈发表新年感言时，还不允许我们私底下小声说话，好像开群众大会似的，这让我们更觉得有趣。早些年时，妈妈逢在这时，会把我们当作儿时一样，一个一个、一家一家的点评。这家怎么样啊，那家谁有什么成绩和进步啊，等等。然，近些年妈则笼统说说而已，再后来就说着说着便自嘲：不行不行，我老了，一说话大脑就一片空白。

我们大笑。于是每年的年夜饭都吃得有滋有味，全家几代人，大大小小都很快活。

但是也不知是从哪一年，新年伊始，我们便再也听不到妈妈的语气激昂的讲话了。当妈妈坚决不再发表新年感言时，我们就让爸爸讲话，爸爸偏不肯讲。于是大家只好在每年该妈妈发言的那个时间段里嘻嘻哈哈的相互打着岔，就把我们心里盼望却不可能再得到的幸福时刻，如此这般的掩饰过去。

新年里再也听不到妈妈热情洋溢的声音，我知道我们5个孩子，每一个人心里真是说不出的难过！

意识到妈妈好老了，我每周便会更加急迫地回家。我平时开车到哪也不着急，唯有每周的回家，我会紧踩油门，一路加速度！

曾经听到过一个对我和我们家的情况非常熟悉的朋友，一句这样的问话："你们家的孩子是不是很在乎你们的父亲，而不太在意你们的母亲？"

我心里竟一惊。怎么能有这样的感觉？要知道在我们家很长很长的岁月中，家里一直都是以妈妈为轴心旋转的。爸爸反倒是甩手掌柜，家里啥事也不操心。我们有任何问题，也都是在第一时间里去和妈谈。在大家的印象中，妈比爸更能解决我们心中的疑惑。

我是20岁才离开父母的。在家与父母生活的时间很长，对妈妈和爸爸也了解的更多一些。很小的时候，知道妈爱上街，二姐会带我到电车站去等妈妈。再大一些，便知道妈妈平时最爱看报纸。每天中午都是妈妈看报的时候，不是几十年如一日，而是一生如此。即便妈妈现在很老了，中午依然雷打不动的要看报。奇怪的是妈妈喜欢的内容更多的竟是国际新闻。但也会把一些养生健康的小文章剪下来，贴在一个大本子上。

杨争 著

妈妈晚年还爱写日记。我偷看过妈妈的日记。和很多人一样，遇到不爽的事，妈妈都会记下来。我一生中朋友不多，但对妈妈却是从小到大，畅所欲言。记得年轻时，也就是十六、七岁吧，有一次午饭后，我站在我们家的茶花树下，对妈妈说：我一生中最喜欢两个职业，一个是医生，一个是小说家。妈妈听完我的梦想，丝毫没有打击我，给我泼冷水，反而露出很相信的神情。仿佛我将来真的能如愿以偿的要么当医生，要么当作家似的。这让我太受鼓舞了。我不能说我后来真的把这两种职业都尝试了，与妈妈当年鼓励与相信的眼神有关，但直到现在我依旧都是把我的梦想，我的追求，我的痛苦全部告诉妈妈。

妈妈，我很喜欢他。

当我有了喜欢的人，我会把心里话，最先告诉妈。

当我外出想家，打电话回家，最想通话的人，除了妈还是妈。

当我有了点滴的快乐，最先报喜的也是给妈。

当我受了挫折，痛苦不已时，也还是对妈说。

能对爱人说的话，我一样能对妈妈说；不能和爱人说的话，我也还是能对妈妈说。

妈妈喜欢听我说，妈妈也是我一生幸福与痛苦的见证者，倾听者。不管是我的事业、我的婚姻、我的孩子，妈妈对我一生所有能承受的和不能承受的精神苦痛，全知道、全理解！

一个喜欢说，一个愿意听。这就是我和妈妈独处时，最常见的情景。

可以说我从小到大，一生一世，总是如此。

是的，妈妈早就习惯了我们每次回家第一声的呼喊：妈！

当然我们肯定不会进门先喊"爸！"因为我们喊了也白喊，爸听不见也不会理的。

让妈妈高兴，让妈妈夸奖我，是我从小到大不断努力向上的精神动力！

是的，如果我从小就是一个好孩子、一名好学生，那么我一定会做一个爸爸妈妈都喜欢的好女儿。

我就是这样在妈妈温暖的目光和不断的鼓励下，渐渐长大的！

我好爱我妈妈，真的好爱好爱我妈妈！

妈妈给我的东西，我从来就舍不得丢。我记得我当兵的时候，妈妈给我买了一块表。妈妈说：你哥哥姐姐当兵时，我们也给了他们每人一块表。不过给你这块表，不是什么好表了。

我那块表，虽也是进口表，但的确不是什么世界名牌，是一块我到现在在钟表店里也找不出是什么名字的表。但我走了那么多的地方，搬了无数次家，却从没丢过那块表。

很早以前，妈还给我了一个樟木箱，她说：你的东西太多了，给你一个箱子吧。我其实那时除了书多，并没有什么太多的东西。于是我竟把我的宝贝书全放到了那个樟木箱子里。也不知过了多久，几年还是几十年？有一次我无意间发现那个箱子里面还印着出厂日期，竟与我同岁！

我要结婚了。妈妈和我上街，对我说：我给你买一条裙子吧。你去他家结婚，不能没有一件新衣服。

于是在北京王府井工艺美术店二楼，妈妈给我买了一条裙子。那是一条紫红色的真丝连衣裙。在那个婚期里我始终穿着它。然后我就把它收藏好放进了我箱底。不是因为纪念我的结婚，而是因为那是妈妈给我买的红裙子。

这些年，妈妈每年都会淘汰许多旧衣物。但妈妈穿过的旧毛衣，我舍不得扔。我把它从妈妈那里拿回来，也放进我的箱底，因为不管是毛衣还是棉衣，它们穿在妈妈的身上时，总是给人一种柔软和宽厚的感觉。我们会经常跟妈妈撒撒娇，我们的脸更要时不时的来回蹭在妈妈穿在身上的那些毛衣和棉衣上。于是那些毛衣和棉衣便成为妈妈的第二个身影，它们越是老旧落伍，越沾有更多的妈妈的气息，妈妈的味道，更有妈妈独有的温暖和爱意。

于是妈妈有了不想要的东西，总会先问我要不要？当我点头要时，妈会很高兴，说:在小五眼里什么都是好东西，是一个什么也不肯丢的人。

于是我的小家里便有了妈妈不要的木椅，不要的沙发，不要的衣柜，不要的箱子，不要的瓷器。

最让我有一种温暖的感觉是一次偶然间，我为妈妈找毛巾，她总是抱怨说她卫生间里的小毛巾老爱丢。其实并不是总爱丢，而是她自己经常是放哪儿想不起来了，于是我在她的抽屉里翻出一大叠。其中一条四四方方的旧手巾，上面印有两只非常可爱的熊熊。妈妈见我喜欢，就说你拿走吧。我是真的很喜欢，原因并不全是那两只可爱的小熊熊，而是80多岁的妈妈竟用类似幼儿园小孩子式的毛巾，多好玩啊。如此这般，我的抽屉里又多了一件带有妈妈温暖的气息和爱意的小毛巾了！

有一次爸爸和妈妈偶然来到我们小家，爸爸上楼到我的卧室，只听他对妈妈惊呼：老婆子不得了，快来看，我们不要的东西全在小五这里哩！

妈妈则笑而不语……

是的，我很多年以来一直用着妈妈用过多年的旧衣箱。只不过从前我是以一个小女孩儿敬仰的目光看着妈妈总是不停地往里面装进取出她喜欢的好东西，而现在则是我自己在妈妈用过的旧衣箱里，装进取出我喜欢的东西。

30年前我父母家客厅里那一对旧木沙发和一对旧木椅，现在全都放在我屋里。我想我到死以前都不会把它们当作废品处理掉的。因为它们承载了我太多少年时期的情绪和回忆。

有一个铁皮糖盒，那是60年代的产物。我们都记得妈妈会从那只盒子里面拿出几块软糖分给我们吃。就是珍惜那种儿时的记忆，我直到现在还保留着那个锈记斑斑的旧盒子。

记得小时候，每天吃完中午饭，妈妈和爸爸走到哪儿，我们5个孩子就跟到哪儿。经常是爸爸妈妈一起上楼，因为爸爸有每天睡午觉的习惯。于是我们5个孩子排着队，跟爸爸妈妈一起上楼，长长的队伍，始终跟着爸妈，让爸妈回头看时，大笑不止。

小时候最让我难忘的和最喜欢的事，是每天晚上睡觉时，妈妈都会来我屋我的床前，给我掖被子。我的被子，每次让妈妈这么使劲的一塞，顿时就会变得好暖和了！于是一直到现在，我还经常躺在被窝里，想像着妈妈给我来掖被子。

我爱妈妈，我好爱好爱我妈妈！

现在妈妈老了，手变得好粗糙。每次妈妈都会望望我的手，再看看自己的手，发出无奈的感叹：老啦！

有一次回家，妈妈看着我，突然说："你的脸上咋不长褶子呢？"于是她用自己很粗糙的手，摸了摸我的脸。那一刻妈妈的眼睛里全是爱意。

有一次，我突然打电话回家，是妈妈接的。在电话里妈妈妈问我："你在哪儿呢？"

我回答说我就在北京，就在自己的小家里。

妈妈竟说："噢，那很远！"

还有一次妈妈住院，晚上我给妈妈打电话，妈妈说，你接我回家，我想回家了。但她接着又说，噢，不行，你住的地方离家太远。

我心里真是酸酸的，远吗？！其实只有十几公里的车路，半个小时的车程，这一切在 80 多岁的母亲的心中却已是很远、很远了！

还有一次，我回家和妈妈一起散步。妈妈突然问我："你说，人老了怎么办？！"

怎么办？一向伶牙利齿的我竟无言以对。

……

我们就是这样看着妈妈一点一点的衰老下去。我们的心时刻都会有一种说不出的隐痛。可是我不愿看妈妈的衰老，我更不能忍受妈妈的衰老。人为什么要老呢，人老了真的是一件很无奈和很痛苦的事吗？

好想让妈妈再伸出粗糙的手和我比一比，好想让妈妈再出其不意的突然摸摸我的脸，好想让妈妈满脸惬意地听我说这说那……

面对衰老和死亡，我们人类真的是回天乏力吗？！

我现在还在对妈妈说我的梦想和我的痛苦。虽然我早就没有了梦想，也早就知道如何排解痛苦了。但我只要回家，还是会对妈妈说我想说的一切。妈妈还是很高兴地听我说。我知道，只要我说，妈妈就很愉悦，就很快乐！

　　过去我们每次从家里出来，不管一年四季，妈妈总是执著的非要把我们送到大门口，然后重复着说那句话：下个礼拜要早点回来啊！

　　十几年过去了，总是如此。

　　但是现在我们再从家里出来时，身后已不再有妈妈的身影。妈妈再也不会对我们说那句我们早就铭刻在心底的话了。

　　下个礼拜要早点回来啊！我知道不管妈妈会不会再起身送我们，妈妈心里一定始终存在着这份对子女的叮嘱和期盼。

　　于是不知曾几何时，我把这句话，当作自己对自己的承诺！

　　下个礼拜一定要早一点回家！

　　一定、一定！

　　因为我要看妈妈，我要早点回去看妈妈！

　　我的妈妈哟！！！

2009 年于北京

世博会

今年的冬天很是漫长，南方缺水，北方多雪，且全国各地灾情不断。北京更是寒冷异常，创下近50年之最。

虽然北京今年一再延持暖气供应的时间，但是爸爸在4月的时候还是感冒发烧，外加牙痛不能吃饭住进了医院。周末我们去医院看爸爸，病房里爸爸正俯身于宽大明亮的窗边看书，并没有注意到我们的进来。看到爸爸体温已降，气色尚好，我们一颗悬着的心，便稍有一丝安顿。坐定之后，爸爸告诉我们，他中午没有睡好，因为看书后心情很沉重。我拿过爸爸摆放在窗台上的书，只见是一本人物传记。爸爸晚年非常喜好读书，尤其是他那个时代的革命历史人物的回忆录。相同的经历，共同的信仰，无论是遥远的战争年代，还是往昔的无数政治斗争，爸爸和那些著作者本人都有着太多的共同语言。因为他们都是中国近一百年史上共同的参与者和见证者。

爸爸95岁了。但他现在看书依然很少带花镜。他看书很慢，却很认真，读到兴致，常念出声音来。对于很喜欢的书，爸爸甚至还会把它放到自己的卧室柜中，防止我们不经意间拿走。我哥哥知道爸爱看近代革命历史书，便常常从香港给他一些原版书。爸爸看完后，经常是长叹一声，却很少给我们作点评。报纸就更不用说了，每天的《人民日报》、《解放军报》、《北京日报》、《参考消息》，这些大报都是他必读的。小报他也一样爱看。有时报纸上冷不丁冒出一个生僻字，爸还要让我去查字典。一定要弄通懂原意，爸才释怀。

我常常对爸晚年，即使在如此高龄的状态下，还认真读书的情景，感叹不已。因为爸爸一生不善弄文舞墨。当年参加红军时，他只是一个没念过书、不识字的穷孩子。但爸爸竟越老越爱读书。每每看到爸爸读书读到忘我的神态时，我便在想，90多岁了，爸爸何以能过得如此宁静且从容。时间与生命对于爸爸真的是无足轻重吗？如今当老红军、开国将军这些桂冠在爸爸的头顶上熠熠闪亮时，又有谁会想到爸爸骨子里依旧是"鬓衰头似雪，行步急如风，不怕骑生马，犹能挽硬弓！"的硬汉呢？！这种精神与境界我以为并非是所有的老人都能恪守得住的。

爸爸在医院里一边治疗一边做检查。医生发现高龄的爸爸在脑动脉中曾有一个新出血点，但已结痂。显然这是爸爸在半年之内曾有过一次脑血管出血的新伤。我们虽然并不知道那一次出血对爸爸造成了多大的伤害，但爸爸一定有过一次身体上非常的不适，只是没有诉说罢了。爸爸在悄无声息中竟默默地抗了过去。医院要给爸爸做一次全面的会诊。然而就在这个时候，总政组织老干部到上海参观世博。时间并不长，只有三天，来回都只能坐火车。当组织上征求爸爸意见时，爸爸说了一句，我想去。

↑父亲 90 岁以后不能总游泳了，于是打台球便成为一项每天必不可少的健身运动。得于此三大员中的每一位都是玩家都是高手噢！而站在左一的刘小兵更是在我们家已 14 年，细心照顾父亲不离左右。

↑参加上海世博会，临行前父亲与总政治部主任李继耐同志合影。

我们都觉得这趟世博之旅，风险实在太大。但是爸爸却从那一刻起从容地做起了去上海的准备。先是停止输液，然后婉拒了各科组织的会诊，最后在去上海的前两天出院。

在等待出发的那两天里，爸爸不许身边的工作人员说他体温依然不稳，不许说自己血压依然偏高。

由此我们的心再一次悬到了嗓子眼上。但我们都知道劝阻是没有用的。因为我们每一个人都看到了爸爸对于这一次出远门，有着怎样的欣喜和期待。他让警卫员把皮鞋擦得锃亮，又特意带上两套崭新的衣服。临行前爸爸老问妈妈，我去上海了，你想要什么呀？他对自己的身体仿佛并不在意。组织上却因爸爸的参加，多配了一名随行医生。

90余岁的爸爸去看上海世博会，它的意义一定是在我们事后才能慢慢地去领悟。

150年的世博史，实际上就是近代世界文化、经济、科技文明的演变史和人类不断前进、走向光明未来的里程碑。追寻150年的世博会足迹，我们会看到早年英国人的强盛和美国人如何崛起，也痛心中华民族的衰败！同样在这一百多年中，我们也领略了满目仓痍的中国，又是怎样艰难的浴火重生！百年中国发生的巨变不可谓不剧烈，从拖着长辫子，被西方列强任意宰割的中国人，到今天中国第一次成为世博会的"东道主"，证明了人类发展的故事一定会再次从中国讲起，并让全世界惊叹，而面对我们五千年的华夏文明的史书上，更是绝对要留下如此精彩一笔！而这一切的一切，90余岁的老爸何尝不是耳闻目睹，亲身体验？！

看过旧中国太多的创痛，体验过旧中国太多的苦难，在共产党的领导下，爸爸和无数的战友一起为了中华民族的复兴，浴血沙场，横戈马上！如今多少英魂远去，而自己则能有幸亲眼见证了中国历史转折的这一光辉时刻，爸怎么能不去不看、不思不想呢？

一定是有深刻地感悟，爸爸才执意前行。意义不同，结果一定也会非同凡响！

于是在接下来的三天时间里，我们在北京提心吊胆，度日如年。爸爸却在上海世博园里雨中漫步，兴致盎然的品味与欣赏。中国馆、非洲馆，爸爸能去的地方都尽量去。由于在异地吃住，又随团活动，爸吃不好睡不好。血压天天都很高，医生不得不给他加服降压药。

轻

声

细

诉

补

记

→父亲在世博会期间与同行的
李景将军聊天。

但爸爸始终坚持着。即使第二天血压高得吓人，不得不去医院打吊瓶，爸一旦血压下来，连中午饭都不肯在医院吃。回到住地简单吃了碗面，稍事休息，下午又随团参加活动了。

事实证明我们担心爸爸的身体，不无道理。爸爸却在无意之中，更向我们证明了他的意志力和精神！

难熬的三天之后，爸爸终于回来了。我们回家的时候，看见爸爸高兴地把蓝色的海宝摆放在客厅的桌上，那是高龄的老爸去上海亲自把这个可爱的小吉祥物带回家的呀！漂亮洒脱的小海宝，趾高气扬地站在我们的面前，好像此行的功臣理应是它！据说它是以汉字的人作为核心创意，在造型上既反映了中国文化的特色，又呼应了2010年上海世博会会微的设计理念。我们都很喜欢小海宝。

随行人员还带给我们爸爸此行的光盘和照片。我们迫不及待地在电脑中一张一张仔细地看着，于是我们看到了了那么美丽的世博园，看到了拔地而起让所有中国人为之自豪的新上海！还看到记者和一对双胞胎孩子，以及一些离退休的副总长与主任和老爸开心无比的一张又一张的合影。我们更看到了无数照片中爸爸那么幸福和满足的笑脸。我们就这样一边看一边笑，仿佛从爸爸踏上火车的那一瞬间起，我们就一刻也不曾与爸分离过。是的，自始至终我们都随爸爸在一起！我们就像小时候那样一路紧拉着爸爸的手，爸爸上哪里，我们也就去哪里。我们和爸爸一样，也是那么幸福地在上海世博园里，骄傲地扬着头，慢慢地走，慢慢地看，轻轻地笑声在细雨迷蒙的世博园中回荡、回荡……

不知不觉我们竟在电脑跟前，面对爸爸的照片泪流满面。

爸爸不顾年迈体弱去看世博会，到底要给我们带回怎样的一份礼物，爸爸到上海世博会，又向我们子女昭示着一种怎样的意志和精神呢！

如果爸爸畏惧生命，只是坐在家中，那么我们不可能透过爸爸的眼睛，看到倾注了中华民族多少心血和情感的世博会，更不能体会上海世博会所带给中国人如此深刻的意义与内涵。爸爸从来很少说话，却总是用行动告诉我们应该知道的事情。

是的，一定是有千千万万个如此信仰执着、坚强不屈的父辈，才能有百年之后强盛中国的再次崛起。

于是爸爸让我在他的身上，再一次看到了民族不屈的魂！

记于 2010 年

轻
声
细
诉

补
记

我非常认同一句话：历史是残酷的，同时历史又是势利的！

读了那么多帝王将相、名人名史后，我们更渴望看到一些真实的小人物在大时代中的个人史或精彩片断。传说中的飞龙夔龙螭龙或坐龙，一定非凡且才俊。但你怎么能知道和懂得整日与我们情感厮守的亲人或朋友，其中间或有人一直在秉持超脱的境界、深沉的学养兼具伟大的情怀呢？更遑论中国一百年的近现代史是何等的苦难与艰深?！在这样一个伟大的风云激变的时代里，理应是群雄崛起，将星灿烂啊！

于是恨人生须臾，长江之水千古无穷！慕鸿鹄之志，一举千里横绝四海！

仅以此书敬献父辈。

2012 年春月写于此书第三版时

参考书目

李镜著：《儒将肖华》，解放军文艺出版社。

中共中央文献研究室编：《朱德传》，中央文献出版社。

《彭绍辉日记》，解放军出版社。

《党和国家重大决策的历程》，红旗出版社。

《聂荣臻回忆录》，解放军出版社。

杨成武：《别了，于都河》，见《中国老区报》副刊。

哈里森·索尔兹伯里著：《长征—闻所未闻的故事》，解放军出版社。

《冀东革命史》，河北人民出版社。

冯闻智著：《幽燕怒涛》，百花文艺出版社。

娄平著：《冀热辽人民抗日斗争简史》，南开大学出版社。

《刘亚楼回忆录》，解放军出版社。

《蓝天之路》，蓝天出版社。

图书在版编目（CIP）数据

轻声细诉／杨争著．—北京：中央文献出版社，
2012.7

ISBN 978 – 7 – 5073 – 3587 – 3

Ⅰ．①轻… Ⅱ．①杨… Ⅲ．①杨思禄－传记

Ⅳ．①K825. 2

中国版本图书馆 CIP 数据核字（2012）第 140264 号

轻声细诉

作　　者／杨　争
责任编辑／张文和
装帧设计／北京阳光图文设计中心

出版发行／中央文献出版社
地　　址／北京西四北大街前毛家湾 1 号
邮　　编／100017
网　　址／www. zywxpress. com
销售热线／63097018　66183303　66513569
经　　销／新华书店
排　　版／北京阳光图文设计中心
印　　刷／北京新魏印刷厂

787×1092mm　16 开　25.5 印张　340 千字
2012 年 7 月第 1 版　2012 年 7 月第 1 次印刷
印　数：1—3000 册

ISBN 978 – 7 – 5073 – 3587 – 3　　定价：49.00 元